T0277101

Jóvenes héroes de la Unión Soviética

Jóvenes héroes de la Unión Soviética

Memorias y cuentas pendientes

ALEX HALBERSTADT

Traducción del inglés a cargo de
Jon Bilbao

IMPEDIMENTA

Título original: *Young heroes of the Soviet Union*

Primera edición en Impedimenta: enero de 2023

Copyright © Alex Halberstadt, 2020.
All rights reserved.
Copyright de la traducción © Jon Bilbao, 2023
Copyright de la presente edición © Editorial Impedimenta, 2023
Juan Álvarez Mendizábal, 27. 28008 Madrid

http://www.impedimenta.es

ISBN:978-84-18668-64-7
Depósito Legal: M-10851-2022
IBIC: FA

Esta obra ha recibido una ayuda a la edición
de la Comunidad de Madrid.

**Comunidad
de Madrid**

Impresión y encuadernación: Kadmos
P. I. El Tormes. Río Ubierna 12-14. 37003 Salamanca

Impreso en España

Impreso en papel 100 % procedente de bosques gestionados de acuerdo con
criterios de sostenibilidad.

Para mis abuelos

Tú que no recuerdas
el paso de otro mundo, te digo
podría volver a hablar: lo que vuelve
del olvido vuelve
para encontrar una voz.

Louise Glück, «El iris salvaje»*

*. Louise Glück, *El iris salvaje,* trad. de Eduardo Chirinos Arrieta, Valencia: Pre-Textos, 2006.

ÁRBOL GENEALÓGICO
PADRE

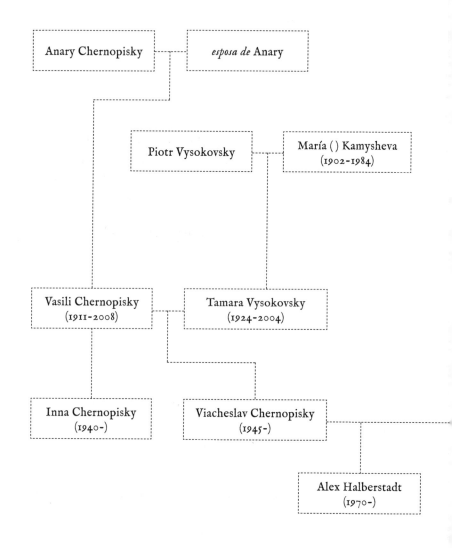

Anary Chernopisky — *esposa de* Anary

Piotr Vysokovsky — María ( ) Kamysheva
(1902-1984)

Vasili Chernopisky — Tamara Vysokovsky
(1911-2008) (1924-2004)

Inna Chernopisky — Viacheslav Chernopisky
(1940-) (1945-)

Alex Halberstadt
(1970-)

ÁRBOL GENEALÓGICO
MADRE

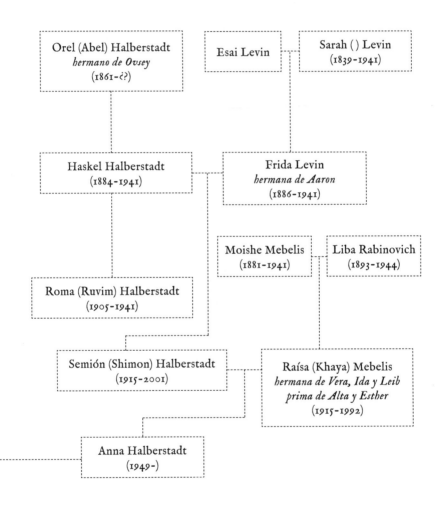

Orel (Abel) Halberstadt
hermano de Ovsey
(1861-¿?)

Esai Levin

Sarah ( ) Levin
(1839-1941)

Haskel Halberstadt
(1884-1941)

Frida Levin
hermana de Aaron
(1886-1941)

Moishe Mebelis
(1881-1941)

Liba Rabinovich
(1893-1944)

Roma (Ruvim) Halberstadt
(1905-1941)

Semión (Shimon) Halberstadt
(1915-2001)

Raísa (Khaya) Mebelis
hermana de Vera, Ida y Leib
prima de Alta y Esther
(1915-1992)

Anna Halberstadt
(1949-)

PRÓLOGO

LOS OLVIDADOS

Cuando nos sentimos confusos o perdidos, las historias pueden dar sentido a nuestro desorden. Hace no mucho, yo encontré una de esas historias en las páginas de una revista científica. O quizá fue ella la que me encontró a mí. Narraba cómo un equipo de investigadores de la Universidad de Emory, en Atlanta, había insuflado aire mezclado con un producto químico que olía a flor de cerezo en una jaula que contenía crías de ratón, para luego administrar descargas eléctricas a los animales en las patas. Al cabo de un tiempo, los ratones aprendieron a asociar el aroma a flor de cerezo con el dolor y temblaban de miedo cada vez que lo olían. Lo sorprendente, sin embargo, vino cuando tuvieron crías. Expuesta al olor, la segunda generación también se echaba a temblar, aunque nunca había recibido descargas eléctricas. Además, sus cuerpos habían cambiado. Nacieron con más receptores olfativos en la nariz, y las estructuras cerebrales conectadas con estos receptores habían crecido con respecto a la generación anterior.

Perplejos ante semejantes resultados, los investigadores se plantearon si se hallaban frente a una anomalía. Así que se aseguraron de que la siguiente generación de ratones —los nietos— no tuviera ningún contacto en absoluto con sus padres; de hecho, fueron concebidos mediante fertilización *in vitro* en un laboratorio en el otro extremo del campus. Pero estos ratones también temblaban de miedo ante el aroma a flor de cerezo y presentaban idénticos cambios cerebrales. El experimento parecía demostrar que el trauma sufrido por una generación se traspasaba *fisiológicamente* a los hijos y a los nietos, incluso en ausencia de contacto. Lo que los investigadores no sabían explicar era cómo o por qué sucedía esto.

Tras la publicación de dichos descubrimientos en 2013, estudios en sujetos humanos confirmaron que los investigadores de Emory habían dado con algo: los marcadores fijados a ciertos genes se ven influidos por el entorno del individuo. Un estudio realizado en el Hospital Monte Sinaí de Nueva York descubrió que hijos de supervivientes del Holocausto mostraban cambios en los genes determinantes de la respuesta al estrés, cambios idénticos a los hallados en sus padres. Otro estudio reveló que algunas madres embarazadas que se encontraban en las cercanías del World Trade Center durante los ataques del 11 de septiembre de 2001 dieron a luz niños con alteraciones genéticas similares. En estos estudios, los niños demostraron una propensión a padecer trastorno de estrés postraumático que no era proporcional a su realidad cotidiana, una afección que un investigador describió como la tendencia a «sentirse inseguro en un entorno seguro». La mayoría de las teorías que aspiran a explicar tales hallazgos se basan en el campo relativamente nuevo de la epigenética, que estudia los cambios no tanto en el mismo código genético como en la expresión genética, pero ciertos aspectos de las teorías apenas se comprenden y son motivo de controversia.

Yo leí por primera vez sobre esos estudios en un momento especialmente agitado de mi vida, mientras intentaba juntar las piezas de la historia de mi propia familia. Los estudios parecían apuntar hacia algo en lo que yo empezaba a creer, algo en lo que quería creer porque lo sentía intensamente: que el pasado vive no solo en nuestros recuerdos sino también en cada célula de nuestro cuerpo. Era una idea determinista, qué duda cabe, pero ayudaba a explicar ciertas experiencias recurrentes y desconcertantes compartidas por las tres últimas generaciones de mi familia: tendencia a la ruptura de relaciones, presentimientos desastrosos, depresión clínica y ansiedad, trastornos crónicos del sueño, proclividad a guardar secretos y una incesante sensación de peligro.

Por alguna razón, no dejaba de pensar en el estudio de los ratones de Emory. Al final, me di cuenta de que lo que tanto me atraía de ellos no eran solo sus impactantes resultados, sino la poderosa metáfora que representaban. ¿Podría ser que también nosotros tembláramos de miedo ante estímulos que no podíamos identificar ni recordar, estímulos cuyo origen se hallara décadas antes de nuestro nacimiento? Desconcertaba pensar que el pasado pudiera vivir a través de nosotros sin nuestro consentimiento, e incluso sin nuestro conocimiento. Pero, si fuera cierto, significaba asimismo que con tiempo y esfuerzo esos remotos estímulos podían ser identificados y, a la postre, comprendidos.

Mi madre decía que en mis sueños siempre aparecían perros ladrando. Al menos, en las pesadillas. Comenzaron cuando cumplí los nueve años, en plena ruta nómada de Moscú a Nueva York con mi madre y mis abuelos. Tuve esas pesadillas en habitaciones de hoteles baratos de Austria, Italia y Manhattan, y luego en una larga sucesión de apartamentos situados en la baldía periferia de Queens.

La mayoría de mis sueños no eran dignos de recordar, pero había uno recurrente que destacaba sobre los demás. Se desarrolla en Stepanovskoye, un pueblo próximo a Moscú donde, en verano, mi familia alquilaba la parte delantera de una casa azul de chilla con postigos verdes. En el sueño está anocheciendo, y yo me encuentro frente a la portilla de la valla de madera que hay ante la casa, ansioso por entrar. Mis padres están dentro, y yo huelo el humo de leña de la cocina de mi bisabuela. Pero el bulldog de la casera se ha soltado de su cadena y ladra al otro lado de la valla; el miedo me atenaza la garganta. No sé qué hacer, pero está anocheciendo y tengo que volver a casa, así que acabo abriendo la portilla de golpe y me lanzo a la puerta con el bulldog detrás, gruñéndome en el cogote. Cuando me despertaba tenía el pulso desbocado y la almohada empapada de sudor. De inmediato, todo lo sucedido en el sueño se desmoronaba, convirtiéndose en polvo al tratar de asirlo. A veces, si mi madre estaba dormida, yo iba a hurtadillas a la cocina, cogía un cuchillo del cajón de los cubiertos y, dejándolo bajo la almohada hasta que amanecía, me quedaba allí acostado, inquieto, mirando la luz fría a través de las cortinas. Es un sueño que se niega a desaparecer, pese a todos los años transcurridos desde entonces.

Unos meses después de que todo aquello empezara, aterricé con mi familia en el aeropuerto John F. Kennedy de Nueva York. De inmediato, y durante muchos años desde entonces, sentí que Nueva York era mi hogar más que ningún otro sitio en el que hubiera vivido. Para mí, el resto de Norteamérica no era más que un territorio hipotético. Desde el primer día, amé casi todo lo que nos ofrecía nuestra nueva ciudad. El curso de la historia apuntaba hacia el futuro en lugar del pasado. En Moscú, el metro discurría únicamente bajo las calles, y las estaciones desempeñaban una doble función, pues a veces servían de refugio antiaéreo; en ciertas partes de Nueva York, en cambio, el metro circulaba por vías muy por encima de las aceras, a la altura de las vallas publicitarias, los neones y los frontones posmodernistas. Me maravillaba cada milagroso regalo que me hacía la ciudad: el apartamento de dos habitaciones a pie de calle en las Ravenswood Houses, un grupo de viviendas protegidas en Long Island City donde vivíamos los cuatro; los librillos repletos de coloridos y crujientes cupones de alimentos que recibíamos por correo; las cenas congeladas de Swanson's Hungry-Man que mi abuelo materno Semión y yo compartíamos casi cada noche, embelesados con el reluciente papel de aluminio que las envolvía y con sus perfectas formas euclidianas.

En aquellos años, yo no quería saber nada de nuestro pasado soviético… y eso incluía a mi padre. Durante nuestros primeros cinco años en Nueva York, hablé con él por teléfono como mucho una docena de veces, y solo porque mi madre me plantaba el auricular en las manos y fruncía elocuentemente el entrecejo. En el colegio, le dije a todo el mundo que mi padre había muerto, primero de cáncer y luego en la guerra afgano-soviética. ¿Qué tenía de malo? Antes de embarcar en Moscú en el Túpolev Tu-154 rumbo a Occidente, habíamos renunciado a la ciudadanía soviética y a nuestro pasaporte, y con ellos a la posibilidad de volver al país. Mi padre había elegido quedarse, así que yo sabía que no volvería a verlo. La Unión Soviética tenía casi setenta años de historia, y por lo que se podía intuir en 1985, todo indicaba que duraría como poco otros setenta más.

El nombre que me traje conmigo de la Unión Soviética, el nombre de mi padre —Aleksandr Viacheslavovich Chernopisky— era una catástrofe tanto en nuestra vieja lengua como en la nueva. En tiempos más elegantes, nuestro apellido se podría haber traducido como «el de las espaldas morenas». Mis compañeros del colegio, en cambio, lo truncaron a *Pissky*, a *Pissed On* o simplemente a *Piss*,[1] y a veces, en aquellos años finales de la Guerra Fría, me llamaban «el Gran Rojo», por la marca de chicle y por mi creciente ancho de cintura.

Así, a los quince años, acabé en una oficina gubernamental con una mesa metálica, varias sillas metálicas y una fotografía enmarcada

---

1. *Piss:* mear o meado; *piss on:* mearse en. *(Todas las notas son del traductor.)*

de Ronald Reagan. Mi madre tomó asiento a mi lado. De la mujer que se encontraba al otro lado de la mesa solo recuerdo que era guapa y negra y que llevaba chaqueta y un tono de pintalabios conocido como «Wild Raspberry». Era supervisora del Servicio de Inmigración y Naturalización, y me informó, muy tiesa bajo la sonrisa deslumbrante del presidente, que si quería podía cambiarme el apellido por el de mi madre, allí mismo, en ese instante, con la autorización del Gobierno.

Mi madre me miró y yo asentí. La supervisora escribió algo en un formulario y lo deslizó sobre la mesa hacia nosotros, mi madre firmó con un bolígrafo y eso fue todo. El patronímico extranjero y el apellido ante el que los hombres de mi familia se encogían de hombros y sobre el que bromeaban —además de aquellas sílabas eslavas— desaparecieron. Yo era el primer Chernopisky que no tendría que seguir siéndolo.

Mi nombre fue una de las muchas cosas que me había llevado conmigo y a las que intenté renunciar. Empezaba a comprender que el proyecto de todo inmigrante que quisiera interiorizar la nueva cultura tenía una inevitable cara B: erradicar su antiguo yo. Existir en dos culturas de manera simultánea resultaba desconcertante, molesto y raro a la vez, como escuchar una radio sintonizada justo entre dos emisoras. Y de adolescente, yo estaba encantado de olvidarme de Rusia y del ruso, pues creía que así dejaría espacio en mi cerebro para la nueva lengua y las nuevas costumbres.

Ayudó a mi proceso de olvido el desdén de mi madre por mi país de nacimiento. ¿Qué había hecho por ella, solía repetir, salvo privarla de su juventud? Había crecido en la Lituania soviética, un lugar que le gustaba casi tan poco como Rusia, redimida en sus recuerdos tan solo por la nostalgia de su infancia. Moscú le era tan ajena como Nueva York. Para ella, significaba poco más que discriminación estatal contra los judíos, déficit de consumo, arquitectura espantosa, meses ininterrumpidos de nieve y cellisca, y sobreabundancia de fibras sintéticas. Con mi padre, del que se había divorciado tras siete años de matrimonio cada vez más infelices, era incluso menos caritativa. Mis abuelos maternos tampoco lo tenían en alta estima.

Semión y Raísa, que emigraron a Nueva York con sesenta y tantos años tras una apacible mediana edad en Vilna, no lograron sobreponerse al desconcierto que les producía el nuevo entorno, pero no eran muy dados a la retrospección. Cuando les preguntaba por su juventud —yo conocía algunos detalles de la guerra y de los familiares a los que cada uno había sobrevivido— mis abuelos rara vez soltaban prenda. Creían en la capacidad del pasado para corroer el presente y me veían como un producto de la paz, es decir: puro y blando como una nube. Si yo insistía en preguntarles, apretaban los labios y se ponían melancólicos. «No tenemos más que recuerdos horribles», decía Raísa en esas incómodas situaciones, con una convicción que sonaba religiosa. «Es más prudente ser optimista.»

Mis mayores esfuerzos por olvidar iban destinados a mi padre, porque cuando lo recordaba, recordaba también que se había ausentado voluntariamente de nuestra vida. Durante más o menos el primer año y medio tras nuestra llegada a Nueva York, él llamaba por teléfono de vez en cuando, y en una ocasión nos mandó un paquete que contenía una carta para mí junto con varios libros, incluida una biografía en ruso de Pedro el Grande, que devoré. Más tarde, sus llamadas se redujeron a una o dos al año. Llamarlo a él habría sido carísimo, según decidió mi madre.

La mayor parte del tiempo, mi padre y yo nos comunicábamos solo en mi imaginación. Mi recuerdo favorito era de cuando me enseñó a nadar el verano que cumplí siete años. Fue en una de las charcas repletas de algas de Stepanovskoye. Mi padre se metió en el agua hasta que le cubrió por la cintura y me sostuvo sobre la superficie, con una mano bajo mi pecho y la otra bajo el vientre. «Patalea», me ordenó, y empezó a girar conmigo, trazando círculos, mientras el agua que yo levantaba al patalear le salpicaba la cara. La primera vez que me soltó, tragué una bocanada de agua y me hundí hasta el cieno del fondo; hicieron falta varios intentos hasta que pude mantenerme a flote sin su ayuda, batiendo los brazos y las piernas tan rápido como podía. «¡Movimiento continuo!», gritaba él por encima de mis chapoteos.

La mayor parte del tiempo, intentaba no pensar en él, hasta que se me empezó a olvidar cómo sonaba su voz, lo que por alguna razón me asustó. Para entonces debía de tener doce o trece años. Entonces por las noches, después de meterme en la cama y apagar la luz, me ponía a intentar oírlo repetir: «movimiento continuo». Al cabo de un rato me parecía que lo oía débilmente, como el mar dentro de una caracola, y eso siempre me reconfortaba.

Poco después de que me fuera a la universidad, mi madre me llamó para decirme que mi padre había sufrido un infarto y que llevaba casi dos meses recuperándose en un pabellón de cuidados intensivos. Ser consciente de la mortalidad de mi padre me llevó a decidir que quería conocerlo, así que, con una tarjeta telefónica, marqué su número de siete dígitos con el código internacional correspondiente. Seguí llamándolo cada dos o tres meses. Siempre se mostraba bastante amable, y tenía un punto gracioso e irónico. A veces se tornaba reservado cuando le preguntaba por su nueva familia o mencionaba el pasado, pero en general sonaba vacío de vitalidad, agotado por la mera tarea de tener que hablar. A veces parecía como si estuviera medio muerto. Lo que más le gustaba era hablar de películas antiguas, a menudo las mismas que en la anterior llamada; hasta que, al cabo de quince o veinte minutos de conversación, empezaba a sonar distraído y acababa diciéndome que tenía que colgar.

Yo no entendía por qué mi padre había renunciado a la paternidad. Supe por mi madre que él mismo había dejado de hablar de su propio padre, Vasili, meses antes de que yo naciera. Todos en mi familia mencionaban a mi abuelo tan solo de pasada, como si su existencia fuera un secreto a voces. Vasili solo me vio una vez, cuando yo tenía tres meses. Mi madre me dijo que fue una tarde de otoño en Moscú y que él me bañó y me peinó. Por supuesto, yo no guardo recuerdo de aquel encuentro. Juntando retazos de información, averigüé que había sido oficial en la organización que luego se llamaría KGB y que, durante más de una década, sirvió como guardaespaldas personal de Iósif Stalin. Yo era ya un adolescente cuando lo supe, y para mí eso convertía a Vasili en el equivalente moral a un oficial de la Gestapo, por lo que no vi como algo negativo, ni mucho menos, el no conocerlo. Nació antes de la revolución, recordaba mi madre, y tanto ella como yo suponíamos que había muerto en algún momento tras la caída de la Unión Soviética.

A principios de la treintena, mi reinvención parecía completa. Me había convertido en un escritor con docenas de artículos publicados en mi nueva lengua y estaba trabajando en un libro. Compartía un apartamento en Brooklyn con mi novio de la universidad, el nieto de un ministro luterano cuyos padres se conocieron en el instituto en Grand Forks, Dakota del Norte. Me había esforzado diligentemente en olvidar. Cuando nuestros amigos me preguntaban por mi infancia, yo no sabía explicar de forma convincente lo que había supuesto crecer en Rusia, ni por qué tenía un padre relativamente joven con el que casi nunca hablaba, y un abuelo al que no conocía, y una lengua natal que cada año hablaba peor.

Claro está que, en realidad, no conseguí olvidar gran cosa. En aquellos años, los sueños recurrentes de mi infancia se volvieron más insistentes y perturbadores, visitantes no bienvenidos que reclamaban mi atención desde los rincones desatendidos de mi cerebro. Una de aquellas mañanas, mucho antes de leer nada sobre los ratones de Emory, me pregunté si el miedo se podía heredar igual que un gen. El miedo se terminó extendiendo también a la vigilia: desarrollé, en primer lugar, un temor obsesivo al sonido de pasos desconocidos en el pasillo, luego a los ruidos que atravesaban las paredes de mi dormitorio procedentes de los apartamentos vecinos, y al final a los vecinos mismos. Lo extraño de aquel miedo es que no lo relacionaba con ninguna amenaza en mi entorno, por lo que no podía lidiar con él, ni superarlo a fuerza de racionalizarlo. En ocasiones lo sentía como una presencia externa, como una especie de posesión medieval.

Una mañana del verano de 2004, durante una de nuestras (apenas) trimestrales conversaciones telefónicas, mi padre mencionó a un primo segundo o tercero que vivía en alguna parte de Ucrania. Dijo que él casi no lo conocía, pero que aquel hombre lo había llamado por sorpresa unas semanas antes y le había exigido saber por qué mi padre no visitaba a Vasili. A sus noventa y tres años, Vasili conservaba la lucidez, le informó el primo en tono amonestador. «Y te echa de menos.» Me sorprendió oír que mi abuelo seguía vivo, y que además seguía viviendo en el mismo apartamento en el que se había criado mi padre, en Vinnytsia (conocida en la época soviética por su nombre ruso, Vinnitsa), una gris ciudad industrial próxima al centro de Ucrania. Habían pasado veintiséis años desde que mi padre y Vasili se escribieron por última vez; treinta y cinco desde que se vieron. Sin pensarlo, le dije que quería conocer a Vasili. Mi padre sonó casi tan sorprendido como yo mismo. «En ese caso», dijo, «primero tendrás que encontrarlo.»

Después de colgar, repasé lo que sabía de Vasili. No era mucho. Una noche, cuando yo tenía nueve años, mi abuela materna, Raísa, presa de una embriaguez poco propia de ella tras copa y media de Asti Spumante, dijo que Vasili había trabajado en la policía secreta y había hecho «cosas innombrables». Raísa era una mujer cauta y solo se permitió semejante indiscreción tras haber abandonado la Unión Soviética. Fue en el invierno de 1980. Por entonces vivíamos a veinticinco minutos en tren de Roma, en una ventosa ciudad costera llamada Lido di Ostia, un lugar lleno de rotondas repletas de palmeras y cuyas playas estaban cubiertas de basura y de caparazones de moluscos. Era una sede de las Brigadas Rojas y zona de paso en la ruta de miles de refugiados soviéticos que, como nosotros, se dirigían a Nueva York. Nadie en la mesa respondió a la repentina declaración de Raísa. Era lo habitual. Siempre que se sacaba a colación el nombre Vasili, la atmósfera se enfriaba. Dependiendo de quién hablara, se le describía como un fanático comunista, un cero a la izquierda emocional, un imbécil, un padre y marido negligente, un caballero de modales impecables, un dandi o un rigorista. Aunque mi padre, según comprobé, era el que menos hablaba de él. Y lo poco que decía estaba teñido de un resentimiento que lindaba con el odio.

La única evidencia física que yo poseía de la existencia de mi abuelo paterno era una fotografía en blanco y negro de un álbum que nos habíamos llevado de Moscú. En la foto, Vasili está sentado en una ladera cubierta de hierba junto a su segunda mujer, mi abuela Tamara. Es un hombre elegante, bien proporcionado, con gusto para la ropa; lleva pantalones de cintura alta, una camisa de manga corta y un sombrero de paja; mira hacia el objetivo de la cámara con una sonrisa ambigua, contenida. Los dos parecen llevarse bien, pero la foto ofrece pocas pistas sobre quién es el hombre que aparece en ella y qué podría estar pensando. En el dorso, una inscripción realizada con pluma y de caligrafía angulosa reza: «Vasili y Tamara, Vinnitsa, 9 de septiembre de 1953».

Yo no estaba seguro de lo que esperaba de él. Era un desconocido de noventa y tantos años cuyas facultades mentales yo no tenía muy claras, un oficial del ejército y de la policía secreta, un hombre del que mi padre dijo en alguna ocasión que no era más que un matón despiadado. Quería conocerlo, claro, pero no era solo eso. La vida de Vasili era un hilo que quizá me guiara hasta un pasado que yo no podía descifrar ni comprender pero que, de algún modo, pervivía en mí. ¿Podría ese pasado explicar los silencios de mis abuelos, la infelicidad de mis padres, mis pesadillas y miedos? ¿Podría suceder que el pasado no hubiera quedado atrás ni mucho menos, sino que continuara existiendo en el presente, en nuestras vidas, como una sobreimposición fantasmagórica? Pocos días después de aquella conferencia con mi padre, pese a mis muy razonables dudas, ya había tomado la decisión de buscar a mi abuelo. No estaba seguro de lo que haría cuando diera con él, pero me apresté a planear el viaje, temeroso de que el valor me abandonara.

A la mañana siguiente descolgué el teléfono, marqué el número de información y pedí que me conectaran con un operador en Ucrania. Después de una docena de largos y tenues timbrazos, una voz femenina procedente del otro extremo de la línea me preguntó, en un ruso trepidante, por una dirección. Yo no tenía ninguna; mi padre me había dicho que ya no la recordaba. Vinnytsia era una ciudad de medio millón de habitantes, me dijo la operadora. ¿Qué esperaba? Me colgó. Volví a llamar y me volvieron a pedir una dirección. Me colgaron y llamé de nuevo. La tercera operadora accedió a buscar el nombre. Me respondió casi de inmediato. «Solo hay un Chernopisky en Vinnytsia», dijo, y me dictó un número. Me quedé mirando el papel donde lo había anotado. Parecía demasiado fácil.

Marqué. Al cabo de dos timbrazos respondió la voz de un anciano. ¿Hablaba con Vasili Chernopisky? Así era. Apenas nos oíamos el uno al otro entre las interferencias en la línea. «¿Quién es?», preguntaba él levantando la voz. Gritando también, le respondí que era el hijo de su hijo Slava. Le dije que me había visto una vez cuando yo era un bebé, en otoño de 1970, y que estaba pensando en viajar a Ucrania para conocerlo. Oí su respiración. Parecía desconcertado. «Yo no tengo ningún nieto», dijo.

Me quedé escuchando los crujidos de estática en la línea durante lo que me parecieron minutos, pensando que había colgado, pero entonces oí una voz femenina. «Soy Sonya, su mujer», dijo. «Tenemos una fotografía tuya. Si vienes, se acordará.»

I

El Guardaespaldas

El avión viró a la izquierda y comenzó el descenso. Un diorama se dejó ver brevemente a través de una abertura en el manto de nubes: cabañas en parches de hierba de color guisante, una charca y un canal y unos edificios fabriles obsoletos en mitad de los pastos. La niebla lo cubrió todo. El aeropuerto de Sheremétyevo, un laberinto de linóleo iluminado con débiles fluorescentes, se hallaba guardado por unos soldados que apenas habían dejado atrás la adolescencia, apoyados lánguidamente contra las paredes con los rifles de asalto colgando del hombro. Esperé junto a un grupo religioso de Michigan, media docena de familias con prístinas zapatillas de deporte blancas que bromeaban cordialmente como si siguieran en Estados Unidos, esperando su turno en una apacible oficina de la dirección general de tráfico. En aquel momento, ese sentido de inviolabilidad tan estadounidense me resultó reconfortante.

Yo era consciente de que los nervios que sentía eran los de muchos emigrantes soviéticos que regresan a la madre patria: el temor de que las puertas no se vuelvan a abrir una vez llegue el momento de irse. Las caras opacas, vagamente familiares, de los inspectores de aduanas —caras profesionalmente inmunes a la interpretación— me decían que las libertades que la mañana previa yo no me cuestionaba ahora eran concedidas y revocadas de acuerdo al capricho de aquellos hombres, y de otros hombres con otros uniformes. Con mis Levi's y mi cazadora, yo me confundía con el grupo religioso, pero era un refugiado que volvía, categoría de viajero a la que los inspectores de aduanas miraban con suspicacia y seguramente envidia. Fui cambiando el peso del cuerpo de un pie al otro y me esforcé por captar fragmentos de conversaciones. Cuando llegó mi turno, me acerqué a la ventanilla y deslicé mi pasaporte bajo el cristal. El inspector, de unos cincuenta años y con un peinado que intentaba disimular la calvicie, no levantó la mirada. Cuando leyó: «Lugar de nacimiento: Rusia», las comisuras de su boca se ensancharon en un asomo de sonrisa. Selló el pasaporte, me lo deslizó de vuelta y, levantando la vista por fin, dijo: «Bienvenido a casa, señor Halberstadt».

Esa tarde, mi padre y yo nos sentamos a fumar en su cocina. Yo había dejado los cigarrillos en la universidad, pero acepté uno de sus Winston y miré cómo el humo se elevaba hacia el techo, donde se acumulaba formando un nubarrón tormentoso. Mi padre fumaba desde los dieciséis. Se había vuelto a casar y tenía una hija en edad universitaria. Nunca se había repuesto del todo del infarto que sufrió casi quince años antes. «¿Por qué no dejas de fumar?», le pinché. Dijo que lo dejaría «cuando las cosas fueran más fáciles» y que «le volvían loco los cigarrillos». Los dos sabíamos que las cosas no iban a ser más fáciles y qué él no iba a volverse menos loco, así que por solidaridad encendí un cigarrillo.

A mi padre le gustaba una marca de vodka llamada Pedro el Grande, y mi primer día en Moscú bebí lo bastante como para que también a mí me empezara a gustar. Mi padre y yo no nos veíamos desde hacía siete años. Me preguntaba si lo reconocería, pensando en el modo cómo algunos hombres al final de la cincuentena pasan a parecer ancianos casi de un día para otro. Pero estaba tal y como yo lo recordaba, aún atractivo y sorprendentemente en forma, solo que con las sienes más grises y las arrugas alrededor de los ojos más marcadas.

Nos pasamos casi todo el día hablando en la cocina, pero nuestras voces me sonaban vacilantes y demasiado formales. Desde que me fui de Rusia, habíamos hablado de vez en cuando a través de una entrecortada línea de teléfono y nos habíamos visto en contadas ocasiones; en total, habríamos pasado tres o cuatro semanas juntos a lo largo de dos décadas y media. A diferencia de la mayoría de los padres e hijos que conocía, nuestra relación no se había asentado en la familiaridad. Éramos dos desconocidos a los que les unía un parentesco directo.

Para mi frustración, una vez más, volví a quedarme callado y extrañamente pasivo en presencia de mi padre; una circunstancia que empeoraba por mi escasez de palabras rusas para describir emociones adultas. Bueno, no se trataba de escasez de palabras exactamente. Lo que me faltaba era la capacidad de juntarlas de acuerdo a los diferentes registros de una conversación adulta: ironía, duda, ternura, reserva. Por lo tanto, en presencia de mi padre hablaba menos de lo que habría sido habitual en otra situación, y me avergonzaba de mi silencio, que no solo me hacía sentir mudo sino imbécil.

Me preguntó, como hacía siempre, si había visto alguna película últimamente. A mi padre le gustaban tanto las antiguas que había hecho de ellas su medio de vida: doblaba al ruso películas clásicas, tanto de Hollywood como europeas, y vendía los VHS y DVD no del todo legales en una tienda de uno de los nuevos centros comerciales de los alrededores de Moscú. A veces recibía encargos —de magnates de la chatarra o de abogados de las compañías gasísticas— para reunir colecciones de películas que almacenaba en carpetas de anillas con títulos como «Nouvelle vague» o «La primera etapa de Hitchcock». Antaño había sido una suerte de académico, pero ahora era empresario, miembro de la clase media que floreció tras la perestroika. Ambos compartíamos la afición por las películas antiguas, sobre todo por las estadounidenses, así que después de unos cuantos vasos de vodka empezó a recitar diálogos de películas con un acento hilarante —«¡Eh, tranquilo, amigo!»—,[2] y me habló de *Melodías de Broadway*, un musical de la MGM de 1953 con una escena de baile que le chiflaba, rodada en un escenario que recordaba vagamente a Central Park. Viéndola podías asegurar, dijo mi padre, que Cyd Charisse y Fred Astaire estaban enamorados, y entonces la expresión de sus ojos se animó y pareció transformarse en una persona mucho más joven, la misma que yo recordaba de cuando era niño. Siempre me había gustado lo dado que era a la risa. En cuanto se rio, toda la rigidez y la anómala formalidad de antes cedieron paso a algo cercano al júbilo —a la vez extraño y de una esencialidad infantil—, y yo vi que él también se dio cuenta. Pero unos momentos después, irrumpió de nuevo la inseguridad, y la euforia desapareció como por ensalmo.

Cuando le pregunté por Vasili, mi padre se tornó evasivo y triste. Me quedé callado hasta que recordé que había ido a Moscú precisamente para saber más de ellos dos. «No hay mucho que contar», me dijo, apartando la mirada. «Es todo demasiado aburrido.» Pese a mi torpeza con el ruso, supe que lo tenía pillado, entre la espada y la mesa barata de su cocina. Respondió a mis preguntas con gestos de incomodidad. Apartaba todo el rato la mirada tratando de cambiar de tema, pero yo le dije que para mí era importante, que necesitaba saber más. Hizo una mueca y encendió otro cigarro con la colilla del anterior. Fumó un rato en silencio. Se le notaba molesto. Cuando por fin habló fue como si una pesada puerta hubiera cedido.

2. Tom Doniphon, personaje interpretado por John Wayne, a Ransom Stoddard, interpretado por James Stewart, en *El hombre que mató a Liberty Valance* (John Ford, 1962).

El primer recuerdo que mi padre tenía del suyo era verlo contar dinero. Por aquel entonces vivían en un piso comunitario construido antes de la revolución, cerca del hotel Metropol a pocos pasos de la Plaza Roja, junto con familias de otros oficiales de la seguridad del Estado. Vasili juntaba los billetes en montones ordenados y los depositaba cuidadosamente en una caja de zapatos que guardaba en la balda más alta de un armario, junto con su pistola. Mi abuelo nunca llegó a saber cómo gastar su extravagante salario de mayor, así que despilfarraba mucho dinero en ropa, para la que tenía buen gusto; encargaba camisas con monograma y trajes de gabardina por docenas a los sastres del Kremlin. Mi abuela Tamara diseñaba ropa de mujer para un taller que proveía a las mejores boutiques de la ciudad. Cuando salían, eran como una de aquellas parejas elegantes y modernas que aparecían en las páginas de *Harper's Bazaar*, revista que Tamara conseguía a través de un colega de Vasili que vivía unos pisos más arriba y cuyo trabajo consistía en inspeccionar el correo extranjero. Era 1949 y mi padre tendría tres o cuatro años.

Pensé que los recuerdos de mi padre eran muy poco habituales para alguien que había crecido en Moscú a finales de la década de los cuarenta del siglo xx. El noventa por ciento de los pisos de Moscú no tenían calefacción, y casi la mitad carecía de cañerías y agua corriente; en invierno, la gente que iba a por agua llevaba un hacha además de los cubos, para romper el hielo alrededor de las fuentes públicas; la leña traída del campo se apilaba en las esquinas de las calles, formando montones que en ocasiones eran más altos que los propios edificios; había familias en que los hermanos iban al colegio en días alternos porque compartían un único par de zapatos.

Pero la élite del Kremlin nunca se preció de ser igualitaria. La guerra había terminado. Vasili y Tamara solían salir a bailar e iban de vacaciones al mar Negro. En casa, recordaba mi padre, cada superficie estaba cubierta de jarrones de cristal tallado repletos de claveles rojos y blancos. Era habitual que cenasen caviar y esturión ahumado, que recibían como parte de las raciones asignadas a Vasili. En Nochevieja —la Navidad secular soviética— Tamara sacaba cuencos de porcelana llenos de granadas y naranjas y decoraba el árbol con espumillón y campanitas de cristal, con los regalos y a veces una piña colocados bajo las ramas bajas. Mi padre rompía el papel de regalo tras la cena del día 31, y cuando lo mandaban a la cama, los vecinos se reunían alrededor de la radio que había en el pasillo y esperaban la llegada de la medianoche, brindando por el Año Nuevo con un vino espumoso etiquetado como «champán sovietico». Moscú emergía del fango de la guerra. Por la ciudad empezaron a levantarse unas torres casi idénticas, conocidas como las Siete Hermanas, cuya forma escalonada recordaba a la típica tarta de boda. La mayor parte de la mano de obra eran prisioneros de guerra alemanes. El más suntuoso de todos esos edificios era el rascacielos que albergaba la Universidad Estatal de Moscú, en lo más alto de la colina de Lenin.

La familia vivía en una sola habitación: Vasili, Tamara, mi padre y su hermanastra, Inna, hija del primer matrimonio de Vasili. Igual que sucedía en muchas habitaciones similares en los pisos comunitarios de Moscú, una cortina separaba la cama de Vasili y de Tamara de la cama de los niños; el baño y la cocina los compartían con otras familias. No había mucha intimidad, pero el apartamento era más grande y estaba mejor amueblado que la mayoría. Los cuatro pasaban muchas horas juntos en aquel rectángulo de parqué, pero mi padre solo recordaba unas pocas conversaciones con Vasili. Tanto si se hallaba destacado en el extranjero como en los periodos en que trabajaba menos de una hora al día en la «dacha más cercana» de Stalin, en Kúntsevo, solía pasarse periodos de semanas e incluso meses fuera de casa. Mi padre no recordaba cómo ni cuándo supo cuál era el trabajo de Vasili; creía haberlo sabido, de algún modo, desde siempre, pese a que Vasili casi nunca decía nada al respecto.

Pero una noche, después de cenar, Vasili les habló de un curioso altercado. Ese mismo día, había estado montando guardia en el vestíbulo del Presídium del Sóviet Supremo cuando el mariscal Zhúkov —alguien ampliamente reconocido por haber desequilibrado la balanza de la guerra a favor de la Unión Soviética y por haber impedido que Hitler llegara a Moscú— se le había acercado caminando con la cabeza gacha. Hoy en día, una estatua ecuestre de Zhúkov se alza ante el Museo Estatal de Historia de Rusia, justo al lado de la Plaza Roja. Pero Zhúkov no era miembro del Presídium y no tenía permitido el acceso al recinto, y Vasili le cerró el paso. Por un instante, ostentó un rango superior al del más alto comandante militar de la nación. «Le puse la mano derecha en el pecho y dije: "¡Camarada Zhúkov, no puede usted pasar de aquí!"», contó Vasili, sentado a la mesa con una sonrisa, para delicia de mi padre. «Tenía el pecho completamente cubierto de medallas.»

En general, mi padre apenas alcanzaba a atisbar a Vasili muy temprano por la mañana cuando, aún en duermevela, le daba la impresión de que su padre iba flotando por el piso. Cuando estuvo destinado en Moscú y tenía un horario más o menos convencional,

Vasili volvía a casa a media tarde, guardaba su arma en la caja de zapatos, se cambiaba el uniforme por un traje y otro par de zapatos, se colgaba una Leica al hombro (era un trofeo de guerra, y a él se le daba muy bien la fotografía) y salía a pasear; habitualmente no regresaba hasta mucho después de que oscureciera. Salvo cuando comentaba las calificaciones semanales de mi padre —y solo si eran malas—, rara vez hablaba con su hijo, y prefería dejar su cuidado en manos de Tamara.

Vasili sí enseñó a mi padre a pelear. Estaba en casa una tarde cuando mi padre entró corriendo en la habitación, llorando porque un niño mayor que él, el hijo de otro oficial del NKVD, le había pegado en el parque. «La próxima vez que lo veas», le dijo Vasili, «coge un palo y golpéale tan fuerte como puedas en la espinilla.» Al día siguiente mi padre siguió al pie de la letra estas instrucciones. El niño, según me dijo, se fue del parque cojeando y aullando de dolor. No volvió a aparecer por allí en tres meses.

En marzo de 1953, Stalin yacía de cuerpo presente en el Salón de Columnas de la Casa de los Sindicatos. Multitudes dolientes atestaron Moscú; cientos murieron pisoteados en las calles. Unas semanas después, Vasili lo dispuso todo para que un chófer llevara a Tamara, mi padre y su hermanastra, junto con las pertenencias de la familia, a la estación de Kíevskaya, donde tomaron un tren nocturno. El traslado los pilló a todos por sorpresa; tuvieron menos de un día para hacer el equipaje. El tren viajó hacia el suroeste, a Vinnitsa, una ciudad ucraniana a orillas de un río fangoso, el Bug Meridional, cerca del pueblo donde Vasili había nacido. Si la ciudad era conocida por algo, era porque allí había vivido Nikolái Pirogov, que popularizó el uso del éter e inventó la cirugía de campaña (un servicio a la ciencia a cambio del cual sus restos yacen momificados en un ataúd de cristal en su antigua residencia). Para Vasili y Tamara, el traslado fue como pasar de la ciudad de Nueva York a Terre Haute, Indiana. Ocho años después de la guerra, cuadrillas de prisioneros seguían demoliendo edificios dañados por los bombardeos alemanes. Wehrwolf, el búnker más oriental de Hitler, aún continuaba en pie, escondido entre los pinares al norte de la ciudad. Las aceras seguían melladas por los impactos de la metralla. Las cartillas de racionamiento se mantenían en uso. Vasili alquiló un apartamento de una habitación cerca del centro de la ciudad, en el número 19 de la calle Voroshílov, bautizada así en honor del que fue comisario de defensa de Stalin, a quien él había tratado bastante.

Vinnitsa ofrecía pocas diversiones, así que cuando terminaban las clases, mi padre, que ya era solitario a los ocho años, se dedicaba a caminar entre edificios bombardeados y jóvenes abedules hasta el cine. El deshielo de la época de Jrushchov se hallaba en sus inicios, y por primera vez se proyectaban películas de Hollywood. Mi padre vio *Tú serás mi marido,* protagonizada por Glenn Miller y su banda de swing, nueve veces. Una vez me dijo que recordaba casi toda la banda sonora nota a nota. En una ocasión, años después, cuando escuchó «Moonlight Serenade» de Miller en la radio de onda corta de un amigo, mi padre rompió a llorar.

Sus calificaciones eran pésimas. Detestaba el álgebra, pero no tanto como las asambleas matutinas, con sus juramentos al partido y sus excursiones al campo para recoger flores que luego depositaban ante la estatua de Lenin. Para mi padre, se trataba de una forma odiosa de control ideológico. En las últimas filas de su clase, trabó amistad con otros renegados y cínicos como él, a los que le unía su obsesión por las películas estadounidenses, el jazz y el rock and roll. Uno de aquellos chavales tenía acceso al magnetófono de su padre. Funcionaba con discos de laca, sacados de la circulación durante la guerra, seguramente para fundirlos y fabricar munición con ellos. Las radiografías descartadas que mi padre y sus amigos rescataban de los cubos de basura del hospital resultaron ser sustitutas aceptables. Cuando tenía doce años, mi padre llevó a casa «Rock Around the Clock» de Bill Haley, grabado en la radiografía de un pulmón. Esa misma tarde, él y dos amigos se dedicaron a poner la canción una y otra vez en el tocadiscos de Vasili mientras bailaban con sus botas de fieltro embarradas sobre la mesa barnizada del comedor. Cuando llegó Vasili, los niños salieron huyendo. Sus compañeros de clase, decía mi padre, le tenían pavor. Vasili azotó a mi padre con el cinturón hasta que este, derrumbado en el linóleo de la cocina, le suplicó entre lágrimas que parara.

Esa paliza no fue la primera, pero sí la peor hasta el momento. Después, los cuatro —Vasili, Tamara, mi padre y su hermanastra— cenaron en silencio. Para cuando mi padre cumplió quince años, el adoctrinamiento que recibía en el colegio lo había convertido en un anticomunista convencido. Sabía que el trabajo de Vasili en el «Departamento de Recursos Humanos» de una fábrica de la ciudad era solo el eufemismo con que se designaba a los agentes del KGB que había en todas las grandes empresas soviéticas. Saberlo solo aumentaba el odio que sentía hacia él. La fábrica en cuestión se llamaba Mecanismos Privor, y nadie en la familia recordaba qué producía exactamente.

Tamara era una moscovita de nacimiento que nunca llegó a disfrutar de la vida en aquella ciudad tan pequeña y provinciana. Expresaba la irritación que le despertaba el lugar adoptando un aire de divertida altanería e ignorando todas y cada una de las invitaciones de los vecinos. Cuando mi padre tenía alrededor de trece años, Tamara inició una aventura con un taxista. Una mañana, incluso llegó a presentárselo a su hijo. Mi padre veía a su glamurosa y vanidosa madre como una cómplice de conspiración, como una igual; no pensó que hubiera nada de extraño en conocer a su nuevo amante en una esquina cerca de la casa donde vivían. Poco a poco, madre e hijo se fueron aliando contra Vasili. Cuando Tamara y mi padre salían a pasear por el parque Gorki o cuando iban a la fábrica de telas a por un patrón de estambre o un rollo de algodón para que ella le hiciera una camisa, no se lo decían a Vasili. En casa, cuchicheaban y se contaban secretos mientras él dormía.

Más adelante, pocos meses después de que mi padre cumpliera quince años, Tamara le dijo que le iba a pedir el divorcio a Vasili y que planeaba volverse a Moscú —eso sí, ella sola—. Él se quedaría en Vinnitsa hasta que terminara el colegio, para lo cual le faltaban aún dos años. Mi padre se sintió traicionado pero ¿qué podía hacer? Después de que Tamara se marchara, mi padre y Vasili pasaron a verse incluso menos que antes, y casi siempre durante las comidas. Ninguno sabía cocinar ni el plato más sencillo, así que solían cenar juntos en una cafetería cercana. Después de cenar, Vasili desaparecía en sus paseos nocturnos y mi padre se iba al cine; en el verano de 1962, proyectaron *Los siete magníficos* durante tres meses seguidos en Vinnitsa, y mi padre decía haber asistido a casi todos los pases. Después, en su habitación, escuchaba a Willis Conover en las emisiones en onda corta de La Voz de América. En su cabeza, él ya estaba muy lejos de allí.

Incluso antes de ver los resultados de sus exámenes de acceso a la universidad colgados en un tablón de anuncios, mi padre ya sabía que no serían lo bastante buenos como para garantizarle una prórroga del servicio militar. Vasili, por su parte, se alegraba de que por fin se le acabara el chollo; el Ejército lo había dotado a él de disciplina y determinación, y ahora haría lo mismo con su hijo, un perezoso ratón de biblioteca. Mi padre, que se sentía encerrado en aquella ciudad de provincias, se resignó a pasar los siguientes tres años sometido a otra forma de prisión. Era perfectamente consciente de que un adolescente flacucho y de ciudad como él sería la presa perfecta en el ejército para todos los hijos de granjeros colectivistas y de mineros de carbón que le tocarían de compañeros de promoción, así que dedicó sus últimas semanas en Vinnitsa a entrenar al fútbol.

En la base militar bielorrusa donde lo destinaron, cerca de Minsk, su nuevo tormento fue un teniente ucraniano decidido a arrancarle aquellos aires suyos de intelectual. Durante los ocho meses siguientes, obligó a mi padre a trotar durante horas alrededor de un almacén de pertrechos cargado con un hervidor que pesaba doce kilos. Una mañana, después de un turno de doce horas seguidas pelando patatas detrás del comedor, volvió a los barracones y se encontró al teniente desvalijándole la taquilla. Los demás soldados permanecían firmes ante él mientras el oficial examinaba las fotos de Duke Ellington y Stan Kenton que mi padre había ido recortando de *Down Beat* y de otras revistas estadounidenses que Tamara le enviaba por correo. El teniente procedió a hacerlas pedazos, diciendo a los hombres que las «influencias cosmopolitas» eran veneno para el estado mental y la disposición para la batalla de un soldado soviético.

Mi padre informaba de estos sucesos en las mustias cartas semanales que escribía a Tamara, a quien entre tanto se le ocurrió un plan. Resultaba que la mujer de un coronel de la base anhelaba una nevera y un juego de botones de carey. Así que un domingo, el por entonces novio de Tamara, Mijaíl Mijáilovich —un hombre dinámico, menudo, con calvicie incipiente y sonrisa perpetua, que regentaba un almacén de frutas y verduras a las afueras de Moscú— aparcó delante de los barracones de mi padre una furgoneta en cuyo techo, sujeta mediante correas, llevaba una nevera prácticamente nueva. Unos días después, mi padre recibió el traslado a un silo de misiles balísticos intercontinentales que quedaba a menos de una hora de Moscú. Su trabajo, a partir de entonces, consistió en cazar las ratas que roían los valiosos cables de los misiles, algunos de ellos de platino. Sus únicas herramientas eran una caja de trampas para ratones y una palanca. Lo dejaban durante semanas sin supervisión y se pasaba las tardes ganduleando en una hamaca, tomando sorbos de un flojo café soluble y leyendo *Adiós a las armas*.

Volvió a Vinnitsa al cabo de tres años, vestido con su uniforme de faena y con la cabeza aún rapada. Vasili se alegró de verlo; tenía buenas noticias que darle. Después de meses de escribir cartas y de camelarse al personal, había conseguido que admitieran a mi padre en el Instituto Militar de Lenguas Extranjeras, que era donde solían mandar a estudiar a los hijos de oficiales del KGB y de los diplomáticos de carrera. Sacarse el título de ese instituto te aseguraba un buen sueldo e incluso la oportunidad de viajar fuera del país. Mi padre escuchó a Vasili y cuando este terminó, le dijo que había perdido el tiempo. Le anunció que se volvía a Moscú, metió unas mudas de ropa en la maleta, le estrechó la mano a su padre y se marchó.

A la mañana siguiente, Tamara lo estaba esperando en la estación de Kíevskaya en Moscú. Tenía nuevos planes para él. Mijaíl Mijáilovich le había conseguido un trabajo como conductor de un camión de reparto en su almacén, lo que significaba que mi padre era ahora, legalmente, un proletario, distinción que lo colocaba en una posición ventajosa para ser admitido en el Departamento de Filosofía de la Universidad Estatal de la ciudad. Dedicó las noches previas a la entrevista de admisión a estudiarse de memoria los libros de anticuario de su madre y a leer obras de historiadores prerrevolucionarios como Soloviev y Kostomárov. Cuando acabó la entrevista, el director del comité de admisiones señaló que nunca había conocido a un camionero tan culto.

Mi padre ingresó en la universidad, situada en la famosa colina de Lenin, en 1968. «Conocí a tu madre un año después», me dijo. «El resto de la historia ya la sabes.» Seguíamos sentados en su cocina; casi había anochecido. Parecía demacrado bajo la cetrina luz de la lámpara. Le pregunté cuándo había visto a Vasili por última vez. «Pocos años antes de que tú y tu madre os marcharais», dijo. Fue en Vinnitsa. Él y Vasili se pasaron dos días metidos en el viejo apartamento de su juventud, discutiendo y enfurruñados. Vasili le echó en cara no haber sido invitado a la boda de su propio hijo, y haber visto a su nieto nada más que una vez. Mi padre, por su parte, le dijo que hacía más de un año que no recibía una carta suya. Estaba convencido de que Vasili lo evitaba porque su mujer —mi madre— era judía, algo que podía ser perjudicial para su carrera en el KGB. Se gritaron uno al otro durante horas y luego mi padre se marchó a la estación de tren. «Siempre he sabido quién es mi madre», le espetó a Vasili antes de irse, «pero no estoy tan seguro de que tú seas mi padre.» Supongo que fue lo más hiriente que se le pasó por la cabeza.

Mi padre fumaba un cigarrillo tras otro mientras yo tomaba notas en una libreta. Unos meses antes había accedido a acompañarme a la ciudad ahora conocida como Vinnytsia para visitar a mi abuelo. Pero a medida que la fecha se acercaba, se iba tornando más y más evasivo. Las fechas, dijo, no eran las más indicadas; alguien había organizado una excursión de pesca, y su mujer, Irina, estaba teniendo dolores de estómago. Mi padre tenía cierta tendencia a hacer pasar las promesas rotas por algo inevitable. Yo había pasado los meses anteriores imaginándonos a los dos recorriendo la ciudad donde él había pasado su infancia, así que cuando, pocas semanas antes de mi vuelo a Moscú, me dijo que no iba a ir aduciendo razones «en realidad demasiado numerosas como para tener que discutirlas», recuerdo que le colgué el teléfono de golpe y me pasé los siguientes días furioso.

Sentado en su cocina, sentí cómo me volvía el enfado mientras lo miraba desde el otro lado de la mesa. Envalentonado por mi papel de interrogador e intentando que mi ruso sonara autoritario, exigí saber la verdadera razón por la que no pensaba acompañarme.

Mi padre encendió un Winston y ladeó la cabeza como si estuviera debatiendo consigo mismo. Luego soltó el humo por la nariz. Su silueta se confundió con la pared del fondo. «Una noche volví a casa con las notas de la semana, todo suspensos», dijo mirando un punto situado a mi espalda, hacia donde se juntaban la pared y el techo. «Tenía doce años. Mi padre se quitó el cinturón, me tiró al suelo de la habitación y empezó a azotarme. Por algún motivo, esa noche no parecía dispuesto a parar, así que escapé y me lancé escaleras abajo hasta un callejón que había detrás del edificio. Él corrió detrás de mí y me agarró por el cuello de la camisa. Hacía una noche bastante agradable, y todo el mundo estaba en la calle, había un montón de gente sentada en los bancos. Cuando me alcanzó, me tiró en medio de la acera y siguió con la paliza, pero esta vez delante de los vecinos.» Dio otra calada al cigarro e inclinó la silla hacia atrás. «Sé que hago mal, pero créeme, no puedo volver a verlo.» Apagó el Winston en un cenicero y se puso en pie. «Allí hace bastante frío en invierno», dijo antes de salir de la cocina. «Llévale un jersey.»

Miré por la ventana a través del nimbo de humo de la cocina. Los grajos habían abandonado ya hacía un rato los plátanos. Un edificio de viviendas de siete pisos, uno de esos bloques de hormigón del color de la nieve sucia, se alzaba al otro lado de un descampado donde la hierba solo crecía a manchas. Era idéntico al edificio donde me encontraba en aquel momento, e idéntico a la ristra de edificios que había detrás, perdiéndose en la distancia como una fila de fichas de dominó. Cientos de edificios similares se construyeron a finales de la década de los sesenta y de los setenta por toda la periferia de la ciudad. Resultaba que el edificio que yo estaba mirando era el mismo en que nosotros tres habíamos vivido antes de que mi madre y yo partiéramos hacia Estados Unidos y mi padre se volviera a casar y se mudara a ese apartamento, justo al otro lado del descampado, con su segunda mujer. Durante años tras mi marcha, visualicé en mi mente aquel edificio que nada tenía de particular, intentando reconstruir sus rasgos de memoria. Ahora, meridianamente real ante mis ojos, emanaba tan solo una fealdad prosaica.

Los veranos que viví allí, mi amigo Volodya y yo encendíamos hogueras en aquel descampado, y en invierno, cuando la nieve acumulada alcanzaba una altura superior a la de una persona, cavábamos túneles por debajo de la superficie congelada. Pero ahora había allí algo que yo no recordaba, algo nuevo. Unas cuantas mujeres con caftán y abrigo ancho, la mayoría ancianas, esperaban en fila sosteniendo jarras de plástico vacías y hervidores. A lo largo del día había visto a más de ellas. Las mujeres se acercaban por turnos a una cañería oxidada terminada en espita que asomaba del suelo; llenaban allí sus recipientes porque el agua tenía fama de ser medicinal y seguramente hasta sagrada, pues brotaba de una fuente descubierta por un zahorí de renombre. Un arzobispo metropolitano, con sus vestiduras y todo, había venido a bendecir el lugar, me dijo mi padre. Habitantes de una ciudad europea de once millones de habitantes, las mujeres esperaban su turno, alumbradas por los brillos violáceos que arropaban los bloques de viviendas.

Apagué el cigarrillo y fui a despedirme de mi padre. Estaba en el estudio, dormitando en el sofá cama, con el mando del televisor en la mano. Una columna de grabadoras de vídeo y una fila de monitores, uno de ellos encendido, ocupaban las estanterías. Reconocí la película del Oeste que había puesta y me senté junto a él. Al resplandor azulado de la pantalla, la cara de mi padre parecía plácida por primera vez; sobre un escritorio, en una fotografía enmarcada, aparecía él en barca en algún punto del Volga, sonriendo y sujetando un enorme y reluciente pez. En el monitor, Jimmy Stewart fregaba los platos luciendo un delantal. «Aquí los hombres resuelven sus problemas por sí mismos», dijo alguien. Más adelante, Stewart se tambaleaba delante de una taberna con una mueca de dolor, sujetándose el brazo ensangrentado donde le había disparado Lee Marvin. Con su chaleco negro de forajido y su sombrero, Marvin alzó de nuevo la pistola y soltó una risotada. «Está bien», dijo lo bastante alto como para que todos en la calle lo oyeran, «esta vez, directamente entre los ojos.»

En la calle de cuatro carriles junto a la parada de metro de Konkovo, detuve un Lada color guacamole. Casi todos los coches particulares hacen las veces de taxis en Moscú; es la forma más común de trabajo a tiempo parcial. Charlé un poco con el conductor, un programador informático de treinta y tantos años que se llamaba Maksim. «¿De dónde eres?», me preguntó. «Del oeste de aquí», dije. Tenía la radio a un volumen muy alto. Una voz femenina cantaba una canción sobre océanos profundos y sobre el suspiro del viento, acompañada de una caja de ritmos que sonaba a granos de arroz crudo cayendo sobre papel de aluminio. Durante media hora, las luces largas del Lada barrieron hileras de quioscos y el perfil de torres de viviendas, todas idénticas y fantasmagóricas, a lo largo de la calle Profsoyuznaya. Hubo nada más que una interrupción: un cartel publicitario que mostraba una psicodélica pradera alpina con la palabra inglesa «amor» sobreimpuesta.

Maksim me dejó cerca de la estación de tren de Kíevskaya, cerca de la verja de cuatro metros que rodea al hotel Radisson SAS Slavyanskaya. Le di dos billetes de cien rublos y crucé dos controles de seguridad antes de acceder al vestíbulo de vidrio esmerilado. Iba a pagar el viaje escribiendo sobre él para una revista, y la agencia de viajes que habían contratado en Nueva York me había reservado una habitación allí. Deambulé por el vestíbulo, desfilando ante guardas de seguridad con pinganillo vestidos de negro que me siguieron con la mirada cuando pasé. En el bar, hombres con trajes más caros acariciaban cigarros y copas de whisky de malta o hablaban por teléfono a voces. Unas cuantas chicas jóvenes con vestido de cóctel rondaban a su alrededor. Una anodina música electrónica apenas perceptible hacía las veces de banda sonora; como sucedía en todo Moscú, el propósito era crear una impresión de lujo occidental. Comenzó a caer una suave lluvia al otro lado de las puertas correderas de cristal, donde chóferes y guardaespaldas fumaban junto a sedanes negros con cortinas en las ventanillas traseras.

Tenía algo de *jet lag* y no estaba seguro de qué hora era, así que entré en una boutique donde un dependiente de unos veinte años estaba depositando gemelos dentro de una caja de cristal. Era tan atractivo como un modelo y vestía pantalones ajustados y una corbata del color de la carne de venado poco hecha. En el escaparate había un maletín de piel de cocodrilo con cierres de oro; según la etiqueta, costaba 640 000 rublos (unos 22 000 dólares). «Esos se venden bastante», dijo el dependiente. «La mayoría de la gente los compra como regalo.» El chófer de alguien entró en la tienda y, tras una breve conversación, el dependiente le entregó unas cuantas bolsas con prendas de ropa; las bolsas llevaban el rótulo BRIONI. «Trae de vuelta lo que él no quiera», le dijo al chófer.

Además de rusos, en el Radisson había alojados muchos estadounidenses y canadienses, una sorprendente cantidad de los cuales se hallaba cumpliendo los últimos trámites del proceso de adopción de un bebé. En 2004, además del caviar, el petróleo y el gas natural, los bebés eran una de las escasas exportaciones del país. En un restaurante llamado Balanchine, una especie de cueva artificial alumbrada por candelabros y decorada con cuadros al óleo y cortinas de color bronce, una mujer con una camiseta de los Atlanta Falcons paseaba junto a una niñita de ojos brillantes ante la mesa del bufé, estudiando el salmón ahumado y los huevos picantes.

«Come todo lo que quieras, cariño», le decía con un mantecoso acento de Georgia. «Mañana mami te llevará a casa.»

Aunque el recepcionista me lo desaconsejó, porque ya eran pasadas las once, decidí salir a dar un paseo. La estación de Kíevskaya, con sus bonitas cúpulas, estaba de lo más concurrida e iluminada. La dejé atrás y me encaminé a una pequeña plaza llena de camiones y furgones aparcados. Allí, un hombre sentado en el asfalto estaba comiendo con las manos algo enlatado; al pasar junto a él, vi que era una lata de comida para perros. Cerca, un agente de policía mantenía una conversación —claramente amigable y en voz baja— con una chica que llevaba tacones de plástico y un top de lentejuelas. Las lentejuelas centelleaban en la oscuridad.

Pasé ante ellos camino de un mercadillo de quioscos, la mayoría cerrados a esas horas de la noche. Dos marineros mataban el rato delante de uno de los pocos puestos que estaban abiertos, que vendía una bebida de pan fermentado llamada *kvass*. Pedí un vaso y me lo bebí junto a los marineros, que estaban borrachos y de buen humor. En una radio sonaba «It's Raining Men». El pelirrojo me pasó un brazo por los hombros y me enseñó su móvil nuevo. Los marineros estuvieron de acuerdo en que el móvil era *krutoi,* «lo más». Dije que a mí también me lo parecía. Se rieron, no supe si conmigo o de mí, pero también me reí. Por alguna razón, saqué mi móvil y se lo enseñé al pelirrojo. Cuando me lo devolvió, marqué el número de mi casa. Escuché la voz de mi novio en el contestador.

«Ya estoy aquí», dije. «Te echo de menos. Va todo bien.»

Mi abuela Tamara estaba a un mes de los ochenta. Pasaba el rato en su sofá de terciopelo con una bata gastada, también de terciopelo, y un par de bifocales en la punta de la nariz. Hacía siete años que no la veía y, para mi consternación, la mujer imperiosa a la que yo recordaba siempre de punta en blanco estaba ahora desaliñada y vieja, hablaba de forma vaga y tenía la mirada acuosa y distraída. Intenté sonreír. «Por favor, haz memoria», supliqué.

Se acercó una fotografía a la cara e hizo una mueca. Llevábamos toda la tarde mirando fotos de los años cuarenta y cincuenta, la mayoría tomadas con la Leica de Vasili. Gran parte eran retratos de Tamara posando con sombreros emplumados y cuellos de piel, como salida de un libro de Fitzgerald: exótica, delgada y sin nada que recordara a la desolación de la ciudad en tiempos de guerra.

En los años setenta, ya estaba rellenita y había empezado a teñirse el pelo de un rubio lustroso, pero conservaba el porte de una mujer hermosa, habituada a recibir halagos, atenciones y todo lo que quisiera. Tenía una belleza majestuosa, eso que algunos llaman «presencia», y una solemnidad respaldada por el considerable estatus que ostentaba. Trabajaba cerca del mercado Danilovsky, en la Casa de la Moda, uno de los talleres más cotizados de Moscú, donde diseñaba vestidos a medida, tanto de calle como de noche, para varias docenas de las mujeres más prominentes de la ciudad. Le pagaban sobre todo con regalos procedentes del extranjero; en Moscú, eso era más valioso que el dinero. Durante la retransmisión de mítines del partido y de programas de televisión, disfrutaba viendo a sus clientas vestidas con sus creaciones. Señalaba la pantalla con una uña pintada de color rojo sangre y anunciaba: «Nadezhda Ivanova, de organdí azul. Mío». Tamara cuidaba su apariencia como correspondía a su reputación. Hasta cuando iba solo a por una hogaza de pan, nunca salía de casa con nada más sencillo que un chal de seda azul marino con topos, zapatos de salón de charol, sombra de ojos color zafiro y un turbante de visón. En la mano izquierda llevaba una amatista del tamaño de una avellana con la que yo siempre me quedaba hipnotizado cuando era pequeño.

El invierno previo a mi visita, el tercer marido de Tamara, un cascarrabias ingeniero judío llamado Isaac Zinovitch, murió de cáncer de estómago dejando unos cuantos trajes y un cajón lleno de botes vacíos de cartílago de tiburón que su hijo le enviaba de Canadá. Tras el funeral, Mijaíl Mijáilovich —el segundo marido de Tamara y su favorito— la visitó para prestarle consuelo y acabó mudándose con ella. También él falleció, cinco meses después, y desde entonces Tamara vivía sola en un piso de tres habitaciones. Extraviaba las llaves a diario. Se le olvidaban los nombres de sus amigos y se quejaba a mi padre de que por la noche entraban ladrones en su habitación o de que la llamaba por teléfono una tía fallecida hacía mucho. Tales delirios llegaron de forma imperceptible, sin perjuicio de su buen humor.

Mientras yo esperaba sentado junto a ella, Tamara le fue dando la vuelta a las fotos esperando encontrar en el dorso alguna inscripción que la ayudara a recordar aquellas caras. Le pregunté por qué no había guardado fotos de Vasili. Me lanzó una mirada fría por encima de las gafas y se ciñó la bata raída. «Solo se necesitaba a sí mismo», dijo con un asomo de su antigua vehemencia. «Por eso dejé de quererlo.»

Se conocieron en 1943, en una sala de baile ruidosa y llena de humo donde la banda tocaba temas de Benny Goodman y marchas soviéticas a ritmo de jazz. Tamara gozaba de una independencia asombrosa para sus diecinueve años: tenía un trabajo bien pagado diseñando ropa femenina para las boutiques de la ciudad y asistía a los bailes con faldas plisadas y sombreros de crepé de lana confeccionados por ella misma. Su impresionante atractivo no era necesariamente una ventaja en las salas de baile. Estaban atestadas de soldados y oficiales de bajo rango que partían hacia el frente; fumaban y bebían mucho y se peleaban en el callejón detrás del edificio. «Estábamos en guerra y nadie sabía si seguiría con vida el mes siguiente», explicó Tamara. «Así que si bailabas dos veces con el mismo chico, daba por hecho que iba a acostarse contigo.»

Me dijo que en aquella época estaba «asilvestrada». Su recia y severa madre, María Nikoláyevna, le racaneaba el afecto. Le contó que a su hermano lo habían secuestrado unos gitanos cuando ella tenía cuatro años. María Nikoláyevna también había sido hermosa, con cabellos castaños por la cintura y ojos color pizarra, tan hermosa como para casarse, en los años posteriores a la revolución, con el hijo de un profesor de Historia de la Universidad de Moscú, un hombre educado y miembro de una familia aristocrática. Murió en 1924, pocos meses antes del nacimiento de Tamara, tras sufrir varias crisis nerviosas. Acosado por fantasías paranoicas, se negaba a salir del piso, y poco antes de fallecer ingresó en un hospital psiquiátrico —el mismo donde mi madre trabajaría décadas después—. Esto es cuanto Tamara llegó a saber de su padre, además de su eufónico apellido polaco: Vysokovsky.

De joven, a Tamara le gustaba decir que el pasado no le servía de nada. Vivía en una habitación de veinticinco metros cuadrados con María Nikoláyevna y su segundo marido, un hombre taciturno y descontento que trabajaba vistiendo cadáveres en la morgue. Su hija, una chica alegre de ojos castaños llamada Lyusia, compartía cama con Tamara. A los quince años, ella empezó a trabajar setenta horas semanales como costurera y realizando patrones. Le agradaban las jornadas largas, y el trabajo le proporcionaba telas de buena calidad y una excusa para salir de casa, donde siempre acababa discutiendo con su padrastro.

Se fijó en Vasili por su porte esbelto y su mandíbula cuadrada, por las insignias de comandante en su uniforme y porque a sus treinta y dos años era mayor que el resto de hombres de la sala de baile. Tenía un aspecto, dijo Tamara, a la vez masculino y discreto; era uno de los pocos hombres que había conocido que se hallaba libre de fanfarronería. Tenía una forma de hablar suave y serena, pero lo que a ella más le impresionó fueron sus modales; no la besó hasta la tercera cita. Se casaron tres meses después. Cuando ya vivían juntos, Vasili trajo a casa a su hija de un matrimonio anterior, una chica tímida y un tanto siniestra llamada Inna, que nunca le tuvo cariño a su madrastra. Mi padre nació al cabo de dos años, en el primer invierno tras la guerra.

A Tamara le encantaba salir a pasear con Vasili los domingos por la mañana. Ambos eran exigentes y vanidosos en el vestir. Él llevaba su uniforme de gala y ella vestidos de alta costura, y cuando paseaban tomados del brazo por los bulevares del centro de la ciudad, les regocijaban las miradas de moscovitas más sencillos y grises. Aunque pasaba mucho tiempo fuera, Vasili enviaba dinero a menudo y volvía a casa con una maleta llena de regalos para ella y los niños. Era escrupuloso, rara vez bebía y nunca se quejaba por tener que barrer o fregar los platos. Vasili no hablaba de trabajo y Tamara sabía que era mejor no hacer preguntas. Cuando él estaba fuera, por la noche después de que los niños se durmieran, ella pasaba horas leyendo libros que compraba o tomaba prestados: Pushkin, Gógol, Turguénev, Strindberg, Shakespeare, Balzac. Pese a que nunca cursó estudios universitarios, aquellas noches descubrió una afición a los libros que no la abandonó nunca.

Su devoción por Vasili solo empezó a flaquear cuando la familia se trasladó a Vinnitsa. Allí, dijo Tamara, comenzó a verlo tal y como era. Por primera vez se fijó en la casi total ausencia de curiosidad de Vasili por el mundo, en su costumbre de sentarse en una silla y mirar al vacío durante horas, como observando algo que estuviera sucediendo a media distancia. Durante todos los años que convivió con él, solo lo vio leer un libro, *Miseria humana* de Émile

Zola, una novela satírica acerca de unos esforzados burgueses que vivían en París durante el Segundo Imperio. La tenía junto a la cama como un icono o una moneda de la suerte. Antes de dormir, hojeaba un par de páginas y volvía a dejar el libro en la mesilla de noche. Tamara nunca supo si llegó a terminarlo.

Cuando estaban solos, Vasili se mostraba distraído y apático; sus conversaciones menguaron hasta desaparecer. Prestaba poca atención a los niños, y Tamara sabía que era mejor no hablarle de política, que lo sumía en gélidos silencios. Cuando, de adolescente, mi padre declaraba sus opiniones anticomunistas a la hora de la cena, Tamara lo fulminaba con la mirada para que se callara.

Más o menos un año antes de dejar Moscú, Tamara se enteró de que una gabardina de mujer diseñada por ella había ganado un premio internacional e iba a aparecer en un desfile en Milán. Por supuesto, a ella no se le permitía asistir, pero el galardón le ganó reconocimiento en su trabajo e incluso un aumento de sueldo. También la convenció de que el diseño de ropa no era un mero empleo sino una carrera. Pero al final fue a parar a Vinnitsa, donde acabó cosiendo vestidos de segunda fila para mujeres que no distinguían el rayón de la seda y que nunca verían una prenda occidental, ni siquiera en revistas. Detestaba Vinnitsa, y lo que la ligaba a la ciudad era el matrimonio con un hombre cada vez más distante.

La primera aventura comenzó casi por accidente. Vasili estaba pasando unos días fuera, y ella estaba aburrida y resentida. «Mi orgullo fue el culpable», me dijo Tamara. También fue su orgullo el que no le permitió disimular mejor su aventura. Cuando se cruzaba con vecinos en la escalera, los oía cuchichear. Aunque le llegaron los rumores, Vasili no dijo nada ni mostró cambios de humor. Rehusó enfrentarse a Tamara incluso cuando esta empezó a verse abiertamente con su amante, y a ella la enfurecía su indiferencia. Estaba vacío, dijo Tamara, y ese vacío llenaba el piso como un hedor.

Ella pasaba cada vez más tiempo con su madre en Moscú, y una noche de primavera, en un tren hacia el norte, conoció a un hombre bajo y calvo, gerente de un almacén de fruta y verdura. Era demasiado charlatán y prosaico, pero tenía una sonrisa encantadora y le gustaba reírse. Al igual que ella, estaba casado. Mijaíl Mijáilovich se le declaró justo antes de que el tren entrara en la estación de Kíevskaya en Moscú; después, envió cada día una docena de claveles al piso de la madre de Tamara hasta que esta accedió a casarse con él. Era 1960. Cuando Tamara regresó a Vinnitsa pidió el divorcio a Vasili, llenó dos maletas, le dio un beso de despedida a su hijo y tomó un taxi de vuelta a la estación. Contaba que cuando se lo dijo a Vasili, él no discutió ni le pidió que se lo pensara; tan solo fue a la cocina y se puso a hervir agua para el té.

«Ya nunca pienso en él», dijo Tamara, aferrando el reposabrazos del sofá, cansada por el esfuerzo de cribar los recuerdos. «Tenía un hueco donde debería haber tenido el corazón.» Hacía frío en la calle, y una corriente de aire mecía las cortinas, así que cerré la ventana aporreando el pestillo oxidado hasta conseguir que encajara en su sitio. De vuelta en el sofá, señalé una grisácea foto en color de mí con seis o siete años, cuando todavía tenía el pelo rizado, tocando un acordeón de juguete. Mi abuela se la acercó a los ojos y agachó un poco la barbilla para mirar por encima de las gafas de cerca. Un gesto de confusión cruzó su rostro como una ráfaga de aire recorre un prado.

—Mira, abuela, soy yo —dije.

—No —me reprendió, como si hubiera dicho una tontería—. Ese es mi nieto. Se fue a Nueva York. Tú me caes bien, pero él era mi favorito.

La víspera de partir hacia Vinnytsia, mi padre y yo fuimos en metro al centro de la ciudad. Siempre que iba a verlo me llevaba de paseo por el centro, para señalarme los mismos sitios y contarme las mismas historias. Aun así, a mí me gustaba oírlo hablar, cosa que él apenas hacía el resto del tiempo. El metro estaba atestado. Los pasajeros iban con los ojos cerrados o con la mirada clavada en el suelo, callados como pacientes en una sala de espera.

Fuera hacía un día despejado y cálido de finales de otoño, y la ciudad irradiaba belleza y esperanza, como una novia el día de su boda. Hicimos nuestro recorrido habitual: pasamos el Teatro Bolshói, cuyos manzanos aún lucían unas últimas hojas; el acristalado Hotel Metropol y los altos ventanales del centro comercial GUM, orientados hacia el mármol bermejo del mausoleo de Lenin. Junto al Hotel Nacional está la Primera Universidad Médica Estatal, y nos detuvimos frente al edificio donde mis padres se habían conocido. Mi padre miró con recelo las ventanas, encendió un cigarrillo y se tapó las orejas con el gorro.

«Quiero enseñarte algo», dijo con timidez, y me guio por una serie de calles secundarias. Se detuvo en el Puente de Piedra y señaló algo a mi espalda. Me volví y me encontré mirando la catedral reconstruida de Cristo el Salvador. No estaba allí la última vez que yo había visitado Moscú siete años antes. Me quedé un rato contemplando la inverosímil enormidad blanca y dorada del templo; se alzaba sobre el río cual visitante de una solemne civilización alienígena. Mi padre quiso echar un vistazo al interior.

Yo había visto la catedral original en fotos antiguas y postales. Ninguna otra construcción dice tanto de un lugar: la particular estética rusa, la relación entre gobernantes y gobernados, su extrema y en ocasiones violentísima historia. El mastodóntico templo de la calle Volkhonka es un epítome del trágico pasado de la ciudad y su predilección por los gestos descomunales y escatológicos, combinación que otorga a Moscú esa escala inusual, pesada, y esa belleza peculiar y grandiosa. La catedral concentra tanto significado que la mayoría de los moscovitas la ven como una alegoría.

La salvación a la que la catedral debe su nombre fue en parte la de Rusia ante el ejército de Napoleón. Según un manifiesto del zar Alejandro I firmado en diciembre de 1812, «simbolizará nuestra gratitud a la Divina Providencia por salvar a Rusia de la perdición que sobre ella se cernía». Como monumento a la victoria de Rusia sobre una potencia occidental, Alejandro imaginó el mayor, más costoso y más impresionante templo ortodoxo de toda la cristiandad, inspirado en Hagia Sofía, con capacidad para diez mil fieles. A ningún visitante extranjero le pasaría por alto su significado: Moscú resurgía de la estepa para proclamarse la Tercera Roma. La catedral demostraba que Rusia superaba a todas las demás naciones no solo en tamaño sino en la magnitud de la devoción de su pueblo.

Para dejar espacio libre se demolieron los campanarios y las capillas del Alekseevsky, un monasterio del siglo XV situado cerca del Kremlin. La construcción, financiada mayormente a través de campañas de donaciones, se prolongó cuarenta y tres años. Tras la muerte de Alejadro, su hermano Nicolás I asumió el proyecto, y su hijo Alejandro II lo finalizó. El arquitecto de la corte, Konstantín Thon, contrató a Kramskói, Vereshchagin, Súrikov y otros renombrados pintores rusos para decorar el interior; trabajaron rodeados de extensiones de mármoles de Altái y de Podolia e incrustaciones de piedras semipreciosas. Chaikovski estrenó allí la *Obertura 1812* cuando aún seguía recubierta de andamios. Una vez expuesta a la vista en 1880, la impresión fue la de una íntima iglesia rusa medieval ampliada a unas dimensiones incomprensibles, un cubo neobizantino de cúpula dorada que, por su falta de proporción con el resto de la ciudad, ejercía a la vez un efecto disruptivo y unificador en el paisaje urbano.

A comienzos de la era soviética en los años veinte, la catedral se había convertido en un lastre, rémora de un pasado decadente. El jefe del partido en Moscú, Lázar Kaganóvich, proclamó que la nueva capital encarnaría los ideales del socialismo y se convertiría en «un laboratorio al que acudirían en tropel gentes de toda la Unión para estudiar sus experimentos». Por orden suya, se demolieron emblemas urbanísticos como la muralla del siglo XVI que rodeaba Kitai Górod y la catedral de Kazán en la Plaza Roja, se ensancharon calles en previsión de la llegada del automóvil, y prácticamente todos los callejones y plazas se rebautizaron con el nombre de alguna luminaria del nuevo Estado.

La pieza más ambiciosa del plan de Kaganóvich fue la espléndida red de metro, cuyos túneles también harían las veces de refugio antibombas y cuyas estaciones, decoradas con columnatas, vidrieras y estatuas, aspiraban a servir de «palacios del pueblo». Miles de estudiantes —miembros de la Liga de las Juventudes Comunistas o Komsomol— fueron reclutados para trabajos forzados en la construcción del metro, donde cientos de ellos sufrieron accidentes graves o perecieron.

En 1936, una delegación británica encabezada por el primer ministro liberal Sir E. D. Simon visitó Moscú y fue testigo de la transformación a gran escala de la ciudad en una metrópolis socialista del futuro. Cuando los británicos preguntaron a los funcionarios del Estado por qué se estaba invirtiendo tanto capital y mano de obra en un ostentoso sistema de transporte subterráneo a pesar de la escasez de vivienda y alimento, les respondieron: «El metro es un símbolo, una demostración del poder del pueblo para crear cosas gigantescas y hermosas, un anticipo de la riqueza que estará al servicio de todos». La primera parte era cierta, sin duda: la arquitectura rusa, al igual que otros muchos aspectos de la vida pública del país, siempre ha funcionado ante todo como símbolo. Pese a que el régimen de Stalin se identificó con monolitos brutalistas de escala monumental, la catedral de Cristo el Salvador era un recordatorio de que el gigantismo ruso no nació con Stalin; él tan solo le dio nuevas formas de expresión.

En 1931, el año en que Kaganóvich desveló su plan para levantar una Moscú socialista, Stalin demolió la catedral con carretadas de dinamita. El mayor templo ortodoxo del mundo, erigido gracias a la contribución de tres zares y una multitud de rusos de a pie, para cuya construcción fueron necesarios casi setenta años, sobrevivió tan solo otros cincuenta. Noche tras noche, una cuadrilla de trabajadores, entre los que se encontraban varias brigadas de policía secreta, se dedicaron a desmontar toneladas de oro y de malaquita, losas de mármol inscritas con las fechas de campañas militares rusas, revestimientos dorados e iconos de valor incalculable. Se rascó el pan de oro de las cúpulas y se bajaron las campanas. Fueron necesarias dos semanas de explosiones para demoler el ciclópeo edificio sección a sección, y casi un año para deshacerse de los escombros. Gran parte del mármol empleado en las opulentas estaciones del metro de Kaganóvich, como se lo conoció durante un tiempo, provino de la catedral demolida.

Por supuesto, la destrucción también fue simbólica. Con el propósito de crear en Rusia «una religión proletaria sin dios», Stalin arrasó el templo más sagrado del pueblo. A cambio, él les daría algo incluso más grandioso: un palacio futurista para acoger los congresos del partido y proclamar el triunfo del socialismo mundial y del Plan Quinquenal; un edificio de proporciones capaces de eclipsar no solo a Dios Padre sino a toda la Trinidad. Y para que a nadie se le escapara su significado, se alzaría en el mismo lugar que había ocupado el templo demolido.

El concurso internacional de diseños para el Palacio de los Sóviets generó cientos de ideas, todas ellas de un riguroso optimismo modernista o constructivista, y hasta contó con la participación de Walter Gropius y Le Corbusier. Stalin eligió la propuesta del arquitecto moscovita Borís Iofán, una torre neoclásica ridículamente tétrica: el edificio más alto del mundo parecería un trofeo de *hockey*. El Palacio de los Sóviets de Stalin, treinta metros más alto que el recién inaugurado Empire State, estaba coronado por una estatua de Lenin tres veces mayor que la Estatua de la Libertad. El brazo de Lenin se estiraba sobre la ciudad señalando el futuro; el dedo índice extendido tenía seis metros de largo. El salón principal podría acoger a veinte mil personas; otro, más pequeño, a siete mil. Las cuadrillas excavaron los cimientos en 1937, el año más mortal del Terror, el año en que Frank Lloyd Wright, dirigiéndose a un público de arquitectos, advirtió a los rusos contra la «grandomanía». Una maqueta de nueve metros de alto del diseño se exhibió en la Feria Mundial de Nueva York de 1939.

El agua del río inundó los cimientos casi de inmediato, y los niños se saltaban las vallas para nadar y pescar carpas. Se llevaron camiones llenos de lápidas procedentes de los cementerios de la ciudad para reforzar los costados de los cimientos; la construcción se detuvo en 1941. Los trabajadores desmantelaron el esqueleto de acero del edificio para reutilizarlo con fines bélicos, y los vecinos de la ciudad, siempre necesitados de leña, desmontaron la valla que lo rodeaba. La cercana estación de metro conservó el nombre de «Palacio de los Sóviets» hasta el año de la muerte de Stalin; el diseño de Iofan continuó adornando las cajas de cerillas.

Un amigo de mi familia que vive en Nueva York recuerda aquel sitio. Cuando era adolescente, en los años inmediatamente posteriores a la guerra, estaba cubierto de basura y de ortigas. Él almorzaba columpiando las piernas al borde de los cimientos inundados. Ancianas devotas susurraban que tras la demolición de la catedral el terreno había quedado maldito. El hecho de que tanto Kaganóvich como Iofan fueran judíos formaba parte de las teorías conspiranoicas antisemitas que nunca habían llegado a desaparecer en Moscú. Finalmente, por orden de Jrushchov, la sima junto al río se convirtió en una piscina climatizada al aire libre, a la que bautizaron con el insulso nombre de Moskva y que era también la más grande del mundo. Los dos mayores edificios de Rusia —uno demolido y otro que nunca llegó a construirse— fueron sustituidos por un gran recipiente de hormigón. Mi madre se acuerda de ir a nadar allí meses antes de que yo naciera.

Mi padre y yo paseamos por la catedral reconstruida, atestada de visitantes. Al igual que la versión previa, en parte la habían financiado rusos de a pie, más de un millón de los cuales habían donado dinero para su construcción. El plan era que fuera una réplica exacta de la original, pero en el último momento el escultor georgiano Zurab Tsereteli, buen amigo del notoriamente corrupto alcalde de Moscú, incorporó unos adornos modernos completamente absurdos. En otra zona del río, Tsereteli erigió su muy detestada estatua de Pedro el Grande; la policía moscovita ya había arrestado a dos grupos de personas que intentaron demolerla con explosivos.

Pasamos ante estatuas de Nicolás y de Alejandro y subimos las escaleras hasta una capilla menor donde se estaba celebrando un oficio. Un sacerdote cantaba frente a un iconostasio dorado. Entre las velas y el humo del incienso, un trío coral y una docena escasa de feligreses con abrigos se arracimaban en torno al altar. El canto era tan hermoso que se me hacía difícil escucharlo. Observando al grupo recordé, por alguna razón, una misa de gallo de una iglesia luterana en Bethesda, Maryland. Mi novio y yo fuimos allí una Navidad para escuchar a su madre cantar un solo del *Requiem* de Fauré. Antes del servicio, los feligreses charlaban plácidamente sentados en los bancos. Después, mujeres con cárdigan y perlas y niños repeinados con chaquetas azul marino se arrodillaron frente a la barandilla del altar a la espera de la comunión. La escena transmitía una impresión de prudente optimismo. Aquí, en Moscú, el ánimo era más sombrío. No había bancos y el ambiente se hallaba tenso de devoción. A diferencia de las melodías ligeras de Fauré, el cántico tenía resonancias terrenales. A mi lado, una mujer con una bolsa de comestibles a sus pies se mecía atrás y adelante sobre los talones, ojos cerrados, repitiendo entre dientes una plegaria.

Mi padre se había inclinado hacia mí para susurrarme algo al oído cuando alguien a nuestra espalda empezó a gritar. Era un hombre con una chaqueta de traje remendada y botas de fieltro; estaba de rodillas, tocando el suelo con la frente al viejo estilo ruso. Cuando se irguió, tenía las mejillas surcadas de lágrimas. *«Zhidi rastoptali Rossiyu!»*, volvió a gritar. «¡Los putos judíos pisotearon a Rusia!» Me quedé helado. Mi padre se alejó a paso ligero. Lo seguí por las escaleras y salí dando traspiés a la luz vespertina. Mi padre paró un taxi particular y nos quedamos sentados en silencio en el asiento trasero mientras el casco antiguo de la ciudad quedaba atrás, dando paso a bloques de viviendas y puestos callejeros. Encendió un Winston y echó el humo por la ventanilla. Pasaron veinte minutos hasta que volvió a mirarme.

★ ★ ★

Era más de medianoche cuando el tren a Bucarest se detuvo. Faltaban aún catorce horas para llegar a Vinnytsia. No había edificio alguno en la estación, solo una marquesina metálica donde una bombilla iluminaba el cartel de SUKHINICHI. Por la ventana, aquel sitio parecía uno más de esos puntos del mapa que deben su existencia al ferrocarril: una mera cinta de tierra apisonada a lo largo de un tramo de la vía. Al principio no me fijé en la procesión de siluetas —formas imprecisas, primero solo un par, luego docenas— que se arremolinaban alrededor del vagón. Una vez que mi vista se adaptó a la oscuridad, distinguí personas inclinadas bajo el peso de los peluches más grandes que había visto en mi vida. Cuando los pasajeros nos apeamos del tren, nos vimos rodeados de panteras, tigres y osos de tamaño real, cuyos ojos de plástico brillaban a la luz de la luna.

La revisora, una mujer con flequillo y pintalabios color albaricoque, nos explicó que aquella gente trabajaba en una fábrica de juguetes cercana que, como muchas otras, estaba amenazada de quiebra y pagaba a los empleados con mercancía. Intentaban venderles peluches a los pasajeros que salían al andén en esos diez minutos de parada para estirar las piernas y fumar, porque eran los únicos visitantes de Sukhinichi. Cuando rechacé comprar una pantera tamaño piragua por diecisiete dólares, la mujer que la acarreaba me preguntó si tenía hambre. «Tengo un muslo de pollo», me ofreció. Un niño de unos ocho años que arrastraba una bolsa de lona gritaba: «¡Cerveza, cigarrillos!». «En el trayecto de vuelta será de día y los precios, más altos», decía con tono agrio un hombre con un gorro de lana. Sonó el silbato y la revisora subió a bordo. Zigzagueé en dirección a los escalones metálicos del vagón, esquivando una sirena y una seta humanoide de mirada lasciva. El tren se puso en marcha. En el compartimento, acerqué la cara al cristal y vi el surrealista zoológico fundirse en la oscuridad.

«¿Qué te parece nuestro país?», me preguntó Petya sonriendo. En el coche cama, yo iba en un compartimento de cuatro literas con el hijo que mi padrastro había tenido en su breve primer matrimonio. Unos días antes se había ofrecido a acompañarme a Vinnytsia, y yo me sentí aliviado y agradecido de no tener que viajar solo. Petya era un año mayor que yo. Se crio en Moscú, donde trabajaba de fotógrafo *freelance* para revistas. Solo nos habíamos visto unas pocas veces, y yo no dejaba de hacerle preguntas. Me habló de su servicio militar en los Urales y de su reciente viaje a Chechenia, enviado por una revista moscovita para fotografiar a los muertos. Creo que le divertían mi ruso titubeante y mis prudentes modales de turista. Con su cuerpo de trapecista, pelo rubio a la moda y alegres ojos castaños, Petya me pastoreó por el tren, a gusto y contento en su ecosistema pero conmovedoramente preocupado por mi bienestar. Solo perdió el tono amistoso cuando tocamos el tema de su padre, mi padrastro, un pintor que abandonó la Unión Soviética en 1978 por presiones del Gobierno. Petya tenía diez años cuando se fue su padre, y preguntaba por él con expresión temerosa y vacilante. Yo pensé que quizá estuviera resentido conmigo por mi cercanía a su padre, cercanía que le habría correspondido por derecho, pero él borró mi incomodidad de un plumazo. «Te ha tocado a ti aguantarlo», dijo, y esbozó su reconfortante sonrisa.

La noche antes de partir hacia Vinnytsia, Petya me llamó para decirme que nos acompañaría su mujer, más exactamente su exmujer, Anya. No explicó el porqué. Iba sentada en la litera junto a él: una treintañera rubia, guapa y delgada, con actitud dispersa y una risa penetrante y un poco trastornada. Anya dijo que diseñaba ropa «abstracta» de mujer. Ella y Petya se habían separado varias veces pero siempre acababan volviendo, sobre todo por el hijo que ella tenía de un matrimonio anterior, un niño de ocho años al que Petya había adoptado. Bebimos té y vodka y miramos por la ventanilla mientras las afueras se disolvían en cabañas, casetas, huertos, pozos con bomba de manivela y ondulantes vallas de madera a las que les faltaba algún que otro poste. Anya estuvo contando chistes verdes y se rio a carcajadas tras cada uno de ellos.

De camino al vagón restaurante pasamos por una sección llamada *platskart,* el equivalente ferroviario a la tercera clase. Allí no había puertas, ni siquiera cortinas, para separar a los pasajeros, y familias enteras dormitaban en camastros de madera, de cara a la pared en busca de intimidad. Soldados tumbados con las botas puestas. Mujeres jugando a las cartas, comiendo rábanos y rodajas de pepino que sacaban de bolsas de plástico. Las ventanillas no se podían abrir y la atmósfera estaba cargada de un olor a embutido curado y a sudor. Nos abrimos paso a través de seis bamboleantes vagones y nos apiñamos alrededor de una fría mesa de metal. Anya pidió una botella de brandi Moldovan y un plato de rodajas de limón con un poco de azúcar. Antes de que llegara el brandi, dos pasajeros se apretujaron junto a nosotros. Había muchas mesas vacías en el vagón restaurante, pero habría sido grosero objetar: íbamos en un tren, medio de transporte que les saca a los rusos una cortesía benévola.

Nuestros acompañantes —dos hombres de pelo rizado y ojos oscuros de veintimuchos años— se dirigieron a nosotros con un mascullado acento uzbeko. Parecían llevar borrachos mucho tiempo. El más parlanchín, Zhora, dijo que venían de Samarcanda; no mencionó adónde se dirigían. Se quedaba mirando fijamente a Anya con mucha admiración y poco disimulo. Parecían demasiado amables, demasiado abiertos, pero pensé que sería cosa mía, que ya no estaba acostumbrado a los modales rusos. Se abrió la puerta al otro lado del vagón dejando ver el uniforme de la revisora, y Zhora y su amigo corrieron a encerrarse en el lavabo. Cuando la revisora hubo pasado, asomaron la cabeza con picaresca cómica. Zhora reconoció que no tenían billete ni pasaporte y que hacía unos días los habían echado de otro tren.

El brandi dulce ya se me estaba subiendo a la cabeza cuando Petya se inclinó hacia mí y me susurró al oído que me fijara en las manos de los dos hombres; tenían tatuados unos elaborados anillos azules en la primera falange de los dedos. «Presos», me susurró tranquilamente, utilizando la palabra *zeki.* En ese momento

Zhora nos preguntó si llevábamos encima dinero en efectivo; un incisivo dorado centelló bajo su bigote. Nos miramos, sobrios de repente, y advertimos que no había nadie más en el vagón restaurante. Justo entonces volvió a pasar la revisora, lanzando a Zhora y a su amigo de vuelta al lavabo. Cuando la puerta metálica se cerró con un chasquido, Petya nos hizo señas para que nos fuéramos. Recorrimos los vagones a toda velocidad y, en cuanto entramos en nuestro compartimento, echamos el cerrojo. Petya sacó el corcho de una botella de vino y lo encajó bajo el pestillo para que no se pudiera forzar la puerta.

Estuvimos un buen rato riéndonos, con una última ronda de vodka. Luego, atontados, abrimos las literas superiores y les pusimos unas rígidas sábanas blancas. Petya y Anya se durmieron al cabo de unos minutos, pero cuando yo cerré los ojos la película de ese día se proyectó en el interior de mis párpados. Después de media hora contemplando la oscuridad y oyendo el traqueteo de las ruedas, me puse los auriculares. La música me tuvo un rato oscilando entre el miedo y la morriña hasta que di con un disco de Sonic Youth. «Love has come to stay in all the way / It's gonna stay forever and everyday», cantaron en mi cabeza las voces de Thurston Moore y de Kim Gordon; en el exterior, un bosque fantasmagórico se extendía en todas direcciones. «You got a cotton crown / I'm gonna keep it underground.» Me quedé dormido con la guitarra chillándome al oído.

Estaba oscuro cuando me despertó un quejido de frenos. Por mi reloj eran las cuatro y media. Estábamos en la frontera. Se oyeron pasos de botas en los escalones metálicos. «¿Dónde está el estadounidense?», exigió una voz masculina. En el manifiesto del tren figuraban el nombre y la nacionalidad de los pasajeros, y yo era el único extranjero a bordo. Un momento después alguien estaba aporreando la puerta del compartimento. Petya se guardó el corcho en el bolsillo y encendió las luces. Entraron dos guardias fronterizos con la bandera ucraniana en la manga del abrigo; el más grande fue el único que tomó la palabra. Le dimos nuestros pasaportes y fingió examinarlos. Yo no le veía los ojos, ocultos bajo la visera de la gorra. «¿Dónde está su declaración de aduanas?», me ladró. La revisora no nos había dado ningún formulario de aduanas, contesté. Estábamos aturdidos y todavía un poco borrachos, y Anya y Petya protestaron a voz en grito.

«Su documentación no está en orden», dijo el guardia con tono como de estar leyendo una chuleta. «Su comportamiento es vergonzoso y está retrasando el tren, y si no me entrega su declaración de aduanas en noventa segundos, lo retendré aquí.»

Eché un vistazo rápido por la ventana. En mitad de la noche, en algún punto de la interminable frontera ruso-ucraniana, «aquí» era un cobertizo de chapa corrugada que no tenía pinta de estar climatizado. Tumbados sin vestir en las literas, miramos a los guardias desde abajo. El miedo estaba empezando a darme náuseas pero también me preocupaba que me entrara la risa por el descaro de aquella encerrona. Todo se iba inclinando hacia un desenlace calamitoso cuando Petya se metió la mano en el bolsillo trasero de los vaqueros y le tendió al guardia un arrugado billete de veinte dólares. (Los rusos a menudo llevan encima dólares, precisamente para este tipo de transacciones.) El hombre se relajó e incluso nos dedicó una sonrisa. «Bienvenidos a la república soberana de Ucrania», dijo. «¡Disfruten de una estancia segura y agradable!» Nos dedicó un cordial saludo militar, salió al pasillo con el otro guardia y, tras un nuevo saludo más alegre, cerraron la puerta tras de sí.

Esperamos junto a nuestro equipaje fuera del compartimento, mirando por las ventanas del pasillo; el paisaje rural iba dejando paso a las ruinas de una ciudad mediana. El tren pasó junto a cascarones de edificios de edad indefinida, almacenes y centrales depuradoras de agua cuyos ladrillos yacían diseminados a lo largo de las vías; aquí y allá asomaban árboles jóvenes, oscurecidos por el hollín, entre dientes de león y malas hierbas. La estación de tren de Vinnytsia, un búnker de hormigón con techo de metal corrugado, aguardaba en medio de los detritos. Petya nos metió a empujones en un taxi particular que nos llevó a paso de tortuga por la calle principal hasta el hotel.

En mi socorrida guía de la región, a Vinnytsia le correspondía un único párrafo. La ciudad, declaraba el libro, era «llamativa por no tener nada de llamativo». En el taxi recordé las historias que mi padre me había contado sobre su infancia allí; no cuadraban con el descuido y la pobreza aparente que nos rodeaban. Un mercadillo ocupaba las dos aceras de la calle del río. Había una anciana sentada en una caja de embalaje, encorvada sobre el par de gallinas desplumadas que tenía a sus pies en el asfalto. En puestos improvisados, las mujeres vendían películas piratas, dulces caseros y un sinfín de prendas de ropa: zapatos de cordones con la puntera afilada, jerséis acrílicos con nombres de diseñadores famosos estampados con lentejuelas en el pecho (uno de ellos mal escrito), bolsos de Gucci, relojes suizos de China. Había tiendas convencionales en Vinnytsia también, nos aseguró el conductor, pero casi todo el mundo compraba allí porque era más barato.

Después de registrarnos en el hotel, nos sentamos a desayunar en una cafetería vacía y esperamos a que un chico de unos dieciséis años nos trajera unos menús enormes, concebidos con la característica ausencia de ironía soviética y su inclinación por los nombres abstractos; un aperitivo de plátano y jamón se llamaba «Ternura». Petya, Anya y yo acordamos reunirnos en aquel mismo sitio al final del viaje. Les dije que no sabía cuándo sería, pero no pareció preocuparles. Aún no era mediodía. Dejé mi maleta en la habitación, me refresqué la cara y salí en busca de mi abuelo.

Nadie había oído hablar nunca de la calle Voroshílov. Ya empezaba a pensar que había anotado mal la dirección cuando una mujer de unos cincuenta años sonrió y asintió con la cabeza. A la calle le habían cambiado el nombre hacía años, me explicó. Calle del Quincuagésimo Aniversario de la Victoria sobre el Fascismo era un nombre grandilocuente para una calle estrecha, de dos carriles, con escuálidos abedules plantados cada seis metros en las aceras. Había empezado a soplar un viento frío y el sol, rojo como el de la bandera japonesa, se estaba escondiendo tras una fábrica cuando divisé el número 19, un edificio de ladrillo de cinco pisos sin ascensor que databa de la década de los treinta. La puerta estaba cubierta de tímidos grafitis. En la esquina, un cartel en la cristalera de un salón de belleza cerrado anunciaba electrolisis unisex y «afrotrenzas».

Cargado de regalos del mercadillo —un ramo de margaritas sujeto con una goma elástica y una tarta dentro de una bolsa de plástico de Hugo Boss— me demoré ante la puerta repasando las posibilidades. Se me ocurrieron silencio, demencia, rechazo. Se me ocurrió que no tenía plan B. Se me ocurrió que era absurdo viajar ocho mil kilómetros tras una sola llamada de teléfono y sin tener recuerdos de aquel hombre ni ningún mensaje que transmitirle.

Había pasado meses imaginando el momento en que conocería a Vasili, pero, por algún motivo, en ese momento solo sentía una sorda ansiedad y el deseo de acabar de una vez con aquello. De pronto, lo que más quería era estar de vuelta en casa. Subir pedaleando el puente de Brooklyn hasta que, desde arriba, viera el sol reflejado en las ventanas de South Street, y más allá Governors Island y los ferris desplegándose en abanico desde la terminal de Whitehall. El deseo era tan intenso que a punto estuve de darme media vuelta y volverme al hotel. En lugar de eso, miré el reloj y subí a oscuras una escalera.

Una mujer con delantal de flores me abrió la puerta. «Soy Sonya», me dijo sonriendo. «Te he visto en la acera y te he reconocido por la foto.» Sonya era menuda, tenía alrededor de ochenta años y una expresión amable e inquisitiva. Me dio un fuerte abrazo, me invitó a pasar y me condujo por un pasillo con suelo de linóleo hasta una pequeña sala de estar que olía a vejez y productos de limpieza. Estaba atiborrada de muebles anticuados, plantas exuberantes y floridas cortinas de encaje. Una manta granate cubría el sofá. Encima de un viejo televisor había una muñeca rubia sentada con las piernas abiertas junto a una antena sujeta con cinta aislante.

Me llevó un momento darme cuenta de que el anciano alto y delgado del sofá era mi abuelo. Estaba allí sentado en la penumbra como un ave marina, y me observaba con ojos pálidos y húmedos. Antes de que yo pudiera verlo bien, me dio un abrazo y me besó en las dos mejillas, una y otra vez, como antaño hacían los hombres en Rusia, sin dejar de repetir mi nombre. Cuando me soltó traté de asociar su cara con la que había visto en la fotografía. La saqué de la mochila y se la enseñé. Se puso las gafas que llevaba colgadas al cuello de un cordón y la miró con incredulidad. «¿Ese soy yo?», murmuró. Tenía la voz clara e iba bien afeitado. Su gastada chaqueta azul marino estaba recién planchada. Tenía la punta de la nariz curvada como el pico de un ave de presa, igual que yo. Era él, pensé, con sorpresa genuina. Lo había encontrado.

Pasamos aquella primera tarde sentados a la mesa barnizada de la sala de estar (resultó ser la misma mesa sobre la que mi padre y sus amigos habían bailado hacía cincuenta años) bebiendo té tibio y cogiendo trocitos de tarta. Sonya era la que con más frecuencia tomaba la palabra. Me habló de la hija de Vasili, Inna, la hermanastra de mi padre, que vivía a unos cientos de kilómetros al este de allí, y me enseñó fotos de sus nietos: un niño flacucho y una niña con pelo del color de la avena que aparecían abrazados a su madre, una mujer de mediana edad cuya cara no pude asociar con las dos o tres fotos de su infancia en las que aparecía de pie junto a mi padre, pensativa y eternamente seria. El rostro grave y rectangular del hijo de Sonya, juez militar en Moscú, nos observaba desde una fotografía de la pared.

A medida que avanzaba la velada, Sonya fue contando más cosas, y a mí me sorprendió, y luego me avergonzó, enterarme de que muchas de sus dificultades eran producto de la falta de dinero, de unas sumas triviales de dinero. Tenían un balcón que corría el riesgo de venirse abajo pero que no se podían permitir reforzar, tenían un sofá con un muelle afilado asomando por el tapizado pero arreglarlo era demasiado caro. Al igual que la mayoría de ancianos rusos, Sonya y Vasili hablaban de pensiones; la de ella era de treinta y cinco grivnas mensuales, unos siete dólares; la de él era un poco más alta. Cuando Vasili se rompió la cadera no pudieron costear la cirugía recomendada por el médico, y ahora, después de un año y medio en cama, Vasili se desplazaba con muletas. La operación habría costado unos trescientos dólares.

Vasili no recibía muchas visitas, de modo que no dejaba de sonreír bajo sus desmelenadas cejas. Cuando sonrió a la luz de la lámpara vi que tenía fundas de oro en tres dientes delanteros. Su buen humor solo decayó al final de la velada, cuando le pregunté por mi padre. Le conté lo que yo sabía y su expresión dejó ver sorpresa y, poco a poco, bochorno. «Pensé que se había ido a Estados Unidos, contigo», murmuró finalmente. Por algún motivo, yo también me sentí abochornado. Quise decir algo que lo reconfortara. «Te envía un saludo», balbuceé. La mentira sonó estúpida en el mismo instante de decirla, pero el rostro de Vasili se iluminó de júbilo con tal sinceridad que yo enrojecí de vergüenza.

★ ★ ★

A la mañana siguiente, en la calle del Quincuagésimo Aniversario de la Victoria sobre el Fascismo, acercamos las sillas a la ventana, donde la luz del sol entraba en diagonal e iluminaba las margaritas y el rayado parqué, dándole al salón un aire casi alegre. Vasili se había pasado la mañana hablando de su infancia en Aleksandrovka, un pueblo a poco tiempo en coche de Vinnitsa. Corrían los años más duros de la guerra civil, de la colectivización y de la hambruna, pero los recuerdos de Vasili me parecieron incomprensiblemente bucólicos. Despues, el relato viró hacia su regreso a Vinnitsa tras la muerte de Stalin en 1953, como si los años que entre medias había vivido en Moscú los hubiera pasado haciendo papeleo y jardinería y no mereciera la pena hablar de ellos. Cada vez que yo le preguntaba por Moscú, él cambiaba de tema. Alzaba la vista de vez en cuando, lanzándome miradas furtivas y culpables, porque sabía que me daba cuenta de lo que estaba haciendo. Sonya también parecía incómoda. Yo esperaba que ella me ordenara dejar tranquilo al viejo, no alterarlo con preguntas, cuando de repente soltó tal manotazo sobre la mesa que nos hizo encogernos a los dos. «¡Dile la verdad, Vasili!», dijo casi gritando, tras lo cual se esfumó a la cocina.

Vasili se quedó un rato callado y luego volvió a mirarme, esta vez con una expresión próxima al alivio. Lo observé fijamente sin una palabra mientras él se aclaraba la garganta y retomaba su relato, ahora en un tono un poco más bajo y que sonaba más a su voz natural. «La primera vez que vi a Stalin fue el 8 de noviembre de 1932», dijo. «Recuerdo que atravesé la Plaza Roja y pasé frente a la catedral de San Basilio. Voroshílov daba un banquete para celebrar el decimoquinto aniversario de la revolución, y alguien me había invitado. ¡Fíjate, al hijo de un granjero de remolachas! Acababa de cumplir veintiún años.» La mirada de disculpa de Vasili había desaparecido y parecía transformado por sus propias palabras, como si hubieran trasncurrido años desde la última vez que habló de aquello.

Dijo que lo habían invitado porque era secretario de la sección del Komsomol en la academia de la OGPU de Moscú. Lo habían admitido tras alistarse a los dieciocho años y servir dos años en una unidad de caballería del Ejército Rojo cerca de Vinnitsa. La OGPU era como se llamaba la organización antes conocida como la Checa y que más adelante ostentaría otros acrónimos, como NKVD, MGB y KGB. Vasili se contaba entre el puñado

de hombres de la unidad de caballería seleccionados para la academia. En el ejército había destacado en todo. A los superiores les gustaba su seriedad y su ausencia de malicia, que no se quejara por nada y que no hablara hasta que alguien se dirigiera a él. Antes de viajar a Moscú con todas sus pertenencias en una maleta de cartón, Vasili nunca había cogido un tren.

Los guardias de la Torre Spásskaya sonrieron cuando les mostró su identificación. «Kuda idyosh paren?», le dijo uno: «¿Adónde vas, muchacho?». Lo escoltaron sobre el suelo embaldosado del Kremlin hasta el estrecho edificio de los Guardias Montados, la residencia del jefe de defensa, Kliment Voroshílov, y de su esposa Ekaterina. Vasili recordaba que otra persona lo condujo a un atestado salón de banquetes con una larga mesa y lo sentó al lado de una guapa cantante de ópera; del Bolshói, seguramente. Apenas reparó en ella.

Era el más joven de los presentes. Se sentó muy derecho y examinó las caras de los invitados, a algunos de los cuales reconoció por fotos que había visto en los periódicos. Los mandatarios del país se hallaban congregados en torno a la mesa: el achaparrado y puntilloso premier, Mólotov; el fornido Voroshílov con un uniforme engalanado; el viejo caballero revolucionario Budionni, que se retorcía los cabos de aquel bigote de morsa con dedos manchados de tabaco, y Yagoda, con su gran cara pálida y redonda, que pronto se convertiría en director de la OGPU y jefe de Vasili. Estaban sentados tan cerca de él que podría haberlos tocado. Vasili habló con la guapa cantante y no tardó en beberse dos vasos de vodka. Se iba sintiendo más relajado y parlanchín cuando alguien lo agarró con fuerza del codo. El director de su academia, un oficial ceñudo cuyo uniforme de gala estaba cubierto de medallas, se lo llevó a un rincón y le recordó que, en presencia de los líderes de la nación, la tarea de un agente de la OGPU era observar y escuchar, no achisparse y parlotear como un ingenuo.

La reprimenda del director hizo que Vasili se perdiera la entrada de Stalin. Es cierto que, con una altura de metro sesenta y cinco y vestido con su guerrera de cabo sin adornos y pantalones anchos, pasaba desapercibido entre tanto comisario engalanado. A Vasili le sorprendieron las cicatrices de viruela en las mejillas, que en las fotos oficiales se borraban con aerógrafo.

En los banquetes de Estado, a Stalin le gustaba sustituir el vodka de su vaso por agua; le divertía que sus invitados se fueran desinhibiendo mientras que él permanecía sobrio. En los años venideros, Vasili le vería hacerlo muchas veces. Pero aquella noche, Stalin bebió un vaso de vodka tras otro, no comió y habló mucho más y mucho más alto de la cuenta; no dejaba de lanzar miradas ebrias a la joven delgada sentada cerca de él. Las crónicas publicadas de aquella noche sugieren que era Galina Yegorova, la actriz y esposa del general Yegórov. Con aquel vestido hecho a medida a la moda occidental, no parecía de la misma especie que las esposas del Kremlin que la rodeaban, convencionales y mayores que ella. Se percataba de las miradas de Stalin, pero apartaba coquetamente los ojos.

Según las crónicas, para llamar la atención de Yegorova, Stalin le lanzaba bolitas de miga de pan apuntando al escote; Vasili solo recordaba que Stalin coqueteó con una joven atractiva. Los que estaban sentados cerca de ellos simularon no darse cuenta de lo que sucedía, todos salvo la mujer morena sentada frente a Stalin: su esposa, Nadezhda Allilúyeva. Esta le lanzaba miradas furibundas, y cuando Stalin se puso en pie para brindar por «la destrucción de los enemigos del Estado» —los campesinos que soportaban la hambruna que él, no la naturaleza, había desatado sobre el campo— ella se negó resueltamente a alzar su copa. «¿No bebes?», le gritó a su mujer, y el silencio se adueñó de la mesa. Cuando ella no respondió, Stalin le lanzó peladuras de naranja y colillas de cigarro hasta que ella abandonó el salón llorando. Polina Molotova, la esposa del premier y mejor amiga de Allilúyeva, fue tras ella. Los invitados siguieron en silencio, salvo los más íntimos de Stalin, que se permitieron unos cuchicheos. «Seguramente me quedé boquiabierto», dijo Vasili, con los ojos húmedos. «Era muy joven. No sabía que tenía que mirar hacia otro lado.»

Aquella noche resultó ser crucial en la historia de la nación, pese a que el relato que de ella se conserva es incompleto y confuso a causa del obligado secretismo totalitario. Parte de la historia se ha completado gracias a la investigación y a documentos desclasificados hace poco, pero algunas de las piezas nunca llegarán a reconstruirse del todo. Lo que sí se sabe es que muchos de los acontecimientos que conducirían a lo que se denominó el Gran Terror se remontan a aquella noche de comienzos de noviembre, de acuerdo a multitud de rumores, testimonios de segunda y tercera mano, hechos, posibles hechos y fragmentos de información. No siempre está claro de dónde proceden los datos, y algunos se contradicen, pero la suma de todos da una idea de lo que sucedió.

He aquí algunos de esos datos. La mañana del 9 de noviembre, el ama de llaves de Stalin encontró a Allilúyeva en su dormitorio del Palacio Poteshny, tendida en un charco de sangre, con su revólver alemán de cachas de madreperla junto a ella. El informe oficial, firmado por un tal profesor Kushner, declaró que la causa de la muerte fue un disparo autoinfligido en el pecho. Pero una autopsia realizada por el primer médico que llegó al escenario,

Borís Zbarsky —el principal anatomista del país y embalsamador de Lenin— concluyó que la mujer había fallecido por un disparo en la sien izquierda procedente de un arma disparada, al menos, a cuatro metros de distancia. Allilúyeva era diestra; cuando el ama de llaves la encontró, la fallecida sujetaba una almohada empapada en sangre delante de ella, como si de un escudo se tratara. El obituario publicado en el *Pravda* hizo completa omisión de la causa de la muerte. En el funeral, sus amigos se fijaron en que llevaba el cabello peinado hacia el lado izquierdo, tapando la sien, aunque ella siempre llevaba la raya al medio. Una pequeña multitud se congregó en la residencia de Stalin antes de que nadie llamara a Zbarsky, y transcurrieron varias horas hasta que se decidió que habría que despertar al secretario general. Se cuenta que, al conocer la muerte de su mujer, Stalin se echó a llorar y gritó que no podría seguir viviendo. No asistió al funeral. «Me dejó como a un enemigo», afirmó supuestamente Stalin mientras un carruaje de caballos trasladaba los restos de Allilúyeva, entre una muchedumbre doliente, desde la Plaza Roja al cementerio del convento de Novodévichi.

Es posible que la muerte violenta de Alliúlyeva inclinara la mentalidad de Stalin aún más hacia el aislamiento, la desconfianza y la malevolencia. Es posible que no hubiera ninguna relación entre ambos hechos; es posible que el terror consiguiente fuera inevitable. Lo que sí ha quedado establecido con toda certeza es que después de su muerte la camaradería revolucionaria que mantenía unidas a las familias gobernantes de la Unión Soviética fue sustituida por la sospecha, el miedo y la paranoia que acabaron por extenderse a todo el país. «¿Cómo es posible que nuestra vida se tornara tan compleja que fuera incomprensible hasta extremos agónicos?», escribió en su diario Ekaterina Voroshilova, la anfitriona del banquete.

Le pregunté a Vasili si recordaba cómo terminó aquella noche. Inclinó la cabeza a un lado, pensativo. «Me volví andando a casa», dijo. «No sabía por qué todo aquello me estaba pasando a mí, pero recuerdo que era feliz.» De regreso en Aleksandrovka, destacamentos de la OGPU sacaron de sus casas a kulaks —granjeros prósperos, como el padre de Vasili— y dejaron huérfanos a muchos de sus antiguos compañeros del colegio. La matanza la llevaron a cabo agentes de la policía secreta, dado que no se podía confiar en que soldados comunes dispararan a granjeros. Pero aquella noche Vasili volvió a pie a su dormitorio, sumido en pensamientos felices, convencido de que el futuro que había imaginado para sí mismo se hallaba próximo.

Mientras yo caminaba sin prisa de vuelta al hotel, sentía como si mi cabeza fuera una serpiente que se hubiera tragado un roedor grande y necesitara tranquilidad y tiempo para digerirlo. No había estrellas en el cielo y las calles estaban en calma, pero en el parque aún había parejas de paseo y adolescentes en los bancos, y deambulé entre ellos un rato hasta que acabé gratamente perdido. La brisa mecía los tilos y el aire olía a hojas mojadas. Me senté en un banco, miré a mi alrededor y me puse a pensar.

Antes del viaje, buscando información sobre la ciudad, me topé con una de las más famosas fotos del Holocausto. El pie rezaba: «El útimo judío de Vinnitsa» y fue publicada por la United Press International durante el juicio de Adolf Eichmann. En mi cabeza, el impacto de aquella foto transformó la sencilla ciudad provinciana de las historias de mi padre. A mediados del siglo pasado, casi todos sus habitantes fueron víctimas de la catástrofe a gran escala que arrasaba a este y oeste según la ciudad iba quedando en poder de las diferentes facciones en liza. En Vinnitsa, el epicentro de la catástrofe resultó no ser un campo abandonado de la periferia, sino el bonito y frondoso parque donde yo me encontraba en ese momento.

En 1943 —cuando se lo conocía como el Parque del Pueblo— los ocupantes nazis exhumaron cerca de diez mil cadáveres en la vecindad. Todos salvo ciento cuarenta y nueve eran hombres, la mayoría ucranianos. Durante las ejecuciones masivas ordenadas por Stalin en 1937 y 1938, los obligaron a formar en largas filas y agentes del NKVD les dispararon en la nuca. (¿Contribuyó Vasili a limpiar de enemigos su ciudad natal?) Enzarzados en una guerra de propaganda contra la Unión Soviética, los alemanes publicitaron «el terror comunista» y llevaron a un comité de expertos internacionales para que examinara las noventa y una fosas comunes. Los vecinos de la localidad consiguieron identificar menos de quinientos cadáveres. Los restos fueron enterrados en una ceremonia pública; el arzobispo Vissarión de Odessa presidió la misa funeral; se erigió un monumento.

Lo que el Reich declinó publicitar fue una serie de «acciones» llevadas a cabo cerca de allí en otoño de 1941 por oficiales del Einsatzgruppe D de las SS. La mañana del 15 de septiembre, el mando alemán ordenó que todos los judíos residentes en Uman, una ciudad al este de Vinnitsa, se personara en el aeropuerto. Una vez allí, fueron obligados a punta de pistola a desnudarse y a formar en fila a lo largo de una zanja. Hombres de las SS recorrieron la fila disparándoles a la cabeza con Lugers. A los niños les partieron el cráneo a culatazos y los tiraron al montón de cadáveres antes de disparar a sus madres. Al siguiente grupo de judíos les dieron palas y les ordenaron cubrir los cuerpos, algunos aún con vida, con cal clorada. A continuación, también a ellos les dispararon. Veinticuatro mil judíos murieron en Uman, y el 22 de septiembre, cuando las SS llevaron a cabo una acción similar en Vinnitsa, otros veintiocho mil cuerpos fueron enterrados en fosas poco profundas.

Poco después del 22 de septiembre, tuvo lugar otra masacre más en el Parque del Pueblo. Esta se cobró unas seis mil víctimas y fue ejecutada por milicianos ucranianos bajo órdenes de las SS. En 1945, un oficial de la Wehrmacht prisionero, el Oberleutnant Erwin Bingel, describió el suceso a su interrogador soviético.

«Por la mañana, a las 10:15», testificó Bingel, «oímos un tiroteo descontrolado y horribles gritos humanos. Al principio no supe qué estaba sucediendo, pero cuando me asomé a la ventana… Milicianos ucranianos a caballo, armados con pistolas, rifles y largos sables de caballería, irrumpían al galope en el parque de la ciudad mientras que otros lo rodeaban, también al galope. Por lo que alcancé a ver, conducían gente delante de los caballos: hombres, mujeres y niños. A continuación una lluvia de balas cayó sobre aquella masa de personas. A los que no alcanzaron los disparos los abatieron con los sables. Como una aparición fantasmal, la horda de ucranianos, comandada por mandos de las SS que les dieron carta blanca, pisotearon los cuerpos como salvajes, matando sin compasión a niños, madres y ancianos cuyo único crimen era haberse librado del gran asesinato masivo, solo para acabar derribados a tiros o golpeados hasta la muerte como animales.

»En las horas posteriores», continuó Bingel, «seríamos testigos de lo siguiente. En el parque municipal de Vinnitsa había una fosa. Frente a ella, depositaron en el suelo cadáveres que habían acarreado hasta allí desde todo el vecindario. Eran los cuerpos de algunos de los judíos asesinados. Los arrojaron a la susodicha fosa, capa sobre capa de muertos, y a continuación los cubrieron con cal clorada. De ese modo se deshicieron de doscientos trece cuerpos, tras lo cual la fosa se cerró con ladrillos.»

La famosa foto seguramente la tomó un soldado alemán sin identificar. Muestra a un judío demacrado con un abrigo negro, arrodillado al borde de una fosa; en ella se puede ver una maraña de cuerpos. Un apuesto oficial alemán con gafas de montura metálica se yergue junto a él, apuntándole a la cabeza con una pistola automática. Lo más llamativo de la imagen es el grupo de soldados y de oficiales que hay reunidos detrás, posando tranquilamente para la foto con actitud estoica y orgullosa. Sobre aquella imagen, un analista escribió que, a juzgar por las expresiones de los hombres, podrían haber estado viendo a un peluquero cortarle el pelo a alguien.

Después de la guerra, los muertos enterrados en el parque continuaron usándose poco menos que como arma política. Las autoridades del Partido Comunista en Vinnitsa cambiaron la dedicatoria del monumento nazi original: «A las víctimas de la matanza nazi». Más adelante, cuando el parque fue rebautizado con el nombre del novelista soviético Maksim Gorki, se ordenó la demolición del monumento. El Gobierno ucraniano erigió otro un año después de mi visita. Solo he visto su imagen en la pantalla de un ordenador: un sencillo grupo de tres modernas cruces con una inscripción que reza, de nuevo: «A las víctimas del terror estalinista».

El parque tenía un aspecto cuidado, incluso alegre, mientras la noche descendía sobre él. Allí, la historia permeaba cada centímetro cuadrado —parecía más real y urgente que el presente— y aun así el suelo bajo mis pies no temblaba. Nadie se lamentaba. En la ciudad llamativa por no tener nada de llamativo, hacía una agradable noche de otoño y en algún rincón del parque sonaba «Have You Ever Seen the Rain?» en una radio. Alguien se rio en un banco y el viento sopló con tanta fuerza entre los tilos que por un momento dejé de oír la música.

Después de varias jornadas de catorce horas sentado junto a Vasili en su harapiento sofá, empecé a rellenar lagunas en su historia. Al margen de todo lo que hubiera sido, desde luego no era ni aburrido ni tonto. Mi abuelo respondía a las preguntas sobre su pasado con buen sentido narrativo, poniendo énfasis en ciertos detalles y omitiendo otros, esforzándose por retratarse como un inválido inofensivo, y a veces se le escapaban incongruencias que se negaba a aclarar. «Así fue como pasó», afirmaba de manera imprecisa, o, si yo lo presionaba, corría el tupido velo de una ficticia falta de memoria sobre escenas que, por lo demás, había descrito en detalle lapidario. Varias veces me clavó una mirada herida, como diciendo: «Te presentaste aquí en calidad de nieto, no de interrogador».

Era especialmente inconcreto acerca de los años inmediatamente anteriores a la guerra, y no costaba adivinar la razón. En aquellos años la guerra del Gobierno soviético contra su propio pueblo alcanzó su cima; hay pocos ejemplos históricos comparables en salvajismo e irracionalidad extrema. Entre 1935 y 1941, millones de ciudadanos soviéticos fueron arrestados, y al menos setecientos mil ejecutados, muchos de acuerdo a cupos fijos. A las purgas se sumaron los millones de muertos por la guerra civil, la hambruna, la colectivización y la catastrófica guerra contra Alemania. Los arrestos y las ejecuciones diezmaron las filas de los principales intelectuales, escritores y artistas del país, así como de los inventores, los ingenieros y los estrategas militares, por no mencionar la élite política. La mayoría de las víctimas, por supuesto, no eran prominentes ni conocidas.

En aquellos años, llegar al trabajo cinco minutos tarde podía ser motivo de arresto; el Gobierno de Stalin pretendía hacer de cada ciudadano un informante a fuerza de proclamar que los enemigos se hallaban por doquier, ocultos a la vista de todos. En este aspecto, el Gobierno tuvo un éxito insospechado. A las oficinas locales del NKVD llegaban de Moscú órdenes mensuales para descubrir y arrestar a «terroristas», «agitadores antisoviéticos» y otros «enemigos del pueblo», exigiendo cuotas de hasta sesenta arrestos diarios. Cada mañana, se formaban a sus puertas filas de gente que aguardaba pacientemente para presentar denuncias. Hacían cola para denunciar a vecinos, compañeros de trabajo, miembros de su propia familia. Algunas estimaciones apuntan a que uno de cada siete ciudadanos soviéticos se convirtió en informante.

En su negación de la experiencia personal y del sentido común, la actitud soviética de aquellos años se asemejó a la psicosis colectiva. Décadas después de la muerte de Stalin, cientos de miles de personas continuaban creyendo en los motivos dados para explicar la desaparición de miembros de su familia; fallecieron creyendo que sus padres, hermanos, maridos y mujeres habían sido conspiradores y espías.

La labor diaria de las purgas recayó sobre hombres como Vasili. Respondió a las preguntas sobre su época en la OGPU y el NKVD a mediados y finales de la década de los treinta relatando episodios vagos sobre cómo seguía a extranjeros a los restaurantes y escuchaba a escondidas sus conversaciones, sobre operaciones de vigilancia e informes cumplimentados. Sí reconoció que a principios de 1935 tuvo su despacho en Lubianka, un lugar destacado en el imaginario soviético. El Death's Head de Marvel hecho edificio, Lubianka fue sede de la policía secreta, prisión y cámara de torturas, y pocas son las crónicas del estalinismo en las que no figura de forma destacada. Quienes estuvieron detenidos allí hablaban de laboratorios secretos de drogas, de grabaciones de llantos de mujer transmitidas a través de los conductos de ventilación para quebrar la moral de los prisioneros, de plantas subterráneas a cientos de metros bajo tierra, de crematorios. En lo que antaño había sido un patio se alzaba una prisión para prisioneros políticos de alto rango —una serie de celdas con las ventanas tan oscuras que no dejaban pasar ni un rayo de luz— llamada el Aislador.

Vasili apartaba la mirada cuando yo le preguntaba sobre Lubianka y el trabajo que hacía allí. En lugar de responder hablaba de convicciones: de ser un verdadero creyente en la difícil misión del comunismo y de la necesidad de retirar periódicamente las manzanas podridas. «Por supuesto, nos lo creíamos todo», dijo, recurriendo a la respuesta cliché de quienes han cometido atrocidades. A veces sonaba como si se sintiera engañado, otras veces irritable y defensivo. Él era, reconoció, un investigador de bajo rango, uno de tantos. ¿Cuáles eran sus funciones? Al margen de «interrogatorios» y «papeleo», rehusó entrar en detalles. Mientras hablaba, yo trataba de relacionar el discurso esquivo y vacilante de Vasili, su máscara de inválido, con lo que yo sabía que debía de haber presenciado y hecho: torturas para obtener confesiones falsas que, en muchos casos, conducían a sentencias de muerte y ejecuciones sumarias. Vasili se cubría tras los estragos de la vejez, que todo lo aplacan, tras las arrugas que borraban de su rostro la expresión de autodominio e incluso de crueldad que me había parecido reconocer en las fotos de su juventud que Sonya me había enseñado. Yo sabía que aceptar su relato tibio e inocuo sin cuestionarlo habría sido ingenuo por mi parte. «Para hacer aquel trabajo, había que tener una vocación especial», dijo el poeta Ósip Mandelstam sobre sus interrogadores en Lubianka. «Un hombre común no lo soportaría.»

De regreso a Nueva York, recordé las evasivas de Vasili cuando me topé con un libro raro, breve y descatalogado de Walter Krivitsky, un oficial de alto rango de la inteligencia soviética que, en la cumbre de las purgas, consiguió desertar a Estados Unidos. «Es una de las particularidades del procedimiento judicial soviético», escribió en 1939 acerca de Lubianka, «que pese al desmesurado número de ejecuciones, no hay ejecutores oficiales. En ocasiones los hombres que bajan al sótano para materializar las sentencias de muerte… son oficiales y guardias del edificio. A veces son los propios investigadores y fiscales. Es como si el fiscal del distrito de Nueva York obtuviera una condena por asesinato en primer grado y a continuación fuera corriendo a la prisión de Sing Sing para pulsar el interruptor en la sala de ejecuciones.»

Yo me preguntaba por qué el estudiante estrella de la academia de policía secreta —alguien a quien invitaron a cenar en el Kremlin junto a Stalin y el Politburó— no consiguió ascender en el escalafón de la organización. El nombre de Vasili no figura en las listas de los oficiales de alto rango del NKVD, ni en las de miembros de la organización merecedores de medallas y reconocimientos, ni de sus representantes en convenciones del partido o congresos. Acabé cayendo en la cuenta de que debió evitar tales distinciones por pura supervivencia. «Fueron años negros», dijo Vasili, y trató de prestar solidez a esas manidas palabras entrecerrando los ojos. «Tenías que guiarte por tu propio criterio.» Y, en voz más baja, añadió: «Siempre tenías que estar pendiente de las reglas del juego, y servirte de ellas a tu favor, porque las reglas cambiaban cada día».

En marzo de 1937, el recién nombrado jefe de la policía secreta de Stalin, Nikolái Yezhov, un burócrata minúsculo con cara lobuna y el título de comisario del pueblo para Asuntos Internos, convocó una reunión de altos cargos del NKVD en un ala de Lubianka. Acusó a su predecesor, Guénrij Yadoga —quien había contratado a Vasili—, de ser simpatizante zarista, malversador y espía alemán. En cuanto Yezhov terminó de hablar, varios de los oficiales de alto rango presentes se apresuraron al podio para denunciar a compañeros y superiores en un fútil intento por salvarse. Los jefes de departamento de Yadoga ya habían sido arrestados; gran parte de la cúpula fue detrás. Yadoga, después de ser acusado también de conspirar para envenenar a Stalin y a la mayoría de sus lugartenientes, fue ejecutado. Dos años después, tras haber supervisado la fase más mortífera de las purgas —un periodo que sería luego conocido como Yezhovshchina— el hombre apodado Enano Venenoso fue acusado a su vez de espionaje, ejecutado y reemplazado por un compatriota de Stalin, el georgiano Lavrenti Beria. A Beria, que ostentó su cargo durante mucho más tiempo que sus predecesores, Stalin lo llamaba «nuestro Himmler» y «Ojos de Serpiente». Beria llegaría a convertirse en el más poderoso de los lugartenientes de Stalin y el más temido, y fue él quien desempeñaría un papel crucial en la carrera de mi abuelo.

«Debemos sacrificar a toda una generación», decretó Stalin, y en la década de los treinta no hubo parte de la estructura de poder soviética purgada más a conciencia que el aparato de la policía secreta. El desertor Krivitski escribió: «Los prudentes buscaban el anonimato, descender a puestos de oficina si era posible; cualquier cosa con tal de evitar la relevancia y el centro de atención... Las razones para arrestar a alguien no guardaban relación con los cargos presentados contra él. Nadie esperaba que la guardaran. Nadie lo exigía. La verdad era completamente irrelevante. Cuando digo que el Gobierno se transformó en un gigantesco manicomio, lo digo de manera literal... No tiene nada de divertido que tus amigos de toda la vida y tus compañeros de trabajo desaparezcan en mitad de la noche y mueran uno detrás de otro. Por favor, tenga presente que yo fui un interno de aquel gigantesco manicomio». En 1941, dos años después de escribir esto, el coronel Krivitski fue hallado en el hotel Bellevue de Washington D. C., a pocas manzanas del Capitolio; yacía en la cama, muerto de un disparo. Las tres notas de suicidio que se encontraron en la habitación fueron decretadas malas falsificaciones, y hoy su muerte continúa sin esclarecerse.

En Vinnytsia empecé a comprender que el hecho de que Vasili pudiera estar sentado a mi lado era fruto de una combinación poco común de inteligencia, malicia y suerte, aunque desconocía en qué proporción. Quizá por mi expresión de espanto, Vasili se inclinó hacia mí y, ahora iluminado por la luz de la lámpara, me sirvió un vaso de vino local de fresa. «Es bueno para el corazón», graznó, y me lanzó una sonrisa con destellos dorados.

«Estaba en el frente cuando recibí el telegrama», dijo Vasili, reanimado. Petya se había pasado antes por allí para hacer unas fotos, y después de cenar sándwiches de queso, Vasili y yo bebíamos té en tazas de porcelana adornadas con guirnaldas de rosas. Sonya se escapó a la cocina, dejándonos a solas. Vasili estaba hablando de 1941. Atrincherado cerca de Smolensk, formaba parte de una unidad de bloqueo del NKVD que marchaba tras la primera fila de tropas. Era una innovación de la policía secreta soviética concebida para desalentar a posibles desertores: las tropas del Ejército Rojo, mal equipadas y a menudo en desventaja numérica, se veían obligadas a elegir entre los Panzers de Hitler que tenían delante o las bayonetas de los compatriotas que tenían detrás. El telegrama convocaba a Vasili con urgencia a Moscú. A su llegada, descubrió que había sido destinado al servicio de seguridad personal de Stalin y que a la mañana siguiente debía personarse ante el teniente general Nikolái Vlasik en el Kremlin.

Los guardaespaldas acabaron incorporados al KGB, donde serían conocidos como el Noveno Directorio de Jefatura, pero durante la guerra operaron como una fuerza semiautónoma que informaba directamente a Stalin. Su jefe, Vlasik, un bielorruso exagente de la policía secreta, era el factótum del líder supremo, y hasta llegó a ejercer de tutor y supervisor de sus hijos. La hija de Stalin, Svetlana Allilúyeva, retrata a Vlasik en sus memorias como alguien semianalfabeto y tosco, pero incuestionablemente leal. Su poder provenía de su estrecha cercanía a su patrón. Junto con el secretario de

Stalin, Aleksandr Poskrebyshev, constituía la última barrera entre el Estado y su líder. Vlasik era probablemente el hombre de quien Stalin, un paranoico, menos desconfiaba.

«Desde el primer día», reconoció Vasili, «le tuve miedo a Stalin. Era un hombre modesto, sabía escuchar y valoraba la honestidad y la franqueza.» La tarea de Vasili era caminar diez metros por delante o por detrás del líder supremo y a veces ocupar el asiento del pasajero en el Packard del generalísimo. No debía hablar si no era necesario. Me contó que había pasado algunas noches en la residencia de campo de Stalin, la dacha de Kúntsevo, donde Stalin dormía en el sofá. Vasili patrullaba el jardín y la casa silenciosa mientras Stalin dormía. En años posteriores presenció, firme y con la espalda contra la pared, bacanales nocturnas donde los miembros del Politburó, cuya presencia era obligatoria, bailaban y perdían los papeles bebiendo para el disfrute de su sobrio líder. Al amanecer, Vasili acompañaba a aquellos oficiales apenas conscientes hasta sus limusinas. De aquellas despedidas mañaneras, un miembro del Politburó escribió: «Nunca sabías adónde ibas, si a casa o a prisión».

También en los banquetes en el Kremlin Vasili permanecía entre bambalinas y observaba. Cuando algún invitado demasiado entusiasta se levantaba e intentaba acercarse a Stalin para brindar por su salud, Vasili lo interceptaba y lo devolvía a su asiento. «Stalin fingía no darse cuenta», recordó sonriendo, «pero me parece que disfrutaba de aquellas demostraciones de fuerza.» Le temblaba la voz cada vez que hablaba de Stalin, como si el georgiano estuviera en la habitación con nosotros. Le pregunté si Stalin habló alguna vez con él. «Media docena de veces más o menos», contestó. «Recuerdo la primera vez, en la dacha. Hacía diez años que yo era oficial, pero cuando oí su voz y vi que me estaba mirando, me entraron sudores y me eché a temblar. Lo único que quería Stalin era saber si yo estaba recibiendo mi sueldo.» Se rio.

El trabajo de guardaespaldas, reconoció Vasili, era «menos político» —es decir, más seguro— que su anterior puesto en Lubianka. Aun así, no podía evitar darse cuenta de las desapariciones. Había mañanas en las que un compañero no iba a trabajar y nunca se volvía a hablar de él. Vecinos que se mudaban en plena noche. Antiguos instructores de la academia de policía secreta, investigadores veteranos y fiscales que le habían dado clase de ideología y de metodología acababan tachados de los registros públicos, su mismísima existencia eliminada. Muchos fueron arrestados, algunos se suicidaron, otros sencillamente desaparecieron.

En 1943, en la conferencia plenaria de Teherán, adonde viajó como miembro del destacamento de seguridad de Stalin, Vasili hizo amistad con un estadounidense, un miembro del Servicio Secreto que viajaba con el presidente Roosevelt. «¿Confraternizando con un agente extranjero?», se burló un compañero guardaespaldas una noche mientras fumaban un cigarrillo. «Sospechoso comportamiento para un socialista.» Vasili percibió una vena de amenaza en el comentario. En adelante, siempre que coincidía con el estadounidense, hacía como que no lo veía. «Cada vez que me saludaba y me llamaba por mi nombre, salía corriendo a esconderme.»

En 1941, el año en que fue convocado a Moscú para proteger a Stalin, la joven mujer de Vasili falleció repentinamente una noche; en su certificado de defunción figura «hemorragia abdominal» como causa de la muerte. Llevaban casados menos de tres años. Vasili envió a su hija de un año a vivir con sus padres en Aleksandrovka, en lo que se había convertido en una granja colectiva. Él se quedó solo en Moscú. Me pregunté cómo pasaba sus horas libres. «No tenía amigos», dijo. «No sé qué le podría haber ofrecido yo a nadie.» El trabajo lo había cambiado; ya no era el entusiasta recluta de la academia que había llegado a Moscú hacía una década. «Muchos a los que conocía en Moscú habían desaparecido. Sabía que tenía el teléfono pinchado y micrófonos en mi piso. Por aquel entonces, siempre había alguien vigilándote.»

«Para cuando conocí a tu abuela, yo ya era una persona distinta», dijo. Solo era la segunda vez que mencionaba a Tamara. Antes, cuando le pregunté cómo se conocieron, él hizo una mueca dolorida. «Se presentó en mi piso, se levantó la falda y ya nunca se fue.» Soltó esto con un rencor palpable y se disponía a decir algo más cuando Sonya le apoyó una mano en el brazo. El resentimiento se disipó. Permaneció impasible mientras me contó cómo fue volver a casa una vez tras pasar dos meses destinado en el extranjero y encontrarse el piso vacío. «Salí en busca de Tamara y recorrí todo Moscú. Ya era de noche cuando la vi tras la cristalera de un café. Estaba sentada a una mesa frente a un hombre elegante, más joven que yo, y hablaban con una intimidad que saltaba a la vista. Supe que debería sentirme furioso y traicionado, pero no sentí nada en absoluto, así que di media vuelta y volví a casa. Nunca se lo conté.»

Cuando mi padre salía a colación en nuestras conversaciones, a veces también desataba la ira de Vasili. «¿Qué clase de hijo abandona a su padre?», me preguntó mientras me contaba cómo fue su última visita. Declaró que mi padre le había gritado, que hasta había sugerido que no eran de la misma sangre: un doloroso recordatorio de las infidelidades de Tamara. Le pidió a Sonya que confirmara su versión del encuentro y ella asintió con tristeza pero sin enfadarse. Según Vasili, fue mi padre quien cortó la comunicación con él. «Dejó de escribir, sin más», dijo, dándole la vuelta a la acusación de mi padre. «Ni una carta ni una llamada en veinte años. ¿O han sido veinticinco?»

Cuando Vasili estuvo de un ánimo más reflexivo, le pregunté por su paternidad. «Les di todo lo que necesitaban», respondió sin emoción. «Siempre le dejaba dinero a Tamara. No hubo día que no tuvieran comida, ropa nueva o zapatos. No muchos niños podían decir lo mismo.» A continuación, como si hubiera notado su actitud defensiva, se relajó. «No hablábamos mucho», añadió al cabo de una pausa. «Cuando yo estaba en casa, no había mucho que decir.»

El último día que pasamos juntos, Vasili me habló de la chica. Yo diría que se lo había estado guardando, expectante, sin tener claro si lo quería contar. La historia tuvo lugar en Moscú en 1943. Fue el peor año de la guerra, y soy incapaz de imaginarme cómo era la ciudad en aquel entonces: el Kremlin rodeado de plomizos globos de protección contra la aviación alemana, la Plaza Roja llena de casas señuelo de madera. Las calles medio desiertas; la ciudad atenuada por la perpetua escasez eléctrica. El pan, el gas y la electricidad estaban racionados, pero las fábricas operaban las veinticuatro horas. Una mujer o un hombre en edad de trabajar que faltara un día a su puesto recibía una sentencia de entre cinco y ocho años de cárcel, e incluso los presos eran enviados a puestos de oficina o a las cadenas de montaje seis días a la semana para trabajar una jornada de doce horas antes de regresar a la celda. Las sirenas aullaban durante los ataques aéreos nocturnos, los vecinos dormían sobre el suelo de baldosines de las estaciones de metro; se confiscaron los aparatos de radio. Estaba vigente la ley marcial. En 1943 en Moscú, niños de doce años fueron objeto de ejecuciones sumarias por robar pan.

Una tarde nublada, Vasili iba en la parte trasera de una limusina negra, uno de los Packards blindados con los que Stalin agasajaba a sus lugartenientes. Apenas se veían coches particulares por entonces, y los viandantes a lo largo de la orilla del río se detenían para verlo pasar. La limusina fue frenando a la entrada del puente Borodino. Una chica caminaba a paso ligero por la acera; parecía apresurarse hacia su casa. Vasili recordaba que aparentaba dieciséis o diecisiete años y que era alta y delgada, con el rostro redondeado y flequillo rubio. El coche se acercó a la acera y marchó al paso de la chica un momento. Un chófer con uniforme de coronel se asomó a la ventanilla y la llamó. El Packard se detuvo. La chica se acercó con timidez y se agachó para atisbar el interior a oscuras del vehículo.

El hombre que iba en el coche y que la examinó con el mayor interés era calvo y pálido; vestía un uniforme corriente y unos quevedos cubrían sus ojos agudos y despiertos. El primer lugarteniente Lavrenti Beria —comisario general de la Seguridad del Estado y alcaide del sistema de prisiones conocido por el acrónimo de GULAG— no era aún miembro de pleno derecho del Politburó, pero sí era, sin embargo, la persona más temida del país.

Desconcertada, la chica comenzó a retroceder, pero un armenio de ciento treinta kilos que se había apeado de la limusina —un subalterno de Beria llamado Kobulov— la atrapó. La levantó y la introdujo de cabeza en el coche como si fuera una brazada de leña. Todo esto sucedió en unos segundos. Nadie en la acera se detuvo.

Vasili iba en el asiento trasero. Era el más joven de los ocupantes del coche; lo habían tomado prestado del destacamento de Stalin. Según Vasili, al jefe de la policía secreta le gustaba trabar amistad con los guardaespaldas de Stalin: era una forma de manifestar el desprecio que sentía hacia Vlasik, el torpe mayordomo de Stalin y jefe de su guardia personal. Era la primera vez que Vasili servía con Beria. Supo que lo estaba poniendo a prueba. Permaneció en su asiento y miró a los ojos aterrados de la chica, que se movían en todas direcciones.

La limusina se dirigió a una mansión en la calle Malaya Nikitskaya que había pertenecido al general zarista Kuropatkin. Dentro, el servicio había dispuesto un banquete georgiano: cordero asado, *satsivi* y vino tinto. Los hombres de Beria se sentaron a la mesa entre risas, y empezaron a emborracharse. Vasili se quedó de pie en el pasillo y observó: estaba uno de los guardaespaldas veteranos del comisario, Sarkisov o Nadaraia (no recordaba cuál); el enorme Kobulov; algunos otros a quienes no conocía, y a la cabecera de la mesa, el propio Beria, picoteando una berenjena, completamente sobrio. Casi se habían olvidado de la chica cuando Kobulov la hizo entrar en volandas y la subió a la mesa, tirando un plato que se hizo trizas contra el suelo. En las profundidades de la casa, un vals de Chopin sonaba en un gramófono. La chica se quedó petrificada hasta que Kobulov le asestó un empujón y ella empezó a mecerse levemente al ritmo de la música. Vasili recordaba que tenía una cara de niña que le recordó a su hermana pequeña.

Presenció el torpe *striptease* y apretó los puños hasta clavarse las uñas en las palmas de las manos para no dar un grito, volcar la mesa, desenfundar la pistola y disparar al aire. Se quedó en el pasillo y vio cómo uno de aquellos hombres se la llevaba al piso de arriba. Beria se puso en pie, dejó su servilleta colgada del respaldo de la silla y los siguió. Vasili sabía que la chica no regresaría a casa y que nunca se la volvería a ver. «No hice nada, me quedé allí», dijo. «Mirando.»

Vasili relató el final de la historia con la vista fija al frente, sin mirar en mi dirección ni de reojo, apretando la mandíbula cuando mencionaba a la chica. Estaba menos en guardia que nunca, olvidado todo aire performático. Los rasgos suaves y cansados del confinado anciano de noventa y tres años recuperaron su antigua severidad.

Volvió a ver brevemente a Beria poco después de la muerte de Stalin, en Kúntsevo, el cinco de marzo de 1953. Después de que a los guardaespaldas se les comunicara esa mañana que Stalin había fallecido, escribió Svetlana Allilúyeva en sus memorias, dos de ellos se suicidaron de un disparo. El servicio de la casa al completo, incluidas friegaplatos y cocineras, fue despedido. Días después, contó Vasili, Beria lo convocó a su oficina y le anunció que lo iba a transferir a la administración de un penal en Siberia oriental. Vasili supo que el traslado se trataba en realidad de una forma de deportación; Beria se apresuraba a deshacerse de cuantos habían estado próximos a Stalin. Durante las siguientes semanas, en una impensable demostración de audacia, Vasili presionó a Beria —de quien se podría decir que en aquel momento era la persona más poderosa de la Unión Soviética— para que en lugar de a Siberia lo enviara a Vinnitsa, donde podría cuidar de sus ancianos padres. Parece ser que Beria accedió a su solicitud, pues en abril de 1953 Vasili se personó en las oficinas del MGB (como se conoció brevemente el directorio de seguridad estatal) de Vinnitsa, y allí se le asignó la vigilancia de actividades de nacionalistas ucranianos bajo la apariencia de trabajar en el Departamento de Recursos Humanos de una fábrica. Se llevó consigo a Tamara y a su hijo.

Vasili sabía que había salido bien parado. Vlasik, su antiguo jefe, había sido menos rápido Beria y acabó en la cárcel por un falso cargo de malversación. Unos meses después, cuando Nikita Jrushchov se convirtió en sucesor de Stalin, Beria perdió el poder que había tenido. Tras dirigir el aparato de seguridad del Estado durante cerca de quince años, terminó prisionero en sus propias mazmorras de Lubianka. Allí, el 23 de diciembre de 1953, un general llamado Batitski le metió un trapo en la boca y le disparó a quemarropa en la frente. Batitski fue nombrado mariscal por aquello.

Yo estaba en el sofá tomando notas, pero había algo en el relato de Vasili que no cuadraba. ¿Cómo un simple guardaespaldas había conseguido tener una reunión privada con el presunto sucesor de Stalin? ¿Cómo consiguió persuadirlo de que revocara su orden anterior? «Siempre trabajaste para Beria, ¿verdad?», pregunté. Vasili asintió, complacido por mi perspicacia.

Dijo que durante el tiempo que pasó en el Kremlin se vio atrapado en una guerra de influencias entre Vlasik y Beria, guerra en la que Beria ganó casi todas las batallas. En 1944, por orden de Beria, Vasili fue enviado a Crimea para participar en la deportación de los tártaros, un grupo étnico que Stalin no consideraba «de fiar». Vasili dijo que presenció palizas, familias expulsadas de sus casas, una violación en grupo; narró cómo él mismo hizo subir a mujeres y a niños a vagones de ganado sin calefacción y aseguró las manillas de las puertas con alambre. Más de la cuarta parte de los ciento noventa mil tártaros deportados a bordo de aquellos vagones murieron. Por un momento, a la débil luz de la lámpara, a Vasili se le llenaron los ojos de lágrimas. La cólera le deformó la voz. «Yo tenía el rango de mayor», casi gritó. «Tenía un despacho en Lubianka y supervisaba a cincuenta y cinco hombres. Me usó como a un vulgar matón. Beria era el más astuto de todos, y yo lo aborrecía.»

Era la primera vez que reconocía no haber sido un investigador de bajo rango, como afirmaba antes, sino un oficial con cincuenta y cinco agentes a sus órdenes. Lo que era más importante, admitió ser un hombre de Beria, no de Vlasik. El cerebro me daba vueltas, tratando de rellenar las lagunas de su historia. ¿Informó Vasili sobre sus superiores del Kremlin? ¿Proporcionó pruebas que condujeron al arresto de Vlasik? Pensar que mi abuelo había trabajado para

Beria me dejó sin aire. Había leído que poco después de llegar a la dirección de la policía secreta, Beria encerró a un antiguo superior y a su mujer en Lubianka y los obligó a mirar mientras los guardias golpeaban a su hijo adolescente hasta matarlo. Luego, antes de irse, Beria lanzó una serpiente venenosa dentro de la celda.

¿Cuántos secuestros, cuántos asesinatos presenció Vasili? ¿En cuántos tomó parte? ¿Se limitaba a solicitar confesiones, con un cigarrillo en la mano y un guardia apostado en la puerta, o administraba en persona los golpes y las torturas? ¿Llevó a cabo ejecuciones? Necesitaba más información, necesitaba deshacer las contradicciones y trazar una línea temporal, pero Vasili se dio cuenta de que había hablado demasiado. Le pedí aclaraciones, detalles, pero él esbozó una sonrisa cansada. Volvía a ser el inválido mudo que se deshacía en disculpas.

Eran casi las diez de la noche. Los únicos sonidos eran el tictac del reloj y, en la calle, el traqueteo de un tranvía. Las luces de los coches barrían el techo, primero amarillas, luego rojas, luego de un rosa desvaído. Vasili y yo estábamos sentados a la mesa frente a frente, calibrándonos el uno al otro. Yo percibía el peso de todo lo que él había ocultado o dejado sin decir, todo cuanto se llevaría consigo a la tumba. Su presencia era casi palpable.

Yo había viajado ocho mil kilómetros para conocer a aquel hombre, casi con toda certeza el último guardaespaldas de Stalin que quedaba con vida y que resultaba ser mi abuelo, creyendo que yo, un simple aficionado, podría trazar el mapa de su vida. Pensé que podría descifrar su rol de culpable por un lado y de víctima por otro, que recopilaría sus motivos y los sopesaría, consiguiendo aclarar su participación en sucesos acaecidos hacía décadas. Me daba cuenta ahora de lo ingenuo que había sido. Su culpabilidad era un continente inmenso e inabarcable repleto de ambigüedades indescifrables. Vasili tan solo me había permitido acceder al vestíbulo de su pasado.

Me daba cuenta asimismo de que el papel de Vasili en aquellos acontecimientos nos afectaba a todos cuantos guardábamos relación con él. Mi padre tuvo que crecer conformándose con los restos de humanidad que a Vasili le quedaban cuando volvía a casa del trabajo, tuvo que convivir con el aterrador pasado de su padre. Cortó la relación con aquel hombre en parte para protegernos a mi madre y a mí de tal pasado. *Eso,* comprendí por fin, era la historia: no la narración ordenada que aparece en los libros, sino una aflicción que se traspasa de padre a hijo, de hermana a hermano, de marido a mujer. Pasó de Vasili a Tamara y a mi padre, y de mi padre a mi madre y a mí. Cincuenta años después de su muerte, Stalin —el espantapájaros de los noticiarios en blanco y negro— también había penetrado en mi vida.

Sonya escuchaba desde la cocina. Durante toda la noche me pareció que quería decir algo, y cuando fui a servirme una taza de té, me llamó por señas a un rincón donde Vasili no podía oírnos. «Cuando yo tenía doce años arrestaron a mi madre», me dijo, apoyándome una mano en el brazo. «Tenía una granja y un vecino la denunció. Mi padre huyó. Mi hermano tenía nueve años. Los orfanatos no admitían a hijos del enemigo, así que vivimos en la calle durante tres años. Una familia ortodoxa muy devota nos acogió. Pero un día oyeron a mi hermano cantar una canción soviética que le habían enseñado en el colegio, y nos echaron. Dos años después a mi hermano lo mataron en el frente.» Miró por la ventana hacia la acera desierta. «A veces odio este país», dijo con un fervor que hizo que se me saltaran las lágrimas.

En la sala de estar, Vasili comía un trozo de tarta, ajeno a nuestra conversación. Llevaban casados treinta y cinco años. ¿Cómo se las apañaba aquella mujer, a su edad, para cuidar al inválido guardaespaldas de Stalin? «Hemos tenido una vida terrible», dijo Sonya adivinando lo que yo estaba pensando. «Lo mejor que podemos hacer ahora es ser buenos el uno con el otro.»

Era cerca de medianoche y le dije a Vasili que pasaría por allí a la mañana siguiente para despedirme, antes de tomar el tren de regreso a Moscú. Sonya me dio un fajo de fotografías que yo le había pedido para hacer copias. «Quédatelas», me dijo, «si no, acabarán en la basura.» Antes de irme, pasé un momento sentado junto a Vasili, estudiando su cara e intentando recordar cuanto me había dicho. Cuando le di las buenas noches, me estrechó las manos y no las soltó hasta que Sonya salió de la sala de estar; él estaba tan cerca de mí que podía olerle el aliento.

«Tuve miedo todos y cada uno de los días», susurró, y me dejó ir.

Acababa de amanecer, y Petya y Anya dormían en sus literas. El tren traqueteaba a ritmo regular mientras yo extendía sobre una manta las fotos que me había dado Sonya. Había unos doce retratos de Vasili. En el más antiguo posa en posición de firme ante la bandera de su división de la OGPU, tiene ya varias medallas en el pecho y en la pared a su espalda aparece una famosa pintura de Stalin, vestido con casaca blanca y dirigiéndose a una multitud. En el dorso de la foto hay una inscripción de su comandante, fechada en 1935 y con el sello del NKVD.

En una foto de un año después coloreada a mano, mi abuelo tiene un aire a Cary Grant de joven, con una sonrisa pillina, gorra de *tweed* como de vendedor de periódicos, abrigo con cuello de borreguillo, camisa de raya diplomática, chaqueta de gabardina y corbata bordada a rayas. El viento le abre el abrigo y revela una medalla prendida a la chaqueta con una cadena dorada. El chillón retrato va dedicado a sus padres y su hermana: «De vuestro hijo Vasya, en Moscú».

La foto más extraña, llamativa por su insoslayable vanidad, fue tomada en el piso comunitario de Moscú. Vasili está sentado a una mesa cubierta por un mantel blanco, junto a un jarrón con flores. Se apoya en los codos y descansa la barbilla sobre los dedos entrelazados, como un poeta escuchando cautivado. La pose es rara, extravagante, casi femenina. Me pregunté quién la sacó, antes de caer en la cuenta de que Vasili debió de haberla planificado y tomado él mismo, con la Leica montada sobre un trípode.

Pasé un rato estudiando un retrato oficial de 1950: Vasili lleva insignias de oficial en los hombros y el cuello del uniforme; varias filas de medallas solapadas penden del lado izquierdo de su pecho; en el derecho figuran tres órdenes: dos Estrellas Rojas y la Orden de la Guerra Patriótica, otorgadas por «acciones heroicas». A diferencia de las poses frívolas de fotos anteriores, más desenfadadas, en esta Vasili parece despiadado e incuestionablemente triste.

¿Qué le sucedió en los años previos a esa foto, tomada tres años antes de la muerte de Stalin y de aquella apresurada salida de Moscú con su familia? En 1950 ya se había casado dos veces, tenía dos hijos y era un veterano de guerra condecorado, un oficial con cincuenta y cinco hombres bajo su mando, un agente de policía secreta que participaba en arrestos, interrogatorios y desapariciones, que contribuyó a un genocidio en Crimea. A mí solo me cabía especular sobre todo lo demás que había hecho y presenciado, pero sin duda él comprendía mejor que nadie su fragilidad personal, y la de su familia. ¿Qué significaba descender de un hombre semejante?

En el sobre que Sonya me había dado había también varias fotos de Tamara, en todas ellas con poses estudiadas. En una aparece junto a una hilera de girasoles con un vestido de estampado floral, como una de las mujeres doradas de Klimt. En otra está cortando un pastel, ataviada con un encantador vestido de topos. Nunca sonríe. En otra más, aparece junto a mi padre en un parque. Es una de las escasas composiciones poco logradas de Vasili, con una fuente por detrás de Tamara que parece un tocado. Mi padre tiene tres o cuatro años, lleva pantalón corto y una gorra. Aferra la mano de su madre y, desde detrás de su manga, mira con timidez a su padre.

En la última foto, Vasili y mi padre se miran sonriendo. Vasili lleva un traje oscuro y corbata; va peinado hacia atrás. Mi padre debe de rondar los seis o siete años. Va rapado, para reducir las visitas al peluquero y el riesgo de piojos, y mira a Vasili con una expresión que logra expresar, a la vez, emoción, aprensión y anhelo. El detalle más revelador son las manos de mi padre. A los escolares soviéticos los enseñaban a mantener las manos entrelazadas sobre el pupitre, y ese gesto —con la formalidad, la obediencia y el deseo de complacer que transmitía— me impresionó. Yo nunca había sabido que mi padre necesitara a alguien, pero mirando aquel rostro vuelto hacia arriba pensé que, de joven, debió esforzarse mucho para no tener que necesitar a nadie. Saqué la foto del sobre y la dejé en la mesa desplegable que tenía a un lado, donde permaneció hasta que el tren entró en Moscú.

Mi padre me estaba esperando en la estación de Kíevskaya. Estoy seguro de que se pasó todo el trayecto hasta su casa deseando preguntarme por Vasili, pero me dejó hablar a mí, no queriendo mostrar demasiado interés. En su actitud había un respeto nuevo, como si yo hubiera logrado una proeza que él no se había atrevido a intentar. «Me preguntó por ti», pude ofrecer, pero no supe conjurar más palabras de ánimo. Cuando nos sentamos en la cocina a tomarnos un té, le enseñé dos fotos de su clase de la escuela primaria. Su cara delgada asomaba con gesto de protesta desde el centro de una fila de niños más altos que él. Luego le enseñé el resto de fotos que me había dado Sonya. «En esta sale guapo», dijo mi padre señalando una foto de Vasili sentado pensativo a un escritorio, y pensé que era la primera vez que le había oído decir algo bueno de su padre. Me preguntó si se la podía quedar, y yo le deslicé la foto por encima de la mesa.

Lo que diferencia a Moscú de otras ciudades europeas es hasta qué punto su diseño no tiene en cuenta las necesidades de sus residentes. Más que cualquier otro lugar donde yo haya estado, es una ciudad monumental. Muchas de las espléndidas iglesias y los monasterios, palacios y mansiones neoclásicas se construyeron para honrar victorias militares y a los más adinerados nobles y comerciantes. Las infraestructuras urbanas de la era soviética —bulevares de diez carriles bajo los que discurrían oscuros corredores peatonales subterráneos, racimos de bloques de viviendas que se tragaron bosques y lagos enteros— se concibieron a una escala tomada de la más imaginativa ciencia ficción. La arquitectura carece de humanismo pero abunda en variedad, rareza y esos maravillosos y desconcertantes contrastes que dotan a Moscú de su inagotable capacidad para sorprenderte.

Así que planeé un largo y serpenteante paseo para mi último día en Moscú, la ciudad que Vasili, mi padre y yo teníamos en común. Supongo que buscaba descifrar algo en la arquitectura. ¿Por qué había exigido aquel lugar tanto trabajo, y tan duro, a sus residentes y les había costado, y les sigue costando, tal cantidad de trastornos y pérdidas? ¿Cómo explicar su insoslayable severidad? Tracé sobre el mapa una ruta que quizá pudiera enseñarme algo nuevo sobre mi ciudad natal. Comenzaba en el teatro del Bolshói; continuaba hacia el sur cruzando la Plaza Roja y el puente Bolshói Moskvoretsky; pasaba por la iglesia de la Resurrección en Kadashi, un antiguo archivo del KGB cuyo campanario recordaba al aparejo de un barco; luego por la galería Tretiakov y la iglesia de San Nicolás, de color mostaza, en Tolmachi; después giraba al este cerca de la grandiosa Biblioteca Científica Pedagógica, de columnas gigantescas y puertas de hierro forjado; continuaba por la casa museo color gris tormenta donde vivó el dramaturgo Ostrovski en la calle Malaya Ordynka, y por la espléndida y antigua mezquita en Bolshaya Tatarskaya…

Por las escaleras mecánicas de la estación de metro de Teatralnaya salí a la luz de una tarde encapotada. En la calle había detectores de metales en cada esquina y el teatro Bolshói se hallaba acordonado por soldados. Sin pretenderlo, me vi en mitad de una multitud de moscovitas, en su mayoría ancianos, que se desplazaban en dirección al Kremlin. La marcha, o quizá una manifestación, me arrastró en la dirección equivocada, y entonces recordé de pronto que era 7 de noviembre, el aniversario de la revolución bolchevique, la fiesta más señalada de mi infancia. Pensaba que la habrían derribado junto con las estatuas de Lenin. Pero mientras caminaba entre cientos de personas que sostenían banderitas rojas con sus guantes, alcancé a ver a un hombre con sombrero de piel subido a la plataforma de un camión con un micrófono, cantando a todo pulmón el himno soviético.

En las aceras había un piquete de manifestantes con letreros pintados a mano. En uno aparecía una caricatura de un judío bolchevique con una nariz grotescamente larga; otro, muy desconcertante, decía: «Senador de los Estados Unidos David Duke». Bajo un monumento de granito a Karl Marx, una mujer altísima estaba de pie sobre la plataforma de otro camión, la pechera cubierta de medallas doradas y plateadas. Con voz resonante, pronunció un discurso sobre un imperio que antaño abarcó medio planeta, sobre el despilfarro de riquezas y el poderío militar, sobre escapar de la decadencia y de la occidentalización. «¡Esos criminales vendieron nuestra nación!», gritó a mi lado una mujer con gorro de piel de conejo, blandiendo el puño en dirección a las almenas rojo tomate del Kremlin.

En una pantalla publicitaria situada por encima de Marx desfilaban anuncios de zapatos de Dolce & Gabbana y joyas de Bulgari. Después mostró una imagen del candidato presidencial ucraniano Víktor Yanukóvich, un exconvicto que contaba con el apoyo de Rusia, esbozando una sonrisa pixelada. La muchedumbre lo ovacionó sin mucho entusiasmo. Más tarde me enteré de que el Gobierno había intentado abolir el Día de la Revolución, pero las celebraciones continuaban, una muestra de la calculada duplicidad de Putin con respecto al pasado soviético. El Partido Comunista les pagaba a algunos ancianos para que acudieran, pero la mayoría habrían ido igualmente. Eran de la generación de Vasili. En los mítines podían lucir las medallas fruto de sus esfuerzos y creer que el experimento social por el que se habían sacrificado no fue un error colosal.

Llegó un momento en que el caos tomó las riendas de la marcha. Algunos manifestantes se dispersaron cual bolas de billar, tomando cada uno su propio rumbo; otros se congregaron alrededor de los altavoces para unirse a los cantos soviéticos. Deshice mi camino por la calle Mokhovaya, yendo a contracorriente hacia el oeste. En las aceras, la gente se había parado a mirar. Tras el escaparate de un concesionario Bentley, dos vendedores con trajes color ceniza observaban a la gente. Las nubes se abrieron de repente y el sol inundó la calle. Casi involuntariamente, todo el mundo sonrió; los cánticos sonaron con más fuerza. Por fin retomé mi ruta original y me encontré la calle despejada de personas. Estaba en la entrada de una plaza. En una elevación había un pedestal vacío, antaño ocupado por una estatua del primer jefe de la policía secreta soviética, Feliks Dzerzhinski, y tras él, la vieja e inmensa prisión de Lubianka, que continuaba albergando la sede de la policía secreta, llamada ahora FSB. La luz del sol doraba las ventanas.

Por primera vez desde que había llegado a Moscú, soplaba una brisa templada y el cielo estaba despejado. Iba de copiloto en el jeep de mi padre, camino del aeropuerto. La parte que menos me gustaba de mis visitas era ese último trayecto al aeropuerto, y creo que a él también. Estuvimos noventa minutos sentados uno junto al otro, atrapados en el jaranero tráfico de Moscú, abriendo intentos de conversación sin admitir ni la tristeza ni el alivio que mi partida nos producía.

Mi padre miraba al frente, orientándose por la autovía de circunvalación. Dejamos a nuestra derecha el rascacielos que se erguía en el centro de la alma máter de mis padres, la Universidad Estatal de Moscú. Con sus más de doscientos metros de altura, continúa siendo la apoteosis de la arquitectura estalinista: tres losas de hormigón coronadas por una aguja dorada y adornadas con espigas de trigo, barómetros e imágenes de musculosos y esforzados proletarios. Stalin encargó siete torres similares, las «Siete Hermanas»; se dice que desde cualquier punto de Moscú se puede ver al menos una de las agujas. Hoy en día los moscovitas las llaman simplemente *visotki,* rascacielos.

Cuando finalizó su construcción en 1953, el edificio de la universidad era el más alto de Europa. Erigido en la Colina de los Gorriones, emplazamiento que Iván el Terrible consideraba demasiado ventoso como para construir nada en él, tenía una de las mejores vistas de la ciudad; Chéjov afirmó que para entender Rusia había que verla desde esa elevación. El proyecto se le asignó a Borís Iofán —el arquitecto que diseñó el grandioso y malogrado Palacio de los Sóviets— pero él decidió situar el edificio al borde de lo que entonces se conocía como la Colina de Lenin. En caso de un corrimiento de tierra, el edificio podría haberse precipitado al río Moscova. Según se dice, Iofán se negó a cambiar el emplazamiento, así que fue sustituido por Lev Rúdnev, un monumentalista más joven y flexible. Rúdnev recibió el Premio Stalin por su trabajo en la universidad en 1949, cuatro años antes de que finalizaran las obras.

La torre la levantaron prisioneros del gulag, entre ellos miles de alemanes capturados en la guerra. Por orden de Beria, transportaron la estructura de acero del edificio desde la ciudad ucraniana de Dnepropetrovsk a bordo de sesenta trenes. Cientos de trabajadores murieron durante la construcción. Los moscovitas dicen que el rascacielos está «levantado sobre huesos». Según una leyenda urbana, un prisionero que trabajaba en la aguja fabricó un par de alas con restos de madera contrachapada y se lanzó a volar rumbo a la libertad.

Mi madre vivió allí de estudiante. Recordé las historias que contaba: habitaciones estrechas con dispositivos de escucha en el armario, un sistema de ventilación tan malo que llegaba hasta su habitación el olor de los repollos que hervían los estudiantes de intercambio de la hochiminiana República Democrática de Vietnam alojados en el piso de abajo, los treinta y tres kilómetros de pasillos oscuros, sonidos inexplicables en mitad de la noche, suicidios. Eran muchos los que creían que el edificio estaba hechizado.

Mi padre me miró sonriendo. «A ti te concebimos ahí», me dijo, complacido por el recuerdo. Me volví para echar un último vistazo a la brillante aguja de la torre, pero mi padre aceleró y el edificio desapareció a nuestra espalda.

De vuelta en Nueva York, le dediqué cada vez más tiempo a Vasili. Incluso se coló en mis sueños: siempre él solo, sentado frente a mí en su apartamento de Vinnytsia. Pasé semanas en bibliotecas intentando corroborar sus relatos con lo que había publicado. Los conocedores de la materia me aseguraron que el informe del FBI sobre Vasili no era algo que yo tuviera muchas probabilidades de leer antes de morir.

Vi una y otra vez un documental ruso titulado *Yo fui guardaespaldas de Stalin,* sobre un hombre que afirmaba haber tenido una carrera profesional casi idéntica a la de mi abuelo: Alekséi Rybin había sido comandante del NKVD y guardaespaldas al servicio del general Vlasik. Lo que cuenta —sobre el gusto de Stalin por el acicalamiento personal y por la carne de reno— me sorprendió tanto por lo banal como por lo evasivo. Pero en un momento dado, tras recitar una letanía de nombres de compañeros de trabajo que habían sido arrestados o que se habían suicidado, Rybin comenta: «Habría bastado con que alguno mencionara mi conexión con ellos, y también yo habría desaparecido. Mi mujer nunca habría encontrado mi tumba». El documental, rodado quince años antes de que yo conociera en persona a Vasili, describe a Rybin como «el último testigo con vida para contar la historia».

Mis dudas fueron creciendo a la par que mi obsesión por los relatos de Vasili. Los episodios en los que supuestamente había participado —el aborrecible banquete en el Kremlin, el rapto cometido por Beria en plena calle— eran episodios bien conocidos del periodo estalinista. Pero las crónicas publicadas corroboraban sus relatos solo parcialmente. Algunas afirmaciones de Vasili se hallaban documentadas en fotos de la familia y en las historias de mi padre y de Tamara, pero otras eran indemostrables, insertas en una apretada maraña de plausibilidad, probabilidad y hechos. Cuando llamé a Vasili después de mi visita, guardó silencio sobre su pasado, rehusando ofrecer aclaraciones o explicaciones.

Así que escribí cartas y correos electrónicos. Un viejo académico soviético, a quien conocí por casualidad en su casa de veraneo en New Hampshire, me sirvió de intermediario. Comencé por mantener correspondencia con dos especialistas que habían estudiado documentos desclasificados durante el periodo postsoviético y cuya información sobre el entorno de Stalin era seguramente más fiable que cualquier otra disponible en Occidente.

Tras escuchar mi historia, Stephen Kotkin, un profesor de Princeton que estaba escribiendo una magistral biografía de Stalin en tres volúmenes, arrancó a hablar emocionado. Yo sujetaba el auricular con el hombro mientras tomaba notas. Beria era un invitado habitual en las cenas de la dacha de Stalin en Kúntsevo, me dijo Kotkin; era taimado y brillante, y trataba al desventurado Nikolái Vlasik —el jefe de mi abuelo— con una mezcla de envidia y desprecio. A Beria le gustaba poner en evidencia a Vlasik trabando amistad con los guardaespaldas, con los que establecía un vínculo estrecho y a los que atraía a su círculo para obtener información sobre Stalin e influir en él y su entorno. Por lo tanto, era del todo verosímil, concluyó, que Vasili mantuviera un trato estrecho con el jefe de la policía secreta mientras trabajaba para su némesis. Pregunté si era posible que Vasili hubiera tenido un despacho en Lubianka mientras trabajaba de guardaespaldas.

—¿Por qué no? —respondió Kotkin—. Tiene usted que comprender que la kremlinología funcionaba manteniendo a casi todo el mundo, incluso a miembros de los círculos más estrechos del poder, en la ignorancia. Nadie sabía nada de lo que sucedía a su alrededor. El hipersecretismo era norma.

Simon Sebag Montefiore, autor británico de varios excelentes libros sobre Stalin, me escribió un correo para decirme que la presencia de Vasili en el banquete de 1932 era cuestionable —fue un evento relativamente selecto al que asistieron, en su mayoría, los más altos funcionarios— aunque posible. El protocolo entre los antiguos revolucionarios era, al fin y al cabo, muy informal. Se preguntaba si a lo mejor Vasili había oído a sus colegas hablar de lo que sucedió e inconscientemente confundía esa información con sus recuerdos personales. Aun así, tanto él como Kotkin coincidieron en que, desde nuestra actual perspectiva, la versión de Vasili sobre su pasado era imposible tanto de confirmar como de desmentir. «Al final», me escribió Montefiore durante un descanso en la gira de promoción de uno de sus libros por Australia, «*todo* es plausible.» Y me deseó buena suerte.

Unos días antes de dejar Vinnytsia, en una tarde muy cálida para la época del año, Vasili me habló de su padre, y es *esa* historia la que, en mi opinión, constituye el epítome de todas las vidas de los hombres de mi familia. Además de nuestro ridículo apellido, mi bisabuelo tuvo que cargar con un nombre de pila igual de cómico; se llamaba Anany, que sonaba casi como Onan, el masturbador del Antiguo Testamento. Entre las fotos que Sonya me dio figura una de dos ancianos sentados frente a una casa de campo. El hombre de la izquierda, por encima de cuyo hombro se asoma mi padre, entonces de seis o siete años, es Anany. Su aspecto es el de un granjero de toda la vida: camisa de faena abotonada hasta el cuello, pelo rapado y manazas nudosas. Anany fue un devoto comunista y un devoto cristiano. Pese a que llegó a dirigir una granja colectiva, continuó siendo presbítero de su iglesia y en la repisa de la chimenea conservó una Biblia encuadernada en cuero, con los cantos ornamentados y doscientas ocho ilustraciones de Gustave Doré. Mi padre recordaba que, a pesar de haber perdido buena parte del oído y de la vista con la vejez, Anany siguió siendo alegre y amable hasta su último día.

Según Vasili, en 1915 el Ejército zarista reclutó a Anany, que tuvo que dejar a su mujer y dos hijos pequeños para irse a la guerra en Polonia; más adelante, ese mismo año, fue herido y capturado por las tropas del Káiser. Como se hizo pasar por polaco, en lugar de fusilarlo lo trasladaron bajo escolta a un hospital de Berlín, donde los cirujanos le extrajeron metralla del muslo. Se quedó seis años en Alemania, desempeñando trabajos esporádicos de celador y deshollinador. Después se embarcó de polizón en un carguero con destino Dinamarca. Desde allí continuó a través de Suecia y de Finlandia, y en 1923 cruzó la frontera del país que, en su ausencia, se había convertido en la Unión Soviética. Anany recorrió a pie casi todo el camino hasta su pueblo, Aleksandrovka, pero al llegar supo que todo el mundo lo daba ya por muerto y que habían celebrado su funeral. Ya había anochecido cuando entró en la casa de la que había salido como recluta forzoso ocho años antes. Su mujer estaba retirando los platos de la cena.

Su hijo Vasili, de doce años, no reconoció al hombre escuálido que estaba en la puerta.

«Hola», le dijo Anany al niño. «Soy tu padre.»

2

NÚMERO 19

En los años posteriores a mi llegada a Nueva York, la imagen que tenía de mi padre se fue volviendo cada vez más confusa, emborronada por las historias que contaban mi madre y mis abuelos, así como por sus miedos y prejuicios. Me daba cuenta de que no sabía gran cosa sobre mi padre ni sobre su familia, y al cabo de un tiempo ni siquiera estuve seguro de querer saber nada. Quizá lo más extraño de abandonar tu país de nacimiento es renegociar la relación con tu pasado. Una vez que el pasado se reduce a unas cuantas fotografías e historias familiares, ya es opcional. O eso pensaba yo.

El hombre al que llegué a conocer estrechamente en los primeros años de mi adolescencia fue mi abuelo materno, Semión Efímovich Galbershtad (él prefería la extraña ortografía rusa del apellido). Era un hombre de facciones grandes, robusto y de barriga prominente, ojos glaucos y saltones, y una nariz desproporcionada que sobresalía de su cara como un hongo del tronco de un árbol. Había sido profesor de neurofisiología, zoología, darwinismo y de media docena más de materias en la Universidad de Vilna, y había escrito doce monografías científicas, entre ellas el manual *La regulación nerviosa de los tejidos musculares*, que durante un tiempo se utilizó como libro de texto en La Sorbona. Fue pionero en el uso de los espectrogramas; teniente de caballería en las fuerzas armadas de la Lituana independiente durante el periodo de entreguerras; artillero de mortero del Ejército Rojo en la Segunda Guerra Mundial; profesor de alemán en un instituto; ávido consumidor de libros y revistas; un devoto de Verdi capaz de silbarte el primer acto de *La traviata* entero; por raro que parezca, forofo del toreo, y morfólogo aficionado pero entusiasta del sexo femenino, cuya observación solía llevar a cabo (salvo excepciones) a distancia. Cuando hablaba de una secretaria de la universidad o de la cajera de una librería las describía, desestimando cualquier prueba de lo contrario, como una «pelirroja preciosa», una «belleza rubia» o una «morena deliciosa». Rara vez bebía. Siempre que oía o leía algo gracioso, los hombros se le agitaban y la sobredimensionada topografía de su cara se contorsionaba como una anémona hasta que lo cegaban las lágrimas, siempre sin emitir sonido alguno.

En aquellos años, yo pasaba casi todas las noches en compañía de Semión. Mi madre trabajaba en horario nocturno en una clínica mental de Coney Island, y mi abuela Raísa, que padecía Parkinson, se pasaba las noches viendo la tele, así que cuando yo volvía a casa después del colegio, Semión y yo recorríamos todo Broadway a pie, a veces hasta la estación de metro de la calle Steinway; tal era su versión de un paseo saludable. Su tema de conversación favorito era la fauna salvaje: la odisea genética del ornitorrinco, el número de vértebras del cuello de una jirafa, la coloración iridiscente del *Colibri cyanotus*, el cerebro secundario posterior del *Apatosaurus* y de otros grandes herbívoros del Jurásico tardío.

El destino de aquellos paseos era una tienda que hacía esquina donde comprábamos una bolsa de caramelos de manzana ácida marca Brach. Al principio yo le daba la lata para comprarlos, pero cuando llegué a la adolescencia con las inseguridades que esta conlleva, empecé a rechazarlos. Me voy a poner gordo con tanto Brach, le dije un día en la tienda. Eso sería con once o doce años. Semión se fijó en mi abultado abrigo y valoró mi reciente aumento de talla; yo estaba empezando a parecer una versión en miniatura de él. «Tienes razón», concedió. «Fíjate, ¡si casi estás obeso!» Le di una fuerte patada en la espinilla ante las miradas de desaprobación de las cajeras, le arranqué de la mano la bolsa de caramelos verdes aún sin pagar y salí corriendo.

El enfado no me duró mucho. Era imposible. Semión era científico; le gustaba decir que él trabajaba datos, no cumplidos. Los buenos modales eran para peleles intelectuales humanistas. En casa me gustaba preguntarle por la guerra, y él, a regañadientes, me contaba historias sobre el frente polaco y la batalla de Berlín.

—Calculaba la distancia que mediaba entre dos hoyos de protección alemanes, y disparaba el mortero.

—¿Y luego?

—Y luego avanzábamos hacia los hoyos y nos encontrábamos muertos a todos los que había dentro.

—¿Cómo eran?

—Eran jóvenes y habitualmente se les habían salido los intestinos, verdes por la bilis, y olían muy mal.

Una noche íbamos de vuelta a casa después de uno de nuestros paseos cuando, cerca del portal del edificio donde vivíamos —un bloque de viviendas protegidas en la esquina de la calle 24 con la avenida 34 en Long Island City— vimos a Jason, un vecino del sexto. Era un estudiante de enseñanza media más o menos de mi edad, bien educado y esbelto. A todo el bloque le caían bien sus padres.

Al era un policía de barrio nativo de Trinidad; Brenda era ama de casa, oronda, amigable, de piel clara, y cuidaba de Jason y sus dos hermanos. Semión le dijo a nuestro vecino algo que no alcancé a oír, y luego le vi alzar una mano grande y carnosa y acariciar el pelo afro de Jason.

Mi abuelo sonreía encantado. Hablaba mal inglés, y demasiado alto. «Tu pelo es…», Semión rebuscó en su escaso vocabulario, «como un estropajo.» Jason abrió mucho los ojos, sorprendido. Apartó la mano de Semión de un fuerte manotazo. «Quita, tío», dijo, y se largó dejándonos plantados. Semión estuvo semanas disgustado. «Jason es buen chico», decía. «¿Qué dije yo para que se enfadara?».

Si Nueva York le desconcertaba, recuperaba el control encorvado sobre el tablero de ajedrez. Jugábamos todas las noches, y Semión tenía un cuaderno junto al tablero donde tomaba notas y dibujaba esquemas de sus aperturas favoritas, sobre todo los audaces gambitos: el Alekhine, el Nimzowitsch, el escandinavo. Yo había calentado una cena de esas precocinadas para cada uno, con cuidado de retirar el papel de aluminio que recubría el postre, y Semión dio un bocado a un perfecto filete Salisbury. Estudió las piezas del tablero. «¡Hay millones de jugadas posibles!», dijo. «Todas se llevan a cabo en estos sesenta y cuatro cuadrados tan bien ordenaditos, y la victoria solo es cuestión de lógica y paciencia.» Él había comenzado con la defensa siciliana e iba haciendo incursiones en mi lado del tablero, camino ya de otra victoria. «No como en la vida», añadió, pulsando el botón del cronómetro.

Aunque pasé muchas noches con mis abuelos maternos, llegué a saber poco sobre cómo fueron sus vidas antes de que yo naciera. No era información que fueran regalando alegremente. Yo sabía que tan solo el cinco por ciento de los judíos de Lituania había sobrevivido a la guerra, lo que hacía de Semión y de Raísa —y por extensión de mi madre y de mí— excepciones estadísticas. Sin duda, la vida los había predispuesto al secretismo. Sabía que mi recelo, mi exagerada tendencia a estar en guardia y mi renuencia a hacer planes para un futuro que podía no llegar nunca eran herencia de su mentalidad y de su visión del mundo, que nuestro patrimonio era la capacidad de gestionar lo inesperado.

Después de volver de Ucrania, las lagunas en lo que yo sabía de sus vidas empezaron a ponerme nervioso. Conocer a Vasili había producido una fractura en mi conocimiento de mi familia; una fractura, en realidad, en mi comprensión del comportamiento humano. Comenzaba a atisbar interacciones entre lo personal y lo político. Relaciones que yo había creído basadas en afinidades, rencores y malentendidos revelaban ahora su conexión con vastos acontecimientos colectivos y con las realidades cotidianas que estos imponían sobre los individuos. Comenzaba a comprender que mis cuatro abuelos habían vivido en un país y una época donde la barrera de protección entre historia y biografía se volvió casi imperceptible.

Me había adentrado demasiado en el pasado. En Nueva York pasé cada vez más tiempo allí metido —en el pasado de mi familia— y necesitaba más información. Había dado con Vasili; ahora, para comprenderlo todo mejor, también necesitaba saber más sobre Semión y Raísa. Para cuando visité Vinnytsia, ambos habían fallecido ya, pero gran parte de sus vidas sobrevivía en mi madre. Así que unos años después de conocer a Vasili, mi madre y yo volamos a su lugar de nacimiento, Vilna, la ciudad lituana donde yo había pasado varios veranos de mi infancia. Y resultó que allí el pasado también se estaba desvaneciendo, aunque no tan rápido como algunos quisieran.

El antepasado más remoto del que tengo conocimiento es un tatarabuelo que se llamaba Abel; en la lengua del Imperio Ruso de ocupación, Orel. En la segunda mitad del siglo XIX, a muchos lugares y a muchas personas en Vilna se las conocía por más de un nombre. Abel/Orel no vivía en el barrio judío, sino en la parte nueva de la ciudad, en la calle Novogorodskaya (ahora llamada Naugarduko). Y lo que es aun más extraño, era el propietario de la casa de piedra de cuatro pisos donde vivía, gracias a la pequeña fortuna que había amasado revendiendo chatarra. En un registro encuadernado en tela donde estaban censados los discípulos del zar nacidos en su territorio durante el año 1861, encontré su fecha de nacimiento: 12 de noviembre, o 9 de kislev según el calendario judío. Figuraba asimismo una nota sobre su circuncisión, realizada seis días después. La entrada recogía los nombres de sus padres —Aron y Risa— y de sus dos abuelos, llamados ambos Abram y nacidos en la ciudad vecina de Stakliškės, pero sobre ellos no he encontrado nada. En otro registro aparecía el nombre rusificado del hermano de Abel, Ovsey, nacido quince años antes. Tampoco sobre Ovsey averigüé nada, más allá de sus fechas de nacimiento y de circuncisión, anotadas en tinta con esa retorcida caligrafía rusa antigua, florituras manuscritas que parecían impresas.

Estudié aquellos registros en el búnker de hormigón que aloja el archivo municipal de Vilna. El mobiliario y los empleados del lugar eran del mismo gris amarronado que los muros, como si la lluvia que tamborileaba en el tejado se hubiera filtrado y los hubiera teñido. Una archivera de cincuenta y pocos años, con un chal estampado de flores y el pelo rubio teñido, tecleaba con aire ausente en su escritorio mientras yo pasaba las quebradizas páginas. En otros registros y bases de datos figuraban más Halberstadt —Arones, Girshes, Tsernas, Chaykas e incluso un Frade, fallecido por suicidio a los dieciocho años en 1930—, pero no pude discernir si se trataba de parientes míos.

El hilo de la familia de mi abuelo fue el que conseguí rastrear más lejos. Según él me contaba, llegaron a Lituania procedentes del obispado de Halberstadt en el círculo de la Baja Sajonia del Sacro Imperio Romano Germánico, hoy en día Sajonia-Anhalt, seguramente tras una de las expulsiones periódicas de judíos que la Iglesia llevaba a cabo, o de una de las muchas masacres. Halberstadt era conocido por sus estudiosos de la Torá y sus academias religiosas, pero mi abuelo ignoraba cuándo y por qué motivos se fueron de allí aquellas personas. Es probable que, junto con muchas otras, llegaran al este en el siglo XV o a principios del XVI para aprovechar las condiciones favorables que Lituania ofrecía a los judíos. Fue el último país europeo en adoptar el cristianismo, y durante un tiempo hubo allí gobernantes de un igualitarismo y una visión de futuro fuera de lo común.

De niño, mi abuelo conoció a vecinos mayores que guardaban en su casa serpientes sagradas; Lituania había sido antaño una nación de animistas. El nombre del país aparece citado por vez primera en el año 1009, en un documento eclesiástico llamado los *Anales de Quedlinburg;* en este aparece recogido que Bruno de Querfurt, un misionero sajón, «fue golpeado en la cabeza por paganos… en la frontera entre Rus y Lituania». (Hoy en día los lituanos se sirven de esta alusión para datar la fundación de su país.) Según algunas versiones, san Bruno intentó convertir al cacique local y su hermano lo mató, mientras que, según otras, los paganos locales lo decapitaron por pernoctar en un bosquecillo sagrado. Los gobernantes lituanos se aferraron a la fe animista hasta que la oportunidad de gobernar la Polonia católica mediante el matrimonio de su reina de once años, y de poner fin a los ataques de los caballeros teutones, que se creían los cruzados del este, les persuadió de convertirse. El pueblo del rey Jogaila quemaba a sus muertos junto con sus caballos, perros y halcones, y lanzaba garras de animales salvajes a la pira para que el difunto escalara más fácilmente la colina del otro mundo. En febrero de 1387, Jogaila y los suyos irrumpieron a caballo en el bosquecillo que él y sus antepasados habían adorado. Talaron los robles, derribaron los ídolos, mataron a las serpientes sagradas y apagaron los fuegos sacrificiales. En su lugar erigieron cruces.

Pocos años después, el primo de Jogaila, Vytautas, concedió una carta estatutaria a los judíos de Troki, Brest y Grodno, que a la postre se haría extensiva a cuantos viviesen en suelo lituano. El documento era impactante por su oposición a la intolerancia y al fervor religioso que caracterizaban gran parte de Europa. Para hacernos una idea de lo inusual de su carácter, solo hace falta mirar hacia el oeste. En 1290, Eduardo I expulsó de Inglaterra a los judíos. Dieciséis años después Felipe IV el Hermoso hizo lo propio en Francia. En España, los patronos de Cristóbal Colón, Isabel y Fernando, ordenaron la salida del país de más de sesenta mil judíos en 1492; los españoles mataron a miles de judíos mientras estos abandonaban sus hogares.

Por el contrario, la carta estatutaria lituana declaraba fuera de la ley los libelos antisemitas de sangre y castigaba a los cristianos que profanasen tumbas judías. Decretaba que cuando un judío fuese acusado de un crimen, este había de ser corroborado tanto por un cristiano como por un judío. Imponía una multa a cualquier cristiano que rehusara auxiliar a un vecino judío que pidiera ayuda de noche. Hoy en día, la carta se interpreta como un reglamento para la división por zonas de una ciudad pequeña, especificando el derecho de los judíos a «habitar en las áreas donde hoy día habitan en Grodno, es decir: desde el puente que va del Castillo de Grodno hasta el mercado, a ambos lados de la calle, hasta la que discurre de la calle del Castillo hasta Podol; en las zonas frente a las casas de la iglesia y la casa de Ivanovski; desde el otro lado de la calle hasta el cementerio, y cruzando este y los terrenos de la iglesia hasta la misma orilla del río Gorodnitza». Los descendientes del gran duque mantuvieron, en su mayor parte, la carta estatutaria y en el siglo XVI los judíos acudieron en masa procedentes del oeste y del este, llegando a formar en Lituania la mayor comunidad judía de la diáspora, la más grande desde los tiempos de Babilonia. Lituania pasó a ser casi tan importante para los judíos como lo era para los propios lituanos.

Aun así, la apertura de mente de los reyes de Varsovia que gobernaban Lituania rara vez se hacía extensiva a los alcaldes o los gremios de las localidades: los mercaderes y comerciantes veían a los judíos como competidores y no cesaban de solicitar a los funcionarios públicos que se restringieran sus derechos. En los siglos XVII y XVIII, a los judíos solo se les permitía vivir en una ínfima y superpoblada fracción de Vilna que los gentiles llamaban Barrio Negro. Sus patios se convirtieron en colmenas de tiendas, puestos de artesanos, centros de estudios religiosos y sinagogas. Las puertas y las contraventanas de las viviendas estaban hechas de hierro como prevención contra potenciales intrusos.

Los primeros litvaks (como se hacían llamar los judíos de Lituania) que encontré en los libros de historia resultaron ser muy distintos de los judíos seculares famosos de las historias de Semión: Horowitz, Wittgenstein, Freud y los premios Nobel de química y de física a cuya compañía él aspiraba. Las fotografías y los ferrotipos realizados en los shtetls[3] mostraban a hombres barbudos con oscuros y pesados abrigos y sombreros gibosos; a mujeres con pañoleta y vestido oscuro hasta los tobillos. Se daban un aire a Mendel Singer, el protagonista de *Job* de Joseph Roth, que mira a los vecinos de la Zona de Asentamiento con un desinterés agrio y, en ocasiones, mordaz. En su aislamiento de la sociedad gentil entre la que vivían y su aparente indiferencia hacia la misma, estos judíos rurales del este de Europa me recordaron a los Lubavitcher Hasidim que conocía de Brooklyn.

La fuente de tal indiferencia hacia el mundo gentil se remontaba a las Escrituras. Los litvaks se consideraban habitantes de una época de duración indefinida: un lapso entre la entrega de las leyes acontecida en la antigüedad bíblica y la futura llegada del Mesías. Respecto al presente, su actitud era ambivalente, desganada en ocasiones. Frente a la palabra de Dios interpretada a través de irrebatibles análisis rabínicos durante miles de años—y de una tradición que se remontaba a la fundación de Canaán por el clan de Abraham, unos mil ochocientos años antes de nuestra era— ¿qué importancia podía tener la transitoria cultura gentil? El primer deber de los litvaks era el estudio de la Torá, del Talmud y de los posteriores volúmenes

3. Antes del Holocausto, localidades con amplia población de judíos, en el centro y el oriente de Europa.

eruditos. Además de los mandamientos que Moisés bajó del monte Sinaí, las autoridades rabínicas extrajeron seiscientas trece leyes de los primeros cinco libros de la Biblia: doscientos cuarenta y ocho deberes y trescientas sesenta y cinco interdicciones. Un judío dedica varias horas al día a rezar y a recitar bendiciones antes de realizar numerosas actividades, sobre todo si son placenteras. Salvo obras en yidis orientadas al entretenimiento popular (a menudo escritas por mujeres y objeto de la sospecha del rabinato), la producción literaria judía es una sucesión de análisis de las Escrituras, escritos en hebreo y arameo, conocidos como *pilpul*. Sus autores se caracterizan por su originalidad y brillantez retórica: improvisaron a partir de las leyes internas de un pueblo sin Estado.

Para los antepasados de mis abuelos, la cuestión de la asimilación apenas se contemplaba. Ser un litvak era nacer sabiéndote un extraño y ser toda tu vida muy consciente de los potenciales peligros de tu entorno. Para muchos, *kiddush hashem* —morir por Dios— no era un ideal religioso ni una fantasía. Crecían oyendo hablar de las masacres, las expulsiones y los bautismos forzosos que sus antepasados habían soportado y que otros judíos continuaban sufriendo en el resto de Europa. Durante siglos, los litvaks se vieron obligados a dedicarse a profesiones que la mayoría de gentiles evitaba. Algunos eran artesanos y comerciantes que trataban principalmente con su propio pueblo; otros eran recaudadores de peajes y de impuestos, destilaban y vendían licor, regentaban tabernas. Vivían en un equilibrio tenso con sus vecinos gentiles y se mantenían a una distancia prudencial de ellos.

Ni siquiera le daban importancia a los trastornos políticos diarios; era típico de los litvaks decir que les preocupaba poco qué bando había prevalecido en la última guerra. No obstante, la situación en Lituania era más acogedora que en otras zonas, y miles de judíos abandonaban sus lugares de origen y emprendían el viaje hacia las orillas del río Neris. La primera sinagoga de Vilna se inauguró en 1573. En el siglo XIX, los judíos comprendían casi la mitad de la población. Se decía que Napoleón llamó a la ciudad «la Jerusalén del norte» cuando vio el estilo renacentista del interior de la Gran Sinagoga y paseó por el Barrio Negro.

En los registros del archivo también encontré constancia de mi bisabuelo: Haskel Halberstadt, hijo de Abel, abrió una consulta de dentista en el número 12 de la calle Kalvariyskaya (ahora conocida como Kalvariju), al norte del Neris, en 1897. Aquel año, Vilna era el hogar de casi sesenta y cinco mil judíos. Expulsados de distritos rurales por un edicto ruso, los judíos recién llegados —en su mayoría refugiados abatidos procedentes de pueblos pequeños— vagaban por las calles y los callejones de la ciudad. Se decía que, cada noche, cuatro quintos de los judíos de la ciudad no sabían cómo conseguirían su siguiente comida, y casi la mitad vivía de la caridad.

Gracias al próspero negocio de su padre, Haskel no se contaba entre ellos. Se graduó en la universidad de la ciudad y se formó como odontólogo en Kiev. Para atender a los residentes de una metrópolis tan cosmopolita como Shanghái o Berlín, Haskel aprendió a hablar, al menos de manera aceptable, ruso, lituano, polaco, ucraniano, yidis y bielorruso, y a leer en hebreo. En la época en que nació mi abuelo —cuando varios pacientes suyos eran oficiales del Káiser de la oficina de reclutamiento al otro lado de la calle— aprendió también alemán.

Dentista con tantos pacientes gentiles como judíos, era un hombre menudo de rasgos delicados, ojos oscuros, rostro agradable y una actitud serena y formal. Se casó siendo aún joven y tuvo un hijo: un niño dulce, solitario y dolorosamente tímido llamado Ruvim, al que todos llamaban Roma. Haskel tenía treinta años cuando su mujer empezó a quejarse de dolores abdominales. Mi madre recordaba que Semión le había dicho que falleció de peritonitis, pero en su entrada en los registros figura cáncer de estómago como causa de la muerte.

En cualquier caso, murió de forma repentina, dejando a Haskel con una consulta ajetreada y un hijo de nueve años. No podía permitirse ser viudo mucho tiempo. Gracias a una casamentera, en menos de un año ya había contraído matrimonio con una mujer de Švenčionys (Svintsyán en yidis), una pequeña ciudad al norte de allí. La obstinada e independiente Frida Levin era dos años más joven que Haskel, y mucho más afortunada que él por haber encontrado pareja. A sus veintiocho años ya casi se podía dar por definitiva su soltería, condición que debía a su alegre indiferencia hacia la religión y a una sofisticación poco común en una mujer de una localidad rural de seis mil habitantes.

Las perspectivas profesionales de la mayoría de las mujeres litvaks se veían muy limitadas por su género. Los padres enseñaban a sus hijos oraciones sencillas en cuanto aprendían a hablar y, cuando cumplían cinco años, los llevaban a un *heder,* una escuela religiosa. Algunos niños se casaban con solo diez años (de acuerdo a la creencia de que la era del Mesías no comenzaría hasta que cada alma judía se hubiera unido a la pareja que tenía destinada); con frecuencia, el novio vivía con los padres de la novia hasta haber completado los estudios del Talmud y alcanzado con ello la mayoría de edad. Las niñas recibían escasa educación formal, en ocasiones ninguna en absoluto, y generalmente en casa. Pocas mujeres litvaks elegían su profesión, ni mucho menos accedían a la universidad. Su trabajo consistía en criar a los hijos y prepararlos para una vida dedicada a la rectitud y el estudio de la Torá.

Frida no tenía ninguna intención de convertirse en una de esas mujeres. Asistió a un liceo secular para escándalo de los judíos de Svintsyán, y luego se matriculó en una escuela de medicina en Hamburgo, donde se tituló como dentista. Un obstáculo añadido para encontrar novio era su aparatoso tamaño. Superaba a su marido en estatura y pesaba por lo menos diez kilos más. No obstante, era de disposición alegre y tolerante, e irradiaba una amabilidad relajada incluso mientras operaba el torno de pedal de la consulta de Haskel, de modo que su ayuda fue bienvenida. Cuando Haskel se disponía a extraer un diente, llamaba a Frida a la consulta. Ella sujetaba con fuerza la cabeza del paciente contra sobre su exuberante pecho y su marido apoyaba una rodilla en el sillón metálico. Mientras él tiraba, Frida susurraba palabras de consuelo al oído del paciente.

Antes de casarse, ella informó a Haskel de que quería otro hijo y de que no estaba dispuesta a esperar. Dio a luz a mi abuelo diez meses después de la boda, el 9 de octubre de 1915. Su padre lo llamó Shimon, pero Frida insistía en dirigirse a su hijo por su nombre ruso, Semión. Apenas unas semanas antes, en el Yom Kippur, las tropas del Káiser habían ocupado Vilna. (Al oeste, el padre de Vasili, Anany, el cultivador de remolacha ucraniano con un nombre extraído del Antiguo Testamento, fue herido y hecho prisionero por el mismo ejército.)

La ocupación alemana intensificó la pobreza en la ciudad, así como la sobrepoblación y las restricciones en el barrio judío. Otros veintidós mil judíos, expulsados de Kaunas, Grodno y otros lugares por el edicto del zar, llegaron a Vilna junto con diez mil refugiados cristianos. Muchos de estos nuevos judíos sin hogar vagaban por las calles y dormían en el suelo de las sinagogas y en los mataderos kosher. El Gobierno facilitó bonos de alimentos, y más de un centenar de cocinas comunitarias proporcionaban pan y sopa no solo a los pobres de la ciudad sino también a la recién depauperada clase media. La prohibición de viajar aumentó el desempleo. Los oficiales alemanes decretaron que los beneficiarios de los bonos de alimentos que no encontraran empleo en un plazo de diez días serían reclutados forzosamente en batallones de trabajo. En consecuencia, los litvaks fueron deportados a millares para trabajar en las minas de carbón del Ruhr y de la Alta Silesia, o en los muelles de Tilsit. Los soldados escoltaban a otros trabajadores al campo para construir carreteras y talar bosques. Dormían sobre tablones en barracones de madera sin calefacción, y en el invierno de 1915 centenares murieron de congelación mientras dormían. En la ciudad se desataron la fiebre tifoidea y la disentería. Las madres abandonaban a sus hijos en la calle porque sabían que en los orfanatos estarían mejor alimentados.

En un intervalo de siete años, la soberanía de Vilna cambió de manos ocho veces. En 1918, tras la expulsión de las potencias principales —los alemanes y los rusos—, aumentaron todavía más la anarquía y el hambre. Las agujas de color ladrillo de Santa Ana y los antiguos castaños de indias de la ciudad se erguían sobre barrios de chabolas llenos de prostitutas y traficantes de comida, de niños mendigos y de impredecibles puñaladas nocturnas, donde un plato de carne de caballo con rábanos no era una cena poco común. La tasa de mortalidad entre los litvaks de la ciudad se multiplicó por cinco, y llegó a casi uno de cada diez. Muchos de los residentes más acaudalados se habían ido. En 1918, cuando Frida enfermó de gripe española, un desconocido se presentó en su piso y se sacó un huevo de gallina del abrigo. Haskel lo compró de inmediato. «Dáselo a Senechka», dijo Frida, usando el apelativo cariñoso de su hijo menor. Semión tenía dos años y desde hacía semanas lo único que comía era pan mojado en leche. Haskel se vio obligado a reconocer que su ciudad natal, la ciudad que amaba, se había vuelto inhabitable.

Cerró la consulta de la calle Calvario y cargó a su familia y dos tornos de hierro en un carromato de caballos. Se asentaron unos cien kilómetros al norte, en un anodino puesto de avanzada llamado Utena, en la orilla del río Vyžuona. Un censo de la época lo describe como un poblado con setecientas viviendas, treinta y cuatro comercios, tres molinos, un aserradero, una curtiduría de pieles y un puñado de fábricas pequeñas. En torno a la mitad de los habitantes eran judíos que llamaban al shtetl por su nombre yidis: Utian. El hambre y la enfermedad eran menos extremas y los precios más bajos; el caos y la miseria de Vilna no eran ya más que un zumbido lejano.

Haskel compró una casa de seis habitaciones cerca del centro y abrió al lado una clínica dental. Mi abuelo hablaba de aquellos años con alegre nostalgia; a menudo soñaba con aquella casa grande y bien ventilada. Sus memorias recordaban ese confort provinciano que describe Chéjov, muy similar al lujo. Tenían flores en cada habitación, un piano, un ama de llaves lituana y una cocinera. Por las mañanas Semión se sentaba a la mesa del comedor con su hermano y su padre mientras Frida trajinaba en la cocina. Haskel bebía café cargado y untaba mermelada de grosella en su tostada, sin dejar de musitar para sí mismo y de hojear el periódico yidis. «Una tortilla para Romochka y un huevo pasado por agua para Senechka», decía la maternal cocinera en un lituano cantarín. Traía de la cocina el huevo pasado por agua, humeando todavía en la huevera de porcelana, y cascaba el extremo con una cuchara antes de depositarlo en el plato de Semión junto con un salero de plata de ley.

He intentado hacer casar los recuerdos bucólicos que mi abuelo conservaba de aquella época y aquel lugar con la historiografía. Los historiadores políticos reducen sus relatos a una mera secuencia de agitaciones políticas engranadas unas con otras, mientras que los historiadores culturales se limitan a hablar de peregrinaciones de una minoría desposeída. He aquí un ejemplo: Vilna estuvo alternativamente en poder de los bolcheviques y de los legionarios polacos. Los polacos acusaron a los judíos de aliarse con el enemigo y profanaron el antiguo cementerio de Shnipishok, donde los rusos habían montado su última línea de defensa, confiando en desenterrar alijos de dinero y de rifles de las tumbas de los rabinos fallecidos hacía tiempo. Los soldados fusilaron a unos ochenta judíos y arrojaron a muchos otros, con las manos atadas a la espalda, a las gélidas aguas del Vilia (el nombre polaco del Neris).

Si tales eventos formaban parte de los recuerdos de mi abuelo, era tan solo como el tema de discretas conversaciones entre adultos. Lo que él recordaba mejor de aquellos años era ir a ver películas. En Utena, que estaba a un paseo de casa de sus padres, abrieron un cine: las butacas estaban tapizadas de terciopelo burdeos y un profesor de música calvo acompañaba las películas mudas aporreando un piano vertical. Semión pasó muchas tardes allí, absorto en la contemplación de Mary Pickford, Buster Keaton, Ivan Mozzhukhin y, la mejor de todas, Marlene Dietrich en *El ángel azul*, una película que continuó siendo su favorita durante el resto de su vida. En las vacaciones, cuando iban parientes de visita, Frida montaba obras de teatro infantiles en el cavernoso salón de la casa. Ella cantaba, alguien tocaba el violín o el piano vertical, y luego Haskel accionaba el gramófono de manivela que lanzaba a Chopin o Strauss a todo volumen hacia la oscuridad de la noche. Los adultos bebían demasiado *slivovitz* y bailaban.

Haskel recitaba el Kaddish[4] en la sinagoga, musitaba apresuradas bendiciones antes de beber vino y comer falda de ternera, y les hablaba a sus hijos en yidis. Frida se dirigía a ellos en el ruso de los zares. Le parecía vergonzosa la religiosidad de los litvaks de provincias y no tenía su lengua en gran estima. Se mire como se mire, su familia era peculiar en extremo, algo que Semión fue descubriendo cuando sus tíos, tías y primos maternos los visitaban en Utena.

Frida tenía doce hermanos. Su padre, Esai Levin, fue un abogado que alcanzó la inusitada distinción de ser nombrado magistrado. Incluso ya de ancianos, sus nietos seguían jurando que fue el único juez judío en todo el Imperio Ruso. A sus hijos les legó un despreocupado desacato de los rigurosos mandamientos judíos, así como su creencia en la educación secular, la ciencia y la modernidad. Abogaba por la necesidad de viajar y logró inculcar ese gusto a sus hijos. Que Frida estudiara en Alemania es un ejemplo

4. Una de las plegarias de la religión judía.

típico de la vida nómada que llevaron todos sus hermanos y hermanas. El pequeño, Aaron, otro dentista formado en Hamburgo, vivía con Haskel y Frida en Vilna, donde permaneció cuando ellos partieron hacia Utena. Leah fue a San Petesburgo, donde se matriculó en uno de los pocos programas universitarios femeninos disponibles en el imperio. David llegó a dirigir la organización internacional comunista en Shanghái y luego abrió una fábrica de bicicletas en China. Max, el más pequeño y el más guapo, llegó a ser un próspero abogado en Múnich. A comienzos de la treintena, se sentó en la cama, se metió el cañón de una pistola en la boca y se pegó un tiro. Dos de sus hermanas dijeron que estaba desesperado porque una mujer lo había rechazado, pero Aaron afirmaba que el pobre Max había contraído sífilis.

En la época en que Frida llegó a Utena, su padre, Esai, ya había fallecido, y su madre, Sarah, se había mudado con ella y con Haskel. Cerca de los ochenta, Sarah disfrutaba contando a los niños historias sobre las mañanas de domingo en la amplia y confortable casa de Esai en Svintsyán. En la larga mesa del comedor a menudo se reunían dos docenas de personas, y Esai presidía mientras Sarah daba vueltas por la habitación con una bandeja de *bialys*[5] templados. Siempre señalaba con orgullo que entre sus invitados había tantos gentiles como judíos.

Les contó a sus nietos una historia que se convertiría en mito fundacional de la familia. Una noche de otoño en algún momento de la década de los noventa del siglo xix, un hombre se coló en la cocina por una ventana abierta. Esai, que padecía de insomnio, estaba leyendo a la mesa de la cocina y no reconoció al intruso. El desaliñado hombre se sacó una pistola del cinturón y apuntó a Esai. Le recordó al magistrado que él había presidido su juicio (Semión nunca tuvo claro si fue por homicidio involuntario o asesinato) y que lo había sentenciado a varias décadas de prisión. Ahora el prisionero fugado se disponía a vengarse.

5. Panecillos tradicionales de los judíos asquenazíes.

Todos los demás en la casa estaban durmiendo. Esai le pidió al intruso que esperara unos minutos antes de dispararle y le ofreció una taza de té y algo de comer. Sirvió jalá,[6] mantequilla, cerezas amargas en conserva y unas sobras frías de ternera. El fugitivo dejó la pistola en la mesa y comió y bebió con voracidad. Mientras tanto, le contó su historia a Esai, que escuchó como si no sucediera nada malo. Varias horas después, antes de que nadie más se despertara, los dos fueron paseando como buenos amigos hasta el cuartel de policía, donde el intruso se entregó. Sarah juraba que la historia era cierta hasta el último detalle.

Nunca he llegado a saber qué aspecto tenía Esai Levin. La única foto que ha sobrevivido de la familia de Semión se tomó años después de su muerte. En ella, mi abuelo debe de tener unos catorce años; sale con un traje de chaqueta cruzada detrás de sus padres, Haskel y Frida. La abuela Sarah aparece sentada junto a su hija. El hermanastro de mi abuelo, Roma, está de pie tras ella. El tío Aaron, con su hija en el regazo, está sentado a la izquierda. El niño que hay en el centro, el único al que se le permitió posar sin corbata, es el hijo de Aaron. Cada vez que miro la fotografía, se me desvía la atención a la cortina bordada y la foto de alguien sentado que hay clavada con chinchetas a la pared. Por alguna razón, los detalles triviales —la foto, las chinchetas, la percha, las flores bordadas en la cortina— son lo que dotan a la imagen de la lentitud y la verosimilitud de la vida diaria. Fijan a aquellas personas en un momento en que el terrible futuro que se cernía sobre ellos era solo una posibilidad entre muchas.

En la periferia de esas vidas privadas, el país seguía cambiando. En 1920, el año en que mi abuelo cumplió los cinco, las tropas polacas del general Żeligowski tomaron Vilna y una ancha franja de Lituania. Los lugares de nacimiento de mi abuelo y de sus padres quedaron en territorio enemigo. La nueva frontera, una tierra de nadie de diez kilómetros de ancho bordeada de minas, permane-

6. Especie de pan trenzado.

cería infranqueable durante casi veinte años. Semión no volvería a ver Vilna hasta hasta el final de la siguiente guerra mundial.

Cuando mi abuelo tuvo edad, Frida lo envió al famoso liceo Vilkomir Reali. Aunque había una muy respetable yeshivá[7] en Utena, la escuela en Ukmergė (Vilkomir en yidis) era una de las dos únicas en todo el país que impartía clase en yidis en lugar de hebreo. Era una incubadora de las ideas progresistas y seculares de los yidisistas, que creían que el hogar legítimo de los judíos era Lituania —no Palestina, como insistían los sionistas— y que la lengua de la literatura y la pedagogía judías debería ser el yidis, de raíz europea, en lugar del hebreo bíblico. El director era el eminente lingüista y periodista Yudel Mark. Era la única escuela que Frida consideraba aceptable, sin importar que se hallara a sesenta y cinco kilómetros de su casa. Le alquiló a su hijo una habitación en el ático de la casa de un profesor, a escasa distancia a pie de la escuela, y a partir de entonces ya solo se veían durante las vacaciones y en fechas muy señaladas. Además de yidis, Semión estudió ciencias, poesía, música y lenguas

7. Escuela talmúdica.

extranjeras. Iba a clase con el uniforme planchado, camisa almidonada y una gorra con la insignia de latón de la escuela sobre la visera.

En vacaciones, Semión volvía a casa cargado de libros. Se pasaba las noches leyendo a la luz de una lámpara, se quedaba dormido al amanecer y solía saltarse el desayuno porque seguía durmiendo. Muchos de los libros estaban en alemán, una lengua que aprendió fácilmente por su semejanza con el yidis; leyó y releyó el *Werther* y el *Fausto* de Goethe y se pasó horas memorizando poemas de Schiller, Heine y Hölderlin. Durante las cenas del *sabbat,* le gustaba recitar el favorito de Frida —«Canción de la campana» de Schiller— para el franco deleite de su madre. Semión aseguraba haber memorizado los cuatrocientos treinta versos del famoso poema. En aquellas comidas festivas, Haskel murmuraba bendiciones ante el jalá y el vino. A continuación, Semión —aún con la voz aguda, mirando con adoración a su madre— se ponía en pie y recitaba las estrofas en alemán:

Denn mit der Freude Feierklange
Begrüßt sie das geliebte Kind
Auf seines Lebens erstem Gange,
Den es in Schlafes Arm beginnt.

Porque con el festivo son del júbilo
ella saluda al niño amado
en el primer paseo de su vida,
que comienza él en brazos del sueño.

★ ★ ★

Después de que mi abuelo se graduara en el liceo, Haskel volvió a trasladar a la familia, esta vez a Kaunas, la nueva capital lituana. Lo que he averiguado acerca de su vida allí se reduce a unos pocos acontecimientos claves, sobre todo porque Semión evitaba hablar sobre esos años, que le recordaban los terribles hechos sucedidos a comienzos de los años cuarenta. La guerra dividía su relato del comienzo de la edad adulta en una obertura que, en retrospectiva, fue adquiriendo tintes cada vez más pastorales, y un periodo de calamidades que, según el propio Semión, retorcieron su idea de lo que significaba ser persona.

La clínica dental de Haskel había estado muy parada en el campo, y Kaunas no solo era la mayor ciudad de la recién dividida Lituania, sino también la capital cultural de los judíos. Tras la ocupación alemana de Vilna, más antigua y cosmopolita, a Kaunas le llegó su momento. La calle principal, Laisvės Alėja —un bulevar de tres carriles que desembocaba en una enorme catedral neoclásica— abundaba en hoteles, cabarets y restaurantes recién inaugurados que aspiraban a emular el esplendor de Viena e incluso de París. Sobre la confluencia del Niemen y del Neris, se instaló un funicular de fabricación suiza para transportar a los turistas a un mirador en Aleksotas, desde donde admiraban, maravillados, las iglesias góticas del centro y la amplia plaza adoquinada ante la residencia del arzobispo. Los judíos constituían casi un tercio de la población. Su principal asentamiento estaba ubicado en la orilla más distante del Neris y databa de una época en que no se les permitía instalarse en el interior de la ciudad. El barrio se llamaba Vilijampolė, pero sus habitantes lo llamaban Slobodka.

La independencia de Lituania llegó con una promesa de igualdad para los litvaks. En 1922, adquirieron una parcela de autonomía cultural y un papel en el Gobierno casi proporcional a su porcentaje de población. Pero en la década de los años treinta, en especial tras el nacimiento del Tercer Reich y el precipitado ascenso del antisemitismo en la vecina Polonia, la situación se tornó peor que en cualquier momento previo de su historia. Se erradicó a los judíos del Gobierno, de los altos rangos militares, de la banca, de la justicia y de la educación. A causa de las presiones ejercidas por los empresarios, también fueron perdiendo presencia en casi todos los comercios respetables.

Todo esto los llevó a construir un hogar vibrante y cosmopolita en la ciudad que ellos llamaban Kovno. Había allí cinco institutos de enseñanza, un seminario, varias escuelas vocacionales, una sociedad etnográfica, un museo, treinta sinagogas, dos teatros, cinco periódicos diarios y tres bibliotecas. Organizaciones de asistencia social, clubes deportivos, gremios, partidos políticos, un orfanato, un hospital e incontables restaurantes y cafés daban forma a una vida social judía a la que solo superaba la de Vilna.

Mi abuelo se matriculó en la Facultad de Matemáticas y Ciencias en 1933. Solo quedaban unos pocos profesores judíos. Durante las clases, algunos estudiantes se quejaban abiertamente del «problema judío». Algunos soltaban bromas hirientes en voz lo bastante alta como para que toda la clase las oyera; se burlaban de los compañeros judíos por hablar en yidis o en lituano con acento. Semión —que hablaba alemán, ruso, polaco y lituano, además de yidis y hebreo— detestaba a aquellos instigadores, muchos de los cuales eran hijos de granjeros de los pueblos cercanos, que no hablaban más que su lengua nativa.

Sus mejores amigos de la universidad mantuvieron un contacto muy estrecho entre sí y con mi abuelo durante los siguientes cuarenta años. Los tres eran lituanos: un mastodóntico calvo prematuro que se llamaba Balevičius y estudiaba Derecho; Savickas, el pintor, y Valius, un ornitólogo alto y delgado. (Mi abuelo heredó varios de los cuadernos de campo alemanes del siglo XIX de Valius, y de niño yo hojeaba los meticulosos aguafuertes pintados a mano de golondrinas de mar y búhos pigmeos de Eurasia, que hoy siguen siendo las ilustraciones más impresionantes que he visto nunca.)

Ya entonces, a los amigos de Semión les maravillaba su ausencia de maldad y de rencor, su infantil capacidad de disfrute y sorpresa, que conservó hasta el final de su vida. Recuerdo que a veces disfrutaba tanto con alguna anécdota o pieza musical que los ojos se le llenaban de lágrimas. Por disparatados e imprevisibles, sus enfados también eran muy infantiles, y podían resultar aterradores. No tenía una constitución física imponente pero se metía en peleas con frecuencia. En la universidad, cuando algún estudiante se ponía a cecear haciendo una parodia del yidis, Semión le lanzaba un golpe antes siquiera de mirar de quién se trataba, sin importarle las consecuencias. En clase, durante las diatribas nacionalistas, se ponía en pie y discutía a voz en grito con los perplejos profesores: actos de disidencia por los que se ganó reprimendas pero nunca fue expulsado.

Desconozco en qué lugar de Kaunas vivía. Ni su nombre ni el de sus parientes más cercanos aparece en los archivos de la ciudad. El único rastro de los años que pasó allí es una entrada de una enciclopedia de entreguerras donde figura la lista de los miembros de las fuerzas armadas lituanas. Junto al nombre de Semionas Galberstatas aparece un escueto párrafo repleto de fechas y rangos. Gracias a su título universitario, ingresó en el servicio militar como oficial, así que en lugar de tener que ir vadeando campos de patatas cargado con una mochila y un rifle y aturdido de hambre, entró en una academia de oficiales en Kaunas. Allí recibió formación para comandar tropas de caballería y, lo que más extraño me parece, ganó trofeos de equitación.

Más que cabalgar, le gustaban los caballos. Le fascinaban los detalles de sus mecanismos mentales; nunca se cansaba de ver cómo el animal reaccionaba al más mínimo gesto por su parte. En años posteriores, solía tener un cuaderno de dibujo abierto junto al libro que estuviera leyendo y llenaba páginas y páginas de bocetos de caballos, siempre de perfil. Cuando leí su entrada en la enciclopedia militar, intenté imaginarme a mi abuelo como un esbelto jinete con pantalones de montar y botas de charol. Pero no pude: seguía viendo al jubilado barrigudo al que conocí en mi adolescencia y que la mayoría de las noches se quedaba dormido en un sillón de flores amarillas con un ejemplar de *Chess Life* abierto en el regazo.

Se licenció en la Academia de Oficiales como teniente condecorado. Pero luego, cuando buscó trabajo de profesor de ciencias, se topó con que solo había plazas disponibles para los lituanos étnicos. Por casualidad, un amigo le habló de un puesto en un liceo alemán de moda, donde estudiaban los hijos de los vecinos más acaudalados de la ciudad. En lugar de dar clases de botánica y física, Semión se vio frente a un aula de niños de siete años repeinados, cantando en lituano sobre patos que nadan en estanques. Le gustaban los niños y no le importaba trabajar con ellos. Se trasladó a un pequeño piso cerca del centro de la ciudad, y cuando no estaba leyendo, dedicaba las noches a pasear o iba a escuchar orquestas en Laisvės Alėja. De vez en cuando tenía citas con mujeres, pero nunca muy en serio.

Aquellos meses relativamente relajados llegaron a su fin un cálido día de mediados de junio de 1940. Semión iba caminando bajo los viejos árboles de Laisvės Alėja cuando un carro de combate apareció por una calle lateral. En un arranque de pánico, pensó que los alemanes los habían invadido. Alemania había ocupado la vecina Polonia, y él llevaba un año leyendo en los periódicos informes de la brutalidad alemana con los judíos polacos. Los litvaks de Kovno no hablaban de otra cosa. Pero en el costado del tanque no había ninguna cruz: el pasado otoño los soviéticos habían recuperado Vilna para Litunia, y ahora llegaban para cobrar la deuda. Cuando corrió la noticia, algunos judíos lo celebraron. Los tanques rusos, dijeron, formarían una muralla entre ellos y los nazis.

Si bien algunos oficiales del Ejército Rojo impresionaron a los habitantes de Kaunas por su cortesía, aquello no duró. Soldados harapientos saquearon las tiendas, llevándose todos los zapatos de hombre y los abrigos (sin importar la talla ni el estilo), las cámaras de fotos y las cunas; a sus familias en Jimki y en Tula les hacían falta. Destacamentos del Ejército Rojo desmantelaron fábricas enteras y cargaron la maquinaria en camiones para transportarla cientos de kilómetros al este, donde las volvieron a montar. Un anuncio radiofónico informó de que todos los negocios y las viviendas particulares pasaban a ser propiedad soviética, aunque la mayoría de los habitantes de la ciudad continuaron viviendo y trabajando donde lo habían hecho hasta entonces. Por vez primera, los rusos demostraron ser más benévolos con los judíos que con los lituanos, sus antiguos vasallos, de quienes sospechaban que eran simpatizantes proalemanes. De repente, los judíos tenían acceso a altos cargos en las universidades, ministerios y fábricas recién sovietizados, a menudo a expensas de sus antiguos jefes lituanos. Algunos litvaks alardearon de estos ascensos, y sus vecinos gentiles no se les olvidó.

Los nuevos trabajos apenas compensaron la campaña soviética contra la religión y la clausura de la vida comunitaria. Agentes del NKVD tapiaron sinagogas e iglesias. En las calles, soldados del Ejército Rojo ofrecían chocolatinas a los niños a cambio de la promesa de renunciar a las supersticiones parroquiales. «¿Esta chocolatina te la ha dado Jesús o te la he dado yo?», preguntaban. En la clase de Semión, agentes soviéticos pegaron con cola en la pizarra y en las paredes retratos de miembros del Politburó, y los niños iban a la escuela con imágenes de Mólotov y de Bulganin prendidas a la ropa con alfileres. Los «educadores» soviéticos los hacían desfilar por el patio y les enseñaban a cantar en vacilante ruso. Para Semión, aquellos días tuvieron un aire surrealista; los límites de la realidad se redibujaban cada mañana mientras la ciudad contenía la respiración.

La ocupación llevó nuevos pacientes a la consulta de Haskel; la mayoría hoscos soldados rusos con abscesos en la boca y mofletes hinchados. En casa, Haskel mantenía la alegría y la serenidad; al margen de algún «*Vey iz mir*» entre dientes, desestimaba con una sonrisa los disgustos diarios. Roma, que lo ayudaba con la consulta, se convirtió en un hombre temeroso de canas prematuras, al que le gustaba permanecer cerca de la familia y que sonreía con timidez, de un modo velado y como suplicante. Pasaba las horas libres en su habitación, pintando acuarelas o escuchando la radio.

Una mañana de la primavera de 1941, Haskel fue a la consulta sintiéndose indigesto, pero por la tarde la molestia se había convertido en un dolor punzante. Durante un descanso entre dos pacientes, le dijo a Frida que salía un momento para ver a un médico, un colega al que a veces le enviaba pacientes. Seguramente le recetaría bicarbonato sódico, le dijo. Haskel estaba sentado en la sala de espera del médico cuando se le crispó la expresión y se desplomó de costado, muerto de un ataque al corazón. El funeral se celebró en el precioso cementerio judío antiguo de Žaliakalnis, un barrio que debía su nombre a la verde colina sobre la que se ubicaba. Estaba lloviendo cuando el enterrador terminó de apelmazar la tierra con la pala. Semión puso una identificación de madera en la cabecera de la tumba de su padre; de acuerdo a la costumbre judía, debía transcurrir un año antes de que los dolientes pudieran erigir una lápida. Docenas de pacientes de Haskel visitaron la casa durante la shivá, el duelo judío. A partir de entonces, Frida se hizo cargo de la consulta.

En marzo, un edicto soviético expulsó a los ciudadanos alemanes de los territorios anexionados. Después de que Mólotov y Ribbentrop, el ministro de exteriores nazi, firmaran un pacto de no agresión en el Kremlin, la Unión Soviética y Alemania se pasaron dos años tratando de hacerse con las tierras existentes entre ambos países. Las fronteras empezaban a parecer demasiado permeables. En Moscú, Stalin se negaba a creer que Hitler violaría el pacto; no obstante, en la periferia occidental del país, las tropas soviéticas estaban intranquilas, veían venir la jugada final como el que huele la lluvia.

En la madrugada del 14 de junio, Kaunas se llenó de camiones que se detenían ante casas y bloques de viviendas. Agentes del NKVD entraron de dos en dos con las carabinas en ristre y obligaron a los residentes a meterse en los camiones. Como en el resto de la Unión Soviética, a los arrestados se les acusó de una amplia gama de infracciones ideológicas y de clase: propietarios, funcionarios del Gobierno, religiosos practicantes, sionistas, bundistas, cualquiera que hubiera hablado públicamente en contra de Stalin y de los sóviets y, como siempre, también los que solo tuvieron mala suerte. Durante cuatro noches, en toda la República Socialista Soviética de Lituania, como ya se llamaba el territorio, la policía secreta arrestó a treinta mil personas. Entre los prisioneros figuraban lituanos, polacos, bielorrusos y rusos, así como alrededor de siete mil judíos. Tropas del NKVD los metieron en trenes como si de ganado se tratara —de ciento cincuenta a doscientas personas en cada vagón de mercancías, sin aseo y con tan solo un ventanuco de ventilación— y aseguraron las puertas de los vagones con alambre de espino. En los laterales de los vagones escribieron con pintura blanca: «Traidores a la madre patria». Los prisioneros fueron a campos de trabajos forzados en Kazajistán, en el sur de Siberia o en la desembocadura del río Lena, cerca del océano Ártico. Después de las deportaciones, en Kaunas todo el mundo iba en silencio por las calles, cariacontecidos. El tejido de la vida diaria se estaba haciendo harapos y desmoronándose. Incluso los pájaros, decía mi abuelo, dejaron de cantar.

Seis días después de la última redada soviética, el 22 de junio, Semión se despertó en mitad de la noche sobresaltado por una explosión. Eran las tres y media o las cuatro de la madrugada. Oyó sirenas pero no pudo identificar su origen, y acabó por volverse a la cama. Se despertó de nuevo una o dos horas después y abrió una ventana. Más allá de los dos ríos, la base aérea de Aleksotas estaba en llamas. Sobre el amanecer de comienzos del verano —de color ciruela, recordaba él— se alzaba una columna de humo. Semión volvió a tumbarse pero no pudo dormir. Poco después de las seis encendió la radio; el locutor informaba de que el Reich había declarado la guerra a la Unión Soviética. En todas las emisoras se acumulaban las noticias. La frontera con la ocupada Polonia se hallaba a un centenar de kilómetros. Semión era consciente de que los alemanes podían entrar en la ciudad en cuestión de horas.

En el exterior, soldados del Ejército Rojo a medio vestir corrían por la calle, algunos desnudos o sin camisa. Desde algunas ventanas, los partisanos lituanos les disparaban y los rusos casi nunca respondían al fuego. Semión se vistió a toda prisa y fue corriendo al piso de su madre. En los pasillos del edificio donde ella vivía, se encontró con vecinos judíos que discutían sobre si debían quedarse en Kaunas o huir. Todo el mundo se había reunido en el piso: su hermanastro Roma, su abuela Sarah, que se había ido de Utena y ahora vivía con ellos, y por su puesto su madre, Frida, que estaba preparando café sin inmutarse. Semión se apoyó en una pared, jadeando. Se le atropellaban las palabras. Tenían que abandonar la ciudad en un par de horas, dijo, y como nadie le hizo caso se puso a gritar. ¿Es que no habían leído lo que les estaba pasando a los judíos en Polonia?

«Los alemanes se comportarán con amabilidad», respondió Frida con el tono concluyente que empleaba en las discusiones familiares. Recordó la anterior ocupación alemana. El general Ludendorff, mano derecha del mariscal de campo alemán, Paul von Hindenburg, había escrito un manifiesto que comenzaba diciendo: «Mein liebe Juden…» «Mis queridos judíos», decía: «¡hemos venido a cambiaros la vida!». Los alemanes no es que fueran una bendición, pero ahora volverían a comportarse como europeos civilizados, les aseguró Frida a todos. Eran los compatriotas de Schiller y de Bach. Además, los litvaks habían resistido otras ocupaciones, y volverían a hacerlo. Sarah, que tenía ciento dos años de edad, se rio con su estilo despreocupado. Dijo que llevaba demasiado tiempo en el mundo como para echar ahora a correr y, además, no toleraría alejarse de los *Kinder*.

Solo quedaba Roma. Semión suplicó a su hermanastro, pero Roma bajó la mirada, desconsolado. Lo único que consiguió responder fue que alguien tenía que ocuparse de la clínica dental. Frida había estado trabajando allí sola desde la muerte de su padre, y él no se atrevería a dejarla. «Yo cuidaré de madre», tartamudeó, sin creérselo ni él. Semión tuvo el impulso de agarrar a su hermano por las solapas y sacarlo del piso a la fuerza, pero él también empezaba a albergar dudas. Roma no tenía lo que había que tener para emprender una huida. No estaba en forma y no se sentía cómodo rodeado de desconocidos; un solterón cohibido, la clase de hombre sobre el que los vecinos cuchichean y al que las mujeres rehúyen. ¿Qué le pasaría si acababan separándose? El rostro avergonzado y lloroso de su hermano lo llenó de terror. «Podría estar condenándolo a muerte», pensó. Dudaba entre pensamientos encontrados cuando Frida se interpuso entre los hermanos y apoyó una mano en el hombro de su hijo. Dijo que ellos estarían a salvo en Kaunas y que volverían a verse cuando todo se hubiera calmado. Semión quiso decir algo más, pero no le salieron las palabras. Besó a su madre y a su abuela, le dio un abrazo a Roma y volvió corriendo a casa. Metió a toda prisa unas mudas de ropa, unos pocos libros y algo de comida en una maleta; cerró el piso con llave y se encaminó a la estación de tren. Otras personas, judíos por su aspecto, se apresuraban también a la estación, cargados con bolsas y maletas llenadas apresuradamente.

El andén bullía de gente que intentaba hacerse hueco en un tren donde ya no cabía nadie más. Cuerpos, maletas y niños llorando se hacinaban en los vagones. En el andén, la gente gritaba llamando a los suyos: a los que habían conseguido subir al tren o a los que habían perdido entre la multitud; querían despedirse de alguien o darle un jersey o una hogaza de pan envuelta en papel de periódico. Estallaron peleas. Los hombres más fuertes se limitaban a sacar a otros del tren a empujones y ocupar su lugar. Semión intentó abrirse paso al interior de varios vagones a codazo limpio, pero se topó con un muro de cuerpos. Corrió a lo largo de la vía buscando un hueco. Acabó trepando por una escalerilla metálica para subir al techo corrugado de un vagón de pasajeros. Se tumbó bocabajo con la maleta bajo la cabeza a modo de almohada.

Había sudado su camisa blanca, que ya estaba mugrienta a esas alturas, y se dio cuenta de lo absurdo que había sido ponérsela. Sonó el silbato y mi abuelo contempló Kaunas, donde se habían quedado casi todas las personas a las que conocía, desaparecer tras él. La columna de humo de la locomotora se alzaba y se dispersaba sobre su cabeza. Iba muerto de miedo por su madre y su hermano cuando las casuchas de madera de la periferia dejaron paso al bosque, esos bosques kilométricos, densos e infranqueables por los que es conocida Lituania. El sol calentó el techo metálico sobre el que viajaba y él se quitó la camisa y se quedó en camiseta. Pasaron las horas mientras el tren traqueteaba agradablemente bajo su cuerpo.

Con el sol asomando entre los pinos, el pánico se le aplacó y el ritmo de sus pensamientos se acompasó con el del tren. Recordó una historia que había leído cuando estudiaba en el liceo de Ukmergė. El ejército de la emperatriz Catalina había sitiado Vilna en un intento de desalojar a los rebeldes polacos. Elijah ben Solomon, el santo erudito conocido como el Gaón de Vilna, de setenta y dos años, llegó a la Gran Sinagoga, donde se había congregado una multitud. Dentro del imponente templo, a la luz de las velas, los frenéticos judíos hablaban de matanzas y de esclavitud. Entre los lamentos, el Gaón abrió el arca y guio a los congregados en una recitación del Salmo 20: «El Señor te responda en el día de angustia». En ese preciso instante, una bala de cañón disparada desde una fortificación cercana cayó en el tejado de la sinagoga sin causar ningún daño; continuó allí hasta bien avanzado el siglo xx. En el interior, los judíos se encogieron al oír el impacto, pero el Gaón anunció que habían logrado quedar libres del mal. Poco después, los polacos abrieron las puertas de la ciudad y el sitio concluyó. Aquello aconteció el 15 de Av (undécimo mes del calendario hebreo) de 1792. Semión se preguntó si, ciento cincuenta años después, otro milagro salvaría a los judíos de Lituania.

Tenía sed y le picaban los ojos. Al anochecer se asomó al borde del vagón y llamó a un hombre en camiseta que estaba asomado a una ventanilla. El hombre y su mujer le ayudaron a bajar y a entrar en el compartimento. Estaba atestado de gente, y Semión se encogió en el suelo, entre las literas. Al cabo de unas horas, una unidad de caballería del Ejército Rojo dio el alto a la locomotora.

Un oficial de bajo rango interrogó a todos los hombres aptos que viajaban a bordo, reclutando por la fuerza y de inmediato a casi todos. Cuando le preguntaron por su formación militar, Semión mintió y dijo que no tenía ninguna. Dudaba que los oficiales de Stalin fueran a ser benévolos con un oficial de un ejército extranjero. Además, habiendo tratado ya con los rusos en Kaunas, no quería meterse en el barrizal político del mando. Fue nombrado soldado raso en la infantería soviética y se le emitió una documentación provisional. Tardaría otras dos semanas en recibir el gabán y el rifle.

Mi abuelo tenía veinticinco años cuando se convirtió en soldado soviético. Durante los siguientes cuatro años no supo nada de su familia ni de ninguno de sus conocidos. A menudo me pregunto cómo pudo soportarlo. No supo qué había sido de su madre, su abuela, su hermano, ni sus amigos y vecinos hasta el final de la guerra. Lo poco que yo he averiguado sobre la vida y la muerte de aquellas personas proviene de informes y de estadísticas rudimentarias compiladas por los oficiales de las SS que llegaron a Kaunas unos días después de que mi abuelo escapara, así como de investigaciones y testimonios de décadas posteriores. No obstante, es más información de la que Semión pudo recopilar en toda su vida.

El domingo 22 de junio de 1941 —la mañana en que mi abuelo salió de Kaunas— había transcurrido menos de una semana desde la última deportación estalinista. En las misas católicas celebradas en la ciudad, los sacerdotes urgían a los fieles a cooperar con el ejército alemán. Desde los púlpitos, algunos llamaban a la venganza contra los colaboradores soviéticos, y contra los judíos en particular. A las nueve y media de la mañana del domingo, Radio Kaunas anunció la formación de un Gobierno provisional lituano. Sonó la marcha de *Aida*, interrumpida por anuncios de que la emisora de radio estaba en manos de partisanos y que los bolcheviques habían huido. Lituania, declaró un locutor, era libre por fin.

Esa tarde, el comandante lituano Jurgis Bobelis anunció que las tropas alemanas habían recibido ataques desde casas donde vivían judíos, y advirtió que se fusilaría a cien judíos por cada soldado alemán muerto. Para cuando la Wehrmacht y la primera unidad de las SS Einsatzgruppen llegaron a Kaunas el martes 24 de junio, un millar de los judíos de la ciudad —uno de cada treinta— había sido declarado muerto. Al tren que siguió al de mi abuelo hacia el este con unas horas de diferencia lo alcanzaron bombas de la Luftwaffe. La locomotora y varios vagones ardieron, descarrilados en un claro. Los pasajeros supervivientes fueron arrestados y devueltos a Kaunas, o violados, o ejecutados en el acto.

Los Brazaletes Blancos, como se empezó a llamar a los paramilitares lituanos, se movilizaron el lunes. Estudiantes de la universidad a la que había asistido mi abuelo cruzaron junto a ellos el puente sobre el Neris camino de Slobodka. En aquel barrio vivían seis mil de los judíos más pobres y píos de la ciudad; algunas familias llevaban allí desde la Edad Media. La muchedumbre lituana portaba rifles, cuchillos, hachas y martillos. Irrumpieron en las casas de Slobodka y arrastraron a sus habitantes a la calle. Cuando se hubo reunido a una cantidad lo bastante numerosa de judíos, les ordenaron a punta de pistola que corrieran al río. Allí, otros hombres les dieron instrucciones de desnudarse y meterse en el agua. Cuando los hombres y mujeres desnudos, algunos aferrados a hermanos, padres e hijos, entraron en el Neris —el antiguo río que había discurrido ante los túmulos funerarios de los lituanos paganos, ante las piedras mitológicas y los robles sagrados— hombres con ametralladoras abrieron fuego a su espalda.

Una parte de aquella multitud no se dio por satisfecha con una ejecución tan ordenada. Irrumpieron en las casas de Slobodka sobresaltando a las familias, muchas de las cuales acababan de sentarse a comer, clavaron manos a paredes con clavos, atravesaron ojos con agujas y leznas. Decapitaron a un rabino llamado Zalman Ostrovsky y pusieron su cabeza en una ventana igual que una pieza de carne en el escaparate de un carnicero. Quemaron arcas sagradas y manuscritos de la Torá. Cortaron barbas con cristales rotos, rociaron a los hombres con queroseno y les prendieron fuego, mientras los recién llegados oficiales de las SS hacían fotos de los cuerpos en llamas. Las calles quedaron sembradas de cadáveres. Hombres con rifles y ojos turbios, muchos de ellos borrachos, se tambaleaban gritando: «¡Judíos! ¡Comunistas!».

En el resto de Kaunas, los Brazaletes Blancos arrestaron a judíos, sellaron las puertas de sus casas y los trasladaron a los antiguos fuertes zaristas, donde casi todos acabaron fusilados. El viernes 27 de junio, una turba prendió a cincuenta o sesenta judíos más y los condujo a un lugar conocido como Garaje Lietūkis, cerca del centro de la ciudad. Ante la mirada de una multitud, varios hombres abrieron mangueras contraincendios e introdujeron el extremo en la boca de los cautivos hasta que el vientre les reventó. El garaje estaba en la calle Vytauto. Debía su nombre al gran duque cuya carta estatutaria llevó a miles de judíos a la tierra que ellos llamaban Lita, el gobernante a quien apodaban el Ciro Lituano en honor del benévolo rey persa que liberó a sus ancestros del cautiverio babilónico.

No consta por escrito durante cuánto tiempo habían vivido exactamente los judíos entre los lituanos. Se sabe que los primeros llegaron muchos años antes de que los sacerdotes, en tiempos de Jogaila, comenzaran a celebrar bautizos colectivos en el Neris. Seiscientos años de coexistencia llegaron a su término a finales de junio de 1941. En los cinco meses siguientes a la invasión alemana, más de ciento treinta y siete mil de los judíos del país fueron liquidados, en lenguaje de las SS, por sus compañeros de trabajo y vecinos. La mayoría fueron a parar a fosas comunes cavadas a toda prisa. Otros setenta mil fueron fusilados o gaseados antes de que terminara la guerra.

Se catalogaron meticulosamente los muertos. En un informe del 1 de diciembre de 1941, el *standartenführer* Karl Jäger, líder de un escuadrón de exterminio conocido como Einsatzkommando 3, afirmó, faltando un poco a la verdad, que Lituania había quedado *judenfrei,* libre de judíos. Tras el nombre de cada ciudad y shtetl añadió una fecha de liquidación y un recuento de víctimas, que incluía no solo a los hombres, mujeres y niños judíos ejecutados sino también comunistas, ladrones, profanadores de tumbas y los «defectuosos de mente». Los fusilamientos en masa, apuntó Jäger, fueron llevados a cabo «de acuerdo a mis órdenes e instrucciones, por partisanos lituanos».

Menos de uno de cada veinte litvaks vivió para ver el fin de la guerra, la tasa de supervivencia más baja de toda Europa. Los padres de mi madre figuraron entre los supervivientes. Se llevaron consigo vestigios de una cultura que nunca volvería a echar raíces en aquel país septentrional de túmulos, ruinas románicas y bosques infranqueables, donde una Jerusalén moderna se desvaneció como la nieve en primavera.

Como la mayoría de los niños soviéticos, yo crecí viendo programas de televisión sobre la Gran Guerra Patriótica, como se sigue conociendo en Rusia. Todo el mundo estaba de acuerdo en que la Guerra Contra el Fascismo fue la cúspide de la nación, nuestro gran sacrificio y regalo al mundo, un tiempo en que el pueblo soviético actuó con desinterés y nobleza, aunado por el deber colectivo. Como la mayoría de los niños soviéticos, prefería las películas bélicas a los musicales y a los documentales sobre la producción de grano en las diferentes regiones del Pacto de Varsovia, y veía tantas como podía. Como es natural, me sentía orgulloso de la participación de Semión en la contienda y no dejaba de hacerle preguntas al respecto. El desagrado que a él le producía hablar de ello era casi tan grande como mi ansia por saber.

En las visitas a Vilna, yo jugaba con las medallas que él guardaba en una caja de color hueso. No eran órdenes de importancia, como la Estrella Roja o la Orden de Lenin, que yo había visto en la televisión. Deslustradas, prendidas con imperdibles a cintas de tela a rayas, sus medallas conmemoraban batallas y aniversarios. Una decía: «A la valentía». Semión me contó que la recibió después de que los médicos militares le extrajeran dos fragmentos de metralla de la espalda. Se levantó la camisa para enseñarme una de las cicatrices, una fea grieta en la concavidad pecosa bajo el omóplato. Más tarde, ya en Nueva York, se unió a una organización de veteranos de la Segunda Guerra Mundial: varias docenas de viejos judíos rusohablantes con trajes arrugados que se reunían una vez al mes en un kebab de Queens. No obstante, Semión apenas hablaba de sus vivencias en la guerra. En el frente vio muchos muertos, la mayoría chicos más jóvenes que él, y decía que no quería que esas imágenes me contaminaran a mí ni a nadie más. Hasta ahí solía llegar la conversación.

En unas pocas ocasiones, mi insistencia logró arrancarle algunos datos. Prestó servicio en la Decimosexta División de Fusileros del Ejército Rojo, conocida como la División Lituana por estar integrada en su mayoría por refugiados de la antigua República Socialista Soviética de Lituania. Operaba un mortero que servía para limpiar trincheras y volar convoyes de vehículos y de tropas. En 1944, un comandante impresionado por su fluido alemán empezó a usarlo como traductor. Semión hizo de intérprete en interrogatorios a soldados enemigos capturados y a miembros de las Waffen-SS; tradujo transmisiones de radio, documentos y comunicados. Después de aquello, decía, ya no vio mucho combate.

A principios de mayo de 1945, entró en Berlín con el Primer Frente Bielorruso, comandado por el mariscal Zhúkov. Semión no daba muchos detalles de lo que allí vio, y mis imágenes de la batalla y de sus consecuencias provienen sobre todo de fotografías y libros: tropas de choque soviéticas y unidades de carros de combate entrando en la capital en ruinas, Buicks y Studebakers de apoyo remolcando artillería ligera, cosacos a caballo con trofeos de guerra colgando de la silla de montar. El día después de la caída del Reichstag, soldados del Ejército Rojo posaron en lo alto del edificio blandiendo la bandera escarlata para una foto que gozó de mucha difusión. Cientos de miles habían muerto o quedado mutilados en los prolegómenos de la batalla final. Las victoriosas tropas soviéticas saquearon viviendas y comercios, fusilaron a soldados prisioneros y a civiles, bebieron licor, cerveza y disolventes de laboratorio, y se pasaron días borrachos. Un corresponsal del ejército soviético relató que «los soldados rusos violaron a todas las alemanas de entre ocho y ochenta años».

Aunque Semión me dijo poco sobre lo sucedido aquellas semanas, sí reconoció que le dejaron una persistente sensación de horror. Me contó algo que sucedió en Unter den Linden, el bulevar que pasa bajo la Puerta de Brandemburgo, donde algunas de las viviendas más lujosas de Berlín se alzaban frente a los antiguos tilos que daban nombre a la calle. En los últimos días de la contienda, los vecinos habían talado los árboles para conseguir leña. Semión dijo que cuando vio por primera vez el bulevar, lloró. La artillería soviética había reducido algunos de los opulentos edificios a esqueletos que se erguían en medio de una escombrera.

Pero no todos fueron destruidos. Semión entró en varias viviendas abiertas y deambuló por habitaciones abandonadas, maravillado por las cretonas y las chimeneas de mármol. En una mesa de cocina se encontró un desayuno a medio comer —aún templado— que los ocupantes habían dejado allí al salir huyendo. Contó que se pasó la mayor parte del tiempo revolviendo entre cientos de libros, inspeccionando estanterías que llegaban al techo. En una balda, junto a una edición ilustrada a mano de *Los años de aprendizaje de Wilhelm Meister* de Goethe y varios libros de poesía, descubrió una novela prohibida de Heinrich Heine. Llenó su mochila con alrededor de una docena de los libros más raros y valiosos.

Semión hablaba de aquellos libros con más entusiasmo que de cualquier otra cosa relacionada con la guerra. Semanas después, su batallón marchó hacia el este desde el frente alemán por caminos sin asfaltar que las botas, los neumáticos de los camiones y los días de lluvia habían convertido en barrizales donde los pies se hundían hasta el tobillo. Las correas de la pesada mochila le hacían cortes en los hombros. Al final, se quitó la mochila y abandonó los libros, incluida la bella edición de *Meister,* en un montón junto al camino embarrado. Nunca se lo perdonó.

Regresó a casa, a Kaunas, en otoño de 1945. Recorrió calles alfombradas de polvo y de escombros, donde ya no parecía vivir nadie. En la ciudad no funcionaba nada. Los que quedaban formaban colas para recibir cartillas de racionamiento. Mi abuelo fue al piso de su madre pero se encontró a una familia lituana viviendo allí. Le aseguraron que no sabían nada de los anteriores inquilinos. El mobiliario y las pertenencias de Frida habían desaparecido.

La consulta dental de Haskel estaba vacía, saqueados incluso los sanitarios del cuarto de baño. Semión encontró escasos rastros de su familia y de su antigua vida. Pero cerca del centro de la ciudad vio una cara conocida: una mujer judía, vecina de Frida de antes de la guerra. Arrugada y flaca, había resultado ser una de las pocas supervivientes del gueto de Kaunas. Se abrazaron. Ella le contó que pocos días después de que él dejara la ciudad, unos hombres armados que llevaban brazaletes blancos llegaron a la casa de su madre. Los partisanos dispararon a su abuela de ciento dos años nada más entrar; Sarah murió desangrada en el suelo del salón. A su madre y a su hermano los llevaron al Séptimo Fuerte. Junto con otras trescientas personas, fueron ametrallados y sus cuerpos arrojados a una fosa común cercana. Seguramente los obligaron a cavar sus propias tumbas, añadió la vecina. «Tu padre era un hombre agudo», comentó. «Hizo bien en morirse cuando se murió.»

Semión abandonó Kaunas unas horas después de haber hablado con la vecina. No soportaba encontrarse con más vestigios de la que había sido su vida allí. Subió al primer tren que salía hacia Vilna, su ciudad natal. No había estado en Vilna desde que tenía dos años, pero para su asombro y alegría localizó al hermano de Frida, Aaron, el dentista; unos treinta años antes, su tío había vivido con ellos en Vilna y, después, los había visitado con frecuencia en Utena. Aaron había tenido una suerte fuera de lo común; había pasado los años de la guerra en la Rusia profunda, sanando infecciones bucales y extrayendo dientes, e incluso había logrado recuperar su antiguo piso en Vilna. Cuando Semión lo encontró, se fue a vivir con él. Mi abuelo tenía veintinueve años y sentía un gran alivio por haber dado con un superviviente de su familia; el último recordatorio viviente de que no había nacido en soledad.

Los años de posguerra en la Vilna soviética se caracterizaron por todo tipo de escaseces. Como veterano del ejército, Semión tenía derecho a más privilegios que la mayoría, y compartía sus cartillas de racionamiento con Aaron. La mayoría de las veces disponían de azúcar, huevos, café y mantequilla suficientes. Pero una noche, Aaron se sentó a cenar de mal humor. Cuando Semión untó un trozo de pan con mantequilla, su tío le recriminó usar demasiada. ¿Acaso no sabía cuánto costaba conseguir aunque solo fueran cien gramos? Siguió lanzándole reproches hasta que Semión estrelló su plato contra la mesa, se levantó y se puso el abrigo. No podía creer que después de tanto tiempo lejos de casa y de pasar tanta hambre su tío fuese tan mezquino. La discusión subió de tono. «¡Soy la única familia que tienes!», gritó Aaron. «No te va a hacer gracia buscarte la vida por ahí solo, sin nadie, y no tardarás en volver corriendo.» Mi abuelo se abrochó el cinturón. Era una tira gastada de piel de cerdo con una estrella en la hebilla de latón, recuerdo de sus días en el ejército. «En ese caso, no tengo familia», contestó, y salió de casa. Semión pasó meses durmiendo en el sofá de su amigo Valius. Nunca volvió a hablar con su tío.

Durmió mal aquellos años, algunas noches solo tres o cuatro horas. Soñaba casi siempre con su madre y, sobre todo, con su hermano. Los ojos tímidos y oscuros de Roma le lanzaban miradas acusatorias, y Semión se despertaba sobresaltado, con el corazón latiendo a toda velocidad. Esas noches, permanecía tumbado a oscuras y revivía aquella mañana de junio de 1941, convencido de que podría haberlos salvado. Tendría que haberles exigido irse, haberlos amenazado, haberlos sacado de casa a rastras por la ropa, haberlos llevado a la estación. ¿Por qué hizo caso a su madre? ¿Y por qué había antepuesto su propia seguridad a la de su hermano, su amable y solitario hermano, a quien jamás le había oído pronunciar una palabra desagradable sobre nadie?

Su supervivencia, decidió, debía de ser fruto de la más pura suerte. En sueños veía el número de la casa de Frida en Kaunas: 10-9. Pese a su desdén científico hacia las supersticiones, empezó a evitar el número diecinueve, convencido de que traía mala suerte y hasta podía ser letal. Un día, cayó en la cuenta de que la catástrofe que le había acontecido se hallaba seguramente predestinada. De acuerdo al calendario juliano utilizado en la Lituania zarista de su nacimiento, él nació el 9 de octubre —9/10—, dígitos que sumaban el número malévolo. Así que a la hora de celebrar su siguiente cumpleaños —cumplía treintaiún años en 1945— invitó a unos pocos amigos a su piso el 15 de noviembre, una fecha elegida al azar. Más adelante, utilizó ese día como su fecha de nacimiento a la hora de rellenar documentos oficiales. Estaba dispuesto a ser cinco semanas más joven si eso lo salvaguardaba de la desgracia que lo había dejado solo en este mundo.

En 1945, varios meses después de la caída de Berlín, Semión estaba en un comedor de oficiales cuando vio a una secretaria del ejército rubia con un corte de pelo a lo Veronica Lake. Se dio cuenta de que la había visto antes, en Kaunas; hasta sabía cómo se llamaba. Era de Slobodka y se había casado con uno de los líderes de una organización socialista judía conocida como el Bund. Semión no podía dejar de mirarla. Una rubia natural era poco común entre las mujeres litvaks, pero que además fuera esbelta, con cintura de avispa y esos ojos centelleantes y azules…

Él no fue ni el primero ni el último soldado en cortejarla, pero no hubo pretendiente más tenaz en todo el Primer Frente Bielorruso. Que todo el mundo la considerara fuera de su alcance no lo disuadió; a mi abuelo le gustaba decir que un hombre solo necesitaba ser más guapo que un mono. Antes de que terminara la guerra, ella le concedió alguna conversación e incluso un par de besos. Semión se esforzó en dejar huella en su memoria, convencido de que él no la olvidaría.

Volvió a verla en Vilna dos años tras el fin de la guerra. Ella estaba de pie en una esquina, mirando el escaparate de una tienda de empeños. Las tiendas de empeños, donde la gente vendía sus pertenencias a cambio de unos muy necesitados rublos, eran el único sitio donde se podía encontrar una blusa decente o un buen par de zapatos de piel. La antigua secretaria del ejército vio a Semión reflejado en el cristal, cruzando la calle en su dirección. «Si me ve, nunca podré quitármelo de encima», pensó, y bajó la mirada hacia la acera, pero Semión la había reconocido desde el otro lado de la calle. Había memorizado incluso la forma de su espalda.

Raísa Mebelis accedió a tener varias citas con él. Estaba viuda y había conocido a tantos hombres en el frente que no tenía prisa por conocer a otro. Además, no era de las que se enamoran locamente. A su primer marido, un político serio, lo habían matado en los primeros días de la contienda. Había sido atractivo también de un modo serio: frente alta y estrecha y un ceño prominente que parecía sintomático de sólidos principios y elevados propósitos.

Semión, en fin, como mucho la hacía reír con sus chistes trillados y sus incansables palabras de cariño. Le regalaba flores a diario (aunque solo fueran margaritas envueltas en papel de periódico), le abría las puertas, la ayudaba a ponerse su abrigo azul aciano con cuello de zorro… Era de fiar y divertido, y su aspecto era aceptable a pesar de su nariz. Se casó con él al cabo de un año. El día de la boda, ella intercambió miradas a hurtadillas con su hermana pequeña, Ida, y alzó los ojos al techo. Raísa le dijo a Ida antes de la ceremonia que seguramente estaría con Semión un año o año y medio y luego se divorciarían rápidamente. Mis abuelos siguieron casados cuarenta y cinco años.

De niño, yo veía a mi abuela como la mujer perfecta, idea que nunca me ha abandonado del todo. Era alta y delgada, con dedos tan largos que la gente siempre le decía que debería haber sido pianista. A Semión le gustaba decir que se parecía a Ingrid Bergman. Sus amigos, con el tono un tanto desconfiado y envidioso que los judíos usan para hablar de lo bello, decían que parecía «nórdica». Su apariencia venía complementada por un carácter firme. Raísa rara vez alzaba la voz o empleaba más palabras de

las necesarias, y afrontaba las desgracias con un sereno sentido común que calmaba a los demás y que compensaba la falta de tacto de mi abuelo, su parloteo incesante y sus furias caprichosas.

Por lo tanto, recayó sobre Raísa la labor de gestionar la volatilidad de su marido y sacar el mejor partido posible de las lamentables decisiones que él tomaba. Durante sus visitas a Moscú, yo agradecía enormemente su presencia cuando mis padres discutían. Semión se ponía del lado de mi madre y hacía suya la riña, lo cual solo empeoraba las cosas. En esas ocasiones Raísa me tomaba de la mano y me llevaba a otra habitación. Cerraba la puerta y me leía un libro con voz serena y pausada, alzando la mirada de cuando en cuando para asegurarse de que le estaba prestando atención. Yo nunca tardaba en quedarme dormido en su regazo.

A mí no se me pasaba por la cabeza que mi abuela hubiera sido joven alguna vez. Tenía tres o cuatro años cuando ella empezó a padecer temblores en las piernas, que a veces se le agarrotaban, sobre todo cuando estaba cruzando la calle. Un especialista en la escuela de medicina donde Semión daba clase le diagnosticó Parkinson. Una degeneración prematura de los ganglios basales desencadenaba los síntomas, explicó como si lo estuviera leyendo de un libro, y le recetó una ristra de pastillas. Le dijo que se desconocía la causa y que los síntomas solo irían a peor.

Semión se culpaba a sí mismo. Había sido infiel y, aún peor, indiscreto. Una amiga de Raísa lo había visto en compañía de una estudiante de posgrado, una morena rellenita. Raísa le pidió explicaciones y discutieron. Hubo gritos y él le asestó un empujón; Raísa se golpeó la cabeza contra la pared y tuvo dolores varias semanas. Tras el diagnóstico, Semión se sumergió en la lectura de artículos científicos sobre la enfermedad, convencido de que su arrebato de violencia había sido la causa. A partir de entonces, se mostró más atento, más cariñoso, y pasó más tiempo en casa con ella.

Mis abuelos hablaban en ruso con mi madre y conmigo, en lituano con los compañeros de trabajo y los vecinos, pero entre ellos, en casa, hablaban en un yidis cantarín. Mi abuelo se dirigía a su mujer empleando la forma familiar de su nombre ruso —Raya— pero en los momentos afectuosos usaba un yidis suave y aspirado y la llamaba Khayale.

Cuando Raísa me vio por primera vez, contaba mi madre, se quedó sorprendida y encantada por mis ojos azules y pelo rubio (que se oscureció a medida que fui creciendo); dijo que me parecía a su hermano pequeño, Leib. Uno de mis primeros recuerdos es despertarme en el piso de mis abuelos en Vilna y ver a mi abuela sentada a mi lado. Entre los barrotes de la cuna, yo observaba las figuras geométricas trazadas por el sol en el parqué y me sentía seguro. A Raísa le gustaba que yo le hiciera compañía mientras ella cocinaba y cuando, al final del verano, enlataba pepino, col y conservas.

Cuando yo iba de visita, ella hacía una receta especialmente cara y dificultosa. Enviaba a Semión al mercado a por un pollo, quemaba las plumas que le quedaran sobre un quemador de la cocina, lo deshuesaba y lo troceaba. Introducía la pechuga en un picador de hierro accionado a manivela del que salían espaguetis de carne rosa; añadía leche, cebolla, eneldo y pan muy bien rallado; troceaba la masa y daba a las porciones forma de empanadilla antes de untarlas de mantequilla y dorarlas al fuego. Mientras cocinaba, me hablaba de sus hermanas y primas, a las que yo no conocía y que vivían en sitios como Sydney, Be'er Sheva y Tel Aviv, y a veces me contaba cosas de la infancia de mi madre, o de la suya. Un par de veces, hasta me habló de la guerra. Me daba cuenta de que para ella recordar el pasado era un vicio censurable.

Una tarde, cuando yo tenía siete u ocho años, Raísa debía de estar de un humor peculiar porque sacó un álbum con cubierta de terciopelo rosa repujado y me lo puso delante. Señaló una pequeña foto en blanco y negro. Aparecía ella, con un abrigo de piel de oveja y un cinturón con una estrella en la hebilla de latón. Miraba a la cámara con una media sonrisa desafiante. El uniforme y la insignia militar me emocionaron, pero no pude asociar la expresión desafiante con la mujer bondadosa y frágil que me miraba con ojos reumáticos, agrandados por las gafas de leer hasta unos platillos azules temblorosos. Quise preguntarle por la foto, pero algo en su manera de mirarme me hizo morderme la lengua. Devolvió el álbum a la estantería y regresó a la cocina.

A diferencia de la familia de Semión, la de Raísa no podía presumir de jueces, de chicas solteras que se matriculaban en escuelas alemanas ni de prósperos hombres de negocios. El shtetl donde ella nació el mismo año que mi abuelo era tan humilde y ordinario como cualquier otro de la llamada Zona de Asentamiento. Kaišiadorys —o Koshedar, como se lo conocía en yidis— recibió su nombre cuando el ferrocarril decidió construir allí una parada para que las locomotoras se aprovisionaran de agua a mitad de camino entre Kaunas y Vilna. De acuerdo a una historia probablemente apócrifa, cuando la persona encargada de encontrar el lugar adecuado llegó por primera vez a lo que entonces era un claro en el bosque, se topó con dos campesinos acampados junto a una hoguera. «¿Qué están haciendo?», preguntó a los hombres, que se pusieron en pie de un brinco y se quedaron petrificados ante el uniforme del oficial ruso. «*Kasha,*[8] excelencia», contestó uno.

El padre de Raísa, Moishe, un hojalatero de pelambrera pelirroja, se dedicaba a techar las endebles casas del pueblo, casi todas habitadas por judíos. Su mujer era una tímida costurera llamada Liba. Ninguno de los dos pudo estudiar mucho, más allá de lecciones caseras de religión y de aprender a leer lo justo para las oraciones. Mi abuela, Khaya en yidis, era la segunda de cuatro hermanos; tres niñas y un niño más pequeño. La mayor, Dvoira, era morena como su madre, pero los demás eran rubios y de ojos azules. Los vecinos gentiles les guiñaban el ojo y preguntaban: «¿Estáis seguros de que sois judíos? ¿No seréis hijos de lituanos y os robó alguien?». En casa no abundaban los rituales ni

8. Plato a base de cereales cocidos.

las oraciones. Nunca había comida, dinero ni ropa suficientes, y nadie era capaz de creer que al Soberano del Universo le preocuparan tales estrecheces.

A los catorce años, Raísa trabajaba a jornada completa en un pueblo cercano, como contable en una fábrica de cerveza, agua con gas y limonada. En una foto de 1932, aparece un grupo de gente frente a un camión con el nombre de la fábrica en un lateral: Zilberkveito. Raísa, que ahí tiene dieciséis o diecisiete años, lleva un vestido largo con el cuello bordado y sostiene un libro de asientos. Se encuentra junto a un hombre mayor vestido con terno que parece ostentar cierta autoridad. Al lado de él, con expresión de recelo y los hombros gachos, ella parece absurdamente joven.

Se convirtió —tanto por temperamento como por necesidad— en la hija responsable. Su hermana mayor, Dvoira —que detestaba cómo sonaba su nombre en yidis y prefería que la llamaran por el chejoviano nombre de Vera— era obstinada, ingeniosa y severa. Para cuando Raísa empezó a trabajar en la fábrica, Vera ya había pasado varias semanas en la cárcel por repartir panfletos subversivos. Impenitente, continuó asistiendo a encuentros comunistas clandestinos; en uno de ellos conoció a un muchacho lituano de pelo pajizo llamado Jonas, y empezaron a salir juntos. Cuando Moishe se enteró, desheredó a su hija. Vera abandonó la casa de sus padres sin derramar una sola lágrima, maldiciendo a su padre. No había iglesia o sinagoga dispuesta a casarlos, así que Vera y Jonas hicieron autoestop hasta Klaipėda, una ciudad portuaria del Báltico, para que los casara un juez. Llamaron Karl a su hijo, por el revolucionario lituano Karolis Požela y, por supuesto, por Karl Marx. Vera renegó de los timoratos y pueblerinos judíos de Koshedar al igual que había renegado de su padre; como reza el dicho ruso, les plantó una cruz encima. A partir de entonces, envió noticias solo a su madre y sus hermanos, mensajes escuetos y poco frecuentes garrapateados en postales.

Moishe maldijo entre dientes cuando Liba dio a luz a una tercera niña. Dijo que le hacía tanta falta otra niña en la casa como un *lokh in kop:* un agujero en la cabeza. La hermana menor de mi abuela, Ida, fue una niña indolente y de sonrisa fácil; le encantaban los bailes y las fiestas y se gastaba el poco dinero que tenía en peines y pinzas para el pelo. Después de su *bat mitzvah,* Raísa le enseñó los fundamentos de la contabilidad, trabajo al que Ida se dedicó durante toda su vida laboral.

Leib fue la alegría de la familia. Todo el mundo se acordaba de cuando, durante una cena de Janucá, el pequeño Leibele, con solo cinco años, hizo que todos los adultos presentes se partieran de risa cuando apareció con una caja llena de nieve y dijo que iba a guardarla para el verano. Era encantador y guapo, y a los trece años ya había superado a su padre en altura. Cuando los niños de la familia Mebelis iban al colegio, las tres hermanas lo flanqueaban, protegiéndolo, orgullosas de su niño.

Moishe, Liba y los niños dejaron la casa de madera con techo de hojalata en Kaišiadorys a mediados de la década de los treinta y, como muchas otras gentes del campo, fueron a Kaunas atraídos por la promesa de más trabajo y mejores colegios. Al igual que muchos otros judíos de escasos medios, se instalaron en Slobodka. Dos primas de Raísa, Alta y Esther, vivían en la calle Veiverių, a unos pasos del puente sobre el Niemen, con una excelente vista de la catedral gótica en la otra orilla. Moishe continuó techando casas; Liba cosía negligés; a Iba y a Leib los matricularon en un concurrido liceo hebreo.

A mi abuela le encantaba Kaunas. Asistió a clases de contabilidad y encontró trabajo en varias fábricas. Había trabajo de sobra, al menos para ella; Raísa no solo era meticulosa y trabajadora, sino que se presentaba en las grises oficinas de toneleros o de fabricantes de paraguas con elegantes trajes y vestidos, entallados pero nunca subidos de tono. Las costureras de Slobodka se los confeccionaban por la mitad del precio que cobraban los sastres del centro de la ciudad. Raísa los complementaba con camafeos de marfil y coral, cuellos de piel de zorro y encajes ingleses. Los hombres no cesaban de rondarle. Tuvo citas con varios pero se enamoró de un chico esbelto y ambicioso, muy activo en los círculos socialistas y que había alcanzado un puesto de liderazgo en el Bund.

Desconozco su nombre. Mi madre no supo que Raísa había estado casada con ningún otro hombre hasta después de irse de casa para asistir a la universidad. Hablaron de él un par de veces, y nunca delante de mí. Mi madre no recordaba que Raísa hubiera mencionado su nombre siquiera. Mi abuela guardaba en un joyero una foto de su primer marido, y unos años antes de que yo naciera la foto desapareció, o eso aseguraba ella. Cuanto sé proviene de cotilleos que oí de refilón en cenas familiares: fueron una pareja atractiva y vivieron por poco tiempo en un gran piso cerca del centro de Kaunas. Iban a bailar a los clubs nocturnos de Laisvės Alėja, les encantaba el cabaret, cenaban con amigos en restaurantes y cafés de postín. La gente decía de broma que él llegaría a ministro del Gobierno o a juez. Se casaron menos de un año antes de la invasión soviética.

Un coronel ruso se enamoró de Raísa hasta tal extremo que le consiguió un buen cargo en el Ministerio de Economía; el puesto había estado fuera del alcance de los judíos apenas un mes antes. Ahora Raísa estaba al frente de un pequeño grupo de empleados y, lo más raro de todo, disponía de un chófer que cada mañana la esperaba con un coche frente a su piso. Raísa le caía bien a su supervisor soviético —les caía bien a todos sus jefes— y durante las deportaciones de junio de 1941, cuando varios amigos de su marido fueron arrestados, los agentes del NKVD pasaron por alto su piso. El coronel la llamó unos días después: si los alemanes cruzaban la frontera, le dijo, a ella y a su familia los arrestarían, o algo peor. Al menor indicio de guerra, debía irse.

La mañana de la invasión alemana —el domingo 22 de junio— el chófer del ministerio estaba esperándola frente a su piso. Ella se embutió en el coche junto a sus padres, Ida, Leib y su prima Alta, que llevaba a su hija de cuatro años, Sarah, en el regazo. Los pasajeros iban apretujados entre maletas, bolsas, mantas y un guacamayo. Vera, la comunista renegada, ya había abandonado la ciudad con su marido y el resto de rojos en fuga. El marido de Raísa hizo planes para salir de la ciudad con sus padres; habían acordado reunirse en Rusia. Cuando el coche se puso en marcha, Raísa vio cómo Slobodka desaparecía por el espejo retrovisor.

Soldados soviéticos dieron el alto al vehículo en la frontera bielorrusa. Todos cuantos se dirigieran hacia el este debían viajar a pie. Liba y Moishe protestaron; dijeron que era una locura caminar sin rumbo fijo tanto tiempo. La hija de Alta rompió a llorar. Se quedaron en el arcén mirándose entre ellos. Finalmente, la mitad decidió dar media vuelta y probar suerte en Kaunas. Liba lloró al abrazar a sus hijos, que le dieron casi todo el dinero que llevaban. Raísa vio a sus padres y a su prima desaparecer tras una curva de la carretera, que discurría por mitad de un bosque. A continuación recogió sus cosas y, junto a su hermano y su hermana menores, echó a caminar hacia el este.

Las maletas pesaban y la comida se les terminó varios días después. Los pueblos por los que pasaban parecían medio desiertos: casas abandonadas a toda prisa, ventanas rotas, ganado que vagaba por las carreteras mugiendo. Sopesaron dar media vuelta pero oyeron que Kaunas había caído, que los alemanes avanzaban hacia el este pisándoles los talones. Cuando se les agotó el dinero, empezaron a canjear sus pertenencias por comida. En iglesias y cuadras, junto a camiones, en los arcenes de las carreteras, Raísa intercambiaba sus camafeos y combinaciones de seda por una hogaza de pan duro o unas cuantas manzanas verdes envueltas en un delantal. Las mujeres de los pueblos se probaban la ropa delante de ella, en plena calle, y se la solían quedar aunque no fuera de su talla. Raísa malvendió guantes ribeteados de piel, dos sombreros, los peines de marfil de Ida, polveras, joyas y hasta la última prenda de ropa interior. Cuando ya no quedaba nada en las maletas, también las intercambió. De lo último que se deshizo fue su alianza de oro.

Tres semanas después de haber partido de Kaunas estaban famélicos. A menudo no sabían dónde estaban ni qué día de la semana era. Un día, un hombre que pasó junto a ellos en carro por un camino embarrado los llevó hasta una estación de tren. A mi abuela le pareció un milagro. Les quedaban las pertenencias justas para canjearlas por tres billetes.

No había comida a bordo del tren, y en cualquier caso no tenían nada para trocar. El segundo día, Ida encontró un currusco de pan rancio bajo una litera. Lo partieron en tres trozos y se lamieron las migajas de las manos. No preguntaron adónde iba el tren. En algún sitio hicieron trasbordo, luego otra vez, y permanecieron abordo mientras se dirigieran hacia el este o el sur. Los vagones iban atestados de refugiados presas del pánico o la resignación. Cuando algún hombre se acercaba furtivamente a las chicas, Leib ejercía de protector, aunque estaba delgado y no aparentaba más de dieciséis años.

Una noche Raísa se despertó con fiebre. Tenía la ropa empapada en sudor y los brazos cubiertos de un sarpullido violeta. Ida le puso un trapo húmedo en la frente, pero por la mañana Raísa había empezado a delirar. Mi abuela me contó que no recordaba lo que pasó después. Solo se acordaba de fragmentos: estar tumbada en un catre, manos desconocidas que retiraban de su lado la comida y el té que ella no había podido tragarse, alguien que en plena noche la colocaba de costado para cambiar las sábanas.

Volvió en sí en un hospital improvisado. Una enfermera le dijo que había estado a punto de morir de tifus, que llevaba delirando tres semanas y que estaba en Uzbekistán. Cuando se tocó la cabeza se encontró con que no tenía pelo; mientras estaba inconsciente, una enfermera la había afeitado para contener la propagación de piojos infectados de tifus. Ida también estaba allí, rapada como ella —había tenido disentería—, pero su hermano no. Mientras Raísa e Ida estuvieron enfermas, un regimiento del Ejército Rojo reclutó forzosamente a Leib y se lo llevó al frente. El hospital, una granja colectiva reconvertida, apestaba a refugiados hambrientos y andrajosos, muchos de ellos enfermos o agonizantes. No había pan ni carne ni nada de comer salvo arroz y melones insípidos. Un celador uzbeko que le limpiaba la habitación se declaró a Raísa. «Cásate conmigo, tengo un diente de oro», le ofreció sonriendo. Ella e

Ida dormían junto a desconocidos y por las noches las despertaba el hambre. «Tenemos que irnos», le dijo Raísa a su hermana una mañana, «o moriremos aquí.»

Tomaron un tren hacia la capital uzbeka, Tashkent, donde habían oído que había una misión lituana. Arañaron dinero suficiente para llegar a mitad de camino. En su compartimento del tren, una familia judía las estudiaba con recelo: dos mujeres calvas, consumidas y pálidas por la enfermedad y el hambre, vestidas con abrigos del ejército apolillados a pesar del sofocante calor de finales de agosto. «Cuidado con esas dos», murmuró una anciana en yidis en la litera de enfrente. «Parecen ladronas.» Raísa sonrió. «No somos ladronas, solo tenemos hambre», contestó en el mismo idioma, y poco después todos conversaban y reían en el compartimento. La mujer sacó de una bolsa una patata cocida y se la ofreció a Raísa. El revisor iba a pasar para comprobar los billetes, así que Raísa e Ida se tumbaron en una litera inferior, pegada una a la otra como dos tenedores en un cajón, y la familia las tapó con chales y vestidos. Cuando entró el revisor, la mujer judía le pidió que hablara más bajo; ¿no veía que su anciana madre dormía bajo aquella ropa?

Desconozco lo que pasó después de que mi abuela llegara a Tashkent. No se lo pregunté a tiempo. Sé que en algún momento las dos hermanas fueron evacuadas a una ciudad cerca de los Urales, donde trabajaron en la cadena de montaje de una fábrica de munición. En otro sitio, Raísa estuvo vendiendo soda saborizada con sirope. Finalmente, en algún momento de 1942, ella e Ida se alistaron a la división lituana del Ejército Rojo. Ella tenía veintiséis años. Me habló de cómo dormía en tiendas de campaña plantadas en la nieve y de cómo lavaba la ropa interior de los soldados en ríos helados, pero como yo era un niño no me dijo que poco después de alistarse se enteró de que habían matado a su marido. Muchos años después, le confesó a mi madre que tuvo un amante ruso durante la guerra, un soldado de Moscú que se llamaba Vasili. Después de la guerra, él fue a Vilna y se le declaró, pero era gentil y ella lo rechazó.

En mayo de 1944, Raísa vio por fin a su hermano pequeño. Sucedió en un sueño: ella iba paseando por un parque en un templado día de sol cuando vio a un niño en un banco, envuelto en vendas de la cabeza a los pies. Supo de súbito, como sucede en sueños, que se trataba de Leib. Gritó y lloró en el sueño y se despertó jadeante, con la cara húmeda de sudor y de lágrimas. Esa tarde le contó el sueño a Ida; unas horas después, un secretario entró en el barracón y le entregó un telegrama que ella abrió con manos temblorosas. Leyó que el 1 de mayo, el soldado raso Leib Mebelis, de veintidós años, había muerto en acción cerca de Vítebsk.

Meses después, un hombre de la compañía de Leib le contó en detalle a Raísa lo sucedido. Durante un contraataque alemán, el oficial al mando solicitó un voluntario para reparar una línea de teléfono cortada en territorio enemigo. Era una misión peligrosa, y dos soldados de mayor edad se llevaron a Leib a un lado: Tú no tienes mujer ni hijos esperándote en casa, le dijeron. Ve tú. La línea telefónica se usaba para comunicar con el comandante de división, y Leib tuvo que ir en tres ocasiones a repararla antes de que un proyectil de mortero lo matara de manera instantánea. Un telegrama posterior lo declaró héroe de guerra y le concedió una medalla póstuma, que se le entregó a Raísa en una caja de cartón sin adornos: un trozo de satén azul cielo prendido a un disco de latón chapado en oro que rezaba: «Al valor».

Después de la guerra, Raísa regresó a Kaunas. El ejército la ayudó a localizar lo que quedaba de su familia. Su hermana mayor, Vera, había pasado la guerra tejiendo bufandas en una granja colectiva cerca de los Urales. Su prima menor, Esther, había estado trabajando en otra granja colectiva en Uzbekistán. Pero su regordeta y alegre prima Alta había estado prisionera en el gueto de Kaunas. Raísa apenas la reconoció. Su cara era del color del sebo. Se quedaron sentadas un rato, abrazadas. «Tu madre ha muerto», dijo Alta en voz baja, y se echó a llorar.

Poco a poco, Alta le fue contando lo que había pasado después de que se separaran en el bosque de la frontera bielorrusa cuatro años atrás. Antes de que pudieran llegar a Kaunas, una banda de paramilitares lituanos fusiló a Moishe y detuvo a Liba y Alta. En el gueto, las dos mujeres compartieron habitación. Según contaba Alta, en algún momento de 1944 unos guardias se llevaron a Liba y la metieron a la fuerza en un transporte. La llevaron a Stutthof, un campo de concentración cerca de Danzing, donde murió en la cámara de gas.

Poco después de encontrar a Alta, Raísa cruzó el puente camino de Slobodka, rumbo a la antigua casa de su familia en la calle Veiverių. La única persona a quien reconoció allí fue a su viejo empleado de mantenimiento lituano. Estaba sentado en las escaleras de entrada fumando un cigarrillo; se saludaron y él la invitó a pasar. El hombre le ofreció té y hablaron sobre lo que había sucedido. «¿Qué podíamos hacer?», dijo él, avergonzado. Después de despedirse, cuando Raísa ya se dirigía a la puerta, se fijó en que las sábanas que había en el catre del hombre eran las de ella.

Varios años más tarde, tras haberse instalado en Vilna con mi abuelo, tomaron un autobús a Kaišiadorys, el shtetl donde ella había nacido. Durante la guerra, las SS lo habían convertido en un campo de trabajo donde los prisioneros del gueto de Kaunas extraían turba de bosques pantanosos. Nadie allí recordaba a los padres de Raísa, o eso dijeron; las familias judías que ella conocía habían desaparecido. No quedaba ninguno de los carteles escritos a mano en yidis que antes había en las calles, y ya nadie llamaba a la ciudad por su nombre yidis, Koshedar, que en adelante ya solo aparecería en libros. En los carteles figuraba solo el nombre lituano de la ciudad, Kaišiadorys. Mi madre recorrió en silencio las calles. La casa de su infancia estaba donde la recordaba, y llamó a la puerta. Una familia lituana vivía allí ahora. La mujer que abrió la puerta llevaba puesto el abrigo de su abuela.

Raísa tenía treinta y cuatro años cuando nació mi madre. Semión quería un niño pero se entusiasmó al saber que tenían una hija. Después de aquella guerra, dijo una vez, ¿quién querría nacer hombre? Semión y Raísa decidieron que había pasado el tiempo de los nombres hebreos, y llamaron a su hija Anna, como la heroína de Tolstói. Los tres se mudaron a un edificio *art decó* de cuatro plantas en la que antes había sido la calle Zavalnaya pero que ahora se llamaba calle del Komsomol. Compartían un segundo de dos habitaciones, sin agua caliente, con otra pareja casada que trabajaba en la ópera de la ciudad y con sus hijos, llamados Alfredas y Violetta por los trágicos amantes de la ópera de Verdi. De niña, mi madre jugaba a las familias con Alfredas: él era el padre, ella la madre, y su mono de plástico, envuelto en una toalla de manos, su hijo.

Los tres niños crecieron creyendo que eran rusos y que quizá todo el mundo lo fuera. El ruso era la lengua que les hablaban sus padres, la lengua de la guardería y de la escuela, de los anuncios de la radio y de los letreros de las calles. Las demás lenguas quedaban para las conversaciones privadas entre adultos. Fue la abuela de Alfredas quien hizo que mi madre descubriera que sí eran diferentes pese a todo. La anciana estaba enjabonando la cabeza del niño en la bañera comunitaria cuando comentó, en lituano, que los vecinos eran judíos. Mi madre, que estaba al otro lado de la puerta del baño, preguntó qué eran los judíos; nunca había oído la palabra. «La niña entiende», murmuró la abuela, y no añadió más. Era conocida en el edificio por hacer declaraciones crípticas y de una franqueza incómoda. Cuando se conocieron, les dijo a Semión y a Raísa que era cleptómana; muchas noches se la podía encontrar andando a escondidas por el sótano, aspirando con una manguera el queroseno de los calentadores ajenos.

Mi madre tenía ocho años cuando Semión la llevó por primera vez a Kaunas. (Raísa, que después de la guerra se mudó a Vilna con sus hermanas y primas, despreciaba y temía la pequeña ciudad, y prefirió quedarse en casa. La única ocasión en que accedió a volver allí fue años después, para la inauguración de un monumento por las víctimas del gueto de Kaunas para el cual ella y Semión habían hecho una donación.) En la estación de tren tomaron un autobús hasta la cumbre de una colina verde y soleada y fueron paseando al cementerio Žaliakalnis, donde Semión quería poner por fin una lápida en la tumba de su padre. El guardés les dijo que los registros del cementerio habían quedado destruidos o se habían perdido; Semión tendría que dar con la tumba por su cuenta. Durante el resto del día, Semión llevó a mi madre de la mano frente a hileras e hileras de obeliscos de mármol, mausoleos y grupos de lápidas de granito. Se detenía en cada tumba sin identificar, tratando de recordar si era allí donde él había estado durante el funeral de Haskel once años antes, pocos meses antes de las deportaciones soviéticas y de la invasión alemana.

El sol casi tocaba las copas de los árboles y él seguía sin encontrar la tumba. Al final, estaba entre tres candidatas. A la mañana siguiente, encargó una sencilla lápida de granito con el nombre de Haskel en ruso y sus fechas de nacimiento y defunción, que había de ser entregada en el cementerio. El guardés le preguntó en cuál de las tres tumbas quería que la colocara. «Elija usted una», le dijo Semión, y tomando a su hija de la mano echó a andar hacia la puerta de forja con la estrella de David.

Después de que mi madre y yo nos registráramos en el hotel de Vilna, ella quiso dar un paseo hasta la Puerta del Amanecer. En una capilla al aire libre que se alzaba muy por encima de la calle adoquinada, un cura estaba diciendo misa en polaco. Los peregrinos van allí a ver el famoso icono de la Virgen, que se dice que está inspirado en Barbara Radziwiłł, una noble que tuvo una aventura con Segismundo II Augusto, llegó a reina y falleció poco después, posiblemente envenenada por la madre del rey. Antaño, los judíos se quitaban la kipá al pasar por la puerta. A veces, si se negaban a hacerlo o se les olvidaba, me dijo mi madre, los cristianos se la arrebataban de la cabeza y la clavaban a una pared. En tiempos soviéticos, el culto a la Virgen suscitaba desprecio, pero de niña mi madre disfrutaba viendo a los peregrinos —la mayoría ancianas de zonas rurales— postrarse en el suelo de adoquines bajo la Madona.

Cuando nosotros fuimos, había varios cientos de peregrinos congregados ante la puerta. Permanecían arrodillados bajo la lluvia y, en determinados momentos del servicio, tocaban los adoquines mojados con la frente. Muchos llevaban botas y cazadoras de cuero, algunos con el emblema de Harley-Davidson a la espalda. Eran miembros de un grupo de moteros cristianos devotos de Nuestra Señora de la Puerta del Amanecer y habían ido hasta allí desde Polonia en moto. La dirección de la página web del club figuraba en la espalda de sus ponchos impermeables amarillo reflectante. Apiñados en la estrecha calle, con pañuelos en la frente y gafas de sol de aviador, los moteros parecían a la vez temibles y fuera de lugar, como un grupo de metal que se hubiera colado en el rodaje de una película medieval. Cuando se inclinaron al unísono ante la Virgen, destelló todo un campo de remaches cromados.

El casco antiguo de Vilna, semejante a una Praga en miniatura, es delicado como una talla en madera. Mientras callejeábamos por la ciudad, traté de imaginar su aspecto en los años inmediatamente posteriores a la guerra, durante la infancia de mi madre. Incluso hoy en día, Vilna tiende a desaparecer; si caminas un rato, la calle se transforma de repente en un camino sin pavimentar flanqueado por solares y destartaladas casas de madera. Puedes encontrarte una bomba de agua o gallinas correteando por la hierba. La ciudad de la infancia de mi madre estaba llena de muros de piedra medio desmoronados y solares de edificios demolidos donde crecían hierbajos y dientes de león: un sitio atenazado por el paso de la guerra. Una mañana, cuando ella tenía cinco o seis años, Semión la llevó a una librería. Estaban echando un vistazo a las estanterías cuando oyeron lo que les pareció un trueno y de repente las ventanas se oscurecieron. Un edificio de cinco plantas, abandonado desde la ocupación, se había venido abajo en la acera de enfrente.

Mientras caminábamos por la ciudad, mi madre dijo que casi nada había cambiado. Fue un comentario extraño. Como si ella no viera las torres de oficinas de cristal y acero al norte del río, las tiendas de teléfonos móviles ni las franquicias europeas de ropa que jalonaban las calles. Finalmente llegamos al achaparrado edificio donde vivió de niña. La calle ahora se llamaba Pylimo; en la sucia fachada de color mostaza figuraba grabado el año de construcción del edificio, 1912.

Mi madre llamó a la puerta y un joven con cara de sorpresa y camiseta blanca abrió y nos invitó a pasar, divertido por aquella visita del pasado remoto. Mi madre recorrió el piso, las manos extendidas ante ella como si tanteara el camino en la oscuridad. Con cuidado, cruzó el umbral de la habitación que había compartido con sus padres. Estaba enmoquetada con tripe verde; junto a un futón, un ordenador ronroneaba sobre una mesa de cartas cual icono en un altar.

Los recuerdos más antiguos de mi madre se hallan poblados de primas y tías. De niña, veía poco a sus padres y, durante varios años, no los vio casi nada. Poco después de que ella naciera, Semión empezó un doctorado en la Universidad Estatal de Moscú —no había ningún neurofisiólogo cualificado para supervisarlo en todo el

Báltico— y pasaba temporadas de varios meses en la capital soviética. Tras asistir a clases de economía en la universidad, Raísa encontró trabajo en una oficina del Gobierno encargada de gestionar la producción de alimentos. Realizaba auditorías en fábricas remotas y rara vez llegaba a casa antes de que mi madre se fuera a la cama, aunque volvía de esos viajes con su bolso de cuero azul a rebosar de caramelos y barquillos para su hija.

Después de volver de Moscú, Semión se quedó en casa para escribir su tesis, y casi todo el cuidado de la niña recayó sobre él. Su temperamento infantil hacía de Semión un perfecto compañero de juegos. Hizo creer a mi madre que él había trabajado en un circo, y para demostrarlo hacía trucos de magia e incluso malabares, si bien con poca maña. Improvisaba poemas sobre un niño travieso llamado Vovka y, cuando mi madre tenía cinco años, le enseñó a leer y a dibujar. Paseaban juntos por toda la ciudad, iban al cine Pioneer, al mercado junto a la estación de tren, al club de ajedrez en la plaza Lenin. A veces la llamaba por un nombre de niño, Andriusha, y peleaba con ella como si fuera un chico. Ella se sentaba en sus rodillas mientras él escribía a máquina y le daba la tabarra para que le dibujara caballos, cosa que él solía hacer, silbando mientras tanto melodías de Verdi. En lugar de contarle cuentos de hadas, le hablaba de la gran casa de sus padres en Utena, donde Frida interpretaba obras de teatro y por la mañana la cocinera le servía un huevo pasado por agua, y donde había flores recién cortadas en cada habitación.

De niña, mi madre pasaba la mayoría de las tardes en casa de las hermanas y las primas de Raísa, que vivían a poca distancia unas de otras en el antiguo barrio judío de la ciudad. Le gustaba visitar a Esther, la prima de su madre, que tenía un hijo de la misma edad que ella, y jugar con las miopes y amables hijas de Ida. Vera vivía en un nuevo edificio de hormigón al borde de la ciudad. Su marido lituano había muerto junto con toda su compañía en un bloqueo alemán y había sido proclamado héroe de la Unión Soviética a título póstumo. Como viuda de un héroe, a Vera se le concedió un piso privado con agua caliente. En lugar de acudir a los baños públicos, donde las familias se azotaban con ramas, los fines de semana Raísa llevaba a mi madre al piso de su hermana mayor en la calle Shevchenko para disfrutar de un baño privado.

Alta, la tía de mi madre, no había tenido hijos. Era rolliza y alegre; le gustaba la repostería y, para el deleite de todos, se presentaba en las reuniones familiares repartiendo galletas recién hechas, pasteles y abrazos escandalosos e infantiles. Cuando en la radio ponían un vals o un romance ruso, Alta hacía cabriolas por el salón, abrazando a una pareja de baile invisible, y gorjeaba con una melancólica voz de soprano. Solo fruncía los labios y se tornaba sombría en presencia de mi madre, que durante años pensó que debía de caerle mal. Alta le daba de comer debidamente y se asomaba a comprobar que estaba bien de vez en cuando, pero nada más; se encerraba en su habitación hasta que Raísa le tomaba el relevo.

Yo ya había nacido para cuando mi madre averiguó el porqué de la actitud distante de Alta. Tres años antes de la guerra, Alta tuvo una niña, morena y de ojos verdes, a la que llamó Sarah. En el gueto de Kaunas, las dos compartían cama a unos pasos de Liba, que ayudaba a cuidar de la niña. La mañana del 27 de marzo de 1944, los alemanes se presentaron en camiones y reunieron a los niños. Los alemanes llamaban a sus masacres colectivas planificadas «acciones», y ninguna fue más notoria que la Acción de los Niños. Los testigos recordaban que los llantos y los gritos de las madres judías se siguieron oyendo en las calles durante horas.

Un policía del gueto fue a por Sarah aquella mañana, ladrando órdenes en polaco, pero Alta se negó a entregarla. Acabaron en la calle y, después de una trifulca, Alta tomó en brazos a su hija de seis años y echó a correr. El policía alzó la carabina y disparó. La bala alcanzó a Alta en el brazo izquierdo y a Sarah en el pecho. Sarah murió al instante en brazos de su madre. Alta se desmayó. Despertó en la enfermería del gueto, lloró y gritó hasta vomitar y atragantarse; durante días no pudo retener en el estómago ni comida ni agua. Un médico concluyó que estaba psicótica y se pasó semanas inyectándole sedantes.

En 1971, cuando mi madre ya estaba en la universidad y volvió a casa en vacaciones, Alta la apartó del resto y le contó esta historia. Alta le dijo que para ella había sido difícil estar cerca de mi madre porque, de niña, se parecía mucho a su hija.

Desde mi primera visita, yo había quedado hechizado por Vilna, con sus iglesias en miniatura y los tejados abuhardillados a dos aguas, los primeros ejemplos de arquitectura no soviética que había visto. La ciudad me parecía un asentamiento gótico en la frontera con el mítico Occidente, un sitio misterioso y fascinante al estilo de los cuentos de hadas. Pero Vilna también tenía algo que yo no tardaría años en entender. Una vez, cuando tenía cinco o seis años y había ido a visitar a mis abuelos, conocí en su patio a un niño de mi edad. «¿Eres judío?», me preguntó. Nunca me habían hecho esa pregunta y respondí que no lo sabía. Era cierto. Pero por la reacción de mis abuelos advertí las corrientes ocultas de temor y de odio entre los cristianos y los judíos de la ciudad, que para mí —un hijo del socialismo— parecían tan arcaicas como su arquitectura. Y percibía el temor y la incomodidad de mi madre siempre que iba a la ciudad e incluso cuando hablaba de ella. Ella solía decirme que Vilna no tenía nada de mágico.

Una constante sensación de amenaza permea todas las historias de su infancia. Mi madre era demasiado joven para recordar cuando echaron a Semión de su puesto docente en la Universidad de Vilna, semanas antes de la fecha fijada para defender su tesis. No se ofreció ninguna razón oficial, pero todos lo entendieron. Era 1952 y el Gobierno de Stalin había retomado su peor discurso antisemita, sembrando el país de purgas; estas alcanzaron niveles delirantes en la primavera y el verano siguientes, cuando a un grupo de médicos judíos se los acusó de conspirar para matar a Stalin.

Semión y Raísa se temían lo peor —un regreso a las persecuciones de los años de la guerra— y trazaron un plan. Un viejo amigo de Semión, un abogado alto y calvo que se llamaba Balevičius, se llevaría a mi madre, que entonces tenía tres años, a vivir en el campo con sus ancianos padres. Estos teñirían de rubio el cabello moreno de la niña y le prestarían su apellido. Balevičius —un lituano criado en un shtetl y que hablaba yidis con fluidez— se casó con la hija de un vecino judío y pasó los años de ocupación alemana dando clases de matemáticas a los niños del campo y ocultando la identidad de su mujer. Después de la guerra, cuando un vecino ruso la llamó *zhidovka* —un término ofensivo para dirigirse a los judíos—, Balevičius rompió a patadas las ventanas del sótano de aquel hombre y pasó varios meses en la cárcel por vandalismo.

La más perturbadora de las historias de mi madre sucedió a mediados de la década de los cincuenta, cuando el cadáver de una niña lituana de cinco años que había sido violada y estrangulada fue descubierto en un sótano de Vilna. Durante la muy divulgada búsqueda del asesino, volvieron a circular viejas habladurías por la ciudad: un judío había matado a la niña para emplear su sangre en rituales religiosos. Las semanas siguientes, un sombrío ánimo de venganza pendió sobre las tiendas de la ciudad, sobre los patios de los colegios y sobre las aulas. Se dijo que el alcalde había solicitado que se acantonaran tropas alrededor de la ciudad, en previsión de revueltas.

Las habladurías cesaron cuando se dio con el asesino. Era un lituano problemático, de veintitantos años, hijo de un profesor de biología llamado Petrila que casualmente daba clase en el mismo departamento de la universidad que mi abuelo. El asesino confesó el crimen a su padre y poco después murió desangrado en la bañera; su madre, la exmujer del profesor, le había ayudado a cortarse las venas. Después de que Petrila acudiera a la policía y de que la identidad de su hijo se hiciera pública, los funcionarios del partido le reprocharon no haberlo entregado antes a las autoridades; lo privaron de su piso y de su puesto y recibió orden de reubicarse en una granja colectiva.

El profesor Petrila era amigo de la familia. Fue a ver a mis abuelos por última vez, para despedirse y pedirles dinero. Al cabo de una breve conversación, Semión salió de casa; a su regreso, menos de una hora después, entregó a Petrila un grueso fajo de billetes, la totalidad de sus ahorros. Mi madre, no mucho mayor que la niña estrangulada, presenció esto mientras desayunaba. A menudo he pensado en lo cerca que estuvo ella de la violenta tensión entre los lituanos, los rusos y los judíos de aquella ciudad, esa brecha que nunca se cerrará, el día que vio a aquel hombre destrozado en la cocina de sus padres.

Finalmente, los peores presagios se aplacaron. Mi madre no tuvo que irse al campo ni teñirse el pelo. Balevičius llegó a rector de la Facultad de Derecho de Vilna. La muerte de Stalin propició el fin de la propaganda antisemita más extrema. Meses después del funeral de Stalin, en lo que ahora me parece una auténtica bravata, Semión demandó a la universidad por despido improcedente y, para sorpresa de todos, lo readmitieron. Ejerció allí otros veintisiete años.

Mi madre recuerda los años siguientes como una época de abundancia y calma relativas; dan fe de ello los detalles de sus historias: el calentador de agua que Semión instaló a principios de la década de los sesenta, las mujeres miembros de los viejos creyentes que ayudaban a Raísa con las tareas de la casa y la cabaña en el campo que alquilaban en julio y agosto. En aquella cabaña cerca de la playa de Valakampiai había un jardín, un pozo con una bomba de manivela y una anciana casera, una polaca a la que todos llamaban Pani Verpakhovska, que tenía la costumbre de hablarles en voz alta a sus cinco gatos. Ida y Esther alquilaban cabañas adyacentes, y mi madre recuerda que pasaba los largos días veraniegos jugando con sus primas en el bosque. Un verano, después de leer *El último mohicano,* ella y su prima Grisha se embadurnaron la cara con betún, fabricaron faldas con hojas de roble y se adornaron el pelo con plumas del sombrero de Esther. A continuación se encaramaron a un roble, desde donde se dedicaron a gritar a quienes pasaban por debajo, simulando ser indias.

La familia completa se reunía en vacaciones y en las festividades, habitualmente en el piso de Ida, que era un segundo. La hermana menor de Raísa era la mejor cocinera de la familia, además de una anfitriona nata, y en aquellos años de la posguerra las celebraciones familiares incluyeron a las hermanas de mi abuela junto con sus maridos e hijos. No hace mucho, mi madre me habló de una fiesta de cumpleaños (no recordaba de quién), cuando ella tenía cinco o seis años. Era más de medianoche y todos habían comido, bebido y bailado mucho. Sin ganas de despedirse, los adultos dormitaban en los sillones. Solo la prima Esther estaba en la cocina, fregando los platos. Los niños dormían en otra

habitación, menos mi madre, que se había quedado dormida hecha un ovillo en un rincón del sofá. En algún momento de la noche, abrió los ojos, sobresaltada por algún ruido o por un sueño, y recorrió la estancia con la mirada.

La hermana mayor de su madre, Vera, estaba sentada aparte, con el abrigo abotonado y su cuello de chinchilla puesto, los labios apretados en un gesto arisco incluso en sueños. Ida, la anfitriona, echaba una cabezada apoyada en el hombro de su marido, Chaim, a quien nadie consideraba una lumbrera pero que tenía buena voz para el canto y un armario repleto de trajes vistosos. Raísa estaba reclinada en el sofá junto a mi madre, que había apoyado la cabeza en el regazo de Semión. En el centro de la habitación, sobre dos mesas que habían juntado y cubierto con un mantel, se exhibía la abundancia propia de aquellos tiempos: sobras de arenques en salsa agria (en ruso: «arenques con abrigo de pieles»), las famosas albóndigas de pescado de Ida, guiso de ternera con pasas y zanahorias, rábanos picantes, pan de centeno, jalá, los pasteles de nata y chocolate de Esther y cortezas de naranja cocinadas con azúcar. Había una botella de vodka y otra de vino tinto. Había tazas de té sobre platillos a juego, una tetera de porcelana azul, un sifón, una jarrita para la leche, rodajas de limón dispuestas en abanico en un plato, un azucarero decorado con flores amarillas, dos jarrones de cristal tallado con flores de sauce y de mimosa. Había fotos de familia enmarcadas en las paredes, tallas en madera adornadas con ámbar lituano, un calendario de los de arrancar las hojas que iba con dos días de retraso, una menorá en miniatura, un reloj horrible de latón y malaquita falsa. Y en una pared, quizá lo más extraño de todo, un tapiz de un galán con sombrero de tres picos ayudando amablemente a una mujer con vestido dieciochesco a cruzar un arroyo. Libros en una estantería, cortinas caseras verde mar que se mecían con la brisa, un perchero, un paragüero que albergaba varias espadañas secas pero ningún paraguas, y en la pared, un espejo oval con marco de color perla, ante el que las mujeres se retocaban por turnos el maquillaje y donde los hombres evitaban mirarse.

En el rincón había una radio, un aparato de madera clara con patas que se afinaban hacia la base y coronado por una antena en V; el frontal era un panel de vidrio ahumado con grandes mandos giratorios de baquelita. Estaba encendida y se oía muy bajito uno de aquellos temas de *big band* que aún estaban de moda a mediados de los cincuenta, quizá «Bésame mucho» o «Noches de Moscú». Alta, la tía que rara vez le sonreía a mi madre, la que había perdido a su hija en el gueto, bailaba sola a la luz de una lámpara. Movía las caderas bajo el peso de su falda plisada, dando tironcitos a las esquinas de un chal imaginario al ritmo de la música. Sus ojos, maquillados con esmero, no se abrieron en ningún momento. Trazó un giro al compás, acompañando el paso con un golpe de falda. Solo mi madre la vio. La orquesta siguió tocando, alternando trompetas y mareantes saxofones, con una percusión de fondo. Alta bailó junto a la radio iluminada y las cortinas mecidas por el viento, bailó seguramente durante mucho rato, o al menos hasta que mi madre, bostezando en el sofá, cerró los ojos.

Gracias a su recién logrado puesto de docente en la universidad, Semión pudo conseguirle a su hija una plaza en el mejor colegio de la ciudad, junto a los hijos de la élite y de oficiales locales del partido. El pupitre junto al de mi madre lo ocupaba el hijo del jefe del partido en Lituania. El niño sentado a continuación era el hijo del comandante de la división lituana del Ejército Rojo. Para mi madre era un sitio asfixiante, donde se sentía sola. Su mejor amiga era una chica de facciones angulosas y actitud masculina llamada Giedre. En sus confabulaciones después de clase criticaban siempre a las rubias tontas que se dedicaban a cocinar, tejer y fantasear con el día de su boda. A mi madre siguió sin gustarle el colegio incluso después de que las demás chicas tuvieran que reconocer que era guapa y la invitaran a fiestas donde las parejas populares fumaban cigarrillos, se emborrachaban con sidra y bailaban al ritmo de grabaciones piratas de Connie Francis y Paul Anka.

Después de que un dibujo suyo ganara un concurso local, a mi madre empezaron a interesarle sobre todo las clases de arte; el resto del tiempo lo pasaba leyendo. En octavo empezó a asistir también, después de clase, a un club de literatura dirigido por su profesora favorita, una rusa melancólica de pelo muy corto y gafas de cristales gruesos llamada Rosa Vladimirovna. Con el tiempo, Rosa le habló a mi madre de sus padres, que habían sido editores de prensa en Moscú. Los arrestaron y fusilaron en 1937, en la cúspide del Gran Terror, y ella pasó el resto de su infancia en un orfanato en la desolada ciudad de Gorki, que debía su nombre al autor de las populares novelas realistas socialistas. Incumpliendo la política del colegio, en el club leyeron a Anna Ajmátova, Marina Tsvietáieva y Ósip Mandelstam, los grandes poetas de la edad de plata que se habían ganado la ira de Stalin. El poeta de Vilna Tomas Venclova —con fama de disidente a sus veintitantos años, alto y delgado, ataviado con jersey y boina negra— visitó el club y habló al grupo de alumnos de trece años del suicidio de Tsvietáieva, la demencia de Mandelstam y su muerte en un campo de trabajos forzados. «¿Os habéis detenido a pensar que ninguno de nuestros grandes poetas ha muerto por causas naturales?», preguntó a los estudiantes.

Durante aquellas reuniones después de clase, mi madre empezó a sentir el peso y la oscuridad del lugar y la época en que vivía. Tal descubrimiento prendió en ella un rabioso desprecio adolescente por las versiones soviéticas oficiales de la historia y de la cultura que les enseñaban en clase. No obstante, también se percataba de lo afortunada que era. En aquellos años, pensaba a menudo en una historia de la guerra que le había contado su tía Esther. Un día, cuando Esther tenía diecisiete años y vivía en una granja colectiva en Uzbekistán, dibujó sin darse cuenta un par de cuernos en una foto de Stalin que aparecía en la primera plana de un periódico. Después de que una compañera de habitación la denunciara, dos agentes del NKVD se la llevaron a una oficina sin ventanas y la interrogaron durante horas. Al final, se libró del arresto solo por ser huérfana y no tener aún dieciocho años. Mi madre recordaba la historia de

Esther mientras reflexionaba sobre su propia vida; se daba cuenta de lo afortunada que era por haber nacido después de las purgas y del final de la guerra.

Mi madre se percataba de que era diferente, aunque al principio no sabía por qué. Al fin y al cabo, ¿no era la Unión Soviética un Estado libre de clases donde todos compartían una nacionalidad común, donde la religión se había tachado de superstición? Un par de veces oyó a compañeros de clase murmurar que Hitler no había terminado su trabajo, pero insultos tan abiertos eran infrecuentes. Sí que abundaban indicios más sutiles. Advertía las miradas y los silencios con que la recibían en las asambleas y los bailes del colegio, y luego aprendió a identificar las miradas más serias y solapadas de los adultos.

Era todavía una niña, y en Vilna solo los niños disfrutaban del privilegio de desconocer el pasado, que yacía justo bajo la superficie de las pausadas rutinas diarias de aquella ciudad provinciana. Apenas habían transcurrido quince años desde que los restos de ochenta o noventa mil personas, en su mayoría judíos de la localidad, fueron enterrados en claros del bosque siete kilómetros al suroeste de Vilna, un lugar pintoresco llamado Ponary donde las familias iban de pícnic antes de la guerra. El mando alemán lo escogió por los profundos pozos que los soldados rusos habían excavado allí para almacenar gasolina y diésel. Como sucedía con gran parte del pasado reciente de Lituania, todo el mundo sabía lo de Ponary, pero ahora casi nadie pronunciaba su nombre. A medida que mi madre fue comprendiendo mejor esta historia, empezó a detestar la bonita ciudad barroca donde había nacido, cuyos secretos yacían a la vista de cualquiera que quisiera verlos.

El sueño de los yidistas había quedado desacreditado. Los últimos judíos de Lituania sabían que el país ya nunca volvería a ser un hogar para ellos. Ida y sus hermanas fueron las primeras de la familia en emigrar; mi madre tenía quince años cuando les dio un abrazo de despedida en el aeropuerto. Esther y su familia las siguieron a Israel cuatro años después. Pronto Vera, sus hijos y Alta también se fueron. Para cuando yo tenía cinco años, mi madre y sus padres eran los últimos miembros de la familia de Raísa que quedaban en la Unión Soviética. Mi madre imploró a sus padres que se fueran —a Israel, Estados Unidos, Australia o, en realidad, a cualquier sitio con tal de salir de allí. Creía que la clave de su felicidad y la de sus padres residía al otro lado de la frontera cerrada donde el sol se ponía sobre el Báltico.

Permanecían en Vilna por Semión. De lunes a viernes, pasaba el día encorvado ante pilas de carpetas, trabajando en una tesis doctoral que siempre estaba a punto de terminar. Había libros y artículos científicos a medio escribir o sin empezar, y él se hallaba continuamente al borde de un avance que traería consigo mayor prosperidad para todos. Mi madre discutía con él casi a diario, furiosa con su padre por tenerlos anclados a la claustrofóbica ciudad, más incluso que por las infidelidades que él era incapaz de ocultarle ni siquiera a su hija. Mi madre se había convertido en una adolescente terca y orgullosa, que juzgaba a Semión con la inequívoca superioridad moral de los jóvenes.

Para empeorar las cosas, la carrera profesional de Semión no tenía esperanza alguna de mejora. La discreción y el tacto de los que había carecido en su juventud no los había adquirido con la edad. Era incapaz de ser cortés con colegas a los que deploraba, y se dirigía a sus superiores de la universidad con una franqueza que lindaba con la grosería. En una fiesta de bienvenida para nuevos estudiantes, bebió un vaso de vodka tras otro con el estómago vacío, sufrió el primero de sus tres ataques al corazón, y lo sacaron de la sala en camilla. Publicaba sin descanso —doce libros y docenas de artículos—, pero su falta de tacto y su incapacidad para esquivar temas de conversación polémicos ponían fuera de su alcance los ascensos y los reconocimientos que anhelaba.

Semión era especialmente antipático con un primo suyo, hijo de la hermana mayor de Frida, que los visitaba varias veces al año. Tales visitas podrían haber sido motivo de alegría, dado que Valeri Kirpotin era de los pocos supervivientes de la familia de Semión.

Se trataba asimismo, sin lugar a dudas, de alguien importante. Kirpotin era un *nom de guerre* revolucionario; su verdadero apellido era Rabinovich. Había sido un destacado creyente en la causa bolchevique, y en los primeros años de la Unión Soviética había sido secretario personal de Maksim Gorki, el más famoso novelista de Rusia. Más adelante, se convirtió en uno de los mayores críticos literarios del país.

Pese a que Kirpotin era un estudioso de Dostoyevski, figuraba entre los más destacados custodios de la estética y la ideología realistas socialistas. En la prensa oficial, censuraba a colegas escritores y a críticos por sus tendencias antisoviéticas, por elogiar a los autores equivocados y por imitar el estilo aburguesado de Occidente. Había esculpido sus opiniones mientras tomaba acta de las reuniones entre Gorki y Stalin, y hasta su muerte permaneció implicado personalmente en la producción, recepción y censura de la literatura soviética.

El primo de mi abuelo residía en un piso palaciego en Moscú y se desplazaba en una limusina con chófer. Su hermano, otro antiguo bolchevique llamado Serguéi Dalin, fue un prominente economista que centró sus estudios en China y en Estados Unidos. Cuando Kirpotin se hallaba en la cúspide de su influencia, Dalin fue arrestado y sentenciado a veinte años de trabajos forzados. Esto iba en línea con la costumbre de Stalin de arrestar a los cónyuges, hermanos e hijos de los miembros de su círculo cercano y de otras figuras destacadas para asegurarse su lealtad y docilidad.

A mi madre le gustaban las visitas de Kirpotin, pues su famoso tío —que le hablaba de autores y de libros y la animaba a leer— era el único miembro de la familia que la trataba como a una adulta. Hay una foto de ambos en un parque de una pequeña ciudad llamada Ignalina. Kirpotin, que sostiene un sombrero de ala ancha, está sentado junto a su mujer; su hermano Dalin y su tía Tania están sentados a continuación; mi madre está en pie detrás del banco junto a Frosia, el ama de llaves rubia de sus padres.

Kirpotin había estudiado en la yeshivá de un shtetl y llegó a convertirse en uno de los líderes de la oficialidad intelectual de la nación, pero esto a Semión no le inspiraba ningún respeto, y trataba a su primo con sospecha y, a menudo, desdén. Durante las cenas, discutían a gritos, apuntándose con sus prominentes narices por encima de la mesa como un par de duelistas en un prado. Aquellos enfrentamientos se prolongaban hasta bien entrada la noche, avivados por las declaraciones de Kirpotin a favor del discurso oficial del partido, que Semión despachaba como «mierda comunista». Por la mañana, los dos estaban enfurruñados y se evitaban, y el resquemor les podía durar meses. Desconozco si Semión se percataba del grave riesgo que sus proclamas anticomunistas suponían para él y su familia, pero en cualquier caso siguió aireándolas sin ningún pudor en presencia de su primo. «Cuando veas una multitud correr en una dirección», le dijo una vez a mi madre, «tú corre en la contraria.»

Para cuando yo empecé a visitar a mis abuelos, se habían mudado del centro de Vilna a un barrio de las afueras llamado Antakalnis.

Su piso particular de tres habitaciones estaba en un grupo de edificios diseñados por un arquitecto sueco y, por lo tanto, considerados chic. Mi madre vivió allí varios años antes de graduarse con matrícula de honor y salir huyendo a Moscú, su parada intermedia antes de partir hacia Jerusalén, Sidney o Nueva York.

Semión transformó la antigua habitación de mi madre en un laboratorio, y de niño yo pasaba allí las tardes de verano, ayudándole con sus experimentos. Lo que más hacía era diseccionar ranas. Practicaba incisiones en el dorso del animal, aplicaba electrodos a los dos haces principales de nervios que discurrían a lo largo de la columna vertebral, y a continuación pinchaba a la rana con toda una colección de herramientas. Mientras tanto, un tembloroso brazo metálico registraba las respuestas involuntarias de la rana en forma de garabatos de tinta sobre un rodillo de papel giratorio. Semión insistía en la humanidad de los experimentos. Sedaba a las ranas con éter antes de empuñar las tijeras de cirugía y después las liquidaba atravesándoles el cerebro con una aguja.

Mi recuerdo más claro del laboratorio son los sonidos: el croar de las ranas en los frascos junto al rodapié, los graznidos de los pájaros enjaulados, el ronroneo del eje que hacía girar el rollo de papel, la charla zalamera de estudiantes de posgrado que siempre accedían a quedarse a cenar, el ruido de fondo de los partidos de fútbol en el televisor del salón. A veces Raísa, desde la cocina, le pedía a gritos a Semión que bajara la basura o que se ocupara de alguna otra tarea doméstica. Él asentía distraído, sin apartar la vista del trabajo, y contestaba, apenas lo bastante alto como para que se le oyera: «Cariño, no tengo ni idea de lo que estás hablando».

Su carácter despistado era cosa de siempre. A diario daba vueltas por el piso buscando desesperado las gafas que llevaba subidas a la frente. Por las mañanas, preparaba huevos pasados por agua, que le encantaban desde que era niño. Al menos una vez al mes, después de dejar los huevos en el agua hirviendo, se ponía a pensar en el trabajo y salía a dar un relajado paseo de veinticinco minutos. Decía que caminar le ayudaba a pensar. Cuando volvía a casa, los huevos habían reventado y la cazuela estaba quemada. Una vez, cuando estaba a punto de salir de casa para dar una clase, recordó que se le había olvidado ponerse la corbata y se guardó una en el bolsillo. Se la anudó en el autobús sin ayuda de ningún espejo. Al final de la clase, un estudiante se le acercó y le preguntó con timidez: «Profesor, ¿por qué lleva usted dos corbatas?».

A veces, cuando iba a trabajar me llevaba con él. De acuerdo a sus cálculos, había impartido clase a treinta y cinco mil estudiantes. Tal estimación incluía a la mayoría de los médicos de la ciudad, y se topaba con ellos en todas partes. Casi en cada manzana alguien le decía hola o le dedicaba un gesto de saludo. Muchos de los estudiantes de Semión, a los que yo conocí incluso después de haber venido a Nueva York, recordaban sobre todo su falta de remilgos. Cuando enseñaba a una clase cómo realizar una extracción de sangre, mi abuelo se remangaba la camisa y apoyaba un brazo en la mesa, con la palma de la mano hacia arriba. Se comía un sándwich u hojeaba un libro de zoología mientras treinta estudiantes de medicina esperaban en fila para pincharle por turnos la vena con una jeringuilla soviética de tamaño gigante. A veces echaba un vistazo para ofrecer consejo.

En un edificio neobarroco amarillo del campus, Semión dirigía un pequeño museo de zoología. Sus tres salas prestaban alojo a una barba de ballena, un glotón disecado, un inmenso crustáceo moteado del género *Homarus,* varios huesos de mastodonte, una vitrina de colibríes que contenía varios ejemplares de orejas violetas procedentes de Sudamérica, cuerpos iridiscentes del tamaño de un pulgar sujetos con alfileres sobre terciopelo negro. Mientras fisgaba en una caja llena de insectos satinados, decidí que cuando fuera mayor sería un experto en el escarabajo de la patata de Colorado. El insecto a rayas naranjas y marrones tenía un reconfortante aspecto depredador y, lo mejor de todo, provenía de Estados Unidos. Yo tenía siete años y le conté el plan a mi abuelo. «Naturalmente», contestó asintiendo. «Eres un hombre, no una mujer con cerebro de mosquito, y algún día también serás científico.» Y dicho esto, cerró la puerta del museo con la anticuada llave que llevaba colgada de una enorme anilla, me tomó de la mano y echamos a caminar hacia el ascensor.

El día después de llegar a Vilna, mi madre y yo localizamos la consulta de Haskel, en el número 12 de la calle Calvario, donde sus abuelos extraían dientes con tenazas de hierro. Un letrero escrito a mano delante de una boutique en el bajo del edificio anunciaba rebajas en lencería. Pasamos frente al colegio de mi madre, que según ella seguía igual; el busto del poeta futurista al que debía su nombre seguía junto a la entrada. Recorrimos el barrio judío, por la calle de los Cristaleros y la calle de los Judíos, y nos detuvimos a mirar una placa que casi pasaba desapercibida y que señalaba el lugar donde había estado la vivienda del Gaón de Vilna.

Cuando se encendieron las luces de los cafés y las cervecerías, alumbrando las sombrillas amarillas y verdes, acompañé a mi madre al restaurante donde había quedado con sus amigas. Cuarenta y dos años después de graduarse del colegio, asistía a la primera reunión de exalumnos. Cuando vio a un grupo de mujeres que esperaba fuera del restaurante, echó a correr. Hubo muchos besos y abrazos, y luego las mujeres permanecieron muy juntas, abrazadas a la cintura de las demás, llorando.

Poco a poco, pusieron al día a mi madre sobre sus compañeros de clase. La chica inteligente y delgada que gustaba a todo el mundo y que llegó a periodista de televisión murió de cirrosis a los cuarenta y tantos. Otra no podía salir de casa por complicaciones de la diabetes. La rubia guapa con mucho pecho a la que todas envidiaban cuando estaban en décimo curso vivía ahora en Alemania y les había enviado un correo electrónico. Las mujeres dijeron que a las chicas les había ido mejor que a los chicos, más de la mitad de los cuales había muerto: algunos por el alcohol, otro se había suicidado, varios por enfermedades cardiacas. Y el chico de mirada somnolienta con el que todas querían bailar, el delgado de pelo castaño y liso, había salido a navegar por un lago en su barca y, después de pasarse todo el día bebiendo, se había caído por la borda y se había ahogado. Tenía poco más de cuarenta años. Varias de las mujeres habían asistido al funeral. «Pero es una maravilla verte», le dijeron a mi madre, y volvieron a echarse a llorar. Finalmente, le pasaron los brazos por los hombros y entraron al restaurante. Yo me despedí y volví al hotel.

A la mañana siguiente su amiga Giedre nos llevó a la torre desde la que se podía ver toda la ciudad. La bandera tricolor lituana ondeaba en la cima, visible a kilómetros de distancia. De acuerdo al antiguo relato, Gediminas, el abuelo del rey Jogaila, encabezó una partida de caza al valle de Šventaragis, como se llamaba la tierra donde estábamos, y mató un uro. Esa noche, en un sueño muy vívido, vio a un lobo inmenso —de hierro y con armadura de hierro— aullar en la cumbre de la montaña donde él había matado al animal. Era como si cientos de lobos aullaran al unísono. Por la mañana, el alto sacerdote pagano Lizdeika interpretó el sueño. Le dijo a Gediminas que una ciudad tan dura como el hierro y tan temible

como los aullidos de los lobos había de fundarse en aquel lugar. Nosotros contemplamos Vilna desde la torre de piedra que Gediminas
erigió allí; la ciudad, construida con el detalle ornamental de los
antiguos tableros de ajedrez, se extendía bajo un cielo encapotado
de nubes tormentosas.

A nuestros pies, vimos el rectángulo pontificio de la catedral
reconstruida, las cúpulas y agujas del casco antiguo, los medianos
bloques de viviendas en las afueras, la cinta de humo plateado que
era el Neris y, en la otra orilla del río, la implacable extensión de
cemento de un estadio de deportes soviético. Ocupaba el lugar del
antiguo cementerio de Shnipishok, suelo sagrado para los judíos
desde el siglo xv. Muchas de las lápidas, adornadas con leones de
Judá, se habían vuelto ilegibles. Antes de demolerlo en 1949, las
autoridades soviéticas permitieron a los judíos de la ciudad recuperar los restos de solo siete tumbas. Claro está, una de ellas fue la
del Gaón de Vilna. Cuando abrieron su tumba, miembros de la
sacra sociedad judía afirmaron que el cuerpo permanecía incorrup-
to, que incluso los pelos de la barba del Gaón se hallaban intactos.

Trasladaron los restos a Dembovka, un cementerio judío más reciente en una zona desierta de Vilna. El mausoleo del Gaón está allí ahora. La losa sobre la tumba está salpicada de notas mohosas en hebreo y en yidis, con súplicas al santo para que interceda a favor de los pocos judíos que aún quedan en la ciudad y por quienes vengan de visita desde el extranjero.

Las cenizas del *ger tzedek* —el posiblemente apócrifo Recto Prosélito— yacen cerca de allí. Tan extraño título le fue otorgado a un polaco, el conde Valentine Potocki, que a mediados del siglo XVIII cometió el insólito acto de convertirse al judaísmo y de adoptar el ostentoso nombre de Abraham ben Abraham. Tras ignorar las súplicas de sus padres para que renunciara a la fe pagana —incluso se ofrecieron a construirle un castillo donde pudiera practicar su religión en paz—, las autoridades católicas lo sentenciaron a muerte. Supuestamente, el Gaón fue a visitarlo a prisión y llegó a ofrecerle su ayuda para escapar de la celda. Pero Potocki decidió morir como un mártir. Los judíos de Vilna recitaron el Kaddish por él el día que ardió en la pira, el segundo día de Shavout de 1749. Un árbol con una extraña forma retorcida, que se decía que recordaba a un cuerpo humano, creció en el sitio donde lo enterraron en el cementerio de Shnipishok. Después de que unos vándalos le arrancaran las ramas, los judíos construyeron una verja de hierro a su alrededor. Los creyentes y los supersticiosos aseguraban que el árbol se secaría cuando la desgracia amenazase a los judíos de la ciudad. Seguía allí en 1941, poco antes de la llegada de los nazis, cuando alguien lo taló.

Cuando Semión era niño, por los caminos de Shnipishok deambulaban cantores litúrgicos que se ofrecían a cantar por los difuntos de los visitantes a cambio de unos pocos groschen. En una lápida figuraba escrito: «¡Detente y mira! Tú aún vienes de visita; yo estoy en casa». Después de que los buldóceres soviéticos allanaran el cementerio, las lápidas se usaron para construir una escalera en la ladera de una colina próxima. Si te fijas en los escalones, todavía puedes ver los nombres de los difuntos.

Y así, aquella metrópolis de sinagogas, mataderos y baños rituales, de teatros yidis y de cafés, la ciudad judía más próspera de la diáspora, se fue desvaneciendo poco a poco. Una vez que los judíos se fueron, los restos de su cultura se borraron meticulosamente. En una calle lateral cerca del edificio donde vivió Ida, la tía de mi madre, me sorprendió encontrar restos de letras yidis sobre las ventanas del bajo. Eran apenas visibles, fantasmas bajo una fina mano de pintura blanca.

El más firme recordatorio de la Vilna judía se encuentra al borde de una colina sobre la calle Paménkalnio. Una casa de madera cuyo extraño aspecto rural recuerda al de un ultramarinos de pueblo americano. Casi todo el mundo la llama la Casa Verde, aunque más formalmente se la conoce como el Museo Estatal Judío de Lituania. En sus escasas salas, la única exposición permanente, titulada *La Catástrofe,* documenta el abrupto final de la Vilna judía. En la Casa Verde no hay expuestos muchos objetos originales por falta de fondos; la mayoría de las fotografías y documentos que hay en sus paredes son fotocopias.

Una reproducción ampliada del Informe Jäger ocupa toda una pared. Cuando mi madre y yo visitamos la Casa Verde, me quedé ante la reproducción mucho rato, leyendo el recuento de fallecidos. La entrada correspondiente a Utian, la ciudad donde vivió la familia de Semión, pormenorizaba el exterminio llevado a cabo allí el 31 de julio de 1941: «256 judíos, 16 judías, 4 comunistas lituanos, 1 ladrón, 1 asesino». Una semana después, otro recuento: «483 judíos, 87 judías, 1 lituano (ladrón de cadáveres de soldados alemanes)». La entrada de la ciudad natal de Raísa, Koshedar, era más sucinta: «1911: todos hombres, mujeres y niños judíos».

Frente a la Casa Verde, al otro lado de la calle, un letrero bastante reciente señala el camino hacia el Museo de las Víctimas del Genocidio, una institución mucho más imponente. Ocupa un palacio de justicia zarista neoclásico que sirvió como cuartel general de la Gestapo y, después de la guerra, como prisión del KGB. El Centro de Investigación del Genocidio y la Resistencia de Lituania se encuentra en el portal siguiente. Las exposiciones del interior documentan la deportación, el encarcelamiento y la represión política de los lituanos étnicos por parte de los soviéticos; ese es el genocidio al que se refiere el nombre del museo. Entre las piezas expuestas hay fotos granulosas de disidentes llevando a cabo acciones de protesta, una colección de panfletos y correspondencia del KGB, y la gorra de un general soviético. Solo unas pocas cartelas explicativas mencionan a los judíos lituanos.

El doble relato del genocidio, como ha llegado a conocerse —la idea de que todos sufrieron por igual durante la guerra— se ha convertido en la justificación para el rechazo del Gobierno a reconocer el papel de Lituania en el Holocausto y a llevar a juicio a los colaboradores de los nazis. En 2007, de ese relato brotó un extraño apéndice. Aquel año, el fiscal jefe de la nación dio inicio por fin a una investigación de los crímenes de guerra. Curiosamente, sus objetivos no fueron los colaboradores locales con los nazis, sino judíos —dos mujeres y un hombre, los tres de más de ochenta años— que sobrevivieron al gueto de Vilna. A principios de la década de los cuarenta, según alegó el fiscal, los tres participaron en ataques a lituanos étnicos. Los acusados no lo negaron. Durante la guerra fueron miembros de la resistencia judía, y los lituanos en cuestión trabajaban para las SS. Uno de los acusados era un antiguo presidente del Yad Vashem, el memorial del Holocausto en Jerusalén. Otro era un amigo de mi familia: una abuela de seis nietos que impartió clases de Biología en la Universidad de Vilna junto con Semión. Mediante editoriales de prensa, se urgió al Gobierno a llevar a juicio el caso contra los octogenarios. En las noticias locales se referían a ellos como «terroristas».

Con la economía lituana yéndose a pique, un ánimo áspero pendía sobre la bella nación báltica, miembro de la Unión Europea y de la OTAN, e independiente desde hacía casi veinte años. En Vilna, alguien escribió con espray *Juden Raus* en la última sinagoga que quedaba en la ciudad; alguien más dejó una cabeza de cerdo en las escaleras de otra sinagoga en Kaunas. En 2009, el tercer mayor periódico del país, *Respublika*, publicó un editorial en primera plana. En la viñeta que lo acompañaba aparecían dos hombres cargando a hombros la esfera del mundo. Uno llevaba sombrero negro, tenía la nariz ganchuda y estaba gordo; el otro llevaba los ojos maquillados, estaba bronceado y la única prenda que cubría su musculoso cuerpo era un tanga. El editorial —titulado «¿Quién gobierna realmente el mundo?»— afirmaba que los judíos y los homosexuales conspiraban entre ellos para destruir la economía de Lituania. Tres días después —alegando una marea de interés y de apoyo por parte de sus lectores— *Respublika* reimprimió la viñeta en primera plana.

La viñeta fue uno de los temas de conversación que salieron aquel día en el apartamento —enorme y repleto de libros— de Dovid Katz, adonde fui tras visitar la Casa Verde. Katz era una de las pocas figuras públicas en Lituania que insistía en hablar del Holocausto, y yo quería conocerlo. Era un eminente lingüista que había impartido clase en Yale y en Oxford, y que fue a Vilna en la década de los noventa para crear un instituto yidis, un gran logro para la universidad de provincias donde mi abuelo había dado clase. Entonces, sin dar ninguna explicación, la universidad despidió a Katz. Insistía en que se habían librado de él por haber escrito editoriales de prensa en defensa de los ancianos partisanos judíos acusados, y por haber presionado a diplomáticos europeos y estadounidenses para que intercedieran en favor de ellos. «El problema es que aquí nadie está dispuesto a denunciar tales abusos», dijo Katz mientras me rellenaba la copa de champán.

Con su amplia barriga, ropa negra y una imponente barba también negra, Katz parecía un sacerdote ortodoxo ruso; cuando viajaba a Bielorrusia y a Ucrania, mujeres con pañuelo se postraban a menudo de rodillas a sus pies y le besaban las manos. En realidad era hijo de un célebre poeta yidis de Brooklyn. Aquel día daba una fiesta en su casa y danzaba de un lado a otro presentando a los invitados, alternando entre un funcionario del Museo Conmemorativo del Holocausto de Washington D.C., un periodista británico y la embajadora estadounidense en Lituania, una mujer de apariencia vigorosa con una falda plisada azul marino y que lucía en la solapa un pin del Departamento de Estado. Alguien estaba comentando un par de leyes que acababa de promulgar el Gobierno. Una castigaba la «negación o la minimización de los dos genocidios» con una pena de dos años de prisión; la otra legalizaba la esvástica como «símbolo de importancia nacional».

Un empleado del consulado alemán les estaba hablando a dos visitantes suecos sobre el reciente desfile del orgullo gay. Era solo el segundo en celebrarse en los Estados bálticos y había obligado al Gobierno de Vilna a acordonar la ruta con barricadas y antidisturbios. A los alrededor de trescientos participantes, en su mayoría mujeres y extranjeros, los esperaban varios miles de manifestantes que les lanzaron piedras, salchichas crudas y bombas de humo. Dos parlamentarios saltaron las barricadas y los tuvo que retener la policía. Algunos entre la multitud eran *skinheads;* otros ondeaban la bandera del Tercer Reich. Desde que llegué a Vilna, yo era muy consciente de encontrarme en una capital europea con un único bar gay, un lugar donde las agresiones a hombres y mujeres homosexuales eran casi tan comunes como las bromas homófobas en cenas supuestamente educadas, lo que llevaba a pensar que mucha gente en la ciudad seguía viviendo en un pasado al que no querían o bien no eran capaces de enfrentarse.

En el piso de Dovid Katz, copa de champán en mano, charlé con el marido de la embajadora de Estados Unidos, que gozaba del atractivo insulso y los modales escrupulosos de un diplomático profesional. Parecía haber pasado la mayor parte de su vida con traje. El que llevaba aquella noche era impecable. Habló largo y tendido acerca de la «situación sobre el terreno». Claro está, me aseguró, era compleja. Había realidades geopolíticas e intereses económicos a tener en cuenta, y por supuesto la historia, que era asimismo compleja. Después de la humillación de la guerra y de numerosas ocupaciones extranjeras, me dijo, la gente de allí necesitaba sentir que controlaba su destino. Necesitaban sentirse orgullosos. Era una frase que yo había oído con frecuencia en Moscú, atribuida habitualmente a Putin. El pueblo de Moscú también necesitaba sentirse orgulloso de su historia, aunque hubiera que reescribir esa historia para que se acomodara a su orgullo. El diplomático estadounidense tenía una tendencia a divagar, una voz baja y un tono monocorde que dificultaban seguir el hilo de lo que decía. Lo cual, según empecé a percatarme, era su intención.

En la Casa Verde, un hombre achaparrado y barrigón se acercó a mi madre y a mí y nos preguntó de dónde éramos. Formuló la pregunta en tono provocador y demasiado alto, mirándonos fijamente con unos ojos castaños muy juntos. La camiseta que le ceñía el vientre rezaba: «*Shalom* desde Nueva York». Se llamaba Efraim Gartman. Nos lo dijo sin que nosotros se lo hubiéramos preguntado, y añadió que era un guía y genealogista aficionado de Kaunas. Cuando mi madre mencionó que sus padres habían vivido allí, él levantó una ceja y preguntó: «¿Judíos?». Su avidez resultaba un poco desagradable. Asentí y dije que estábamos buscando información. «En ese caso, está decidido», exclamó Gartman aferrándonos por el brazo como si fuera un pariente con el que nos hubiéramos reencontrado después de mucho tiempo. «Mañana vendréis a Kaunas.» Escribió el nombre de dos calles y dijo que nos encontraríamos en esa esquina a las diez de la mañana siguiente.

Conseguimos que nos llevara en coche a Kaunas un sobrino de la compañera de clase de mi madre, un economista desempleado que se llamaba Arunas. Las gafas de leer le agrandaban los ojos y llevaba la camisa de manga corta rigurosamente remetida en los pantalones. Nos escrutaba a través del espejo retrovisor de su Škoda, tímido al principio pero con genuino interés. Durante el viaje de una hora vimos a mujeres en el arcén vendiendo fresas silvestres y setas. En un momento del trayecto, Arunas compartió con nosotros que un amigo suyo, un internista, había sido alumno de Semión.

«Parece que tu abuelo era un hombre curioso», dijo Arunas. Según su amigo, Semión era famoso por una historia que les contaba a sus alumnos de cuando era soldado en Berlín, poco después de la victoria aliada. «Tu abuelo decía: "Allí estábamos, Halberstadt, Shapiro y Gutman, soldados lituanos caminando por Berlín y cantando canciones lituanas"». Los hombros se le agitaron al ritmo de una risa silenciosa. «Imaginaos: Halberstadt, Shapiro y Gutman… ¡vaya lituanos!»

Efraim Gartman nos estaba esperando en la esquina acordada, lanzando miradas impacientes a su reloj. Arunas aparcó a una manzana de Laisvės Alėja, frente al cubo de hormigón que albergaba los archivos de la ciudad, y reclinó el asiento para echarse una siesta. Era una cálida mañana de viernes. Dentro, la recepcionista miró a Gartman como si lo hubiera estado esperando. La mujer nos informó de que la archivera jefe estaba en casa resfriada, así que tendríamos que volver la semana siguiente. Gartman nos guiñó un ojo. Ignorando a la recepcionista, entró sin permiso en una oficina de techo bajo y nos invitó a tomar asiento ante una mujer con un cárdigan de mohair. Ella lo miró con el semblante de quien hacía mucho que había renunciado a discutir con él. «Hola, Efraim», dijo.

Gartman le comunicó que buscábamos a dos familias que habían vivido en Kaunas, y ella accedió a ayudarnos a regañadientes. Yo escribí los nombres de los padres y los hermanos de Semión y de Raísa en un papel y le conté a la mujer lo que sabía. Respondió que estaría de vuelta en media hora y desapareció por una puerta lateral. A su regreso, señaló una bandeja donde había varios papeles amarillentos. «Ningún Halberstadt», dijo. Cuando se trasladaron a Kaunas, seguramente sus registros se quedaron en Utena, explicó, y casi todos los registros y los documentos de las ciudades pequeñas se perdieron en la guerra. «Pero he encontrado varios Mebelises.»

Nos tendió una bandeja con tres carnés de identidad amarillentos. Rellenados a mano, contenían los nombres de la familia de mi madre, direcciones y fotos. El hermano de Raísa —dieciocho años, pelo bien cortado y peinado, guapo, con traje oscuro y corbata— miraba fijamente a la cámara. Su carné rezaba: «Mebelis, Leib, tendero, nacido el 7 de abril de 1922, en Kaišiadorys». Nacionalidad: *Žydu,* judío. Bajo la foto, su firma, con una disparatada caligrafía infantil.

Los otros carnés correspondían al padre de Leib, Moishe, hojalatero, nacido en Ukmergė. Reconocí sus grandes orejas, iguales que las de Raísa; a ella le avergonzaban un poco así que llevaba el pelo largo para taparlas. Había un segundo carné emitido seis meses después del primero, después de que Moishe perdiera el pasaporte en 1940. Su nombre aparecía también en una lista de pasaportes perdidos o robados publicada en un periódico, otro de los documentos en la bandeja de la archivera.

En la primera foto, Moishe aparece sereno, incluso imponente: bien vestido, con corbata y chaqueta oscura; está claro que se había vestido especialmente para la ocasión. En la segunda, tomada en vísperas de la anexión soviética de Kaunas, está desarreglado y sin afeitar, no lleva corbata, frunce el ceño

y parece varios años mayor que en la anterior, con una chaqueta deslucida y la camisa abotonada hasta el cuello. ¿Qué sucedió en los meses que mediaron entre una y otra? La información de los carnés era idéntica. Complexión, color del pelo, color de los ojos, ocupación. En el apartado de altura, ambos decían: «Media». El sello azul del departamento de policía le cubre el hombro izquierdo. En ambas fotos tiene cincuenta y cinco años, un año más joven que la edad que mi madre tenía aquel día en Kaunas. Ella estudió atentamente los documentos y señaló cuánto se parecía Moishe a Raísa. Era la primera vez que veía una foto de su abuelo.

Les dio la vuelta a los carnés y leyó una dirección en voz alta:

—Veiverių, 30, apto. 1.

—No lo van a encontrar —intervino Gartman, mirando por encima del hombro de mi madre—. Han cambiado la numeración de las calles.

Se rascó la cabeza; de pronto sonrió y, sin dar explicaciones, subió las escaleras a la carrera. En su ausencia, nosotros dos estuvimos paseando bajo los árboles de Laisvės Alėja. El día seguía soleado pero había bajado la temperatura; por el cielo se deslizaban nubes como claveles. Gartman dio con nosotros y me plantó en la mano una hoja de papel. Sonreía orgulloso. Era una fotocopia de un mapa de Slobodka de antes de la guerra. El número 30 estaba al final de la calle Veiverių, a unos pasos del Neris. «¡Sigue ahí!», dijo, con los ojos resplandecientes bajo su enorme visera.

La casa del mapa asomaba por el paisaje gris como el tocón de un árbol en mitad de un bosque milenario. Se hallaba en lo que antaño fue una ajetreada calle principal. Unos años atrás, el ayuntamiento demolió las viviendas y los negocios del lado más cercano al río y ensanchó la calle para transformarla en autovía. Coches y camiones pasaban zumbando en dirección a la ciudad. Una estación de servicio —unos pocos surtidores sobre un tramo de asfalto que brillaba tras décadas de pérdidas de aceite— ocupaba un solar adyacente. El barrio seguía siendo el más pobre de la ciudad, y apenas se habían molestado en modernizarlo. Igual que sucedía en la periferia de muchas ciudades soviéticas, todo parecía hallarse en retroceso hacia un pasado agrícola. Construcciones desvencijadas, en su mayoría de madera, con añadidos improvisados a la carpintería anterior a la guerra, jalonaban la calle como setas mustias. Me pregunté si los anticuados techos de hojalata habían sido obra de Moishe.

La casa donde mi abuela vivió de joven era la más alta de los alrededores: un rectángulo descamado de ladrillo y cemento agrietado con tablas en varias de las ventanas. En la fachada trasera, un balcón del segundo piso se había venido abajo. La principal función del inmueble parecía ser la de sustentar un cartel publicitario de una cadena de supermercados francesa. Increíblemente, alguien continuaba viviendo allí. Había ropa tendida en el patio trasero, y dentro, en un alféizar en lo alto de la escalera, una lata de sardinas rebosaba cenizas y colillas. «Deben de ser indigentes», murmuró Gartman en tono desaprobador.

La pintura verde estaba desconchada y dejaba ver partes rosas y otras azules. Un candado cerraba la puerta del apartamento 1, donde mi abuela, sus hermanos y sus padres vivieron durante décadas después de mudarse de Kaišiadorys. Estiré el cuello para atisbar por una ventana, pero había poco que ver más allá de una habitación vacía con varios paneles de pladur sin pintar apoyados en un rincón. No quedaba rastro de lo que allí había sucedido ni del lugar tal como ellos lo habrían recordado. Mi madre bajó las escaleras y se quedó plantada en la acera con gesto inescrutable, los pensamientos amortiguados por el bramido de los camiones de mercancías.

Efraim Gartman nos llevó a Slobodka, un barrio que desde hacía mucho era conocido por su nombre lituano, Vilijampolé. En una calle encontramos un monumento conmemorativo del gueto de Kaunas, para el que mis padres habían hecho una donación. Era un obelisco gris liso, con un breve texto grabado en lituano y en hebreo y las fechas 1941-1944. Más insulso que una boca antiincendios.

Delante del monumento, Gartman escupió al suelo. Pequeño, terco, con camiseta y gorra cubiertas de palabras en hebreo, su aspecto desafiante quedaba absurdo en un sitio donde ya casi no había judíos. Gartman, natural de Kaunas, nos contó que era programador informático pero que había acabado interesándose por la historia local. En su rol de pesado del pueblo, rociaba la prensa con cartas y editoriales sobre el pasado de la ciudad; escribió a la archidiócesis informando de los errores históricos que había encontrado en una placa en la entrada principal de la catedral. Hacía poco, incluso había autopublicado un folleto turístico en francés, titulado *Les traces de France à Kaunas,* sobre vestigios locales del Ejército de Napoleón. Pero sobre todo trabajaba como guía para visitantes extranjeros; en su mayoría judíos estadounidenses y canadienses en busca de sus antepasados en Kaunas y en los shtetls de los alrededores. «No tanto por dinero», insistía. «Más que nada por interés personal.»

Se movía con soltura por las calles, blandiendo un puño contra la ciudad. Unos adolescentes que hacían corro alrededor de un guitarrista se acercaron para preguntarle si era un «anti-*skinhead*». Pasé toda la mañana evitando hacerle la pregunta obvia y seguramente impertinente que me había venido a la cabeza en cuanto lo conocí, pero al final me pudo la curiosidad. Estábamos comiendo en un restaurante del centro. «¿Por qué sigues viviendo aquí?», pregunté. «¿Por qué no?», respondió.

Después de comer, Arunas nos llevó en coche a Žaliakalnis, donde mi madre quería buscar la tumba de su abuelo. La puerta de forja del cementerio, adornada con la estrella de David, estaba abierta de par en par, roto el candado. El sendero que conducía al interior parecía la entrada de un bosque. Aunque algunas tumbas eran posteriores a la guerra, el lugar parecía producto de la antigüedad, desolado como una necrópolis romana. Unos cuantos monumentos y lápidas asomaban de la tierra de vez en cuando, apenas visibles entre la exuberancia de zanahorias silvestres, ortigas y hojas de arce que ocultaban los nombres de los difuntos. Lápidas derribadas yacían entre latas de cervezas, envoltorios de comida y más basura. La mayoría de las tumbas estaban vacías, retiradas las losas y las lápidas. Gartman nos dijo que en época soviética se había contratado a un responsable del cementerio, pero desde la independencia estaba prácticamente abandonado. No quedaban suficientes judíos en Kaunas para sufragar su mantenimiento, y los habitantes del pueblo se habían llevado muchas de las losas de mármol y granito; un vecino de Gartman utilizó una de ellas para fabricar las escaleras del cobertizo donde guardaba sus barcas. El cementerio había acabado convirtiéndose en un lugar de reunión para adolescentes, un sitio inquietante y romántico al que acudir de noche, lejos de las luces de la ciudad y de las patrullas de policía.

Al principio nos pareció que éramos los únicos visitantes de Žaliakalnis. Pero en un claro nos topamos con media docena de adolescentes, bien vestidos y peinados, reunidos alrededor de un hombre de mediana edad sentado en una tumba. Un chico con un anorak de esquí estaba leyendo algo en alemán de un aparato que sostenía en la mano, y cuando acabó los demás aplaudieron. Me acerqué a preguntarles quiénes eran. El profesor, alto, rubio, con gafas de montura de plástico, me dijo en inglés que eran estudiantes de instituto que habían ido de viaje de estudios desde Berlín. Estaban en el cementerio para «aprender sobre las facetas más oscuras de la historia de nuestro país». Aquellos estudiantes habían escogido ir allí, me aseguró el profesor; el resto de la clase había ido a Marruecos. Le di las gracias y me estrechó la mano con más firmeza de lo habitual, para dejarme clara su solidaridad. Parpadeó para contener las lágrimas.

Gartman, Arunas, mi madre y yo paseamos entre las tumbas durante horas pero ninguno encontró el nombre de Haskel. Mi madre era demasiado pequeña en 1957 para recordar su última visita a aquel sitio. Además, Gartman dijo que la tumba probablemente había desaparecido. Pasamos ante obeliscos —demasiado grandes para llevárselos, me imaginé—, ante tumbas de niños que parecían troncos de árboles desprovistos de ramas, ante mausoleos de difuntos adinerados y eminentes, ante inscripciones en hebreo, en

yidis, en ruso, en polaco, en lituano e incluso en inglés. Nadie dijo
nada. De regreso al coche de Aruna, cerca del límite del cementerio, encontramos una tumba con un nombre que me sorprendió
reconocer. Rodeada de una pila de basura, la tumba pertenecía a
Danielius Dolskis.

Unas horas antes, bajo los olmos de Laisvės Alėja, habíamos visto la estatua de bronce de Dolskis que la ciudad había erigido unos
años atrás. Él aparecía con frac y pajarita, y desentonaba entre las
pizzerías y las tiendas de teléfonos móviles. El cantante conocido
en su momento como Daniel Dolski llegó a su país de adopción
desde San Petersburgo en 1929, solo dos años antes de su muerte
a los cuarenta; tras aprender la compleja lengua con una facilidad
asombrosa, escribió y grabó una mina de canciones que casi cualquier lituano de cierta edad aún puede cantar o silbar de memoria. Dolskis llenaba los cabarés de Laisvės Alėja, locales con nombres como Versalles y Metrópolis. Raísa bailó en esos clubs con su

primer marido; Semión tuvo citas allí en los años posteriores a la guerra. Dolskis interpretaba canciones sincopadas y sentimentales de un género llamado *Schlager* y cantaba sobre una flor veraniega que le había robado el corazón, y sobre Palanga Beach, donde su enamorada se ahogó entre las frías olas y él quedó eternamente a la espera de volver a oír su voz.

Resultaba que Dolskis era judío. En un claro poblado de dientes de león y de zumaque, su tumba, no mayor que las adyacentes, yacía entre latas vacías de cerveza Barry, bolsas de patatas fritas, envoltorios de caramelos y colillas, un lugar de reposo insospechado para el más querido intérprete del país. «Una lástima», se quejó Arunas, recogiendo las latas de cerveza. Gartman bizqueó ante la luz del sol poniente y no dijo nada. Entre la maleza crecida, parecía un elemento más del paisaje, tan inescrutable como las estatuas de los decrépitos mausoleos. Mi madre estaba sumida en sus pensamientos, intentando recordar la letra de una melodía de Dolskis que Semión le cantaba a la hora de dormir. Recordó un par de versos. «*Onyte, einam su manim pašokti, / Leisk man karštai priglaust tave*», cantó. «Anna, ven a bailar», decía la canción, «déjame estrecharte con ternura.» Mi madre se quedó allí de pie, cantándosela al viento.

Varios años después, regresé a Vilna para un trabajo de verano: impartir clase en un curso para estadounidenses y canadienses que querían aprender a escribir en entornos exóticos. Pasaba tres tardes a la semana con ocho estudiantes, casi todos adultos, en un colegio empanelado en madera, y disponía del resto del tiempo para mí. La coordinadora del curso me llamó desde Montreal pocos días antes de mi vuelo. «Hemos tenido que reorganizar los alojamientos, así que vamos a ponerte en otro sitio», me dijo. «Por favor, toma nota de tu nueva dirección. Es Kalvariju, 12, segundo piso.»

Me quedé mirando fijamente el bloc de notas, pensando que se me había cortocircuitado alguna sinapsis cerebral. El número 12 de la calle Kalvarijų era una de las dos o tres direcciones que me eran conocidas en Vilna. En mi última visita, mi madre y yo habíamos ido allí: un edificio blanco de tres pisos, de estilo *art decó,* repintando y remodelado tantas veces que parecía existir en varios periodos históricos al mismo tiempo. Allí había estado la consulta de dentista de mi bisabuelo Haskel. En 1916, en la segunda planta, una partera había traído al mundo a su se-

gundo hijo, mi abuelo Semión. Nadie del curso de escritura estaba al tanto de ello.

El edificio se hallaba en una manzana al norte del río Neris, separado del centro urbano por un puente decorado con ennegrecidas estatuas realistas socialistas de trabajadores y de soldados. Cuando mi taxi se detuvo en la acera, la tienda de ropa del bajo estaba abierta. En el exterior, una pizarra anunciaba rebajas en lencería, igual que años atrás. La dependienta, la misma con la que yo había hablado aquella otra vez, seguía sin saber nada sobre el pasado del inmueble. Me miró sonriente, divertida. Donde había estado la casa en que vivieron Haskel y Frida —el número 13, al otro lado de la calle— había ahora un bloque de cristal y acero de altura media que albergaba un Holiday Inn.

El portal en penumbra de la casa de mi bisabuelo tenía el olor turboso de las casas viejas de Europa del Este. El piso, en la segunda planta, estaba recién pintado y amueblado con la suerte de objetos anodinos que suelen acabar en las habitaciones que se alquilan por semanas: un sofá de dos plazas, un hervidor de agua eléctrico y una foto enmarcada de un paisaje caribeño. Los únicos indicadores de la edad del piso eran las gruesas paredes de escayola y el balcón de hierro forjado con ventanas francesas por encima de un patio. Desde el balcón, vi las puertas de viejos trasteros, donde antaño los vecinos guardaban carbón y productos perecederos. Ahora casi todo el patio estaba ocupado por Škodas y Volkswagens aparcados bajo un tilo solitario y polvoriento que les prestaba cobijo bajo sus hojas en forma de corazón.

Más allá del patio, un caos arquitectónico se extendía hacia el norte. Había achaparradas casas encaladas del siglo XIX, ya grises por el tiempo; bloques de viviendas soviéticos como los que circundan todas las ciudades del antiguo imperio; varias casas de madera de edad incierta con erosionadas fachadas de chilla, y las recientes torres de cristal de los bancos finlandeses y austriacos. Las grúas trazaban círculos, bañadas por una luz de otro mundo, y durante un rato me quedé mirando su pantomima a cámara lenta. Un amigo lituano me dijo que, por el batiburrillo urbanístico, a aquella zona de Vilna los locales la llamaban «Hong Kong».

Julio es el mejor momento para ir a Vilna. Las noches son frescas y las calles huelen a lilas. La gente se sienta en los bancos y mira pasar a los transeúntes, como si eso todavía se hiciera. Las sombrillas de las cervecerías se quedan en las aceras hasta la mañana siguiente y el centro urbano aún está concurrido a las dos de la madrugada. Tras los meses oscuros y glaciales, todos disfrutan del delirio veraniego propio de las ciudades norteñas, con la misma sociabilidad y ganas de juerga que te encuentras cuando se pone el sol en Estocolmo, Reikiavik y San Petersburgo.

El día siguiente a mi llegaba asistí a una fiesta de bienvenida que el curso de escritura celebraba en el centro de la ciudad, y después fui a dar un paseo, deambulando por zonas desconocidas con la esperanza de dar con algún sitio que me resultara familiar. ¿Cómo de grande sería la ciudad? Era mi cumpleaños y estaba disfrutando de no habérselo dicho a nadie. Dos alumnas del curso, unas californianas de cuarenta y tantos años que estaban escribiendo sendas novelas, me acompañaron. Contemplamos tiendas desconocidas, altas ventanas enrejadas y monumentos dedicados a grandes duques barbudos, y comentamos lo extraño que era estar allí. Al cabo de un rato, las dos escritoras pararon un taxi.

Nos despedimos en la calle de los Cristaleros, al borde del antiguo barrio judío, junto al pequeño y moderno monumento al Gaón de Vilna, y durante un rato paseé sin prestar atención a dónde estaba. Pasé frente a una iglesia luterana y luego frente a una ortodoxa rusa antes de ir a parar ante las agujas bermejas, como de juguete, de Santa Ana. Parece ser que cuando pasó por allí de camino a Moscú, Napoleón dijo que quería tomar la iglesia en la palma de su mano y llevársela a París, y comprendí por qué. Casi había anochecido del todo cuando llegué a la ribera y empecé a recorrer el Neris, que brillaba como una cinta azul eléctrico entre las orillas oscuras. Estaba gratamente perdido. Era estimulante hallarse inmerso en la historia pero a salvo de ella, desplazarse por las calles silencioso como un pececillo.

Un rato antes, al pasar ante la estación de tren de época soviética, recordé uno de los viajes de mi infancia a Vilna. Yo debía de tener cinco o seis años. Ya entonces me gustaba viajar en tren y me pasé casi todo el trayecto desde Moscú corriendo arriba y abajo por el pasillo, asomándome a otros compartimentos, haciendo preguntas a desconocidos y viendo deslizarse el paisaje con la frente pegada a las ventanillas. Lo que mejor recordaba eran las cortinillas del tren. Cada una tenía una ilustración de los puntos de interés de Vilna, conectados con líneas sinuosas: un plano turístico de dibujitos. Yo estaba intentando descifrarlo cuando mi padre apareció detrás de mí. Estaba de buen humor. Me apoyó una mano en la cabeza y se arrodilló a mi lado.

Señaló la cortinilla, en concreto un punto situado un poco por encima del mapa, y dijo que allí era donde íbamos a alojarnos, en el piso de Semión y Raísa en Antakalnis. A continuación, fue deslizando el índice de un dibujo a otro —un museo, una iglesia, las torres de la universidad— y me explicó lo que era cada uno. Yo sentía su aliento en la nuca. Incluso entonces me daba cuenta de lo excepcional de aquel momento, y me apoyé tímidamente contra él. En mi recuerdo, la luz del sol entra con tanta fuerza por las cortinas que vuelve incandescentes las motas de polvo que hay en el aire y la alianza de boda de mi padre. Me rodeó con un brazo, apretó su rasposa mejilla contra la mía y me dio un sonoro beso en la oreja. Recuerdo que el pecho se me hinchó de emoción como un globo, hasta tal punto que pensé que iba a perder el sentido en cualquier momento. Entonces mi padre señaló un dibujo en el centro del mapa, una fortaleza medieval de piedra en lo alto de una colina. «Si eres bueno», dijo, «subiremos a la colina y hasta lo alto de la torre.» De pie en la oscura calle me acordé de aquello. El cielo se hallaba despejado, la luna estaba casi llena, y las cigarras chirriaban a lo largo del río. Por encima de los tejados, distinguí la silueta de la torre de piedra de Gedimina.

Caminé durante horas aquella noche, por momentos sin saber dónde estaba. Paré un rato en un bar muy iluminado con interior de madera labrada, donde me entretuve con una pinta de *pilsner* y observé a las parejas tomarse la última ronda de la noche. Hablaban y reían sobre un fondo de canciones pop de los noventa, pero al estilo lituano, en voz baja, casi con timidez. Pagué y eché a caminar por una calle de casas encaladas, perdiéndome de nuevo hasta que di con un cartel que ya había visto antes. La reciente capa de pintura no conseguía ocultar por completo las negras letras en yidis. Solo quedaban dos o tres letreros así en la ciudad, algunos de los últimos vestigios de los judíos de Vilna que sobrevivían fuera de los museos.

En algún momento debí de girar hacia el norte, porque después de un rato volví a ver el Neris y el conocido puente jalonado por esculturas ennegrecidas de soldados y obreros. En lugar de cruzar hacia mi piso en la otra orilla, giré a la derecha y seguí caminando a lo largo del río. Las calles se habían vaciado, y nada más que un coche, con prisa por llegar a casa, alumbró brevemente el lugar con sus faros. Llegué a una rotonda y pasé por delante de una iglesia del Barroco tardío. Detrás del muro color crema de san Pedro y san

Pablo se alzaba la fachada en forma de pastel, con la leyenda REGINA PACIS FUNDA NOS IN PACE escrita en letras grandes. Más allá de la iglesia, el casco antiguo terminaba de golpe, dejando paso a una ancha calle típica de la planificación urbana de época socialista.

De niño, yo contemplé aquella misma calle desde la ventanilla de un tranvía. Ahora, pasada la medianoche, los tranvías habían dejado de circular; su ruta estaba señalada por los cables gemelos tendidos sobre los carriles desiertos. Caminé por la calle Antakalnio durante cási una hora. Seguía habiendo edificios de hormigón de la era soviética, pero todos los letreros que yo recordaba de mi infancia habían desaparecido. Pasé ante una pizzería, un gimnasio, un café que anunciaba batidos de chocolate, y la fachada verde y amarilla de un supermercado. Recorrí un largo tramo de calle donde solo había edificios de viviendas idénticos, y luego pasé frente al cubo de hormigón de un colegio de principios de los años sesenta. Al llegar a la entrada cerrada de un centro de investigación, doblé a la izquierda y tomé una calle estrecha y arbolada que subía poco a poco hacia las colinas de los alrededores.

Me había alejado del centro. No había muchas farolas y no alcanzaba a leer los nombres de las calles, pero un instinto de búsqueda me empujó a continuar subiendo la colina, aunque no estaba seguro de hacia dónde. Tenía la mente agradablemente en blanco. Sentía el vasto vacío de la noche y era grato pasear.

La callejuela debía su nombre a un compositor polaco. Más arriba, discurría ante algunas de las propiedades más caras de la ciudad, villas erigidas en una ladera sobre el río, pero no llegué hasta allí. Doblé a la izquierda al reconocer el familiar perfil del antiguo edificio de mis abuelos; me pregunté si el techo metálico del cobertizo que había delante seguiría pintado de un verde jaspeado, pero estaba demasiado oscuro para distinguirlo. Me senté en el borde de una jardinera de hormigón, junto a una palmera y unas bicis aparcadas, y miré las ventanas del primer piso, donde Semión, Raísa y mi madre habían vivido, y donde yo pasé varios veranos. Las ventanas tenían las cortinas echadas y estaban a oscuras, salvo por un resplandor azulado que quizá proviniera de un televisor o de la pantalla de un ordenador. No había nadie fuera. El viento amainó y las hojas de los árboles cesaron su clamor.

Allí sentado, recordé una mañana de julio del verano en que cumplí ocho años. Sabía qué año había sido porque tanto mi madre como mi padre estaban en Vilna; fue el último verano que pasamos en familia. Aquella mañana me desperté en lo que antaño fue el cuarto de la criada; las piernas ya me habían crecido demasiado para la cama infantil. Por el brillo rojizo tras las cortinas, supe que aún era temprano y que todos estarían durmiendo todavía, así que, en calcetines, deslizándome sobre el parqué frío, salí al pasillo. Semión y Raísa habían cedido el salón a mis padres. La puerta estaba entreabierta y vi a mi madre y a mi padre dormidos en el sofá cama; se hallaban entrelazados, abrazados el uno al otro del modo reservado y desesperado que los caracterizó en su último año juntos. Dormían sobre sábanas blancas, rodeados por los cientos de libros que llenaban las estanterías de madera —más libros, me parecía, de los que se podían leer en una vida— mientras un reloj hacía tictac ruidosamente en una mesa de café.

La cocina olía a pan de centeno, semillas de amapola y jabón. No había rastro del ratón solitario que sacaba a mi madre de sus casillas y que Semión, dedicándome un guiño cómplice, se negaba a atrapar. Una ristra de setas secas, para la sopa de Raísa, colgaba del pomo de un armario. Más tarde, Semión iría al mercado a por la gallina que luego mi abuela desplumaría y pasaría sobre uno de los fuegos de la cocina, llenando el piso de un agradable olor a plumas chamuscadas.

Me colé en el estudio de mi abuelo. Semión y Raísa dormían en un rincón. A diferencia de mis padres, estaban tumbados cada uno en un extremo de la cama, absortos en sus propias obligaciones oníricas. El equipo de laboratorio de Semión ocupaba dos grandes mesas: calibres, reglas, montones de bandejas de disección enceradas, alfileres, fórceps, tijeras quirúrgicas, bobinas de papel sujetas con gomas elásticas y, sobre todo eso, seis altos recipientes de aluminio, plateados a la luz matutina, que recordaban la silueta de una ciudad retrofuturista de Fritz Lang.

Una vez me hube asegurado de que mis abuelos estaban dormidos, me acuclillé ante una hilera de frascos con agujeros en las brillantes tapas de metal, y contemplé los animales que había dentro. Un estudiante de posgrado los había llevado la víspera. Varias ranas y un solitario y malhumorado sapo de un tono verde oliva apagado que ocupaba él solo el frasco más grande. Aquel verano yo había pasado horas tumbado en el suelo contemplando las ranas y había recibido órdenes estrictas de no tocarlas.

Pero todo el mundo estaba dormido, así que ¿qué había de malo? Desenrosqué una tapa y la dejé en el suelo, con cuidado de no hacer ruido, y saqué la rana de la jarra, con las manos temblando un poco de emoción. Sostuve al animal frente a mi cara —con demasiada fuerza, por miedo a que se me escapara—, pero cuando abrí la mano, la rana permaneció sentada en la palma, con aire aturdido pero, sin duda, viva.

Su cuerpo, compacto y granuloso, era inesperadamente sólido. Los ojos —negros, con un ribete cobrizo—, estaban fijos en los míos. Mi abuelo roncaba a nuestro lado aparatosamente. El grifo de la cocina goteaba. En aquel momento fui consciente de que en todos y cada uno de los pisos de la ciudad otros niños dormían en sus camas, rodeados por los ronquidos de los adultos, por muebles acogedores y relojes ruidosos; niños que incluso en sueños sabían que estaban a salvo, calentitos y rodeados de amor, como yo esa mañana.

Me pregunté de dónde provendría la rana; deseé poder discernirlo mediante la mera observación de las manchas y marcas de su cuerpo. Tan solo sabía que una ciudad no era lugar para ella, mucho menos un piso concurrido; al igual que yo, la rana solo estaba de visita. No era culpa suya estar allí, y quise salvarla de la bandeja de disección. Pero yo no sabía dónde había un estanque, que era donde me sonaba que vivían las ranas, y aunque lo supiera, no lo podría encontrar en aquella ciudad desconocida. Además (pese a haber cogido la rana prohibida), yo me enorgullecía de mi obediencia. No sabía que un año después dejaríamos atrás aquel país y a mi padre, no me imaginaba que estuviera permitido, ni que fuera posible, darle semejante vuelco a tu vida entera. Miré a la rana y ella me miró a mí. Luego, agradecido por nuestro breve encuentro, la devolví con cuidado a su frasco.

3

La llamada de la
Madre Patria

Estoy de pie en una cancha de baloncesto con un ramo de claveles en las manos. No recuerdo muy bien qué tiempo hacía aquella mañana. Hacer memoria es como intentar examinar una foto usando solo la visión periférica: si la miro fijamente, la imagen se transforma en un borrón. Lo que sé con certeza es que era el primer día de clase en el colegio para los hijos de los diplomáticos y la élite de Moscú, y que yo estaba en primero, así que debe de ser el 1 de septiembre de 1977. Los niños aguardamos en formación en el patio, un batallón uniformado con tejido sintético azul y marrón, aferrando cada uno un ramo de flores. Desde los laterales, nuestros padres nos lanzan gritos de ánimo; unos pocos hacen fotos. Hay un atril sobre un estrado, y tras él una mujer con la silueta de una máquina expendedora pronuncia un discurso campanudo que resuena sobre el resto de sonidos; esto parece apropiado, dado que es la directora. Tras ella, alguien ha colgado unos retratos de Brézhnev, Gromyko y otros miembros del Buró Político del Comité Central del Partido Comunista de la Unión Soviética.

Intento permanecer firme y prestar atención, pero no puedo, porque las flores de la niña de siete años que está delante de mí me tienen absorto. De cada tallo, todos de un metro de largo, brota una docena de flores de color sangre. Creo saber que se llaman «gladiolos». Sé también que son caros y un símbolo de estatus, y que, en comparación, mis claveles son vulgares. Las elefantiásicas flores se tambalean inestablemente por encima de la impecable coleta de la niña, y yo las miro con atención, rabiando de envidia. Es menuda para sus siete años, y los gladiolos son casi tan altos como ella. La directora sigue con su perorata. Las flores pesan demasiado para las finas muñecas de la niña, y poco a poco se inclinan hacia atrás, como un patinador sobre hielo que cae a cámara lenta, hasta que los gladiolos aterrizan sobre mi cabeza y acarician mis hombros. No puedo ver a mi madre y mi padre, que me están mirando desde algún lateral. Me entero más tarde de que están asfixiados de la risa, pero yo he cumplido siete años hace poco y estoy sufriendo una humillación repentina y absoluta precisamente hoy, el día más importante de mi vida. Susurro súplicas a la espalda de la niña. Intento apartar las flores, avisar de alguna manera a la niña sin romper la formación, pero ella no puede o no quiere oírme y, oculto bajo las hojas con forma de espada, rompo a llorar.

Mi madre era la abeja reina del Departamento de Psicología cuando mi padre le habló por primera vez. Se conocieron en una sala de descanso para estudiantes fuera de su clase de Materialismo Dialéctico, en el antiguo edificio de la Universidad Estatal de Moscú en la calle Mokhovaya. Ella estaba leyendo un relato de Flannery O'Connor en un ejemplar de *Foreign Literature*. A partir de fotografías, he reconstruido el aspecto que ella debía de tener en aquel momento: pelo largo que trazaba una S sobre sus mejillas y le caía por la espalda, minifalda verde oliva, botas de cuero hasta las rodillas con tacón cubano, piernas cruzadas, un cigarrillo colgando de la comisura de  la boca, sin maquillaje y con una expresión que oscilaba entre la timidez, la provocación y la precocidad, pero siempre cohibida.

Claro está, sin duda ella sabía que era guapa y que tenía estilo, y era consciente del estatus que esto le otorgaba. Estaba esperando a que empezara la clase. Le aguardaba una charla sobre los primeros textos de Lenin, o una larga cita de Engels para copiar de la pizarra y aprenderse de memoria, y ella a veces combatía el aburrimiento mirando hacia las ventanas de la morgue de la Primera Universidad Médica Estatal, donde algunas tardes los estudiantes practicaban autopsias a cadáveres. Era 24 de mayo de 1969; hacía tres días que había cumplido veinte años.

En una biblioteca del mismo edificio, un estudiante cetrino y de pelo rizado llamado Izya dibujaba una tabla cronológica de los congresos del partido para el próximo examen oral de mi madre. Era la clase de trabajo que ella detestaba. Izya era uno de los varios chicos a los que ella permitía sentarse a su lado en la cafetería, quizá media docena de muchachos que le llevaban los libros, la agasajaban con mandarinas del mercado y le hacían los deberes de Comunismo Científico. Solían ser judíos, más simples que ella pero pacientes y con iniciativa. A cambio de las atenciones y la compañía de mi madre, no parecía importarles ser utilizados o, tal como ella lo veía, ser útiles. Mi madre no les decía que no salía con chicos judíos; le parecían demasiado tímidos, demasiado ligados a sus madres, y le recordaban demasiado a Semión.

En el autobús que iba de su residencia en la Colina de Lenin a las aulas de la calle Mokhovaya, a veces llevaba un traje de pana con pantalones de campana y una larga bufanda del color de una bandera revolucionaria. Los autobuses iban atestados de mujeres con abrigos y jerséis tradicionales de confección, de vuelta de la compra con sus bolsas de malla; a su lado, ella parecía recién salida de las páginas de *Buenos días, tristeza*. Hombres mayores con fundas de oro en los incisivos y medallas sobre la pechera de sus chaquetas raídas la fulminaban con la mirada. Uno le exigió, invocando su edad y su estatus de veterano, que volviera a su casa y «se pusiera algo decente». Ella hizo como si no lo hubiera oído. Algunas amigas de mi madre la creían inmune a todo daño. A veces también ella se creía capaz de anular la grisura plomiza y el clima gélido de la ciudad tan solo a base de negarse a creerlos. Moscú era lúgubre, pero a ella le gustaba su enormidad. Servía como solución temporal a Vilna, una ciudad de provincias que ella consideraba atrapada bajo la asfixiante campana de cristal de la historia.

A veces su pensamiento mágico la volvía temeraria. Durante las tediosas reuniones obligatorias de la Liga de Juventudes Comunistas —el Komsomol— en ocasiones se levantaba y se iba. Sus mejores amigos eran estudiantes de intercambio, una pareja de canadienses llamados Donald y Faye (todos los adultos soviéticos sabían que tratar con extranjeros occidentales siempre era una decisión algo arriesgada). Los tres iban al Café Metelitsa en Kalinin Prospekt a escuchar a los grupos de jazz, o se quedaban por el campus para escuchar a las bandas de rock estudiantiles, lideradas casi siempre por hijos de oficiales del partido y de diplomáticos, que se podían permitir el lujo de tocar «(I Can't Get No) Satisfaction» en público.

Con Beba, su compañera de habitación, una judía morena y rellenita de Beltsy, mi madre iba en metro a una sinagoga cerca de la plaza Noguín. Delante del edificio, hombres de traje oscuro filmaban desde la plataforma de un camión a cuantos entraban y salían. Ella era consciente de que, a causa de sus transgresiones ideológicas, le podían revocar las ayudas para los estudios y para pagar la residencia, la podían expulsar del Komsomol e incluso de la universidad, pero se negaba a plantearse seriamente tales posibilidades. Ni siquiera después de que Beba encontrara un agujero en lo alto del armario de su habitación, donde había oculta una maraña de cables y un diminuto micrófono.

Mi padre se le acercó mientras ella leía el relato de O'Connor. Comezó diciendo que había oído por un amigo que ella tenía copias de poemas de Joseph Brodsky. ¿Se los podía prestar? No era una solicitud inusual. Gran parte de la mejor ficción y poesía de los últimos años estaba prohibida oficialmente y circulaba en forma de fajos de copias en papel carbón conocidas como *samizdat;* las páginas se alquilaban a veces por periodos tan breves como un día o incluso unas pocas horas.

Lo que le extrañó fue su aspecto. Parecía mayor que el resto de estudiantes —¿unos veinticuatro años?— y el pelo corto, la camisa blanca almidonada, la cara chaqueta de terciopelo y los pantalones planchados con raya formaban un conjunto que, para un estudiante en 1969, resultaba sospechoso. Por un momento, ella supuso que debía de ser uno de aquellos estudiantes mayores que a veces aparecían en clase a mitad del semestre, hombres que apenas podían seguir el ritmo de las clases pero que estaban allí por razones «sociales», lo que significaba que complementaban sus becas académicas informando sobre otros estudiantes al KGB. Y peor aún, pertenecía al Departamento de Filosofía, que por su carácter «ideológico» les estaba vetado a los judíos y al resto de personas «no fiables», y su nariz chata y ojos grises terminaban de señalarlo como gentil. Pero allí estaba, pidiéndole prestada poesía prohibida. Aunque sabía que debía darle largas, por algún motivo no lo hizo. Hablando con él advirtió que era al menos aceptablemente listo, que se expresaba bien y que estaba coqueteando con ella. Se llamaba Viacheslav, pero todos lo llamaban Slava. A ella le pareció que se parecía un poco a Steve McQueen en *El rey del juego,* una película de la que solo había visto un trozo y sin sonido.

La noche siguiente se encontraron delante de la residencia de ella a la hora convenida. Ella le pasó unas páginas de poesía con muchas esquinas dobladas, pero él no acababa de irse y al final le preguntó si le apetecía dar un paseo, así que pasaron las primeras horas de la noche caminando por el Arbat. Aún faltaban años para que el bulevar se convirtiera en una ristra de tiendas de color lavanda y amarillo para turistas; los edificios todavía conservaban la pátina desvencijada del Moscú de posguerra. Slava habló de discos de jazz, películas extranjeras y novelas traducidas; a ella le quedó claro que trataba de impresionarla con su esotérico conocimiento de Occidente. Era alegre y expresivo, con tendencia a los arranques de entusiasmo. Pero cuando le llegaba a ella el turno de hablar, a diferencia de la mayoría de los hombres, escuchaba sin interrumpirla, dándole la impresión de que se estaba tomando en serio lo que decía. Sus anticuados modales también eran atractivos: le regalaba flores, le abría las puertas, la ayudaba a ponerse el abrigo cuando se iban de los cafés.

También fueron a pasear la noche siguiente, y la siguiente. Él resultó ser muy distinto de la persona por quien lo había tomado. Como ella, detestaba las clases de política obligatorias, y divagaba emocionado sobre las manifestaciones de estudiantes en París, sobre Howlin' Wolf y Nabokov. Cuando se enteró de que ella había estudiado inglés en la escuela, le llevó un artículo de *Down Beat* sobre un saxofonista llamado Steve Lacy y, con sinceridad infantil, le suplicó que se lo tradujera. Una mañana la llevó a desayunar al Séptimo Cielo, un café en la séptima planta del Hotel Moscú en la plaza Manezhnaya. Cuando se sentaron, le recitó un poema.

Casi un mes después de conocerse, estaban sentados una tarde en un banco cerca del Arbat, bajo una pancarta que rezaba: «Blande Alta la Bandera del Internacionalismo Proletario». Ya casi había anochecido; la mayoría de los transeúntes se había ido a su casa. Mi padre le estaba hablando de Vinnitsa y de Tamara —todavía no le había contado nada sobre Vasili— cuando, de manera inesperada, empezó a hablarle de una mujer casada con la que había tenido una aventura cuando se trasladó a Moscú. La historia no incomodó a mi madre. Ya sabía que él había pasado tres años en el ejército y se imaginaba que tenía experiencia con las mujeres. Ella era virgen y no tenía nada comparable que revelar, así que, en lugar de eso, le habló de la primera vez que estuvo enamorada, de un chico que se llamaba Kolya. Ella tenía diecisiete años entonces y todavía iba al colegio. Se conocieron cuando mi madre estaba visitando a unos amigos de la familia en Moscú, y después de que él volviera a la ciudad se escribieron largas cartas románticas. Él le pidió que se fuera a Moscú y se casara con él; ella dijo que sí, pero Raísa se lo prohibió: olvídate de él, le dijo, sois demasiado jóvenes. Al cabo, Kolya se comprometió con una chica que vivía mucho más cerca.

Cuando mi madre miró a mi padre, él estaba doblado por la cintura, sollozando. «Sé que nunca me querrás así», dijo enjugándose la cara con un pañuelo. Ella lo tomó de la mano.

Lo que sé de su noviazgo es casi todo por mi madre. Dos o tres veces mi padre también me habló del tema, en las contadas ocasiones en que estábamos a solas y se sentía parlanchín. Durante una de mis visitas, pasamos caminando frente al Hotel Metropol y llegamos a una esquina donde él quedaba a veces con mi madre en aquella época. Se detuvo, hizo un gesto con la mano abarcando la ciudad a nuestro alrededor y dijo, de forma un tanto críptica: «Lo único que teníamos era nuestra juventud».

Lo que sé sobre su primer año de relación se puede resumir en una serie de escenas sueltas, como fotografías. He aquí una: al concluir el semestre a finales de mayo, tomaron un tren rumbo a un destino de vacaciones llamado Djemete, en Crimea, un sitio para estudiantes con tiendas de campaña, partidos de fútbol y de bádminton, y bailes nocturnos al ritmo de la radio o de la guitarra de alguien. Mi padre le dijo a mi madre que él no sabía bailar, así que ella bailó con otros chicos, un twist de Chubby Checker que conocía de las fiestas del colegio. Cuando volvió luego junto a mi padre, se encontró con que él la había estado observando presa de un ataque de celos; él le hizo reproches y acabó enfurruñado.

Otra escena: en junio o julio, ella fue a verlo al piso de un solo dormitorio que mi padre compartía con Tamara, su marido, Mijaíl Mijáilovich, y la madre de Tamara, María Nikoláyevna. Tamara era una de las pocas personas capaces de intimidar a mi madre. Poco después de conocerla, Tamara comentó que el traje de pana favorito de mi madre estaba cortado y cosido de mala manera. En hombres no era una experta, pero sí en cuestiones de estilo. Sabía que la función de la ropa es insuflar confianza y poder a quien la lleva, y diseñó las camisas con monograma y las americanas desgastadas de mi padre, supervisando a las costureras de la Casa de la Moda que las cosieron. Para entonces ya llevaba el pelo teñido de rubio y permanentado, y aquellos accesorios rococó que recuerdo de mi infancia.

Aquella noche en particular, Tamara les había regalado entradas para una obra de Chéjov, y mi madre llegó con un vestido rojo de verano y un clavel rojo en el pelo. Tamara declaró, a su modo inequívoco, que mi madre era guapa y tenía estilo. Era el mayor cumplido que podía dedicarle a alguien. Más adelante, cuando mi madre se quedaba en el piso algunos fines de semana, empezó a anhelar el momento de volver a ver a Tamara. Aquellas noches María Nikoláyevna horneaba sus famosos *pirozhki*[9] y todos comían en la gran mesa de la cocina; luego mi padre dormía en una cama plegable en la cocina y mi madre en el sofá del salón. No pasó mucho tiempo antes de que mi padre le pidiera a mi madre que dejara la residencia en la Colina de Lenin y se fuera a vivir con ellos.

María Nikoláyevna no estaba dispuesta a permitirlo. Durante décadas había visto a maridos y amantes —tanto los de su hija como los suyos propios— aparecer y largarse con idéntica rapidez, y no tenía ninguna intención de compartir su casa con una estudiante a la que le triplicaba la edad. Mi bisabuela prefería los niños a los adultos, pero por poco. En mis recuerdos más tempranos, está sentada en un taburete junto a la ventana de la cocina con un vaso de té, tez morena y cuerpo recio, triturando azucarillos con unas tenazas de acero ennegrecidas y metiéndose el azúcar entre la mejilla y la dentadura postiza.

Mi bisabuela disfrutaba mucho hojeando los periódicos en busca de viñetas políticas. En una típica aparecía un corpulento banquero con sombrero de copa y monóculo —con «OTAN», «EE.UU.» o «AGRESOR IMPERIALISTA» escrito en mayúsculas sobre el pecho— impartiendo órdenes a unos demacrados trabajadores de piel morena y, si yo estaba en la cocina, María Nikoláyevna me subía a su regazo, señalaba el dibujo y me leía el texto al pie con regodeo patriótico. Los fines de semana, horneaba *pirozhki* de manzana y los racionaba con austeridad militar. «Coge uno y estás muerto», murmuraba cuando yo me acercaba a hurtadillas a la fuente. Tenía una visión periférica preternatural; ni siquiera se molestaba en

9. Panecillos rellenos de carne, verduras o fruta.

levantar los ojos del periódico para lanzarme su advertencia. Si yo me sentía osado y y alargaba la mano, salía corriendo a por mí con las suelas metálicas de sus zapatos ortopédicos retumbando contra el parqué.

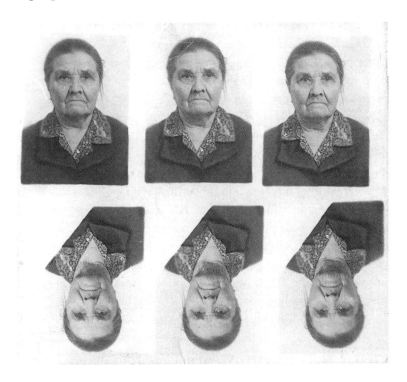

María Nikoláyevna no era nada sentimental y creía en el poder de un discurso sin adornos. Así que no reveló ninguna emoción al enterarse, a finales de otoño de 1969, de que mi madre estaba embarazada. «Si lo tienes, no creas que voy yo a cuidar del crío, como si no tuviera nada mejor que hacer», le soltó una tarde a modo de saludo. Al cabo de una discusión de dos días con Tamara, acabó cediendo, y mi madre se convirtió en la cuarta inquilina de aquel piso de dos habitaciones. Durante semanas, el embarazo de mi madre fue el tema de conversación principal en la mesa de la cocina. «Eres demasiado joven para quedarte en casa con un bebé», le aconsejó Tamara. «Vas a echar de menos los bailes. Tardas veinte minutos en abortar y ni siquiera duele.» La noche siguiente Tamara cambiaba de parecer e insistía en que tuviera al niño. Mi padre dijo que la decisión le correspondía a ella y se mantuvo al margen. Mi madre no se atrevía a decírselo a Raísa; ya era bastante malo que estuviera saliendo con un gentil. Estaba convencida de que si Raísa descubría que su hija no era virgen, se le detendría de golpe el corazón.

Mi madre estaba embarazada de casi dos meses cuando, en febrero, junto a unos abedules a la orilla de un estanque todavía helado al suroeste de la ciudad, mi padre se le arrodilló y le ofreció una sobria alianza de oro. Ella había decidido tener el bebé. Tamara y Mijaíl Mijáilovich fueron en coche cama a Vilna para conocer a Semión y Raísa y planear la boda. La ceremonia se celebró unas semanas después en un zigurat de hormigón del bulevar Leningrado llamado Palacio del Matrimonio —en Moscú, casi todas las ceremonias civiles se tramitaban en un palacio—, el mismo sitio donde semanas antes mi madre había recogido un cupón que le permitía adquirir un par de zapatos blancos de tacón en la tienda de bodas del edificio contiguo. Todavía no se le notaba el embarazo y seguía sin decírselo a su madre, pero una amiga suya, Lyuba, lo arruinó todo cuando llegó a la boda con una caja de juguetes para bebé adornada con un lazo rojo.

Sus primos fueron desde Vilna, los amigos de la universidad de mi padre se compraron sus primeras corbatas, y Mijaíl Mijáilovich, el hombre más bajo de los allí presentes, se puso un traje tan brillante que mi madre juraba que iluminaba todo el salón. Hasta Kirpotin y Dalin, sus tíos bolcheviques, asistieron a la ceremonia; con sus trajes oscuros de solapas anchas, parecían un par de contrabandistas de Chicago. Mi madre firmó el registro de boda con un ramillete de claveles blancos en la mano y otro sujeto en el pelo.

A continuación, todos fueron en coche a un salón de banquetes en el Consejo de Cooperación Económica en Kalinin Prospekt; una clienta de Tamara, la mujer de un viceministro, había movido hilos para conseguirles la recepción. Dos noches después, Anna y Slava tuvieron otra celebración con sus amigos, esta vez en la residencia de la Colina de Lenin. Se atracaron de champán soviético y de sobras de pollo asado de la recepción escuchando una copia pirata del *White Album* que alguien había cambiado por un par de botas de agua.

Semión, que pasó sus noches en Moscú jugando despiadadas partidas de ajedrez con su nuevo yerno, seguía teniendo tan poco tacto como siempre. Cuando se enteró de que mi padre estudiaba Filosofía, le preguntó, en tono afable y para nada discreto: «¿Cómo el hijo de un soldado y de una costurera termina siendo filósofo?». Raísa odiaba que su yerno fuera gentil —con toda probabilidad un donjuán y un borracho, según la bien conocida tradición eslava—, pero, siempre discreta, le ahorraba esas opiniones a su hija. Semión era más pragmático. Cuando cayó en la cuenta de que su nieto figuraría como ruso, no como judío, en su pasaporte, le dijo a Raísa que era lo mejor. Después de los pogromos y de los campos de concentración, ¿qué sentido tenía traer más judíos al mundo?

La ausencia de Vasili en la boda había sido llamativa. Alegando que su presencia pondría a Mijaíl Mijáilovich insoportablemente celoso, Tamara le había prohibido a mi padre que lo invitara. En cualquier caso, él no pensaba hacerlo. Cuando lo llamó dos semanas antes para contarle lo de la boda, Vasili señaló que casarse con una judía arruinaría, casi con toda seguridad, las posibilidades de mi padre de hacer carrera en el Gobierno y de ingresar en el partido. Mi padre le colgó. «Todo lo que hay de bueno en mí lo he heredado de mi madre», le dijo más tarde a mi madre. Vasili fue a Moscú aquel otoño. Según mi madre, iba elegante, con un traje de impresionante calidad, encandiló a Semión y a Raísa y le dijo a Tamara que estaba más hermosa que nunca. Me contó que fue amable y afectuoso conmigo, que me peinó delicadamente el pelo mojado mientras yo hacía gorgoritos sentado en la bañera.

A continuación, mi madre y Vasili tomaron té y charlaron. Aunque él se expresaba bien y era encantador, a ella le dio la impresión de que ocultaba un gran vacío, de que estaba corroído por dentro. Entre las risas y el buen humor del piso de Tamara, mi madre se fijó en cómo su nuevo marido se dirigía a su padre con la formalidad quebradiza de un compañero de trabajo. Mi padre y Vasili nunca se pusieron de acuerdo sobre lo que sucedió entre ellos en los años posteriores a aquella visita. Vasili me dijo que al final, por mera ansia de venganza, mi padre cortó sin más toda relación con él; mi padre aseguraba que fue Vasili el que dejó de devolverle las llamadas y de responder a sus cartas, preocupado por que la religión de mi madre y su previsible solicitud de abandonar el país echaran a perder su intachable reputación en el KGB. El caso es que aquel día de octubre de 1970 fue el último en que se vieron.

Yo nací seis meses después de la boda de mis padres, en julio. Al cabo de unos minutos de dar a luz, mi madre estiró de golpe una pierna al sufrir un calambre y me tiró de una patada de la mesa de partos. Una matrona me atrapó en el aire. A la mañana siguiente mi madre descubrió que alguien me había inscrito como Aleksandr en el certificado de nacimiento; Semión y mi padre lo habían decidido sin consultárselo. Furiosa, dijo que ella me había parido y sería ella la que escogería mi nombre. Tardó meses en decidirse, dudando entre Vadim y Vladímir, hasta que una mañana, dándome un paseo en cochecito por un parque, se sentó en un banco junto a una anciana con pañuelo. Se pusieron a hablar, y mi madre dio rienda suelta a su indignación por lo de mi nombre. «Debe de ser su destino», dijo la mujer, mirando al interior del cochecito, y mi madre se ablandó.

En casa, yo dormía con mi madre en la cama plegable de la cocina de Tamara. Para solicitar un piso privado en Moscú era necesario un *propiska,* un permiso de la policía para residir dentro de los límites de la ciudad. El único modo que tenía mi madre de conseguirlo era registrarse como residente en el piso de una habitación de Tamara. Pero no había tenido la previsión de hacerlo, y a causa de la escasez de viviendas en la ciudad, la espera para el nuevo piso podía ser de varios años. Los contactos de Tamara volvieron a serles útiles; al cabo de nueve meses viviendo de subalquileres ilegales, mis padres se mudaron a un piso privado en uno de los edificios de viviendas de nueve plantas que acababan de construirse en el extremo suroeste de la ciudad. Con el dinero que Semión y Raísa les dieron, compraron la vivienda cooperativa de dos dormitorios —un necesario resquicio legal a la prohibición soviética de la propiedad privada—, y Tamara los puso a la cabeza de la lista de espera mediante un certero soborno. El piso resultó ser muy lujoso, con balcón y una cocina-comedor con linóleo del color de una garganta inflamada. El edificio, construido con bloques de hormigón blancos que casi de un día para otro ya estaban grises, se encontraba cerca del sitio donde mi padre le había propuesto matrimonio a mi madre un año antes; habían drenado y rellenado el estanque y habían talado los abedules. Hoy en día esos edificios de viviendas idénticos se conocen como los Brézhnevki, por el osuno secretario general que ordenó su construcción.

Nuestro barrio se llamaba Tyopli Stan, que significa «región templada», extraño apodo para la cima de una colina donde, la mayor parte del año, el viento helado soplaba con tal fuerza que les arrebataba el sombrero a los viandantes. En verano, mis padres me mandaban a la dacha de Tamara o a Vilna, con Semión y Raísa, y recuerdo nuestro barrio moscovita casi perennemente gélido y cubierto de nieve. En primavera, las calles se llenaban de un barro que te llegaba a los tobillos. Las primeras tiendas del barrio no abrieron hasta dos años después; como era de esperar, una de ellas fue una licorería. En el ínterin, en un camión aparcado en nuestra acera, una mujer con el pelo cubierto por una redecilla vendía cebada, patatas, leche y unas tortas de carne poco hecha conocidas como «hamburguesas de seis kopeks».

El cableado telefónico tardaría aún más en llegar, así que los vecinos de nuestro edificio y del aledaño hacían cola frente a un par de cabinas en la acera. Había largas filas de personas incluso cuando hacía un frío polar. En nuestro piso, la calefacción funcionaba a ratos. Mi madre lavaba mis pañales a mano, los colgaba sobre la cocina y encendía todos los quemadores para secarlos. Jugando al ajedrez con Semión una mañana, mi padre empezó a vomitar; estuvo gimiendo en el suelo de baldosas del cuarto de baño hasta que unos paramédicos se lo llevaron en camilla. En el hospital le dijeron que se había intoxicado por inhalación de gas.

El vecino al que mejor recuerdo pasaba el rato en una silla plegable en el descansillo de la segunda planta. Tenía un torso convexo y su cara parecía una col rojiza. Vestía pantalones de chándal y camisetas de tirantes que dejaban ver la copiosa y oscura pelambrera de su pecho. En el edificio todos le llamaban Puzyr: Burbuja. Desde mi temprana infancia supe que Burbuja era nuestro funcionario residente de los órganos, el término utilizado para referirse a los múltiples tentáculos del KGB. Tenía sentido que Burbuja se pasara los días y las noches vigilando las idas y venidas de quienes vivíamos en el edificio. El ascensor estaba permanentemente averiado, y no teníamos más opción que subir por las escaleras, pasando por delante del rellano de Burbuja. Cada 7 de noviembre, Día de la Revolución, cuando todos se congregaban frente a los televisores para ver el programa especial de variedades en el Canal 1, a Burbuja le gustaba recordarnos su presencia usando una llave maestra para acceder al sótano y cortar la electricidad de todo el edificio.

Una mañana, después de ver a mi padre subir por las escaleras con unos muebles infantiles nuevos, Burbuja hizo una llamada a sus superiores. Debió de suponer que donde había muebles infantiles nuevos también tenía que haber poesía clandestina o revistas pornográficas o incluso una radio de onda corta alemana para sintonizar la propaganda burguesa de La Voz de América. A mi padre lo convocaron a Lubianka, donde fue interrogado por un investigador con aire aburrido. Desde la denuncia, mi padre le guardó rencor a Burbuja; sospechaba de él cada vez que no había agua caliente o no llegaba gas a los quemadores de la cocina.

Lo cierto es que Burbuja tenía buenas razones para sospechar de mi padre. Como miles de moscovitas, mi padre era un *fartsovshchik* —un estraperlista que intercambiaba o vendía mercancías prohibidas o difíciles de obtener—, un cómplice de la creciente plaga de individualismo que corrompía nuestro país desde dentro, según decían los periódicos vespertinos. El trueque, al igual que la compraventa sin licencia, era una de las obsesiones de un país donde encontrar un tubo de gel anticonceptivo o una camisa de nailon de tu talla suponía a menudo una odisea de dos meses. El valor de un objeto se calculaba por su escasez y por la creatividad requerida para su obtención. Una tarde cuando yo tenía seis años, mi madre se topó con un antiguo compañero de clase que regentaba una tienda llamada Regalos del Mar, cerca del Parque de la Cultura. Allí en la misma acera, él le dio la bolsa de plástico llena de patas de cangrejo de Alaska congeladas que llevaba a su casa, y ella le dio un broche de ámbar lituano, para su mujer. Yo nunca había visto una pata ni ninguna otra parte de un cangrejo, y me importaba poco la joyería femenina, así que cuando ella abrió la bolsa para enseñarme los espinosos apéndices de crustáceo, le dije a mi madre que había hecho un trato astuto y muy original.

El negocio de mi padre despegó en serio después de que encontrara su primer trabajo en el Instituto de Historia y Teoría del Cine cerca de la calle Gorki. Era la clase de sinecura que a menudo se les concedía a los hijos de artistas o de directores de cine oficialmente sancionados. También aquello se amañó gracias a los contactos de Tamara. Mi padre estaba obsesionado con las películas desde que vio *Tú serás mi marido* de pequeño en Vinnitsa; el puesto le permitía excavar en los archivos del instituto en busca de copias de películas de Ford y Bresson inexistentes en el resto del país.

En el instituto, mi padre por fin tuvo la oportunidad de escribir para publicar, algo que siempre había deseado. Era un lector ávido e incansable y contaba historias vívidas y con un tempo increíble. Pero tras empezar a trabajar en varios artículos, descubrió que no tenía estómago para escribir la clase de críticas que se publicaban en los periódicos oficiales, artículos que analizaban películas de temática marxista donde se mostraba una clase obrera ennoblecida. Esta es, al menos, la razón que me dio a mí para haber dejado de escribir. Pero a mi madre le dijo que creía que no era tan bueno como los escritores a los que admiraba, y no soportaba la idea de ser mediocre.

Se ofreció voluntario, por tanto, para trabajar en la modesta biblioteca del instituto, que tenía nada más que una sala (esta, de nuevo, fue su versión de los acontecimientos; años después, en Nueva York, un antiguo compañero suyo de trabajo le dijo a mi madre que lo habían degradado a la biblioteca por no haber llegado a publicar). Era un trabajo humilde que, sin embargo, lo puso en contacto con libros raros y, lo que es más importante, con visitantes y diplomáticos extranjeros que tenían el envidiable privilegio de viajar fuera del país y de pasar por la aduana sin grandes escrutinios por parte de los inspectores. A cambio de algo, los había que estaban dispuestos a traerle discos de rock y de jazz de sus misiones oficiales en Alemania, Francia y Estados Unidos. En menos de un año, pasó de ser un sencillo *fartsovshchik* de barrio a un conocido proveedor de música de contrabando; los discos daban más dinero que los libros y se convirtieron pronto en su mercancía principal. Se decía que lo hacía por amor al rock y al jazz, pero al mismo tiempo descubrió que tenía talento para ganar dinero.

Hacía sus trapicheos en nuestro piso. Sonaba el timbre y al otro lado de la puerta esperaba un hombre —siempre un hombre— con una bolsa al hombro y mirada expectante y nerviosa. El truco favorito de mi padre era vender juntos el disco que quería el cliente y otro par que no quería. Por ejemplo: recibía una llamada de algún barbudo fanático del jazz que había oído que mi padre tenía una copia en perfecto estado de *John Coltrane Live at the Village Vanguard* y estaba interesado. Cuando el tipo llegaba emocionado a nuestro piso al cabo de dos horas de viaje en un autobús municipal, mi padre le informaba de que el disco de Coltrane solo estaba disponible como parte de un lote: junto con los *Greatest Hits* de Bread y un recopilatorio de los singles de Anne Murray, todos a un precio exorbitado.

Su cliente más fiel era un colega *fartsovshchik* que se llamaba Gosha, un hombrecillo pajaril de nariz afilada y cazadora sucia. Tenía una debilidad infantil por todo lo estadounidense y hacía gala de un vocabulario de hípster moscovita: *shoozi* para zapatos, *Frenk* para Sinatra. Para Gosha, desatender una muela cariada o perder una novia con la que llevaba siete meses era un precio razonable por una copia un poco magullada de *They Only Come Out at Night* de Edgar Winter o por un tubo de vacío para un antiguo receptor McIntosh que había conseguido sacarle al yerno de un agregado cultural danés a cambio de adulaciones y de una enorme suma de dinero. Una noche, Gosha se presentó muy tarde en nuestro piso sin avisar, con una mirada victoriosa y acunando en sus brazos un par de mocasines de piel seminuevos. Había pagado por ellos el equivalente al salario mensual de un cirujano, pese a que los *shoozi* eran tres números más grandes que los suyos. Antes de que mi padre se cayera al suelo presa de un ataque de risa, Gosha, en tono altanero y herido, exclamó: «¿Pero no ves que son de Brooks Brothers?».

Mientras tanto, más de un año después de haber completado una tesis sobre los efectos emocionales del estrés en equipos de cosmonautas, mi madre seguía sin encontrar trabajo, aunque era su obligación por ley. Stalin había declarado la psicología una pseudociencia, la Universidad Estatal de Moscú había inaugurado su Departamento de Psicología apenas unos años antes de que mi madre se matriculara, y los pocos trabajos existentes en ese nuevo campo eran casi todos en agencias gubernamentales clandestinas. En la universidad, un hombre con traje gris le había ofrecido un trabajo de psicóloga con el astronómico sueldo de trescientos rublos al mes. «El único requisito», le dijo claramente a mi madre, «es no tener sangre francesa en las cinco generaciones precedentes.» Ella no era la persona idónea, contestó mi madre; «francés» era el eufemismo extendido para los judíos. Mi padre se preguntaba por qué no se limitaba a aceptar un trabajo de cajera en unos grandes almacenes.

Durante una entrevista de trabajo sintió tal desánimo que se echó a llorar. «Tengo a mi hijo en casa, con una intoxicación alimentaria, y usted no me va a contratar, así que no nos hagamos perder el tiempo el uno al otro», le dijo al hombre al otro lado del escritorio, y empezó a ponerse el abrigo. O bien él se compadeció de ella, o bien le impresionó su franqueza, porque una semana después ella empezó a trabajar en el Instituto de Psicología de la calle Mokhovaya, en el Departamento de Salud Mental para Adolescentes. Su supervisor era un psicólogo de Tayikistán que se había casado con la hija de un miembro del Comité Central; hacía sus rondas fumando un cigarrillo y con una copa de brandi en la mano. En Dusambé había sido director de un centro para adolescentes con problemas disciplinarios y hubo de trasladarse a Moscú después de que un subalterno presentara una queja a un oficial local del partido acusándolo de haber presionado a varios estudiantes para prestarle favores sexuales a cambio de dinero. El primer día de mi madre en el trabajo, le ordenó escribir una chuleta para el examen de acceso a la universidad de su hija.

Con solo veintitrés años, la antigua abeja reina del Departamento de Psicología ya rara vez veía a sus amigos o salía del piso los fines de semana. Vivíamos tan lejos del centro de Moscú como era posible sin salir de los límites de la ciudad, el metro Kaluzhsko-Rizhskaya todavía no llegaba a nuestro barrio, y los amigos no llamaban porque no teníamos teléfono. Cuando mi madre volvía del trabajo, a menudo me llevaba de compras. Cargaba conmigo en brazos y, cuando ya fui mayor, tiraba de mí en un trineo; yo iba dando botes por la nieve compacta, sentado en el trineo de madera verde y amarillo con una bolsa de patatas, una botella de agua mineral sulfurosa y unos cortes de ternera congelada repiqueteando entre las rodillas.

La mayoría de las veces, ir de compras significaba localizar una cola sugerentemente larga y coger sitio. No nos enterábamos de para qué estábamos haciendo cola hasta más tarde. La pregunta más común al final de una cola era: «¿Qué están dando?». Nosotros necesitábamos de todo: taburetes de cocina con asiento de mármol falso, sombreros de mujer rumanos, uvas de Bakú, bombones de la marca Octubre Rojo, base de maquillaje de la que las mujeres llamaban «cenizas de Lenin», carteras de polipiel, sujetadores. Mucha gente compraba varias unidades de lo que fuera para regalarlas o revenderlas a familiares y vecinos.

Mi padre anunciaba su vuelta del trabajo cerrando la puerta de golpe y gritando: «¿Dónde está la cena? ¡Me muero de hambre!». Algunas noches lo hacía de buen humor, con una sonrisa; normalmente solo estaba cansado e irritable después de pasar una hora en un metro y un autobús atestados. A mi madre le gustaba poco cocinar, pero como la mayoría de las esposas soviéticas, cocinaba todas las noches, y luego lavaba los platos mientras mi padre hablaba de discos y libros con clientes u otros vendedores en el estudio. A veces yo fisgaba por una rendija de la puerta, atisbaba objetos extraídos de maletines o de bolsas de plástico y entreoía palabras extranjeras que siempre asociaba con algo ilícito y por lo tanto deseable: Sansui, Rossellini, Wrangler.

Mi padre convirtió nuestro piso en un altar dedicado a Occidente, lleno de poesía clandestina, de cajones repletos de pantalones vaqueros pulcramente plegados y de pósteres de Louis Armstrong y Ella Fitzgerald. Mi madre había comprendido hacía mucho la razón por la que él amaba cuanto fuera extranjero y detestaba la cultura oficial soviética. Él le había dicho que se avergonzaba de Vasili, se avergonzaba por portar los genes de un oficial del KGB, de alguien con autorización legal para asesinar, y a veces él parecía querer desaparecer por completo en los Estados Unidos de su imaginación, un reino imaginario de discos, libros, películas y un océano de tela vaquera.

Él rara vez le hablaba a mi madre de su infancia, y no creía que sirviera de mucho airear sus miedos y sus dudas. Pero tanto los miedos como las dudas lo visitaban en frecuentes pesadillas. En tales noches, mascullaba en sueños y se despertaba gritando. Siempre era el mismo sueño: oía el estruendo metálico de maquinaria pesada, que según él sonaba como una imprenta antigua. En el sueño él era un niño y tenía miedo, pero nunca le dijo a mi madre de qué exactamente. Al cabo de un tiempo, ella estaba convencida de que algo en lo más profundo de su ser se había retorcido tanto de vergüenza que había acabado por romperse.

Otras noches, mi padre no volvía a casa. Cuando yo tenía tres años, desapareció durante casi cuatro días. La primera noche, después de que ella volviera de trabajar, mi madre echó unas cuantas monedas en la cabina de teléfono de la acera y llamó a todos y cada uno de sus amigos, y también a Tamara, y al final me llevó rastras a la comisaría de policía para denunciar la desaparición de su marido. Mi padre sonrió avergonzado cuando por fin volvió a casa; le contó a mi madre que se había encontrado con un amigo y que habían ido a pescar a la casa de campo de este, que estaba junto a un lago. ¿Cómo iba él a llamar si no tenían teléfono en el piso? Mi madre se alegró tanto de volver a verlo que decidió ignorar sus sospechas de que le estaba mintiendo.

Mi padre empezó a desaparecer más a menudo. Su explicación habitual era que se había topado con algún amigo que acababa de regresar del extranjero con discos raros, y que se habían pasado la mayor parte de la noche escuchando los *diski,* y al final había tenido que quedarse a dormir en casa de su amigo porque el metro no pasaba después de medianoche. Mi madre no lo presionaba. Después de trabajar, preparaba la cena, hacía la colada, fregaba el suelo y hacía colas, pero también me leía y me atendía cuando me sangraba la nariz y durante mis continuos resfriados. Mi prenda de ropa favorita era un voluminoso mono forrado de algodón, y cada vez que tropezaba e iba a parar a un charco o uno de los baches llenos de barro que proliferaban en las aceras del barrio, el camino de vuelta a casa con el mono empapado me costaba siempre una fiebre o un resfriado. A mi madre le llevaba casi tres días secar el mono sobre los quemadores de la cocina.

Yo no ocultaba el placer que me producía estar enfermo. Era una oportunidad para no ir al colegio, quedarme en casa y disfrutar de los cuidados de mi madre. Aquellas mañanas, me tumbaba en la cama y mi madre me frotaba la espalda con alcohol. Prendía fuego a una bola de algodón atada al extremo de un lápiz, metía la llama dentro de una tacita de cristal y me la pegaba a la espalda. Lo repetía una docena de veces. A continuación me echaba una manta por encima y yo me quedaba ahí quieto con las tazas pegadas a la espalda, como una especie de lagarto aplacado. Me gustaba el aire místico de aquella costumbre, pero sobre todo me encantaba que me tocara. Mi recompensa por soportar la proximidad de la llama a mi piel eran dos huevos crudos que mi madre vertía en un bol y mezclaba con cacao en polvo y azúcar revolviéndolo todo con una cuchara, una exquisitez llamada *gogol-mogol*. Estar enfermo durante unos pocos días me convertía en el centro de atención de la casa —a veces hasta mi padre se sentía obligado a sentarse en el borde de mi cama y leerme un libro—, así que yo vivía el comienzo de una cargazón en el pecho o de una inflamación de amígdalas con una punzada de expectante placer.

Heredé de mi madre la tendencia a ponerme enfermo. Ella no era dada a las pesadillas, pero somatizaba la adversidad y el estrés —y sobre todo las desapariciones de mi padre— en forma de gastritis, bronquitis, bursitis, mastitis, erupciones cutáneas y migrañas. Cuando yo tenía cuatro años, contrajo neumonía. Mi padre estaba trabajando y Tanya, una amiga que vivía en nuestra calle, vino a cuidar de ella. Después de poner una tetera al fuego, Tanya le contó a mi madre que la noche anterior mi padre había estado en el piso que ella compartía con su novio, y que había llevado con él a una morena delgada llamada Svetlana. Al cabo de unos chupitos de vodka, mi padre anunció que se iba a casar con Svetlana. Tanya le dijo que se estaba comportando de manera lamentable, ¿por qué no estaba en casa, cuidando de su mujer enferma y de su hijo? La historia de Tanya confirmó lo que mi madre ya sospechaba.

Recuerdo con una claridad agobiante las discusiones de mis padres. Lo que me parecía llamativo incluso de niño era la incapacidad de mi madre para enfadarse por las infidelidades de mi padre. En lugar de eso, a medida que iban saliendo a la luz, ella se fue volviendo cada vez más introvertida y distante, como si creyera tener la culpa de las desapariciones de mi padre. Al cabo de un tiempo, ya llevaba la depresión como un abrigo.

No hace mucho, me contó una historia que yo no conocía, sobre lo difícil que fue mi parto. Cuando me dio a luz, tuvo un desgarro y sangró mucho; un obstetra joven la suturó en la sala de partos. El desgarro tardó meses en curarse, e incluso cuando hubo sanado, el coito seguía siendo doloroso. Después de que yo naciera, hubo noches en que mi padre se mostró herido en su orgullo: salía de casa hecho una furia y dando tal portazo que hacía temblar la puerta. Mi madre, que había perdido la virginidad dos meses antes de quedarse embarazada de mí, se culpaba.

A menudo me he preguntado qué llevaba a mi padre a desaparecer con las Irinas y las Svetlanas que conocía en estaciones de tren y en cafeterías de estaciones de esquí. Yo suponía que le hacían olvidar, por espacio de unas horas o unos días, al hombre que era su padre y el país donde vivía, y olvidar asimismo la infelicidad que lo aguardaba en casa. «Nada volvió a ser lo mismo después de que tú nacieras», me dijo una vez, hablando sobre su matrimonio con mi madre. Durante su primer año juntos, creyó que en mi madre había encontrado una compañera de viaje, alguien con quien podía pasar la noche en vela escuchando discos de Otis Redding y debatiendo sobre *Un hombre y una mujer,* alguien que le traduciría fragmentos de revistas y los comentarios del dorso de los discos, alguien como él. Pero después de que yo naciera, de la noche a la mañana mi madre se transformó en una mujer agotada por el trabajo y las horas que pasaba en el metro, además de por todas las labores de la casa y la crianza, en las que mi padre no participaba: cocinar, limpiar, leerme cuentos y perseguirme para que me metiera en la cama. Además, ser padre resultó ser mucho menos estimulante de lo que él esperaba. «Te has vuelto interesante», me dijo una noche, cuando yo ya tenía dieciocho años y había ido a visitarlo a Moscú. «Ahora podemos hablar de poesía y de jazz. No eras muy divertido cuando tenías cinco años.»

Cuando tenía cinco años, veía a mi padre como el antagonista de una novela, un personaje con escasas apariciones pero que desempeñaba un papel dramático fundamental. Cuando él estaba fuera, yo pegaba la cara a la manga de una americana de espiga que me encantaba y respiraba el aroma de sus cigarrillos turcos sin filtro. A veces me colaba a escondidas en su estudio y deslizaba los dedos sobre el secante de la mesa y el cenicero, o me tumbaba sobre la colcha roja de su cama y hundía la cara en su almohada.

Yo ya llevaba dos años en la guardería cuando mi padre fue a recogerme por primera vez. Como a la mayoría de los niños, a mí no me gustaba la guardería, con sus hileras de camitas de madera y la cobaya enjaulada que vivía debajo de un retrato tamaño póster de Lenin, a quien teníamos terminantemente prohibido dibujar, no fuera a ser que nuestra técnica infantil deformara sus rasgos inmortales. La guardería tenía aspecto de búnker y estaba en una depresión del terreno —habían cavado demasiado al sentar los cimientos—, así que cuando nos soltaban para que jugáramos fuera, todos los niños acabábamos tan salpicados de barro que parecíamos una tribu de salvajes aborígenes ecuatorianos. Cuando mi padre me tomó de la mano y echó a caminar hacia la puerta, nuestra *vospitatelnitsa* —que significa «educadora»— me aferró de la otra mano y tiró de mí para liberarme de él. No iba a permitir que un desconocido me llevara consigo, dijo, y mi madre tuvo que ir a dar fe de la identidad de mi padre.

Mi recuerdo más nítido de mi padre es de él tumbado en el sofá —hasta el sofá lo teníamos tapizado con tela vaquera— escuchando música con unos auriculares que parecían dos medios pomelos pegados a sus orejas. El cable rizado culebreaba por el suelo hasta el mayor motivo de orgullo de mi padre: un reproductor Telefunken con docenas de diales e interruptores, cuyo plato giradiscos resplandecía con la promesa de un país extranjero. Una lámpara de pie iluminaba su cara con un resplandor rojizo. Si yo entraba en el salón mientras él estaba escuchando sus discos, pisaba con cuidado, intentando que mis pies no hicieran ruido al contacto con el linóleo y que mis sandalias de plástico no rechinasen, porque mi padre escuchaba con los ojos cerrados y, cuando notaba mi presencia, abría los ojos de repente y me miraba, aún inmerso en la música, con una expresión que mezclaba suave amabilidad y suave decepción. Yo me quedaba muy quieto, avergonzado de haberlo molestado, avergonzado de parecerle infantil y nada interesante; su expresión entonces era muy distinta de otra que yo conocía bien: la alegre y un tanto maliciosa que le iluminaba la cara cada vez que estaba en el estudio con sus amigos, *connoisseurs* como él de la Paul Butterfield Blues Band, de los vaqueros Wrangler y de Antonioni.

Así que yo intentaba empaparme de las cosas de mi padre, en especial de la que él estaba más orgulloso, el equipo de música. Un día, cuando yo tenía cinco años y él no estaba en casa, levanté la tapa de plexiglás del plato e, imitándolo, bajé el brazo a la superficie plástica giratoria. Mi tía Lyusia, la hermanastra de Tamara, estaba conmigo. Le aseguré que sabía cómo funcionaba el tocadiscos, pero ella me miraba preocupada, nada convencida, repitiéndome que tuviera cuidado. Lyusia había sido adicta a la metanfetamina y estuvo cinco años en una prisión en algún punto del Volga septentrional (hasta tenía un tatuaje de un imperdible en el hombro para demostrarlo), pero las ocurrencias de un niño de cinco años la aterraban. Pues resultó que se me había olvidado poner un disco en el plato. Cuando me pegué a uno de los amplificadores Latvian de mi padre, cada uno del tamaño de una panera con una tela plástica clavada a la rejilla, lo único que oí fue un fuerte chasquido. El plato de plástico había rebanado la aguja; no había consuelo posible para el disgusto de mi padre. Se pasó semanas llamando a colegas *fartsovshchik* por nuestro nuevo, negro y reluciente teléfono en busca de un recambio y contándoles, en tono resignado pero efusivamente alto, que su hijo de cinco años «le había jodido el equipo».

Sentí la pérdida del favor de mi padre y me dije que lo recuperaría. Decidí ser atlético como él, y un día me llevó, calzado con esquís infantiles, a la barranca que hendía la llanura sin árboles frente a nuestro edificio. Era una mañana de domingo gélida y radiante. Los vecinos se deslizaban con sus niños por las laderas en trineos y esquís. Todos los inviernos mi padre volaba al Cáucaso para descender esquiando peligrosas laderas de alta pendiente (y, como entendí más tarde, para conocer mujeres) y tenía un par de preciosos esquís de descenso apoyados contra el perchero de la entrada. Con las manos apoyadas en la cadera, me vio bajar mi primera ladera. Yo apuntaba el extremo delantero de los esquís uno hacia el otro por miedo a cobrar demasiada velocidad, y me deslicé hacia el fondo vacilando, como a cámara lenta. Mi padre bajó con soltura detrás de mí. Tras otro tímido descenso por mi parte, él volvió a subir, diciendo que tenía que ver a un amigo y que estaría de vuelta en quince minutos, veinte como máximo. «Diviértete», gritó antes de desaparecer, «lo estás haciendo muy bien.»

Intenté subir la ladera como él me había enseñado, colocando los esquís perpendicularmente a la dirección de bajada y empujándome con los bastones, pero había demasiada pendiente y al cabo de veinte minutos de resbalones me rendí. Desde el fondo de la barranca vi la puesta de sol, el cielo teñido de un dramático rojo, y luego de granate y violeta. Y se hizo de noche. Los demás niños habían vuelto a sus casas. Varios padres me preguntaron dónde estaba el mío, y yo respondía que había ido a ver a un amigo y que volvería enseguida. Al final me quedé solo. Anclado a mis esquís, con los brazos asomando en diagonal por el abultado mono de algodón y con el gorro de lana calado, aferré rígidamente los bastones a ambos lados del cuerpo. No sabía cuántas horas habían pasado cuando mi madre apareció en lo alto de la pendiente y me remolcó ladera arriba, lívida de cólera. Entró en casa maldiciendo a mi padre; discutieron hasta pasada la medianoche. Yo estaba sentado en el estudio, escuchando los sonidos al otro lado de la puerta cerrada: voces enfurecidas, el estrépito ocasional de una cazuela volcada y, un par de veces, un grito ahogado —como si alguien tomara aire con fuerza—, que significaba que él le había dado un empujón.

Después de aquello empecé a sentir un odio ardiente e irremediable hacia mi padre. En mi interior, ese odio estaba enzarzado en un enfrentamiento perpetuo con mi anhelo de cercanía física, de estar cerca de él con cualquier pretexto. Pronto me di cuenta de que con lo segundo me estaba engañando, no había esperanza de que sucediera. Mi padre nunca me pegó; desde su punto vista, eso le habría hecho parecerse demasiado a su propio padre. Lo que hacía era no tocarme en absoluto. Lo que más recuerdo era su disgusto, contenido pero perpetuo: porque yo ponía demasiada mantequilla en el pan, porque no sabía rematar de cabeza jugando al fútbol, porque no aprendí a leer hasta los cinco años (él lo había conseguido a los cuatro) y porque mi adoración por su disco de la Creedence Clearwater Revival no se basaba en sus méritos musicales.

Me sentía como si estuviera vadeando aguas profundas en la periferia de su consciencia, incapaz de acercarme más a él. Creo que habría preferido que me gritara. Yo todavía no comprendía que mis padres eran muy jóvenes, que su matrimonio y la vida adulta les resultaban extraños y apenas podían desenvolverse en ellos. Para mí eran como las mezquinas deidades de los libros de mitología griega y romana que me daba mi padre, ilustrados y censurados a conciencia; deidades enzarzadas en ruidosas batallas cuyos motivos caprichosos escapaban a mi conocimiento. Con tres o cuatro años, me vengué de ellos hundiendo el índice en la taza del váter y pintarrajeando con mierda el empapelado floral amarillo canario del cuarto de baño. Imprimí variedad a la dirección y el grosor de las pinceladas cual Kandinsky coprofílico. Una noche mi madre me encontró jugando a oscuras en la cocina. Cuando encendió la luz, vio que estaba serrando la cabeza de un muñeco con el cuchillo del pan.

Encontraba refugio de la infelicidad de mis padres en la cooperativa de dos habitaciones de mi abuela, muestra de la creciente hegemonía de Tamara en La Casa de la Moda. Me encantaba todo cuanto había allí. Un par de candelabros de cristal iluminaban el salón; el asiento del váter, de plástico acolchado color burdeos, siseaba cuando me sentaba en él. Tamara tenía predilección por el esplendor del barroco tardío: una mesa de comedor con patas en forma de pezuña, cretona con estampado floral en las paredes y las cortinas, paisajes al óleo con elaborados marcos dorados, y mi favorito: un juego de porcelana china de imposible finura que le había regalado una presentadora de televisión. Cuando sostenías una de aquellas tazas a la luz, en la base se transparentaba el perfil de la reina Isabel II.

El marido de Tamara, Mijaíl Mijáilovich, regentaba un almacén de fruta y verdura en la periferia de la ciudad. Como cualquier otro gerente soviético, rara vez se iba del trabajo sin haber llenado el maletero de su Fiat con mercancía fresca que había registrado como podrida. En la nevera, sus botines compartían espacio con los regalos de las clientas de Tamara. A mí me gustaba plantarme delante y mirar las latas de carne de cangrejo con etiqueta vietnamita, las salchichas húngaras, el bacalao ahumado, los racimos de uvas. Tamara se codeaba con un grupito de mujeres aristocráticas de mediana edad con ojos impecablemente maquillados a las que recibía en su casa los sábados. Antes de que llegaran, me llevaba a la cocina, me subía a un taburete y me ponía delante una taza de cartón llena hasta el borde de caviar de beluga. Me daba una cuchara sopera. «No quiero volver a verte hasta que te lo acabes», decía, y me dejaba en la cocina reflexionando sobre la tarea que tenía por delante.

Las noches en casa de Tamara giraban en torno a su televisor en color, el único que yo había visto jamás. Ella se apoltronaba en el sofá con una bata de crepé de China ribeteada en piel y hojeaba un *Vogue* italiano mientras Mijaíl bebía botella tras botella de cerveza y roía tiras de *vobla,* un pescado salado y seco. Cuando Tamara no estaba mirando, él me pasaba tiras de pescado y me dejaba tomar un sorbo de cerveza. Yo saltaba en el sofá siempre que ponían mi película favorita, *Tractoristas,* en el Canal 4. Era un musical de la era de Stalin ambientado en una granja colectiva que trataba sobre una pareja feliz que denuncia a un vago de su barracón y celebra con sus canciones las bondades del vehículo que da nombre a la obra. Los domingos por la mañana, me despertaba pronto para ver *Reloj despertador,* un programa infantil de variedades, seguido por un montaje de dos horas ininterrumpidas de metraje militar titulado *Yo sirvo a la Unión Soviética.* Además de hipnotizarme con imágenes de hombres rapados y musculosos que sorteaban circuitos de obstáculos y repostaban vehículos armados, el programa alimentaba mi fascinación febril por las curiosidades militares mediante fragmentos explicativos sobre las jerarquías de hombreras y medallas, o sobre la historia de la familia de rifles de asalto Kaláshnikov.

Mi compañía durante los episodios de *Yo sirvo a la Unión Soviética* era un pastel relleno de crema del tamaño de una pelota de tenis, cubierto de dulce de azúcar y mantequilla y espolvoreado con

nuez triturada. Los llamábamos Nuececitas, y Tamara los compraba por cajas en un quiosco cerca de la estación de metro de Belyaevo. Las Nuececitas provocaban violentas discusiones entre mi padre y Tamara. Él siempre decía que aquellos pasteles me iban a acabar convirtiendo en un «pensionista gordo». Tamara le contestaba que, como él y mi madre no se molestaban en alimentarme como era debido, tenía que hacerlo ella. Mien-

tras los escuchaba discutir desde su taburete en la cocina, mi bisabuela, María Nikoláyevna, me guiñaba el ojo por encima de la
tetera y del azucarero.

Volver del piso de Tamara a mi casa significaba tomar el metro
o el autobús y luego caminar un kilómetro. En el autobús, las ancianas me hacían monerías y a veces me pellizcaban las mejillas.
Cuando empecé a caminar, algunas le decían a mi madre que me
parecía a Lenin de pequeño, seguramente por mi expresión severa,
la cabeza grande y el pelo rubio y ondulado. Para cuando cumplí
cinco años, tenía una melena rubia que me llegaba a los hombros
y una colección de jerséis blancos finlandeses que Semión y Raísa
me enviaban por correo, y una mujer en el parque le dijo una vez
a mi madre que me pegaría mucho montar en poni. Una noche
de invierno, en el autobús urbano, una pasajera de cara cansada se
quedó tan prendada de mí que introdujo la mano en el bolso y me
dio una pera. A todos los pasajeros se les escapó una exclamación
de asombro. La fruta fresca era algo inusitado en invierno. Aunque
sé que mi memoria puede haber deformado lo sucedido, lo recuerdo como una suerte de navidad secular. En el autobús a oscuras,
rodeado de pasajeros con botas de fieltro y parcas húmedas, el fruto
amarillo alumbró un círculo de rostros asombrados, desprendien-
do rayos de luz dorada como un halo en un lienzo de Botticelli.

Una de las primeras tiendas en Tyopli Stan fue un búnker de hormigón donde vendían vodka y vino tinto argelino. El vino dejaba
una película negra sobre el cristal; según una leyenda urbana, lo
traían desde África en la bodega de un petrolero. A continuación
abrió un supermercado. Tanto de día como de noche, en la ex-
planada de hormigón ya agrietado que había delante, podías ver
a grupos de hombres acurrucados de tres en tres alrededor de un
cubo de basura al que habían prendido fuego y pasándose una
botella de medio litro de vodka. Dentro, las estanterías estaban
casi desiertas. Para disimular el vacío, el mismo producto enlatado

—por ejemplo, besugo en salsa de tomate— venía etiquetado en colores diferentes, y las reponedoras levantaban pirámides rosas, azules y turquesas de pescado enlatado en busca de crear la ilusión de que existía toda una variedad de opciones.

Mi amigo Vova, el hijo de un teniente del ejército que vivía en la sexta planta, era un niño flacucho, tartamudo y con el pelo de color azufre. En invierno yo lo remolcaba en trineo por la barranca y cavábamos túneles en la nieve. Cuando los frentes polares amainaban, encendíamos hogueras y echábamos al fuego frascos de perfume vacíos para que las llamas se volvieran verdes. Una vez, encontramos varios cargadores de pistola sin disparar y también los echamos al fuego, para luego pasarnos horas refugiados en una zanja, tumbados bocabajo a la espera de que las balas silbaran sobre nuestras cabezas.

La mayoría de nuestros vecinos eran parejas recién casadas o padres jóvenes, y nadie tenía muchos juguetes, así que los domingos Vova y yo trepábamos al cobertizo de techo plano donde estaban los fusibles eléctricos del edificio y saltábamos al rincón en que se guardaban los cubos de basura. La basura fue nuestra portilla al mundo de los adultos, un almacén de información inaccesible de otro modo. Había botellas de friegaplatos que usábamos para fabricar pistolas de agua, cojinetes de bolas, libros con ilustraciones de vagones de tren y de aves subtropicales, pantis enredados, condones usados metidos en bolsas de papel plegadas, maletines y carteras ajados, un par de botas que parecían de montar y que nos quedaban grandes pero que nos pusimos y jugamos a desfilar, como si estuviéramos en un episodio de *Yo sirvo a la Unión Soviética*.

Cuando los cubos de basura no regurgitaban nada útil, encendíamos hogueras de hierba seca frotando un trozo de pedernal contra el borde de una matrícula de coche para sacarle chispas, o si no Vova y yo arrancábamos un trozo de corteza del abeto solitario que había detrás de la licorería y tallábamos barquitos con una de las cuchillas de afeitar de recambio de mi padre. Fabricábamos la quilla con un tubo de pasta de dientes, las velas con páginas del periódico *Izvestia,* y los echábamos a navegar en el canal de desagüe o en alguno de los inmensos charcos alrededor de nuestro edificio. Cuando el barquito escapaba a nuestro alcance en la rápida corriente de nieve derretida que corría a lo largo de la acera, nos poníamos firmes y hacíamos el saludo militar.

Fui hijo único en un país de hijos únicos. De mis padres y abuelos, solo Raísa podía presumir de un hermano con el que compartiera padre y madre. Un estudio publicado cuando cumplí tres años reveló que el sesenta y cuatro por ciento de las mujeres soviéticas en edad fértil tenían un único hijo, mientras que otro diecisiete por ciento no tenían ninguno. Casi todas las mujeres que participaron en el estudio declararon que les habría gustado tener dos o tres hijos, pero que el trabajo a jornada completa, las tareas de la casa, un marido que no las ayudaba y las escaseces constantes lo hacían imposible. Como la mayoría de los niños de Moscú, yo quería tener un hermano o una hermana, alguien para hacer más llevaderas todas las horas que pasaba jugando solo, pero también alguien junto a quien sobrellevar los enfados de mi padre y la infelicidad de mi madre. Recuerdo que les imploraba a mis padres que «me hicieran un hermano o una hermana», y sus risas.

Tenía casi seis años cuando a mi madre, que se estaba recobrando de una gripe, se le interrumpió la regla. La primera prueba de embarazo fue negativa; la segunda, no concluyente. El médico que la examinó le dijo que estaba embarazada de tres meses, dos semanas por encima del límite permitido para abortar. Apenas podía levantarse de la cama para ir al trabajo, abrumada por la desesperanza y el sentimiento de culpa; la perspectiva de tener otro hijo la aterraba. Se despertaba varias veces cada noche, preguntándose qué hacer. Finalmente, le expuso su dilema a Tamara, la persona, de cuantas conocía, más capacitada para resolver problemas irresolubles, en especial cuando requerían puentear la ley. Resultó que la jefa de obstetricia de una clínica para empleados del KGB era clienta de Tamara. A cambio de cierta cantidad en efectivo y de algún favor, ella conseguiría el papeleo necesario y una estancia en el hospital, y practicaría el aborto en casa. Ni mi madre ni Tamara le contaron a mi padre aquel plan.

Se llevó a cabo en el piso de Lyuba, una amiga de mi madre rubia, alegre y bulliciosa a la que conocía desde el primer año de universidad. La obstetra resultó ser una cincuentona de aire eficiente que llevaba el pelo gris recogido en un tenso moño; se presentó y se puso rápidamente la bata blanca. Mi madre se tumbó de espaldas sobre una sábana que Lyuba había extendido encima de una mesa de café. Se suponía que el procedimiento era pura rutina, pero por culpa del desgarro mal suturado del primer embarazo de mi madre, la médica tuvo más trabajo del que esperaba. Mi madre solo empezó a preocuparse cuando vio que Luyba se quedaba pálida. Parecía aterrada. La sangre había empapado la sábana y corría por las patas de la mesa hasta el suelo. Demasiada sangre. La doctora trabajaba en silencio, con la respiración acelerada. Dos horas y media después, con la paciente sedada y dormida, la médica encendió un cigarrillo y confesó a Lyuba que mi madre había estado a punto de morir desangrada.

Mi madre me lo contó muchos años después de que llegáramos a Nueva York. Para entonces yo ya sabía que los abortos en la Unión Soviética eran mucho más comunes que en Occidente; mi madre conocía a mujeres que a los veinticinco años ya se habían hecho seis o siete. Los diafragmas eran difíciles de conseguir y poco fiables, y los condones, tan gruesos que los hombres a menudo se negaban a ponérselos, así que para muchas mujeres el aborto se convirtió en una alternativa a los anticonceptivos. Incluso ahora, sabiendo todo esto y siendo consciente del dolor y del miedo que pasó mi madre, sigo dándole vueltas de vez en cuando, siempre con un inexplicable sentimiento de culpa, a la aritmética azarosa que decretó que yo naciera pero mi hermano o mi hermana no.

Después de dos años en el Instituto de Psicología, mi madre reunió el coraje para presentar una queja oficial contra su supervisor, que se apresuró a despedirla. Consiguió otro trabajo casi de inmediato, realizando tests psicológicos en Kashchenko, un centro psiquiátrico de trescientas camas conocido antes de la revolución como Hospital Alekseevsky, y previamente como la Dacha de Kanatchikov, por el comerciante moscovita que la construyó, como sanatorio para su hija perturbada. El hospital era un purgatorio para los rebeldes, los indiscretos, los raros y los que solo tuvieron mala suerte. El académico soviético Andréi Snezhnevsky escribió aquello de que la esquizofrenia causaba la mayoría de las formas de disensión política y social, y los *refuseniks* —judíos a quienes se les negaba la emigración— solo eran los más notorios de una amplia gama de pacientes que incluía a nacionalistas bálticos, cristianos, *drag queens,* veganos y un grupúsculo de enfermos de verdad. Entre los pacientes recién ingresados que pasaban por el despacho de mi madre hubo un carnicero que etiquetaba mal la carne a propósito; un estudiante de instituto que se tumbó en el suelo de su aula y se negó a levantarse; un recluta de policía que se había pasado días vagando por un bosque, y un preso que, intentando que lo transfirieran a un pabellón para desequilibrados, se había clavado el escroto al suelo.

Un ala adyacente del hospital, mucho más lujosa, alojaba a los miembros con trastornos psicológicos de la élite del partido. En las pausas para fumar, mi madre veía a sus mujeres y amantes subir por la escalera pintada de verde quirúrgico, camino de las visitas conyugales, arrastrando sus pieles por los escalones de cemento. Su paciente favorito era un delincuente sexual extrañamente agradable que se llamaba Antosha. Le administraba medicación para su mala costumbre de toquetear los pechos a las mujeres en la playa, y a veces, cuando terminaban los test de Rorscharch y los cuestionarios, hablaban un rato sobre sus vidas. «Tengo treinta y cuatro años», le confesó Antosha, «y nunca me han correspondido en el amor.»

Mi madre decía que en aquellos años desarrolló lo que los manuales de diagnóstico soviéticos denominaban «anestesia dolorosa»: la sensación de ver el mundo a través de un cristal sucio. Al final, dejó de interrogar a mi padre sobre sus desapariciones, y él cesó de dar explicaciones. A veces, cuando lo asaltaba el arrepentimiento, él le decía que «esas otras mujeres no te llegan ni a la suela de los zapatos». Aun así, después de comprar un abrigo para una de sus novias, una modelo de catálogo de ropa nacida en Kiev, le preguntó a mi madre qué le parecía. «Tienes un gusto excelente», añadió. Mi madre y yo pasamos la Nochevieja de 1976 delante de nuestro televisor en blanco y negro, escuchando las campanadas de medianoche sobre una imagen estática del Kremlin mientras mi padre se llevaba a su novia a un restaurante kebab llamado Baku. Ahora había menos gritos cuando él estaba en casa, pero el tenso silencio —cargado de recriminaciones calladas— acababa por saturar hasta el último centímetro cúbico del piso.

Mientras que antes yo deseaba que mi padre desapareciera, ahora lo evitaba, porque sabía que el problema entre nosotros dos era yo. Después de todo, *él* parecía ser experto en casi todo: había estado a punto de ser jugador profesional de fútbol, esquiaba en las pendientes más peligrosas del Cáucaso, era un maestro de la pesca, estaba deslumbrante con las chaquetas de deporte y de ante que le diseñaba Tamara, leía largos y complejos libros extranjeros y era capaz de abrir una botella de cerveza usando solo las manos. Un verano, cuando aceptó un trabajo de talador cerca del círculo polar, le dio un hachazo a un avispero y sobrevivió a sesenta o setenta picaduras. En la guardería yo había conocido a otros padres, claramente inferiores a él —hombres que se peinaban intentando disimular la calvicie, con barriga cervecera, trajes mal cortados y camisas de poliéster con estampados *op-art*— y sabía que cualquier niño se sentiría afortunado por ser hijo de mi padre. Me era asimismo obvio que mi padre se merecía un hijo más listo que yo, más limpio y más guapo, además de mejor deportista, más masculino y seguro de sí mismo, pero por mucho que yo lo intentara nada podría convertirme en ese niño, así que seguíamos en un callejón sin salida.

Para cuando cumplí siete años, mi madre y yo nos habíamos vuelto inseparables. Por las noches cocinábamos juntos o bailábamos torpemente un vals sobre la alfombra del salón al ritmo de un disco rayado de *Die Fledermaus*. Después de cenar, íbamos paseando hasta el rastro, donde los vecinos vendían e intercambiaban sus pertenencias, y luego subíamos la colina hasta la nueva planta de reciclaje de vidrio. Pasábamos frente a una tienda que se llamaba Jadran, cuyos escaparates exhibían resplandecientes conjuntos de fiesta yugoslavos y bufandas de mohair con precios muy por encima del alcance de la mayoría de los moscovitas. Nuestro destino era la entrada del cine del barrio, donde había una máquina de esas en las que puedes obtener premios atrapándolos con una pinza, y yo me lanzaba a la batalla con un puñado de monedas. Nunca conseguí sacar el conejo disecado, y mucho menos la botellita de brandi armenio que los hombres que salían del cine intentaban rescatar de su cárcel de cristal. De camino a casa, yo agasajaba a mi madre con promesas de devoción, como los juramentos a Lenin y al partido que pronto me tocaría recitar en el colegio. «Nos vamos a casar», le prometía. «Yo llevaré corbata y mi padre vendrá de visita, pero no mucho.» Yo confiaba en nuestro vínculo y nunca me pregunté si mi madre quería tener por confidente a un niño de seis años, aunque a veces, en sus peores momentos, ella me preguntaba a cuál de mis padres quería yo más.

Su incapacidad, o su falta de voluntad, para decirles a sus padres que su matrimonio se estaba viniendo abajo ahondaban su desgracia. Semión y Raísa la habían tenido bastante tarde, pasados los treinta, e incluso de niña ella los había visto como personas de mediana edad y frágiles, huérfanos agotados por la guerra que no podían soportar más sorpresas ni decepciones. Era consciente también de que las hermanas y las primas de su madre y sus amigos judíos rara vez se divorciaban, y lo consideraban una forma de fracaso moral, un motivo de vergüenza. Como otros hijos de supervivientes del Holocausto, mi madre se veía a sí misma como una encarnación de las aspiraciones de sus padres. Las tragedias que habían afrontado antes de tenerla la dejaban en deuda con ellos. Pensaba con frecuencia en los familiares que ambos habían perdido en la guerra. ¿Cómo podía decirles a Semión y a Raísa —que lucharon y padecieron por la supervivencia de sus familias, y que habían hecho de la supervivencia su obsesión— que ella quería romper su familia, y que había acabado por voluntad propia con la vida de su hijo no nacido?

Irónicamente, la única persona a quien le confió sus miserias y su soledad fue su suegra. Tamara se convirtió en la mejor amiga de mi madre y en su hada madrina. La animaba regalándole lencería con volantes, frascos de colonia de cristal tallado y duras lecciones de feminismo doméstico. Tamara veía a los amantes y a los maridos, y a los hombres en general, de manera dialéctica, como una ventaja o como una molestia: podían ser recipientes de sensato afecto o incluso de amor, pero no les estaba permitido dictar el comportamiento de ella ni adueñarse de su bienestar. De su baja opinión de los hombres ni siquiera se libraba su hijo, al que regañaba a menudo por sus infidelidades. Así que, pese a empatizar con la aflicción de mi madre, era incapaz de tomarse demasiado en serio el comportamiento de ningún hombre. Creía firmemente que era más importante tener buen aspecto que sentirse bien, y que lo segundo era consecuencia de lo primero. «Cuando estoy crispada», le decía a mi madre, «me pongo maquillaje y algo *precioso*.»

Tamara, que se acercaba a los sesenta años, opinaba que la figura estilizada y los pómulos altos de mi madre eran el lienzo perfecto. Le diseñó el vestido de boda —un *peau de soie* hasta el suelo complementado por largos guantes blancos— y luego le confeccionó una colección de minifaldas para asegurarse de que su nuera destacara entre el resto de chicas vestidas con imitaciones soviéticas de Pucci. Cuando mi madre se sentía hundida, Tamara se sentaba junto a ella en el sofá, le pedía que escogiera una camisola o una blusa del último número del *Cosmopolitan*, y le prometía hacerle una copia. Cuando ni siquiera esto funcionaba, Tamara se la llevaba con ella y con Mijaíl Mijáilovich de vacaciones, y compartían los tres una habitación en un complejo turístico de Sochi o Yalta. Yo me quedaba con María Nikoláyevna, que decía a veces que no me podía quedar en casa con mi padre porque también él estaba de viaje. Yo nunca pregunté adónde iba él.

Durante una de aquellas peculiares vacaciones familiares, en un complejo turístico en el Mar Negro, un hombre trabó conversación con mi madre en un café de la playa. Era un arquitecto de ojos oscuros con un leve acento georgiano, que se sentó cerca de ella y la miró descaradamente a los ojos, sin ocultar su interés. En mitad de la conversación, mi madre vio a Tamara y a Mijaíl Mijáilovich, que se acercaban paseando en su dirección. Cuando Tamara vio a mi madre y a su pretendiente, tomó a Mijaíl Mijáilovich del brazo, le hizo dar media vuelta y echaron a caminar en la dirección contraria. Más tarde, Tamara le pasó un brazo a mi madre sobre los hombros y le dedicó una mirada valorativa. «Querida», le dijo, «¿por qué no te buscas un amante? Nadie se va a enterar.»

Cuando yo tenía cuatro años, un *jet* Boeing con una hermosa banda azul acuosa en los flancos llevó a Gerald Ford a la ciudad portuaria de Vladivostok, en el lejano oriente del país. Vino para reunirse con el Sóviet Supremo Leonid Brézhnev y discutir los detalles de un tratado de control armamentístico denominado SALT II. Antes de la llegada de Ford, el jefe local del partido transformó el centro de Vladivostok en un inmaculado decorado de cine. Los burócratas comunistas trajeron en avión desde Moscú a cocineros y camareros para los restaurantes locales. Había hombres en autobús que recogían a los borrachos y los vagabundos y se los llevaban fuera de la ciudad para ser sometidos a «tratamiento».

Las conversaciones tuvieron lugar en el balneario de un pueblo cercano, Okeanskaya. El jefe del partido decidió que la carretera que iba del sanatorio a Vladivostok —la ruta por la que la comitiva de Brézhnev y de Ford circularía en un recorrido turístico— debía ser un reflejo del renacimiento de la ciudad. En cuestión de días, la policía desalojó a familias que vivían en cabañas y chabolas junto a la carretera y prendió fuego a sus casas. Cuadrillas de trabajadores talaron cientos de los más altos y más rectos abetos de la región de Primorsky, los transportaron a bordo de camiones desde los bosques circundantes y los clavaron, bien derechos, a lo largo de la carretera en terraplenes de nieve recién levantados por excavadoras. Fue una variante de una vieja tradición. Según algunos historiadores, cuando el mariscal de campo Potemkin llenó las desoladas orillas del río Dniéper de falsas fachadas de edificios, primorosamente pintadas, durante la visita de la emperatriz Catalina a Crimea en 1787, no lo hizo por Catalina sino para impresionar a los emisarios extranjeros que la acompañaban en su viaje.

En Rusia, las apariencias siempre han importado más que la realidad, y a juzgar por las apariencias, vivíamos en una Arcadia socialista levantada gracias al sacrificio voluntario de nuestros abuelos.

Así es como yo veía mi país incluso después de haberme ido de él. Era una convicción inculcada casi desde el momento de tu nacimiento por los dibujos animados y los libros infantiles, por los cuidadores que nos enseñaban que «el secretario general es el mejor amigo de los niños» y, más explícitamente, por los profesores. Mi madre y mi padre se tomaban mi patriotismo con ironía, pero sabían bien que era mejor no contradecirlo, no fuera yo a repetir sus bromas y sus comentarios privados en clase.

Por lo que yo entendía, la Gran Revolución de Octubre zanjó siglos de lucha de clases y de desigualdades, la Gran Guerra Patriótica la ganamos nosotros, Jrushchov sentenció el Gran Terror y Brézhnev le dio sepultura. ¿Quedaba algo Grande por hacer? La economía soviética era la segunda mayor del mundo, después de la de Estados Unidos. En 1974, un trabajador medio soviético ganaba tanto como uno estadounidense a comienzos de la década de los veinte y le correspondía un espacio habitable de siete metros cuadrados y medio, un tercio que a su homólogo estadounidense. Aun así, nuestros cuidadores y profesores nos recordaban semana tras semana que nuestro país podía enorgullecerse de avances que Estados Unidos no poseía: educación y asistencia médica gratuitas, igualdad de género, casi un cien por cien de alfabetización y máquinas expendedoras en todas las regiones del país, de las que emanaba una mezcla de agua con gas y sirope de fruta que se tomaba de un vaso compartido. El precio de la carne era estable, el consumo de alcohol se había cuadruplicado desde la guerra y la mitad de las viviendas de la nación podían presumir de nevera.

Toda esta nueva opulencia se veía mejor en la televisión que en ninguna otra parte. La continua programación de documentales sobre planificación urbana en Bulgaria, musicales de la era estalinista y dramas de la Segunda Guerra Mundial iba *in crescendo* hasta llegar a la retransmisión de Nochevieja, un ritual postprandial en casi todos los hogares soviéticos, durante el que las lucecitas de colores y el espumillón de los árboles de Año Nuevo iluminaban a los notables que aparecían en pantalla. Aquellos programas parecían concursos para ancianos. Miembros del partido con traje negro y corbata —las pajaritas habían sido tachadas de burguesas hacía décadas— y sus mujeres (¡algunas de ellas con diseños de Tamara!) se sentaban alrededor de mesas redondas y aplaudían obedientemente a estrellas domésticas del cine y de la música. Habitualmente esto iba acompañado de un montaje de imágenes que plasmaban la gran satisfacción a lo largo y ancho de toda la nación por el Plan Quinquenal, seguido de un barítono bajo que voceaba una aria de Glinka y, por último, un *medley* de Alla Pugacheva, la cantante de rock suave autorizada por el Estado. Sus ojos con maquillaje tropical y sus pastiches de temas de ABBA repletos de sintetizadores —sobre soleadas mañanas de primavera y candorosos amores adolescentes— llenaban millones de pantallas de televisión en once zonas horarias diferentes.

Muchos moscovitas ni siquiera querían pronunciar el nombre de Brézhnev en voz alta, y lo que hacían era pasarse un dedo por encima de los ojos, aludiendo las enormes cejas del líder. El programa de televisión navideño ofrecía la oportunidad de ver a nuestro jefe de Estado en un entorno más amable, en lugar del habitual decorado de la cima del mausoleo de Lenin, desde donde, en las festividades importantes, saludaba a una procesión de misiles balísticos intercontinentales remolcados a cámara lenta por tráileres. La cabeza de Brézhnev parecía tallada en un nudoso bloque de madera de pino. Era perfectamente rectangular desde todos los ángulos —su mujer, Viktoria, era igual de compacta— y se movía con la languidez de un paquidermo segundos después de recibir el impacto de un dardo tranquilizante. Fue el primer jefe de Estado en desembarazarse de la austeridad bolchevique y abrazar el esplendor de sus homólogos en Filipinas y Uganda. Cuando salía del Kremlin, se desplazaba en un Maserati, un Lincoln *vintage* y un Rolls-Royce Silver Cloud. En una foto oficial de la TASS, la agencia de noticias soviética, aparecía cerca de una de sus cinco dachas cenando al fresco en compañía de su partida de caza de jabalíes, ataviado con un abrigo loden, un sombrero de estilo alpino adornado con una pluma y un par de revólveres ornamentados enfundados en sendas pistoleras de cuero repujado colgando de la cadera. En los congresos del partido televisados y en las reuniones del Comité Central leía sus discursos con la gestualidad de un muñeco de ventrílocuo, de ahí el conocido chiste sobre él:

Llaman a la puerta de Brézhnev.
Él se levanta del sofá, camina sin ninguna prisa hasta el vestíbulo, se pone las gafas, saca una tarjeta del bolsillo de la camisa y la lee titubeando:
—¿Quién… es?

La belleza florecía a nuestro alrededor en Moscú. Muy por debajo de las calles, las paredes y las columnatas de las estaciones de metro me deleitaban con sus bronces en relieve de ganaderos y soldadores. Le pedí a Mijaíl Mijáilovich que me llevara a la Exposición de los Logros de la Economía Nacional, para ver la monumental escultura obra de Vera Mújina: *Obrero y mujer de granja colectiva.* Yo la conocía porque salía en el centro del logotipo de la productora Mosfilm antes de *Tractoristas*

y de otras de mis películas favoritas; me parecía detectar algo innegablemente erótico en el modo como el musculoso obrero acercaba su martillo a la hoz de la granjera tetuda. En casa, yo hojeaba libros con ilustraciones de monumentos. Para mí no había nada comparable a *La llamada de la Madre Patria* en Volgogrado, antes conocido como Stalingrado, escenario de algunos de los más sangrientos enfrentamientos de la Gran Guerra Patriótica. Con sus ochenta y cinco metros, era una de las estatuas más altas del mundo: una mujer blandiendo una espada en alto y avanzando resuelta, con expresión de éxtasis marcial, sobre una llanura de hierba cuidadosamente segada.

Me fijaba también en el interior de las panaderías y las mueblerías, espacios anodinos, adornados todos ellos con idénticos retratos de grupo del Politburó —todos ellos hombres, viejos y blancos—, como si fuéramos una nación insular cuya única contribución a la conciencia colectiva mundial fuera un solo grupo de pop. El Politburó era nuestro Menudo.[10] El único rincón de las tiendas que no estaba empapelado con material impreso era la estantería donde reposaba un libro grueso y encuadernado en plástico titulado *El libro de las quejas y las sugerencias*. Junto a él colgaba un cabo de lápiz atado a un cordón. Si estaba allí para tentar a la clientela a quejarse por las colas interminables o a sugerir que en la tienda hubiera más de una variedad de queso procesado, nadie mordía el anzuelo. Aquellos libros, con sus reconfortantes páginas en blanco, eran motivo de cientos de chistes privados.

Antes de cada fiesta nacional, yo veía cómo Mijaíl Mijáilovich, muy serio, metía una botella de brandi y varios paquetes en un maletín para dárselos a su jefe, un director regional cuyo nombre nunca se pronunciaba en voz alta en casa. Mijaíl Mijáilovich se refería a él haciendo un gesto sutil con las cejas. Yo comprendía que sin aquel hombre no llegarían a diario a casa productos frescos en el maletero del coche, sin él ni siquiera habría coche, comprendía que en nuestro país la calidad de vida de muchas personas dependía de su superior inmediato.

Lo experimenté en mis propias carnes cuando pasé a primaria. Tamara se encargó de que yo no fuera a parar a una escuela cualquiera, sino a una academia para los hijos y las hijas de burócratas del partido, diplomáticos y oficiales de alto rango de los órganos,

10. Grupo pop puertorriqueño surgido en 1977.

donde el aprendizaje de inglés era obligatorio. Seis mañanas a la semana, Mijaíl Mijáilovich me dejaba ante la fachada dórica de la escuela. Mi uniforme —*blazer* y pantalones de poliéster azul marino, con un parche donde aparecía un sol naciente sobre las páginas de un libro abierto cosido a media altura en la manga derecha— siempre iba recién planchado. En la solapa, un pin de una estrella roja desde cuyo centro miraba serenamente un niño Lenin en relieve dorado. La estrella significaba mi membresía de la división infantil de la hermandad comunista —conocida como los Niños de Octubre, *oktyabryata*—, el deber y el privilegio de todos los niños y las niñas de entre siete y nueve años.

Al igual que los miembros de la orden internacional de los Shriners, a los soviéticos les volvían locas las insignias y tenían debilidad por los pines y las chapas conmemorativas o *znachki*, obsesión que llegó a su cumbre durante los Juegos Olímpicos de Moscú de 1980. Yo era igual. A primera hora de la mañana del 8 de marzo —el Día Internacional de la Mujer— desperté a mi madre para sorprenderla con un regalo de fabricación casera. Había prendido con un alfiler un pequeño retrato rectangular del Lenin adolescente a un recibo de la tintorería y pegado a cada lado un ramillete de gipsófilas con cinta adhesiva. A ella apenas le dio tiempo de darme las gracias antes de que los ojos se le llenaran de lágrimas y tuviera que darme la espalda para que yo no la viera partirse de risa.

Los sábados, le llevaba a la maestra flores de mimosa; a Tamara las manzanas le parecían muy de clase baja. La maestra se llamaba Nina Petrovna, y dividía nuestras jornadas en caligrafía, memorización y copiar textos de la pizarra. A veces pasábamos horas garrapateando en nuestros cuadernos cuadriculados en silencio, algo que ella consideraba un agradable ejemplo del comportamiento apropiado para niños de nuestra edad. Nos advertía a diario sobre los peligros de emborronar los márgenes con tinta y recorría los pasillos arriba y abajo para asegurarse de que tuviéramos las manos inmaculadas. «*Povtorenye mat uchenya*», le gustaba decir: la repetición es la madre del aprendizaje. Solía adoptar la expresión de dedicación afligida —nosotros no habíamos aprendido aún a diferenciar entre seriedad e infelicidad— que se esperaba de un educador socialista.

—Niños, ¿cuál es el país más agresivo del mundo? —preguntaba Nina Petrovna en tono cantarín al comienzo de la clase de historia.

—¡Israel! —gritábamos al unísono.

El primer libro que recuerdo de la escuela —sobre niños que habían obrado actos de valor extraordinarios— se titulaba *Jóvenes héroes de la Unión Soviética*. El Capítulo 1 era la historia apócrifa de Pavlik Morózov. Durante la colectivización, denunció a su padre ante los rojos por esconder unos sacos de grano, un crimen que a su padre le costó el fusilamiento. Para ser un libro destinado a niños de seis o siete años, llamaba la atención tal abundancia de torturas, venganzas y asesinatos, ilustrado todo ello con los colores saturados propios de una pesadilla.

La imagen que mejor recuerdo era la de un oficial de la Gestapo que estaba interrogando a una adolescente de pelo pajizo con coletas. Se llamaba Zina Portnova. En la ilustración, el oficial está distraído y Zina alarga la mano hacia su pistola, que está sobre el escritorio. Lleva una soga al cuello, seguramente porque intentó matar a unos alemanes envenenándoles la sopa, que luego le obligaron a tomarse ella. Aunque en las fotografías Zina parecía una adolescente guapa y bastante normal, en la ilustración tiene los párpados gruesos y una expresión rabiosa, casi endemoniada. El texto junto a la imagen informaba a millones de niños soviéticos de que en los momentos inmediatamente posteriores al que mostraba la ilustración, Zina «mató a tiros al hombre de la Gestapo» y fue torturada «bestialmente» hasta la muerte. Por sus actos patrióticos, la mayoría de los niños de *Jóvenes héroes de la Unión Soviética* fueron castigados: ahorcados, fusilados, inmolados, envenenados o abandonados en la nieve para morir de frío. Su valor no era meritorio en sí mismo, solo al morir se convertían en héroes. La muerte los hacía hermosos.

Fue observando el dibujo de un héroe revolucionario adolescente —un chico en esta ocasión— cuando experimenté por primera vez las sacudidas del deseo sexual. Las siguió, de inmediato, el pánico. Me dije que había sido la valentía del chico lo que me había acalorado. Pero me volvió a pasar unas semanas después en el museo Pushkin, donde vi un pequeño bronce de un Prometeo desnudo y estilizado encadenado a una roca, con un ave de presa devorándole el hígado. Esta vez ya no estuve tan seguro. Algo relacionado con los cuerpos masculinos y con la muerte se estaba fusionando en mi cerebro y me desencadenaba descargas eléctricas en el plexo solar. Comprendí, si bien de un modo impreciso, que tal atracción me hacía diferente de —y seguramente inaceptable para— mi padre y lo único que se me ocurrió fue apartar la vista antes de que mi madre me pillara mirando la escultura.

Mientras tanto, nuestro libro de texto se dedicaba a acongojar a toda un aula de chavales de siete años recordándoles cómo incendiar un establo para que los caballos no caigan en manos de los zaristas y cómo detener un tren cargado de municiones nazis arrojándote bajo sus ruedas. El significado de esas historias quedaba claro: la voluntad de la sociedad importaba más que el bienestar del individuo, y el mejor destino que podíamos desear era dar nuestra vida por esa sociedad. «Un individuo, ¿de qué sirve?», escribió Vladímir Mayakovsky, cuyos poemas recitábamos en pie y firmes junto a nuestro pupitre. «Una sola voz es más débil que un chillido.» Había un monumento a Pavlik Morózov en casi todas las ciudades y los pueblos de cierto tamaño de la Unión Soviética.

Y otra cosa: también nos enseñaban que la época en que vivíamos era menos importante que el pasado. La edad dorada que éramos demasiado jóvenes para haber vivido fue un periodo no de paz sino de guerra. Aprendimos que el conflicto proveía a nuestras vidas de significado; un significado que manaba de afrontar intensos sufrimientos y luchas, y, a ser posible, de morir por ellas. Por desgracia, nuestra época —la relativamente pacífica década de los setenta— no nos ofrecía oportunidades para morir por nuestro país a millones, pero continuaba siendo nuestro deber comportarnos de manera tan desinteresada como los mártires infantiles de nuestro libro de texto. De tal modo, nuestro orgullo no había de provenir de la abundancia material, ni siquiera de la realización personal, sino de una serie de abstracciones nacionales —el arsenal nuclear, la exploración espacial, la agricultura colectiva, la construcción de presas y sobrios monumentos— que nada tenían que ver con la a menudo miserable realidad de nuestra vida cotidiana. La adoración de tales abstracciones es lo que en Rusia se conocía como espiritualidad.

Pese a todo el adoctrinamiento que recibíamos en la escuela, los límites de lo que podíamos hacer no estaban bien demarcados. Una mañana, mientras nos dirigíamos a clase, susurré al oído de otro niño la palabra *khui* (polla). Se la había oído decir a mi padre cuando él estaba enfadado o cuando bromeaba con sus amigos, y decidí probar a usarla.

Una maestra que iba delante de nosotros se dio media vuelta y me ordenó repetir lo que había dicho. No recuerdo qué murmuré como respuesta, pero minutos después estaba sentado en el despacho del director esperando a que llegaran mis padres; los habían llamado por teléfono al trabajo y convocado a una reunión de emergencia. Más tarde, sentados junto a mí, escucharon contritos mientras el director les sermoneaba sobre la política de tolerancia cero con el lenguaje soez, sobre la delincuencia adolescente y el peligro de las drogas, sobre el «parasitismo», sobre escuelas estrictas que había en las afueras de la ciudad para niños echados a perder por falta de disciplina.

El día más temido del calendario escolar era la visita trimestral del dentista. Una enfermera nos sacaba uno por uno de clase y nos acompañaba a una sala de examen en el sótano. Allí dentro, una alegre mujer de mediana edad en bata de laboratorio taladraba y tironeaba de los restos de nuestra dentadura de leche sin que ni siquiera se le pasara por la cabeza anestesiarnos; por lo visto, la novocaína también había sido tachada de burguesa, como las pajaritas. Hasta a mi padre le daba miedo ir al dentista. Los tornos eran lentos y desprendían humo, las inyecciones de analgésico se reservaban solo para las endodoncias, y él solía desmayarse en el sillón del dentista cuando le empastaban las muelas. Yo exageraba los terrores de la consulta del dentista cuando hablaba con Kiril, mi mejor amigo, tratando de impresionarlo con mi estoicismo. Él era bajo para su edad, llevaba ortodoncia y el pelo rubio le caía sobre el ojo izquierdo, pero era popular por ser capaz de dibujar un camión de volquete ZiL con inquietante exactitud, y sobre todo después de que nuestra maestra colgara su dibujo en el tablón de anuncios junto a un retrato del ministro de Asuntos Exteriores Gromyko.

La madre de Kiril había muerto en el parto y su padre trabajaba en el consulado soviético en Nueva York, así que pasaba la mayoría del tiempo con sus abuelos. Cuando su padre venía de vacaciones, los tres pasábamos las tardes en su cavernoso piso del centro de la ciudad, jugando con los indios y los vaqueros de plástico que el padre le había traído del extranjero. No había juguete que los superara, y mi admiración debía de ser cristalina. Unos días antes de Año Nuevo, antes de que me llevaran a casa en el Volga del padre de Kiril, encontré un vaquero metido en mi katiuska amarilla. El vaquero tenía una camisa lavanda y agitaba un lazo sobre su Stetson negro. Al comprender que me lo podía quedar casi lloré de felicidad. Dormí con el vaquero mirándome desde la mesilla de noche, y fantaseé con enormes cactus saguaros, apaches armados con tomahawks y diestros artesanos fabricantes de muñequitos milagrosos. Cuando confesé mi amor por Estados Unidos en una cena en casa de Tamara, Mijaíl Mijáilovich soltó una carcajada. Ladró que el único propósito de Estados Unidos era debilitar la Unión Soviética y oprimir a los trabajadores, y que no tenía nada de admirable pese a lo que algunos judíos nos quisieran vender. Tamara le dio un codazo y Mijaíl Mijáilovich se serenó. María Nikoláyevna sofocó una risita y me dio la espalda para seguir comiendo su cerdo en gelatina.

Para cuando Semión y Raísa fueron a visitarnos a Moscú a finales de 1976, ya se habían percatado de la infelicidad de su hija. Mi madre no se atrevía a contárselo, claro está, pero mientras ella estaba trabajando, una vecina subió a casa y los puso al tanto de nuestros dramas familiares. Ese mismo día, Semión le dijo a mi padre de forma cortante que él no hablaba con mujeriegos y, fiel a sus principios, no volvió a dirigirle la palabra durante su estancia. No obstante, no iba a llegar hasta el extremo de renunciar a sus partidas de ajedrez, y pasaron varias horas todas las noches en el estudio de mi padre, sentados ante el tablero y encendiendo un cigarrillo con la colilla del anterior, su silencio interrumpido solo por la metódica pulsación del botón del cronómetro.

En Nochevieja fuimos en taxi a casa de Tamara. Mijaíl Mijáilovich había subido a rastras un enorme abeto hasta el quinto piso, Tamara y yo lo habíamos decorado con campanillas, espumillón y estrellas de porcelana, y todos nos reunimos a su alrededor y brindamos con champán soviético y, en mi caso, con una taza de zumo de tomate. Tamara sacó un cancionero en miniatura, encuadernado en plástico rojo, y ella y yo interpretamos varias canciones sobre la Gran Guerra Patriótica con las que nos ganamos los aplausos del resto. Mi favorita se titulaba «Las campanas de Buchenwald». Me pasé toda la noche echando miradas a los regalos colocados bajo el árbol.

Hacía pocos días, Tamara me había llevado a la más fastuosa tienda de juguetes de la ciudad, El Mundo de los Niños, para escoger un juego de construcción y un microscopio infantil con el que aplacar mi incipiente interés por la ciencia. Mientras esperaba a Tamara fuera de la tienda, reconocí la estatua de Feliks Dzerzhinsky —el primer jefe de la policía secreta del país—, cubierta de nieve en lo alto de un pedestal situado en el centro de la plaza, y vi por vez primera la imperturbable fachada de Lubianka alzándose tras él. Yo no sabía aún que en Moscú, «El Mundo de los Niños» se había convertido en un eufemismo para el cuartel general y la prisión del KGB, de manera que un moscovita podía decir: «Dos agentes detuvieron a Olga por vender certificados de cambio de divisas, y pasó tres días en El Mundo de los Niños».

Mientras volvíamos a nuestra casa desde la de Tamara, pasamos por delante de un Ded Moroz,[11] con barba postiza y un saco cargado al hombro, que se estaba subiendo a un sedán negro. Parecía cansado y helado de frío. Dentro del coche, le dio un tiento a una botella de vodka. Aun así, yo seguí creyendo en nuestro Santa Claus soviético hasta unos meses después, cuando, sentado junto a Tamara en el asiento trasero del sedán Zhilugi de Mijaíl Mijáilovich mencioné a Ded Moroz por última vez. «¡Ya eres demasiado mayor para creer en esa bobada!», me soltó ella. «Soy *yo* quien te

11. Abuelo Frío o Abuelo de las Nieves, personificación de la fuerza de la naturaleza en la cultura eslava precristiana. Se representa como un anciano de larga barba que porta una vara mágica. Acompañado por su ayudante, la Doncella de la Nieve, lleva regalos a los niños en Nochevieja. Es el homólogo ruso de Santa Claus.

compra los juguetes. El hombre al que viste era un alcohólico con un gorro rojo.»

Mi madre dejó a mi padre en febrero. Yo no sabía que el septiembre anterior habían estado en un juzgado cerca de la parada de metro de Novye Cheryomushki para firmar un acuerdo de divorcio —un juez ordenó que la manutención infantil se pagara a partes iguales— y luego fueron paseando hasta un restaurante llamado Minsk donde comieron juntos. Tampoco sabía que hacía mucho que ellos habían planeado separarse, pero a causa de la escasez de alojamiento en la ciudad, la única opción posible habría sido una permuta de viviendas. Eso significaba que mi madre y yo habríamos tenido que mudarnos a un piso de una habitación, mientras que mi padre habría debido conformarse con una habitación en un piso compartido, cosa que él se negó a plantearse.

Sí advertí la presencia cada vez más frecuente en nuestra casa de Volodya, amigo y antiguo compañero de clase de mi padre, también *fartsovshchik* y nativo de Ufa, una ciudad al sur de los Urales. Generalmente venía cuando mi padre no estaba. Mi madre lo detestaba, al menos al principio —estaba convencida de que era él quien arrastraba a mi padre a sus negocios ilegales— y le dijo a mi padre que no quería que fuera a casa. No obstante, Volodya siguió apareciendo por allí. Cuando mi madre estaba sola, él le hablaba en tono consolador, dejando caer detalles sobre las novias de mi padre y sus paraderos, y diciéndole que ella se merecía algo mejor, con una indignación apenas contenida. «Si no te quiere», le dijo, «debería dejarte libre.»

Volodya era menos apuesto y más robusto que mi padre, pero comprendía la utilidad de la paciencia. Finalmente, le confesó a mi madre que estaba enamorado de ella, que la quería desde que la conoció, que deseaba ayudarla a criar a su hijo, y que estaba dispuesto a alquilar un piso para los tres si ella lo permitía. La noche en que mi madre se fue de casa, otro amigo de mi padre lo estuvo esperando en el salón, fumando un cigarrillo tras otro hasta bien pasada la medianoche. Mi madre se acordó de su vigésimo séptimo cumpleaños, el mayo anterior, cuando mi padre se pasó la noche jugando al ajedrez en el balcón con un vecino e ignorándola. También recordó que unas semanas antes, cuando se pasó sin avisar por la oficina de mi padre en el instituto del cine, lo descubrió besando a una compañera de trabajo más joven que él.

Mientras el amigo de mi padre esperaba en el salón, fumando cigarrillos sin filtro sin soltar su bolsa de discos de Elmore James, mi madre metió algo de ropa para ella y para mí en una maleta, cogió el globo terráqueo luminoso que Tamara me había regalado por mi séptimo cumpleaños y me metió con nuestras cosas en un trineo del que tiró hasta la casa de una amiga que vivía en la misma calle.

Tres días después, mi madre y yo estábamos en una habitación desconocida y lóbrega. Ella intentaba convencer a una mujer de mejillas hundidas cercana a los noventa años para que se mudara con su hijo y nos subalquilara ilegalmente el piso. La vivienda parecía embrujada. Un espejo brumoso, desazogado casi por completo, colgaba en el pasillo. La mujer llevaba una boina demasiado grande y parecía tan frágil como un helecho mustio. Mientras ella y mi madre hablaban de dinero, yo tomé asiento en el borde de una silla; se desintegró bajo mi peso como si estuviera hecha de serrín, y me caí de culo al suelo. La anciana se disculpó y me trajo otra silla, pero esta vez las patas cedieron, abriéndose como las de un cervatillo. Nos mudamos allí a la mañana siguiente. Volodya y mi madre se quedaron con el dormitorio y a mí me tocó dormir en el sofá.

Insomne y confuso en el salón, me pregunté si por fin le había ganado a mi padre. Vivíamos ahora en el cuadrante noroccidental de Moscú —en la parada de Voikovskaya de la línea Zamoskvoretskaya de metro—, a media ciudad de él, y mi madre me había elegido a mí, como yo sabía que haría. Yo habría hecho lo mismo por ella. Cada noche antes de dormir, Volodya me leía un cuento; a la hora de la cena me decía que no tenía que comer la sopa de col que yo tanto detestaba. Hasta entonces, él nunca me había prestado atención, y yo sabía que solo me mimaba para ganar puntos ante mi madre, pero me caía bien de todas formas.

Nuestro edificio de la era estalinista tenía altos techos de escayola y un patio interior al que daban sombra unos viejos robles, y yo me hice con una cuadrilla de amigos. Dina, que tenía la mano derecha amputada hasta la muñeca, asumió el papel de líder. La carne del muñón se curvaba hacia dentro como el pelo de un moño y lo llevaba envuelto en un sucio pañuelo verde. Varias veces al día, se arrancaba el pañuelo y blandía el muñón como una pistola, arrancándonos risas y chillidos mientras salíamos corriendo en todas direcciones; Dina era la que más se reía.

Mi nueva vida perfecta no duró mucho. La joven esposa de Volodya, Marina, se presentó en el hospital psiquiátrico donde mi madre trabajaba y amenazó con matarla y luego suicidarse. También llamó mi padre. Estaba dispuesto a perdonarle cualquier cosa, dijo, «menos lo de Volodya». Mi madre sabía que no estaba enamorada de Volodya. Cuatro meses después de irnos, quedó con mi padre en una cafetería. Tras terminarse sus cafés, ella lo acompañó a nuestro antiguo piso en Typoli Stan, y al final se quedó y volvimos a mudarnos. Yo me sentí traicionado, pero Tamara estaba exultante. Ella quería que mis padres pasaran tiempo a solas, y me quitó de en medio llevándome con ella a su dacha todo el verano.

La inmaculada cinta de asfalto que conducía al pueblo de Stepanovskoye era la misma carretera que tomaban los ministros y los académicos para ir a sus suntuosas dachas en Zhukovka y Usovo, la misma carretera que llevaba a Kúntsevo, donde Vasili pasaba las noches patrullando los caminos alrededor de la dacha de Stalin. Stepanovskoye era más pequeño y más familiar: una carretera polvorienta jalonada por casas de madera anteriores a la guerra, dos charcas poco profundas, algunos árboles, un cobertizo de metal corrugado a modo de tienda donde vendían leche condensada y cigarrillos, y, en una colina, una iglesia encalada desprovista de cúpulas y cruces, donde los sábados por la noche todo el pueblo veía películas sentados en sillas plegables. En verano, Stepanovskoye se poblaba de hijos de otros moscovitas acomodados: Mitya, cuyos padres eran músicos que iban de gira por Europa con la Filarmónica de Moscú, y que tenían bidé en el cuarto de baño; y Lionya, que cautivaba a los niños más pequeños cuando pronunciaba las incomprensibles palabras «limusina Chevrolet» como si fueran un encantamiento extraído de *Las mil y una noches*.

María Nikoláyevna y yo vivíamos en la mitad delantera de una casa baja y verde con contraventanas azules; Tamara y mis padres iban a vernos los fines de semana. El verano en que cumplí cinco años, mi padre me empujó a la carrera por la calle principal, con una mano en la parte de atrás del sillín de mi bicicleta nueva mientras yo pedaleaba rabiosamente. Le había quitado los ruedines esa mañana. Cuando miré por encima del hombro y lo vi parado a seis casas de distancia, me estrellé contra una pila de leña y me abrí una brecha en la frente.

Por las mañanas, llenaba un cubo de agua en un pozo con bomba de manivela, lo acarreaba hasta la casa y María Nikoláyevna encendía el samovar. Tomábamos café instantáneo flojo y pan de molde con mantequilla y nos íbamos al bosque. María Nikoláyevna sabía cuáles eran los árboles buenos. Entre el musgo y las hojas secas junto a las raíces asomaban racimos de setas, y ella se agachaba para cortar por el tallo las más grandes, las únicas que cogíamos, con una navaja. Si dejas las raíces, me explicó, a la mañana siguiente saldrán nuevas setas.

Me enseñó cuáles eran las más valiosas, tanto por su escasez como por el sabor: las crujientes *siroezhki* (género *Russula*), con su bonete bermejo, verde y amarillo, eran las más comunes; las esbeltas *maslyata* («babosillas») eran mejores; luego venían las chantarelas, llamadas *lisichki,* que significa «zorritos»; y finalmente las densas y bulbosas *boroviki* (*Boletus edulis*), que eran las más raras y deliciosas. Llevábamos a casa el botín diario en cestas de mimbre. Mientras María Nikoláyevna freía patatas en una sartén de hierro, yo limpiaba las setas, las cortaba en tiras y las secaba antes de que ella las echara, junto con media cebolla picada, a la mantequilla chisporroteante. Esa era nuestra cena, siete noches a la semana.

Después de cenar, María Nikoláyevna me mandaba a la letrina al otro extremo de un sendero en el jardín. Dentro había en las paredes asientos de plástico pertenecientes a la familia de la casera y a los huéspedes. El mío era el más pequeño, de color manteca. Mientras estaba sentado en mi asiento, «pensando en mis asuntos», como mi bisabuela insistía en llamarlo, oía gemir el viento nocturno entre las tablas mal resanadas, el suave susurro del trigal tras la valla, el zumbido de las moscardas en la oscuridad acre. Después de que María Nikoláyevna alimentara el fuego y subiera a su ático encima de la *pechka* (una estufa de leña incrustada en la pared), yo me tumbaba en la cama y contemplaba el Rincón Rojo de nuestra casera: tres iconos bajo un alero —un par de santos, uno a cada lado de una madona de piel oscura como la de una etíope que llevaba al niño en un manto dorado—, y un trozo de pan del día anterior encajado en un rincón del marco. Pasé horas mirando las misteriosas figuras, preguntándome quiénes serían.

De regreso en Moscú, algo en mi padre había cambiado. Estaba más tranquilo, más atento, menos ansioso por desaparecer sin dar explicaciones; yo a veces también lo notaba más triste. Aunque yo no sabía por qué, él y mi madre parecían haber firmado una tregua que a veces cedía el paso a una ternura cautelosa. Más adelante, ella me contó que durante aquellos meses, mi padre padeció sus pesadillas con mayor frecuencia, a veces durante varias noches consecutivas.

Me quedé asombrado cuando mi padre empezó a pasar tiempo conmigo. Me llevó a la Casa del Cine para ver un pase de *Stunts,* un *thriller* sangriento y absurdo con Robert Forster que me dejó confuso y aterrado a la par. Me pedía que lo acompañara al piso de un amigo o a comprar cigarrillos al quiosco de la esquina. Pasamos una tarde entera en la estrecha biblioteca del instituto del cine, donde me enseñó libros raros, anteriores a la revolución, y latas de películas extranjeras, y me presentó a sus compañeros de trabajo en la cafetería. En casa nos quedábamos despiertos hasta tarde viendo películas en blanco y negro, y después jugábamos con unas espadas de plástico que él nos había comprado y al final siempre me dejaba derrotarlo. Yo estaba desconcertado por el cambio pero aceptaba y disfrutaba la atención. Elaboré teorías acerca de su metamorfosis. Lo que yo no sabía era que se estaba despidiendo de nosotros.

Mi madre tomó la decisión aquel otoño, cuando la carne empezó a desaparecer de las tiendas. Un domingo, fue corriendo al supermercado dos veces en dos horas, después de que Tamara llamara para avisar de que estaban «dando» ternera congelada. Volvió a casa abrazada a tres bolsas, con el pelo y el abrigo cubiertos de la nieve de noviembre. Mi padre no estaba. Raísa, que había ido a visitarnos desde Vilna, miró a mi madre. «Tenemos que irnos de este país», dijo quedamente. Su hermana Ida, la última de su familia que se había ido, llevaba años viviendo en Haifa. Sus otras hermanas, sobrinas y sobrinos vivían en Sidney y Tel Aviv.

En las semanas que siguieron, mis padres pasaron las noches encerrados en el estudio de mi padre, negociando sin que yo los oyera. Él no sabía qué hacer. Por momentos, parecía a punto de venirse abajo. «No quiero que mi hijo crezca en este país», reconoció. Dijo que había decidido abandonar el país con nosotros, pero luego se dio cuenta de que sería incapaz de hacerlo. «Si voy con vosotros, acabaré pasando los días tumbado en el sofá, con mi único par de pantalones vaqueros y escuchando los mismos discos de siempre.» Y: «Si yo fuera judío, me largaría ahora mismo, pero soy ruso y siempre añoraré este país». Y en una ocasión dijo también: «En cuanto os vayáis, pienso ahorcarme».

Tamara trató de negociar con mi madre. Le suplicó que me dejara en Moscú, prometiéndole abandonar su trabajo y dedicarse por entero a cuidar de mí. Una vez, llegó a ofrecerse a salir del país con nosotros. Cuando se enteró, Mijaíl Mijáilovich se enfureció, acusó a mi madre de robarme, de privarles de mi presencia. «Mezquinos judíos, ¿cómo nos hacéis esto?», le gritó antes de encerrarse en su habitación.

Mi madre solicitó un visado de salida a Israel —nuestra única ruta legal para dejar la Unión Soviética— en noviembre de 1978, una semana después de que Semión y Raísa presentaran sus solicitudes en Vilna. Ida nos había enviado por correo desde Haifa las invitaciones y el justificante de recursos requeridos. Mi madre estaba informada sobre cómo era la vida en Israel y le preocupaba el servicio militar obligatorio, así como el riesgo de que su no del todo judío hijo se convirtiera en un ciudadano de segunda, y también que nos tacharan de judíos no practicantes y resentidos. Se imaginaba Israel como una versión a gran escala de la comunidad judía de Vilna, con su carga de provincialismo y de murmuraciones, con todos sus rencores y miedos fruto de la estrechez de miras. Así que decidió que iríamos a Nueva York.

Cuando ella presentó la solicitud en la agencia de visados, mi padre firmó un formulario autorizando a mi madre sacarme de modo permanente del país, sin posibilidad de regresar. A cambio, ella lo liberó de su obligación de pagar parte de mi manutención. Ninguno de los dos creyó buena idea contarme nada de aquello.

Mijaíl Mijáilovich siguió llevándome al colegio de lunes a sábado; en segundo curso, empecé a estudiar inglés. Los domingos, continuaba levantándome al amanecer para desayunar con Tamara y María Nikoláyevna y ver *Yo sirvo a la Unión Soviética* en su televisor en color.

Al día siguiente de que mi madre presentara la solicitud para el visado de salida, el director del hospital la despidió. Mi madre no recibiría ingresos mientras esperaba el fallo de su solicitud, un proceso que podía durar años, así que poco a poco fue vendiendo su abrigo de oveja finlandesa, la mayoría de las blusas de seda y de las faldas que Tamara le había hecho, sus dos pares de Levi's y casi todas sus joyas y libros. Por las mañanas, un sedán Volga negro solía estar aparcado frente al portal de nuestro edificio, y más tarde reaparecía ante el instituto del cine. Los órganos pasaron a interesarse mucho por el negocio privado de mi padre; él no se imaginaba lo intrusivo que su escrutinio llegaría a ser.

Mis recuerdos del verano en que cumplí nueve años, el último que pasé en la URSS, están desordenados como postales en una caja de zapatos. Tamara y Mijaíl Mijáilovich me llevaron con ellos, en coche y dando muchos rodeos, a Yalta, en el Mar Negro; por alguna razón, el momento que mejor recuerdo es el ataque de llanto que sufrí en algún lugar cerca de Kiev, cuando Mijaíl Mijáilovich atropelló a un pato. Yalta fue el sitio donde, por primera vez en mi vida, vi una palmera y un mar azul como la tela vaquera. Yo solo había conocido a Tamara con ánimo optimista, pero en las playas de arena blanca de Yalta la sorprendí varias veces mirándome fijamente, con expresión desconcertada y desvalida, como si estuviera tratando de resolver una ecuación. Fue la primera vez en que la vi indefensa. Cuando le pregunté si había algún problema, negó con un gesto y me sonrió. En el camino de vuelta a Moscú, apenas le dirigió la palabra a Mijaíl Mijáilovich.

La carta de la agencia de visados llegó en julio. Mi padre la trajo del buzón con los ojos llorosos, o eso dijo mi madre. No recuerdo que me preguntaran qué quería hacer yo, ni siquiera si me gustaría ir «al oeste» con mi madre. Ella solo me dijo que pasaríamos un tiempo fuera, que pronto volveríamos y yo vería de nuevo a mi padre y a mis amigos. Tampoco recuerdo haber sentido gran cosa, al margen de una excitación con sordina. Disponíamos de tres meses para salir del país.

Le di la noticia a mi vecino y amigo Vova. Parpadeó, confuso, cuando le puse en la mano unos soldaditos de plástico verde y una bola de metal. En la escuela, Nina Petrovna nos había dicho que los emigrantes eran traidores a la madre patria, pero cuando se me escapó que mi madre y yo nos íbamos a Estados Unidos, la superpotencia capitalista, ella se limitó a suspirar y me acarició el pelo. Aunque yo fuera ahora un traidor, me permitió seguir siendo un Niño de Octubre y llevar la estrella en la solapa hasta mi última clase. Me despedí de Kiril en el comedor de la escuela. Nunca seríamos Pioneros juntos, me dijo enjugándose las lágrimas. Yo nunca vestiría el pañuelo rojo alrededor del cuello ni realizaría el famoso saludo con la mano alzada sobre la cabeza, simbolizando el triunfo de la voluntad de muchos sobre la de uno solo. Kiril me había puesto una mano en el hombro y lloraba. «Ya no podrás morir por tu país», me dijo.

Los visados de Semión y de Raísa llegaron una semana después que el de mi madre. Semión decidió que se llevarían consigo hasta la última de sus pertenencias: un juego de dormitorio chapado en madera de arce, espátulas y cucharas, el picador de carne a manivela, una radio Grundig de los años sesenta y cuatrocientos cincuenta kilos de libros que empaquetó en más de un centenar de cajas. Llevó toda aquella diversidad de objetos a un puesto de control aduanero en Brest, desde donde viajarían por mar a Viena, y al cabo llegarían a Nueva York. Mi madre y mi padre se reunieron con él en Brest. Esperaron semanas en un hotel venido a menos mientras los agentes de aduanas peinaban las cajas de Semión, rompiéndolas y volcando el contenido al suelo, que luego ellos tres tenían que volver a empaquetar. Los visados de salida estaban a punto de expirar, y mi madre fue en tren a Moscú para solicitar en la agencia de visados una prórroga de dos semanas. En Brest, la espera continuaba. Tamara sugirió solicitar otra prórroga, pero mi madre tenía miedo. Había tenido un sueño en el que esperaba en una cola en la agencia de visados, y una de las mujeres que trabajaban allí le rompía los documentos y le decía que su visado de salida había sido revocado.

El día en que mi madre y yo llegamos al aeropuerto de Sheremétievo con nuestras maletas, solo nos quedaban veinticuatro horas para salir del país. Los billetes de avión a Viena habían costado dos mil rublos, unas quince veces el salario mensual de mi madre. Mi padre le había dado la mayor parte del dinero a cambio de quedarse él con el piso. Mi madre pagó otra suma, menor, para renunciar a nuestra ciudadanía soviética y a nuestros pasaportes internos. Después de haberlo vendido casi todo, cuanto le quedaba eran dos jerséis, varias blusas y faldas, algo de ropa interior, un abrigo de invierno, dos pares de zapatos, una cámara portátil, tres tarros de caviar osetra que alguien le dijo que podría vender fuera del país, y un libro de poemas de Anna Ajmátova encuadernado en tapa dura.

El recuerdo de mi última mañana en Moscú tiene la nitidez enfermiza de los instantes previos a sufrir un accidente de tráfico. Mijaíl Mijáilovich conducía prácticamente mudo. Todavía hay veces en que creo poder recordar aquel trayecto al aeropuerto hasta en sus últimos detalles. Mi padre ocupaba el asiento del acompañante, muy tieso. Yo iba en el asiento trasero, apretujado entre mi madre y Tamara, que no me soltó la mano hasta que vimos las torres de control del aeropuerto. Aquella mañana María Nikoláyevna se había negado a despedirse de nosotros y se había encerrado en su habitación.

En el aeropuerto, una mujer de uniforme nos condujo a mi madre y luego a mí a cubículos separados para una última inspección de aduanas. Dejé caer unas monedas en la bandeja. Mi madre me contó más adelante que se nos permitía llevar un solo álbum de fotos, ninguna obra de arte ni antigüedades, cinco gramos de oro como máximo y, exactamente, ciento treinta y siete dólares

estadounidenses. Antes de despedirse y de darle un abrazo, mi madre le había devuelto a Tamara el reloj de oro que ella le regaló en su boda. Otro agente de aduanas, un hombre, ordenó a mi madre que se desnudara mientras un tercero inspeccionaba los tacones de sus botas por si llevaba piedras preciosas ocultas dentro. Ella estaba temblando porque había oído que a algunas mujeres las sometían a exámenes ginecológicos en el aeropuerto. Una semana después, Semión y Raísa pasaron por una sala similar en otro aeropuerto, donde un oficial de aduanas les abrió las suelas de los zapatos con una cuchilla y, sin ninguna ceremonia, volcó al suelo el contenido de sus maletas. «Dile al profesor judío que se calme», le ladró el oficial al soldado que guardaba la puerta.

Después de que nos devolvieran el equipaje, mi madre y yo pasamos unos minutos en un pasillo anodino fuera de la zona de aduanas, mirando por una ventana el *jet* que nos llevaría a Viena. El fuselaje estaba adornado con la hoz y el martillo alados de Aeroflot. Hacía una mañana luminosa y despejada, y mi madre y yo nos quedamos un rato junto a aquella ventana del aeropuerto de Sheremétievo, en la Unión de Repúblicas Socialistas Soviéticas, aunque ya no fuéramos ciudadanos de ese país, ni de ningún otro. De camino a la puerta de embarque, nos equivocamos y fuimos a parar a una sala de espera para diplomáticos amueblada con piezas escandinavas de cuero y metal cromado. Fue una situación como de sueño. Nadie se dirigió a nosotros ni nos pidió la documentación. Salimos a un balcón acristalado sobre la sala de espera. Mi padre y Tamara estaban abajo. Alzaron la mirada y nos vieron, y saludaron. Mi padre estaba llorando. Llevaban allí dos horas, incapaces de reunir la fortaleza de ánimo para volver a casa. Les devolví el saludo durante lo que me pareció mucho rato, desde el balcón, con mi chaqueta de nailon acolchada y mi gorro de lana. Mi madre me tomó de la mano. «Mira bien a tu padre», me dijo, «porque nunca más volverás a verlo.»

El vuelo transcurrió sin incidentes. A bordo del Túpolev Tu-154 nos sirvieron una comida inesperadamente exquisita: pollo asado con puré de patatas y un triangulito de queso blando procesado en cuyo envoltorio de papel de aluminio se leía: «¡Progreso!». Recuerdo que mi madre se guardó los tenedores y los cuchillos metálicos en el bolsillo del abrigo. Al cabo de una hora de vuelo, el piloto anunció, primero en alemán y a continuación en ruso, que el avión había salido del espacio aéreo soviético. «Meine Damen und Herren...», comenzó el anuncio, y cuando concluyó, uno o dos pasajeros, los más osados, aplaudieron. Miré por la ventanilla, pero el cielo y los rectángulos de tierra seguían siendo iguales que un momento antes. Después de aterrizar, sentado en mi maleta, vi salir por la puerta al piloto, con la gorra adornada por la estrella de seis puntas de la fuerza aérea israelí. «¿Austria es un país capitalista?», le pregunté a mi madre, aterrado de repente. Años después, me dijo que yo había parecido «un conejo asustado».

Pasamos una semana en una hostería destartalada a las afueras de Viena —solo recuerdo que su bucólico nombre incluía la palabra *Grüner*— que lindaba con un pequeño parque amurallado. El dueño era un gordo pelirrojo con un abrigo de cuero negro brillante y un Porsche negro aparcado en el patio trasero, que tenía la costumbre de poner los ojos en blanco, escupir al suelo y a veces soltarnos algún grito cuando se cruzaba con los refugiados soviéticos. Quería dejar claro que no le gustaba nuestra presencia en su establecimiento y que solo nos aceptaba por el dinero. Supongo que su actitud era comprensible; éramos una cohorte nerviosa y demacrada, familias de tres o cuatro miembros con cazadoras de nailon y abrigos acolchados con bolas de algodón. Fuéramos adonde fuéramos, nos empeñábamos en llevarnos nuestras maletas, algunas cerradas con cinta adhesiva, por temor a dejarlas en nuestras habitaciones aunque solo fuera unos minutos. En las habitaciones intentábamos cocinar en hornillos eléctricos diseñados para otro voltaje y hacíamos saltar los fusibles.

Desde una cabina en la recepción, mi madre llamó a Moscú a una hora acordada, cuando todos estaban reunidos en el piso de Tamara. Pulsó una serie de códigos de una hoja mimeografiada, dijo unas palabras y me pasó el auricular. Me dijo que tenía un minuto. Yo saludé rápidamente a mi padre y le pedí que me pasara con Mijaíl Mijáilovich. «¡Hemos venido desde el aeropuerto en un

Mercedes!», grité al oír su voz. «¡Era mucho mejor que tu mierda de coche soviético!»

El momento que más nos daría que hablar en los años siguientes fue nuestra primera visita a un supermercado austriaco. Ver los envoltorios coloridos y de bellos diseños, la ausencia de estanterías vacías y, por encima de todo, la coexistencia de diferentes marcas para un mismo tipo de alimento fue una revelación de intensidad casi incómoda. A todos se no quedó grabado. Pasear por el centro de Viena, con sus palacios y jardines ornamentales, nos trajo otras sorpresas más livianas. Vi a un niño que vendía periódicos dejar en la acera una gorra llena de monedas y un fajo de periódicos e irse, mientras que los transeúntes, de camino al trabajo, cogían un periódico y dejaban caer en la gorra el precio exacto. También: prístinos pasteles rectangulares coronados de gelatina en vitrinas resplandecientes, dentro de luminosas tiendas que estaban incomprensiblemente vacías. Y, en un autobús urbano, hablar con mi madre en tono normal de conversación, y darme cuenta al cabo de un rato de que casi todas las cabezas se habían vuelto para mirarnos con germánicas expresiones de reproche.

Nuestra estancia en Viena duró diez días, la siguiente parada de la caravana de refugiados era Italia. Cruzamos la frontera dormidos, en un autobús sin identificación y con los cristales tan oscuros que apenas distinguíamos el paisaje. Partió de Viena a las cuatro de la madrugada; como precaución, nos dijo el conductor, contra potenciales ataques terroristas, como cuando seis años antes un grupo autodenominado las Águilas de la Revolución Palestina secuestró en Austria a varios refugiados soviéticos. Eso también explicaba los soldados con subametralladora y chaleco antibalas que esperaban medio dormidos en el triste edificio de hormigón de la estación de autobús.

El primer paseo que dimos mi madre y yo al llegar a Italia fue por un sendero de grava jalonado por cipreses. Por los huecos periódicos entre tronco y tronco se veían verdes bosquecillos de olivos. Estábamos alojados en el Hotel Flamingo, en la Via Flaminia, cerca de Roma. Un gato persa caminaba a nuestro lado y se restregaba contra la corteza polvorienta de los cipreses. Eran mediados de noviembre, y debía de faltar una hora para el anochecer. El paisaje parecía una imagen sacada de un folleto de viajes y, si yo hubiera visto alguno, habría reconocido su estudiada vistosidad. Pero solo tenía nueve años y le dije a mi madre, ojiplático, que el paraíso debía de ser así.

Después de cuarenta y ocho horas en Italia, ya recordábamos Viena como un sitio nervioso y crepuscular, como uno de los últimos cuartetos de Shostakóvich. En Lazio el tiempo era templado; los colores resplandecían. El sendero de grava llevaba a un edificio que a lo lejos parecía un castillo pero que resultó ser un convento del siglo xv. A su alrededor crecían rosales, caquis y macizos de adelfas. Pasamos ante él en un placentero silencio cuando la puerta de una cabaña de madera que había en el recinto se abrió de golpe y un hombre nervudo, de pelo oscuro y que llevaba un delantal salió y echó a caminar en nuestra dirección. Mi madre me agarró por los hombros y me colocó a su espalda en gesto de protección. Ella supuso que el hombre era un guardés que venía a decirnos que aquello era propiedad privada, pero él, en lugar de echarnos, nos invitó a entrar en su cabaña. En el interior estaban una mujer y otra pareja; dijeron unas frases en un italiano melodioso e incomprensible, nos invitaron a sentarnos a una larga mesa de madera y nos pusieron delante un plato con pan y queso y una botella de vino tinto. Yo me senté y mordisqueé un trozo de queso duro mientras mi madre conversaba con las parejas. Ellas no hablaban ruso, francés ni inglés, y nosotros no hablábamos italiano, pero se las apañaron gesticulando con las manos y recurriendo a unos cuantos términos geopolíticos comunes para todos. Que unos extranjeros desconocidos nos invitaran a su casa y nos ofrecieran comida y vino nos dejó a mi madre y a mí aturdidos; el paisaje del *quattrocento* contribuyó a la impresión. Antes de despedirse de nosotros en la oscuridad con aroma a adelfas, la mujer le regaló a mi madre una brazada de mandarinas que aún conservaban sus brillantes hojas.

El Flamingo era un cubo estucado en rosa construido en la década de los cincuenta, desconchado y que no tenía mucho éxito entre los turistas, de modo que se alquilaba como alojamiento temporal a refugiados. La mañana después de nuestro paseo al convento, nuestro desayuno consistió en café, unos cuantos envases de plástico de mantequilla y mermelada y una cesta de bollos de pan que resultaron estar prácticamente huecos. En nuestra mesa, un hombre de Odessa con un jersey ceñido sobre su enorme panza sacó salami de un maletín, lo puso sobre su plato y procedió a cortarlo como pudo con el cuchillo de mantequilla.

Los acontecimientos comunitarios más habituales en el Flamingo eran los bazares que los judíos soviéticos organizaban en el aparcamiento del hotel. Sobre mesitas cubiertas con telas, nuestros compañeros refugiados ofrecían delicados binoculares para el teatro, collares de ámbar y ciudades enteras de tazas de té con rosas pintadas. Mi madre vendió su cámara y, pese a mi berrinche, dos cucharillas de té de plata y esmalte —el mango de una tenía forma de cacatúa y el de la otra de oso— que Tamara había escondido dentro de un chanclo de goma cuando preparó mi equipaje en Moscú. Los italianos husmeaban entre la mercancía, regateaban y desplegaban fajos de coloridas liras. Yo le di la vuelta a un billete y me quedé asombrado al encontrarme con el retrato de un barbudo Leonardo da Vinci; era la primera vez que veía dinero sin la imagen de Lenin.

El ambiente en el hotel era similar al de un campamento de verano, incluso a finales del otoño. Todos dejaban las puertas abiertas. Iban de unas habitaciones a otras, compartiendo su sorpresa por la fruta recién recogida que se vendía en puestos al borde de las carreteras, quejándose por intervenciones odontológicas de mala calidad, debatiendo si era mejor ir a Boston, a Sydney o a Tel Aviv. Mi madre coqueteó con un hombre que parecía seguro de sí mismo, de pelo negro rizado y cazadora de cuero; no recuerdo su nombre, seguramente porque en el Flamingo abundaban los hombres de pelo negro rizado con cazadora de cuero. Nuestra idílica estancia en el campo duró menos de dos semanas. Un trabajador de la

Sociedad de Ayuda a los Inmigrantes Hebreos (HIAS) nos informó de que mientras que algunos de nuestro grupo serían trasladados a una ciudad llamada Ladispoli, a nuestra familia la reubicarían en Lido di Ostia, un complejo vacacional en la playa a unos treinta minutos de Roma. A continuación le hizo entrega a Raísa de un sobre lleno de liras: nuestra prestación para los siguientes dos meses; la mayor parte reservada para el alquiler. Allí, junto al mar Tirreno, aguardaríamos nuestros visados de entrada en Estados Unidos.

Ostia no se parecía en nada a las imágenes de los folletos de viajes. Las *trattorias* al borde de la costa daban de comer a romanos de clase trabajadora, jornaleros, soldados y otros inmigrantes, que llegaban en tren desde Piramide cargados con sillas plegables, radios, bolsas de pipas y loción bronceadora, incluso en diciembre. La ciudad estaba levantada en una marisma palúdica. Cuatro años antes, uno de los héroes de mi padre, el director de cine Pier Paolo Pasolini, fue asesinado en una playa de Ostia por un chapero de diecisiete años que le pasó varias veces por encima con su propio Alfa Romeo. Varios años después, las Brigadas Rojas secuestraron y asesinaron al antiguo primer ministro Aldo Moro. Uno de los escondites del grupo marxista-leninista se hallaba entre los bloques de apartamentos que abrazaban las playas de Ostia, y poco después de nuestra llegada los *carabinieri* llevaron a cabo una redada e incautaron un cargamento de armas y treinta kilos de explosivos.

Nuestro piso de una habitación, amueblado con sillas inestables y provisto de un incongruente suelo de mármol auténtico, estaba en la tercera planta de un edificio del barrio comunista. Los vecinos llamaban al otro lado de la ciudad, el más elegante, el distrito fascista. Nuestro primer día en Ostia, mi madre vio una manifestación de ancianos en camisa de manga corta que recorrían nuestra calle ondeando banderas rojas y cantando «Bandiera rossa», un himno comunista que ella había aprendido en un campamento de pioneros en Lituania, durante un arrebato de solidaridad internacional. Detrás de nuestro edificio había un camino de cemento jalonado por palmeras en macetas y un espigón cubierto de grafitis. Alguien había escrito en él: «¡Viva Stalin, Viva Brézhnev!», con pintura escarlata.

En Viena, muchos de nuestro grupo habían estado comparando los pocos países que aceptaban refugiados soviéticos: nuestros futuros hogares. De aquellas reuniones en las habitaciones de hotel de otras personas, recuerdo los largos silencios, los suspiros y los intercambios de informaciones incorrectas o incompletas; muchos rusos estaban de acuerdo en que Canadá y Australia eran las opciones más atractivas por aceptar a pocos inmigrantes, por sus bajos índices de contaminación y porque era donde menos negros había. Pero Canadá y Australia no admitían a refugiados con enfermedades crónicas, como el Parkinson de Raísa, y la mayoría de las ciudades de Estados Unidos exigían una invitación por escrito de algún familiar residente allí. Por suerte, en el destino que nosotros habíamos escogido —Nueva York—, la numerosa comunidad judía estaba dispuesta a acoger tanto a los enfermos como a quienes no contaran con parientes en la ciudad. Pasamos varias semanas en Roma a la espera de revisiones médicas, de entrevistas en la embajada de Estados Unidos y de una interminable firma y contrafirma de documentos. En 1979, más de cincuenta mil judíos abandonaron la Unión Soviética; eran tantas las familias de Sochi y de Ufa hacinadas en la sala de espera de la agencia de reubicación que cuando alguien abría la puerta, media docena de personas tenían que moverse de sitio. A veces, después de esperar desde las ocho de la mañana hasta las seis de la tarde sin conseguir que nos atendieran, nos decían que volviéramos a la mañana siguiente.

Una tarde interminable en la sala de espera de la HIAS, un hombre con barba sacó de una caja de cartón un libro con una portada roja lisa que procedió a entregarme. «Un regalo», me susurró en ruso. El libro contaba la vida de Jesús en formato de cómic, con globos de diálogo. Yo nunca había visto un cómic, y lo leí y lo releí hasta que las páginas quedaron dobladas por las esquinas y salpicadas de manchas de comida. Con un juego de rotuladores de colores procedentes de El Mundo de los Niños, hice dibujo tras dibujo de la crucifixión. Ponía especial detalle en los pectorales y los dorsales de Cristo, y también en el halo, que pintaba de naranja eléctrico.

Mi madre y yo llevábamos varias semanas en Ostia para cuando Semión y Raísa llegaron de Viena y se instalaron en nuestro marmóreo piso; unos días después, los sorprendí con varias docenas de dibujos de Jesús en la cruz. Yo nunca había visto a mi abuelo empalidecer con tanta rapidez. Se puso a gritar. ¿Es que no me daba yo cuenta de que pagábamos la comida y el alquiler con dinero que nos dejaba la comunidad judía internacional? Nos retirarían inmediatamente todas las ayudas, bramó, si el asistente social descubría mis dibujos blasfemos e ingratos. Me arrancó los dibujos de las manos e intentó tirarlos a la basura, pero me interpuse; forcejeamos por toda la habitación, tirando de ellos, hasta que Raísa nos los arrebató y los escondió al fondo de una maleta.

Nuestro asistente social en Roma nos advirtió sobre la delincuencia callejera y aconsejó a mi madre que llevara sus joyas y dinero ocultos en las botas o en el sujetador. A Raísa la aterraban los ladrones y se empeñó en llevar casi todas nuestras pertenencias de valor en un bolso azul marino de polipiel con cierre dorado que aferraba con las dos manos, abrazado bajo los pechos. Una mañana soleada de febrero, mi madre y yo estábamos frente a la ventana de la cocina observando a Raísa salir a estirar las piernas por la acera. Salir sola le causaba gran angustia, pero mi madre y yo la animamos a hacerlo, insistiéndole en que fuera más independiente. Desde la acera, Raísa alzó la vista hacia nosotros y sonrió, mientras daba unos pasitos vacilantes. De repente, un ciclomotor donde iban dos adolescentes apareció doblando una esquina y aceleró hacia ella. Con un movimiento desenvuelto, el chico que iba detrás se inclinó a un costado, atrapó con un gancho metálico las asas del bolso de Raísa y se lo arrebató de las manos. Raísa lanzó un alarido. Intentó perseguir el ciclomotor pero al cabo de unas zancadas cayó de rodillas. Mi madre y yo corrimos escaleras abajo, pero los *ragazzi* del ciclomotor ya se habían largado.

En el bolso, Raísa llevaba su anillo de oro de compromiso, las pastillas del Parkinson y la mayor parte de nuestros documentos y de nuestro dinero. Mi abuela no era dada a la autocompasión; yo nunca la había visto llorar, y nunca volví a verla. Pero allí, en una acera de Ostia, lloró desconsolada, esparciéndose el pintalabios por las mejillas con el pañuelo blanco de Semión. «¿Por qué la vida es tan cruel?», preguntaba a nadie en concreto. Estuvo inconsolable hasta que un asistente social nos ayudó a rellenar una denuncia en la comisaría y nos devolvió una parte de la asignación que nos habían robado.

Cuando estudiaba en la universidad en Moscú, mi madre había tenido una compañera de clase cuyos padres eran altos cargos del partido; durante una visita a su colosal piso, vio una pila de catálogos de American Spiegel. Me contó que, mirando las modelos que aparecían en las páginas, pensó que mientras que en la Unión Soviética la vida era en blanco y negro, en Occidente vivían en color. Nuestras excursiones semanales a Roma lo corroboraban. Aunque en noviembre la temperatura seguía siendo templada, las mujeres iban cubiertas de pieles de la cabeza a los pies y los hombres llevaban abrigos de cachemira. Mi madre y yo parábamos a tomar *tramezzinos* cerca de la Fontana di Trevi y helado en la Piazza Navona, y luego continuábamos con diferentes recorridos que nos ocupaban todo el día: a la Galería de los Mapas del Vaticano, a la basílica de San Pedro Encadenado en el Esquilino para admirar el Moisés cornudo de Miguel Ángel, y a la Villa Borghese, donde pasamos una hora sentados tranquilamente en una sala repleta de Caravaggios prácticamente negros. Mi madre estaba saliendo con un hombre de San Petersburgo, y los tres pasamos una tarde dando de comer a los gatos asilvestrados que vivían entre las piedras desmoronadas del Coliseo, donde un transeúnte nos hizo una foto, los tres bizqueando por el sol.

En Roma, mi madre estaba exultante. Le encantaban las palmeras y las escuálidas ruinas de la ciudad. Entre hombres que se le insinuaban en los autobuses y mujeres que cruzaban taconeando plazas barrocas, experimentó los primeros atisbos de la auténtica libertad. En un café cerca del Panteón, se topó con Izya, su antiguo compañero de clase, el que le hacía los deberes en la Universidad Estatal de Moscú y aspiraba a dar clases de marxismo y leninismo. Él se estaba apeando de un autobús en compañía de su mujer embarazada. Mi madre y él se abrazaron. «¡Nos vamos a Nueva York!», dijo él.

Dos semanas después, con los visados ya en nuestro poder, embarcamos en un *jet* de Alitalia con destino al Aeropuerto Internacional John F. Kennedy. Familias de Tula y de Bujará, algunas de las cuales no habían viajado nunca antes en avión, deambulaban por los pasillos. En menos de media hora, todos los retretes del 747 estaban atascados con envoltorios de comida y pañales usados. Los compartimentos superiores para el equipaje se abrieron de golpe cuando el avión atravesó una zona de turbulencias sobre el Atlántico, y casi todos chillamos del susto. Nueve horas después, mis abuelos, mi madre y yo entramos a una sala donde agentes de inmigración, de aduanas y de la policía de Nueva York nos esperaban impasibles. Alguien había colocado una pancarta de papel sobre una fila de detectores de metales que decía: «¡Bienvenidos a los Estados Unidos de América!».

Mi madre distinguió a Lyuba, su mejor amiga de la universidad, que nos saludaba desde el exterior de la zona de recogida de equipajes. Llevaba poco más de un año viviendo en Queens. Ya había anochecido cuando un autobús sin identificaciones nos llevó a los seis por los páramos de Queens rumbo a Manhattan, donde nos dejó en el cruce de la calle 96 con Broadway, ante un apartotel llamado Greystone. Con su ducha de agua caliente y sus sábanas limpias, nuestra pequeña habitación nos pareció de un lujo innecesario. Más tarde, cuando mi madre y yo salimos al pasillo, varios ancianos que tenían abiertas las puertas de sus habitaciones nos miraron con una mezcla de curiosidad y aprensión.

A la mañana siguiente mi madre me enrolló una bufanda hasta las orejas y me llevó a pasear por nuestra nueva ciudad. En el Upper West Side de Manhattan no había ni palmeras ni plazas barrocas. Estábamos en marzo y la parte alta de Broadway estaba cubierta de aguanieve. Hacía el mismo tiempo, comentó mi madre, que la mañana de noviembre en que nos fuimos de Moscú. Rectángulos de cielo encapotado asomaban entre anodinos bloques de pisos; los transeúntes avanzaban trabajosamente, abrigados con botas de goma, cazadoras de nailon y parkas. Yo escudriñaba tímidamente la ciudad por encima de mi bufanda. Mi madre me puso las manos en los hombros. «¿Lo ves?», me dijo en tono tranquilizador. «Estados Unidos no es tan diferente después de todo.»

Nuestro asistente social en la Asociación de Nueva York para Nuevos Estadounidenses insistió en que alquiláramos un piso en Brighton Beach, el barrio costero donde vivía alrededor de un tercio de la población rusohablante de Nueva York, en su mayoría judíos soviéticos. De modo que una tarde soleada mi madre y yo fuimos en metro hasta el final de la línea, atravesando todo Brooklyn. Presas del asombro, pasamos caminando bajo las vías de un tren elevado. Muchos de los letreros de las tiendas en Brighton Beach Avenue estaban en ruso; había uno en concreto que decía: LIBROS/TINTORERÍA. Había puestos de venta casi en cada esquina, rodeados por cajas de fruta fresca de colores saturados. Había tiendas de comida especializadas en cuyos escaparates vimos *pelmeni,* esturión ahumado aún con la piel, mantequilla sueca y polaca y ristras de salchichas. Había tiendas donde se vendían libros en ruso, discos y casetes junto a matrioshkas y gorras militares soviéticas. Había restaurantes de lujo donde, entre mesas repletas de asado de cordero y de botellas de Smirnoff, las bailarinas lanzaban patadas altas al ritmo de grupos de pop en directo que cantaban en ruso, inglés, yidis y francés. Brighton Beach no era Occidente, no exactamente. Era una fantasía de Occidente, un alivio de las principales escaseces soviéticas mediante una oferta casi inagotable de música pop, carne, fruta tropical, alcohol y erotismo suave.

Casi todo el mundo en Brighton Beach hablaba ruso. Las mujeres llevaban sombreros de mohair y los hombres gorras de fieltro con visera estrecha, como en Minsk y en Odessa, pero combinados con prendas y complementos que, al menos para nosotros, eran simbólicos de Occidente: chaquetas de cuero, pantalones vaqueros, relojes digitales y gafas de aviador. Mi madre y yo nos sentamos en un banco del paseo marítimo a observar a las parejas que paseaban. Aún hacía demasiado frío para presenciar el estilo que acabaría siendo sinónimo de Brighton Beach; en los meses cálidos, las mujeres paseaban con tops ceñidos y escotados con estampado de leopardo, gafas Gucci de imitación con adornos dorados en las sienes, zapatos de tacón de piel y el pelo permanentado y teñido de un alarmante color naranja.

Pero nosotros habíamos llegado a Nueva York hacía apenas unas semanas, ¿qué sabíamos de Brooklyn? Otros refugiados soviéticos a los que conocimos en las salas de espera de la agencia de reasentamiento describían el barrio bien como un paraíso de oportunidades económicas y de cultura judía, bien como un refugio para soviéticos analfabetos que acababan trabajando de chóferes de limusina y solicitando subvenciones que no les correspondían. Y, claro está, todos hablaban de los legendarios gánsteres rusos de Brighton, siempre esforzándose por dejar muy claro que no eran judíos. Pero, al final, daba igual todo aquello; mi madre ya se había decidido. Sentados en el banco contemplando el océano Atlántico, le pregunté si nos íbamos a mudar a Brighton Beach. Me miró y respondió: «No hemos venido a Estados Unidos para hablar ruso».

Ella quería vivir más cerca de Manhattan, y una semana después abonó el depósito de un piso de tres habitaciones en un edificio sin ascensor en Long Island City, Queens, a una manzana y media de donde vivía Lyuba. Como casi todo Queens, Long Island City era un vecindario de clase trabajadora media-baja integrado por gente de otros países, y nadie parecía muy emocionado de estar allí. Las tres habitaciones de nuestra nueva casa no tenían puerta; incluso cuando el sol estaba en lo más alto, el interior del piso era sombrío.

Lyuba nos llevó unas cuantas cazuelas y sartenes y nos habló del Día de la Basura. Un día a la semana, Lyuba, mi madre, Semión y yo íbamos a ver si había algo rescatable entre la basura de los vecinos. En unas pocas semanas, habíamos amueblado el piso con un sofá, una mesa de cocina, un somier y un colchón y un televisor en blanco y negro. Los muebles estaban dados de sí, les faltaban tiradores y olían a comida y a moho, pero eran gratis y utilizables. Alguien había arrancado la antena del televisor, y cuando lo encendí, crepitó con un rabioso sonido de estática. En nombre de la ciencia, desplegué una percha de alambre y enganché un extremo a la base de la antena y el otro a un carrito de supermercado herrumbroso, otro botín del Día de la Basura, y, cuando moví el carrito alrededor del televisor, las interferencias cambiaron y bailaron hasta que apareció una película del Canal 2.

Unas noches después de que yo puenteara la antena, estábamos todos sentados frente al televisor cenando sándwiches de mortadela italiana y compota de manzana como auténticos neoyorquinos. En el Canal 2 ponían *Amor al primer mordisco,* una película sobre otro emigrante de Europa del Este: George Hamilton interpreta a un vampiro que viaja a Nueva York desde Transilvania. En una escena, se transforma en murciélago y entra volando en un modesto edificio de viviendas muy parecido al nuestro, donde una familia puertorriqueña lo persigue con una sartén y una escoba, gritando: «Pollo volador». Ninguno pillamos en chiste, pero nos reímos hasta atragantarnos.

En el PS 166, el colegio de enseñanza primaria de la avenida 35 donde empecé a ir a clase una semana después, la mayoría de los alumnos tenían apellidos griegos. Mi inglés era muy pobre y me obligaba a estar siempre concentrado. Intentaba no olvidarme de palabras importantes como «almuerzo», «auditorio» y «cuarto de baño», y las vocalizaba varias veces en silencio antes de decirlas en alto. Pasé bastante tiempo sin saber si le llegaría a coger el tranquillo al inglés, y algunos días incluso me preguntaba si quería hacerlo y fantaseaba con Brighton Beach y sus puestos de *kvass* y sus letreros en ruso. Me conformaba con soñar despierto en ruso, hasta que un día me topé con la cubierta azul y roja de la novelización de *El imperio contrataca* —la primera película que yo había visto en un cine de Estados Unidos— en un carrusel de libros en la biblioteca del colegio. La manoseada edición de bolsillo me insufló el ansia de leer en inglés, y la tuve en mi mesilla de noche toda la primavera.

Nuestra nueva lengua, la moneda y el sistema de transporte hacían oscilar a Semión y a Raísa entre el desconcierto y la consternación. Tenían asimismo conflictos con las fiestas nacionales. El Día de la Independencia les incomodaba especialmente; a Semión le dio por llamarlo el «Día de No Salir de Casa». Mis abuelos celebraban el Cuatro de Julio echando las persianas. Al anochecer, todos los vecinos salían al rectángulo de hierba que había bajo nuestras ventanas para lanzar fuegos artificiales. Eran ilegales en la ciudad de

Nueva York, pero todo el mundo parecía disponer de ellos en abundancia. Primero salían familias completas; los adultos bebían de latas de cervezas ocultas en bolsas de papel y encendían chispeantes candelas romanas que ascendían al cielo emitiendo un siseo relajante. Una vez que los adultos y los niños se retiraban a sus casas, los adolescentes procedían a disparar su artillería hasta el amanecer. Las bombas cereza y los M-80 estallaban con tanta fuerza que yo sentía las ondas expansivas en el plexo solar. Semión y Raísa se acurrucaban en el sofá y subían al máximo el volumen de la televisión-carrito de supermercado. Raísa decía que las explosiones le recordaban a los bombardeos alemanes.

Al cabo de menos de un año, mi madre se dio cuenta de que el alquiler que pagábamos era demasiado alto, y los cuatro nos mudamos a unas manzanas de allí, a un bajo de una sola habitación en Ravenswood Houses: un grupo de viviendas protegidas que ofrecían rentas muy subvencionadas para los estratos más bajos de la clase media y para los pobres. Semión y Raísa dormían en un sofá cama en el salón, y mi madre y yo compartíamos el dormitorio. El linóleo era un tono más oscuro que el de nuestro piso de Moscú.

Solo había otra familia rusohablante en el edificio y a mí me cohibía mi mal inglés, pero mi madre me insistió para me hiciera amigo de los vecinos. En el parque conocí a Jason y a Junior, dos hermanos que vivían en el sexto y que les gustaba hacerse llamar J&J; eran más o menos de mi edad, tenían bates y guantes de béisbol e intentaron enseñarme las interminables y complejas reglas de ese deporte. Lanzábamos y bateábamos en el parque, y una vez en que Jason bateó una pelota que rompió una ventana del segundo piso, corrimos a escondernos en las escaleras y nos reímos hasta que nos dolió la barriga.

Pocas semanas después, en el parque, yo iba pedaleando en una Ross amarilla y púrpura de tres velocidades, con un sillín alargado y manillar alto que había rescatado un Día de la Basura, cuando aparecieron Jason y Junior con sus Schwinns. Iban con un grupo de niños mayores a los que yo no había visto nunca. Al igual que J&J,

eran flacos, negros e iban en camiseta. Me siguieron durante un rato hasta que me paré y, a horcajadas sobre mi bici, los saludé. «¿Qué hay?», grité, orgulloso de mi recién aprendido neologismo, y sonreí intentando transmitir cercanía. Uno de los niños mayores trazó un círculo con su bici a mi alrededor y luego embistió la mía con fuerza. Caí y me arañé un codo. Los niños se rieron y me rodearon, como una partida de rancheros. Antes de alejarse pedaleando, uno me gritó: «¡Comunista!».

Era una palabra que yo ya había oído en el colegio. La mecánica social de la escuela primaria no perdonaba una; a quienes tenían sobrepeso, a los que padecían acné, a los huérfanos, a los extranjeros y a los claramente pobres no se les permitía olvidar su condición. El veredicto lo solía pronunciar una boca con ortodoncia y venía acompañado de risas y abucheos. En mi caso, a «comunista» lo seguía a veces el anticuado dicho «antes muerto que rojo» o, con más frecuencia, «¡vuélvete a tu país!».

Sabía que ser comunista era malo. Era algo que me perseguía como un olor vergonzoso. La imagen que el mundo tenía de mi antigua patria se hallaba oscurecida por la sombra de una gran nube en forma de hongo. En un discurso que pronunció durante una convención de evangélicos en Orlando, Ronald Reagan la llamó «imperio de mal»; según los telediarios que yo veía en la televisión, la URSS disponía de misiles balísticos intercontinentales suficientes como para destruir Estados Unidos once, quince o hasta veintidós veces. Y lo que era aún peor, en película tras película, los estadounidenses gozaban derrotando a fornidos villanos soviéticos carentes de emociones. Después de que unos paracaidistas soviéticos invadieran Colorado y mataran al padre de Patrick Swayze en *Amanecer rojo,* alguien sentado detrás de mí gritó: «¡Vuelve a tu casa, puto comunista!», tan alto como para que todos en el comedor lo oyeran y se me erizara el vello de la nuca de miedo.

Mi condición de rojo y mi acento extranjero no eran los únicos obstáculos para mi aculturación. En la escuela pasaba casi todo el tiempo rodeado de chicos, y una vez, al despedirme de uno especialmente atractivo que se llamaba George Kaklamanis, debí de darle un abrazo un poco demasiado largo. Porque luego, Denise DiNunzio —con coletas, guapa y acostumbrada a puntuar las tres íes de su nombre con redondeados corazones púrpura— se me acercó y me preguntó, en voz bien alta: «¿Tú eres gay?». «No. ¡Claro que no!», respondí, sorprendido por la pregunta. «¿Cómo lo sabes?», me contestó burlona. «¿Has ido al médico?» Yo estaba temblando, de asombro y por la sospecha reprimida de que Denise tuviera razón. No tenía del todo claro lo que implicaba ser gay, solo sabía que era algo indeseable en términos sociales, catastrófico quizá. Sabía que mi nombre, mi pasado y lo que el flequillo y los ojos azules de George me hacían sentir eran problemas que requerían una solución drástica.

Por lo tanto, me propuse como misión personal llegar a ser, de manera permanente e irrefutable, estadounidense; es decir: normal. Conseguí librarme pronto de mi nombre, igual que otros chicos procedentes de las repúblicas socialistas soviéticas; muchos Vladímir, Ilya y, el peor de todos, Vadik (un nombre que los niños estadounidenses pronunciaban *va-DICK* [12] con minuciosa crueldad) se convirtieron en Steve, Jason o Bruce. Poníamos mala cara a nuestros padres por hablarnos en ruso delante de los compañeros de clase, y en los supermercados, y en las lavanderías. Entre nosotros hablábamos inglés, con acento pero en voz muy alta, para dejar claro a los nativos que pudieran oírnos nuestro amor por Estados Unidos. No queríamos tener nada que ver con todo lo ruso, con el pasado, con los suspiros y las quejas de nuestros abuelos, que, con sus jerséis de mohair, boinas y botas impermeables de astronauta, se pasaban el día sentados en los bancos de la Autoridad Reguladora de la Vivienda lamentándose de que las fresas del A&P de Rego Park, aunque baratas y abundantes, no eran tan dulces como las que compraban en los mercados al aire libre de Gorki.

Al igual que los nuevos Jasons y Steves, yo practicaba inglés hablando delante del espejo, adoptando con los labios y la lengua las

12. *Dick:* Polla.

posiciones y aberturas prescritas, poniendo la voz grave para que sonara más masculina. Alguien me dijo que para hablar un idioma a la perfección tenías que pensar y soñar en él, y casi cada noche, en la cama, antes de que mi consciencia resbalara hacia el sueño, ensayaba monólogos en inglés, con la esperanza de que se filtraran a mis sueños. Como no funcionó, recurrí a la imitación. Me pasé tres años diciendo «dist a minute»[13] en tono alegre antes de preguntarme qué querría decir *dist*.

Después de terminar *El imperio contraataca* con mucho esfuerzo y la ayuda de un diccionario, me pasé horas inmóvil en el suelo, delante del televisor, analizando las retransmisiones de béisbol, con sus desconcertantes intervalos de inactividad e incomprensibles reglas; me maravillaba la capacidad de improvisación de los enanos y los gigantes que se peleaban en el Canal 9, con las caras cubiertas de sangre auténtica; me estremecí cuando Alexis le lanzó copas de Baccarat a Krystle en *Dinastía*. Bebía cultura estadounidense como agua del grifo, y mi sed no se aplacaba nunca.

Una noche, cuando tenía doce años, un judío de cincuenta y tantos con cabello entrecano y una cazadora *bomber* de cuero vino a nuestra casa; Gordon había conocido a mi madre mediante un anuncio clasificado en el dorso de la revista *New York* y había ido a buscarla para tener una cita. Dijo ser propietario de un almacén de discos y cintas de música, y antes de irse me dio una brazada de casetes de Waylon Jennings, George Jones y Johnny Paycheck; era la música más estadounidense que yo había oído, interpretada por hombres de verdad, y durante meses casi lo único que escuché fue *honky-tonk* y *outlaw country*.

Fuera de casa, abjuraba de todo lo ruso. Cuando Semión tronaba contra mi consumismo en el supermercado —«¡Deja esas minipizzas!», declamaba en el pasillo de los congelados, «¡No so-

---

13. En inglés, la palabra *just* se pronuncia muy parecido a *dist*, y esa era la ortografía que el autor tenía en mente cuando decía la frase: «Just a minute» («Un segundo»).

mos millonarios!»— yo simulaba no oírlo y me apartaba disimuladamente, dejando suficiente distancia entre nosotros para dar a entender a todos en Met Foods que no tenía nada que ver con él. El elemento de mi pasado que más detestaba era mi padre, y acabé diciéndole a todo el mundo en el colegio que él había muerto, con la esperanza de que matarlo en efigie acabara asimismo con mi necesidad de él y la vergüenza que me producía su ausencia voluntaria de nuestras vidas. En mis relatos lo convertí en víctima del cáncer y luego en un oficial de alto rango del Ejército que había fallecido heroicamente en la guerra de Afganistán. Matarlo me ayudó a que me preocupara menos que durante nuestro segundo año en Nueva York mi padre dejara de escribir y de llamarnos; me ayudaba a olvidar que siempre que consultaba la hora, le sumaba siete, la diferencia horaria entre Nueva York y Moscú, y que seguía dando un respingo siempre que sonaba el teléfono por las mañanas.

Aún no sabía que la represión perpetúa el trauma. No comprendía que las pesadillas que me atormentaban varias veces a la semana guardaban relación con mi radical transformación en un estadounidense moderado pero sin fisuras. E intentaba ignorar los sueños más felices, en los que mi padre me vigilaba mientras yo aprendía a nadar en las oscuras aguas de la laguna en Stepanovskoye y me gritaba que pataleara más fuerte.

Cuando terminé primaria en el PS 166, mi madre decidió sacarme del sistema de educación pública de Nueva York —había oído historias de bandas, de embarazos adolescentes y de marihuana—, pero no podía pagar la matrícula de un centro privado. Como trabajadora social en una clínica mental para refugiados soviéticos en Coney Island, ganaba doce mil cuatrocientos dólares al año y, más allá de la comida, el alquiler, los servicios de la casa, el bono del metro y algunas compras ocasionales de ropa muy rebajada, no se podía plantear otros gastos. Pero una amiga le habló de una pequeña yeshivá dirigida a niños de familias religiosas y más o menos adineradas, aneja a la imponente sinagoga de estilo neoárabe en el centro de la ciudad; los refugiados soviéticos eran una causa popular para la comunidad judía, y el centro quería incorporar a uno de los nuestros, seguramente con una beca completa. Ni a mi madre ni a mí nos hacía mucha gracia la parte religiosa del trato, pero yo sabía que asistir a una escuela en Manhattan representaba una oportunidad para progresar en mi americanización, para diferenciarme de los hijos de los demás inmigrantes que vivían en Long Island City; era comprensible, al fin y al cabo, que los rusohablantes llamaran a Queens *Svinsk*, o Cerdópolis.

Con mis gastos de enseñanza reducidos a tan solo cien dólares al semestre, empecé el séptimo curso en el colegio Park East en calidad de refugiado soviético simbólico del centro. Asistía a clases del Talmud impartidas en arameo junto a adolescentes con buenos cortes de pelo, ortodoncia cara y polos Lacoste de todos los colores imaginables, y a los que, después de clase, iban a recogerlos chóferes en limusinas con ventanillas eléctricas. La restitución por la generosidad del centro me era reclamada en las asambleas semanales, cuando el director, el doctor Smilowitz, me pedía que dijera «unas palabras» sobre mi experiencia como judío oprimido al otro lado del telón de acero. Yo me plantaba detrás del atril frente a mis compañeros de clase y les contaba con mi inglés aún lastrado por el acento que en Moscú todos nos odiaban, que debíamos especificar nuestra nacionalidad judía en el pasaporte, que mi madre fue la mejor estudiante de su escuela pero que no la admitieron en el instituto de Bellas Artes, se lo contaba porque era lo que mi madre me sugirió que dijera, pero lo que realmente pensaba era que en Moscú mi abuela tenía un televisor en color, un sedán y un juego de té con la efigie de la reina de Inglaterra en la base, y que yo nunca me había topado con nadie que odiara a los judíos, y que, en cualquier caso, era cien veces mejor que vivir en los barrios bajos y llevarte palizas por ser extranjero. Al menos, en Moscú, todos sabían que no éramos comunistas.

Los viernes, todos se emperifollaban para el *sabbat;* las chicas con vestidos de manga larga, y los chicos con elegantes trajes y corbatas, casi siempre de Brooks Brothers. Así que cuando me aceptaron en el colegio Park East, mi madre me llevó de compras a la tienda de saldos de la calle Steinway donde me había comprado mi peto Wrangler de imitación. Como de costumbre, se dirigió a la atractiva adolescente que atendía el mostrador y le preguntó por la sección de chicos grandotes. La chica me miró y disimuló una risita. Mi madre me compró una ondulante camisa blanca de vestir y pantalones anchos azul marino de poliéster que producían un sonido susurrante al caminar. El viernes siguiente, el doctor Smilowitz se acercó a mí en el comedor; todo el mundo se quedó callado. Mirando fijamente mi vestimenta, me dijo que si no podía llevar algo apropiado para el *sabbat,* era mejor que no fuera. Dicho esto me mandó a casa. Hice el trayecto en metro de regreso a Long Island City encantado por haber salido de clase antes de lo normal y deseando ver el partido de los Mets esa tarde en el Canal 9.

Por breve espacio de tiempo, mi profesor favorito, el rabino Steinig, se convirtió también en mi mejor amigo. Me daba clases particulares de hebreo después de la escuela y me grabó una cinta de The Mamas and the Papas. Siempre me decía que, si quería dar sentido a mi vida, debía aprender a vivir como un judío. Al principio me resistí a la idea —estaba creciendo en un país orgulloso de su ateísmo— pero sus palabras pacientes y afectuosas minaron mi resolución. Poco a poco me fui convenciendo de que él tenía razón; la comunidad judía nos había prestado ayuda para ir a Estados Unidos, y ¿quién era yo para negar que después de morir te ponen delante un registro de *mitzvot* y pecados, como la cuenta de un restaurante? Desayunando en casa un fin de semana, pocos días antes de la Pascua judía, le dije a mi madre que íbamos a ser rectos: de acuerdo a la ley judía, durante siete días no comeríamos pan leudado ni lo tendríamos en nuestra casa. Para subrayar la idea, abrí una caja de pan ácimo que me habían dado en el colegio, y me puse a untar mantequilla en una gran rebanada. Mi madre asintió sin prestarme atención, mientras hojeaba un *Cosmopolitan.*

En la noche previa a la Pascua, me puse la kipá y dejé caer los flecos de un *tzitzit* sobre mi camiseta de Waylon Jennings; cogí el pan de molde, los *cornflakes* de mi madre y mis cereales Franken Berry y lo tiré todo a la basura. Pronuncié la oración hebrea obligatoria. Recorrí la cocina sosteniendo una vela encendida, abrí las puertas de los armarios y, con una larga pluma de ganso que me había dado el rabino Steinig, barrí las migas de pan leudado. Mi madre volvió del trabajo y me encontró llevando a cabo la limpieza ritual de la cocina. «Vamos a ser buenos judíos», dije a modo de saludo. La vela le iluminó la cara. Parecía muerta de vergüenza. «No, señor», dijo posando las bolsas de la compra. «Apaga esa vela antes de que prendas fuego al edificio y deja de tirar la comida.»

Frente al colegio, al otro lado de la calle 67 Este, estaba el gris edificio cúbico de la misión soviética. A menudo lo miraba durante las clases. No había en él nada digno de mención, salvo el hombre con prismáticos y *walkie-talkie* que patrullaba tranquilamente el tejado. Parecía muy aburrido y muy solo, y yo me compadecía de él. Una vez a la semana, los profesores nos entregaban cartulinas donde escribíamos mensajes para el Gobierno soviético. Algunos pintábamos la bandera azul y blanca de Israel; otros escribían: «Liberad a nuestro pueblo»; y a continuación los profesores pegaban con cinta adhesiva esos mensajes a las ventanas, mirando hacia el solitario hombre de la azotea.

Si yo necesitaba motivación adicional para mi proceso de desrusificación, la obtenía cuando alguno de los amigos exsoviéticos de mi madre venía de visita. Aquellos adultos parecían haberse quedado en un curioso punto intermedio entre una cultura que empezaban a olvidar y otra que eran incapaces de asimilar, y en algunos casos ni siquiera querían. En momentos mezquinos, yo los compadecía, y creo que les tenía un poco de miedo, pues a mí me miraban con similar reproche, sobre todo si yo osaba dar alguna opinión o mencionar un recuerdo de nuestro antiguo país. «¿Qué sabrás tú de eso? No eras más que un crío», decían, dejando claro al más puro estilo ruso su conocimiento experto de todas las cosas, y su don de zanjar conversaciones.

Aquellos adultos no hicieron más que afianzar mi convencimiento de que mi pasado no me servía de nada; en Estados Unidos, nadie anhelaba morir por su país. La mera idea era morbosa. Lo que yo había deducido a partir de los textos culturales de mi preadolescencia era que lo que de veras importaba en Estados Unidos era la superación creativa de las limitaciones personales. Como Luke Skywalker y Waylon Jennings, tan solo mi imaginación limitaba mis perspectivas. Y sabía asimismo que ser más estadounidense era también ser menos de lo que obviamente era: un extranjero sospechoso, enclenque, pobre, mal vestido, que hablaba con acento, cobarde, contaminado de comunismo y sin el más mínimo interés por las chicas. Ansiaba el momento en que el tsunami de mi transformación barriera los restos de la historia.

Una tarde de noviembre volvía yo caminando a casa cuando uno de los tres chicos que había en la esquina de la calle Crescent me preguntó la hora. Distraído, miré el Swatch que mi madre me había comprado en Gimbels. «Las cuatro menos veinticinco», dije. Me di cuenta entonces de que estábamos justo debajo del reloj del Long Island City Savings and Loan, y de que lo que los chicos querían saber era si yo llevaba reloj de pulsera. No era raro en Ravenswood, y sabía que la reacción apropiada era encogerme de hombros o escupir en la acera y seguir caminando, teniendo buen cuidado de no mirar atrás.

Me siguieron. Reconocí a uno; vivía en el edificio contiguo al mío. La sangre me zumbaba en los oídos, pero estaba casi frente a mi edificio, no tenía más que cruzar la calle y abrir la puerta del portal. Sabía que podía librarme de ellos. Saqué la llave del bolsillo y eché a correr cruzando la calle 24. Los oí correr detrás de mí. Al acercarme a la puerta vi que un trozo de cinta aislante tapaba el agujero de la cerradura, y un cartel escrito con rotulador avisaba de que no cerraba. Entré a la carrera en el vestíbulo y me apoyé contra una pared, jadeando; me tenían.

Eran más o menos de mi edad. Me rodearon; empuñaban escalpelos —cuchillas oxidadas con mangos de plástico azul— que debían de haber sacado de los contenedores de basura de la avenida 34. Uno se quedó de guardia en el vestíbulo mientras los otros dos me hicieron avanzar por el pasillo hasta donde nadie nos pudiera ver, y me empujaron contra la puerta del apartamento 1ºD. «Vacíate los bolsillos», me ordenó el más alto con sorprendente profesionalidad. Recordé que se llamaba Wayne.

Me volví los bolsillos del revés y abrí las manos; en una palma sostuve dos peniques, todo el dinero que tenía. Wayne, cuyas gruesas gafas le encogían los ojos hasta convertirlos en dos uvas pasas furiosas, me abofeteó tan fuerte que me zumbó el oído. «El reloj», dijo. Yo curvé la espalda para no pulsar el timbre con la mochila, ya que me encontraba contra la puerta del piso de mis abuelos. Oía débilmente la televisión y sabía que Semión y Raísa la estarían viendo sentados en el sofá cama. Yo temía que, si alguno de ellos abría la puerta, Wayne se envalentonara y les robara también. Tuve una visión fugaz del pájaro disecado que había en el aparador —una estrilda, regalo de los alumnos de zoología de Semión—, y junto a él la caja de cigarros con sus medallas, las medicinas para el corazón, las pastillas para el Parkinson de Raísa y su cartilla bancaria, entre cuyas páginas guardaban veinte o veinticinco dólares.

En un bolsillo interior de la cazadora, yo llevaba una navaja plegable con mango de falsa madreperla que había comprado en una tienda de parafernalia para consumidores de cannabis que había en la calle 14. Supe que tratar de sacarla y abrirla me llevaría mucho tiempo y seguramente solo conseguiría que me apuñalaran. Ojalá mi madre me hubiera dejado comprar la navaja automática que yo había visto en un mercado callejero en México el verano anterior, durante nuestra primera y única escapada de Nueva York, cuando pasamos medio día en Tijuana con un amigo de la universidad de mi madre que vivía en Los Ángeles. Por primera vez, también quise tener una pistola. Wayne me arrancó el Swatch de la muñeca y me abofeteó de nuevo. La cabeza me vibró como si fuera de latón. «Nos vemos, marica», dijo, y salió corriendo a la calle junto con los demás.

Tras echar un vistazo al vestíbulo para asegurarme de que se habían ido, llamé al timbre de mis abuelos y les conté a Semión y a Raísa lo que había pasado. Esperaba que se consternaran o al menos que se preocuparan, pero se limitaron a sonreírme. «No estás herido», me dijo Raísa, acariciándome el pelo. «No ha pasado nada.» Agradecí su ecuanimidad pero seguí sintiéndome mal. Cuando me senté en el sofá, no pude contener un gemido grave, gutural. Semión se sentó a mi lado, me dio unas palmaditas en la espalda y dijo: «Ya estás a salvo, deja de llorar».

Subí a mi casa y llamé a la policía. Mi madre estaba trabajando, y esperé en la cocina sin quitarme la cazadora. Veinte minutos después llamó al timbre un agente de la Autoridad Reguladora de la Vivienda, se sentó en el sofá y tomó unas notas en un cuaderno negro rectangular. Levantaba la vista de cuando en cuando para mirarme mientras yo hablaba. Era pelirrojo, se estaba quedando calvo y tenía panza; según la chapa metalizada que llevaba prendida al uniforme, se llamaba «O'Malley». «Podemos subir al coche patrulla y dar unas vueltas por ahí, y me los señalas», me dijo cuando terminé de hablar. «Pero solo pasarán unas horas hablando con un asistente social, y luego esa panda de negratas saldrán de rositas, e irán a por ti.»

Aparté la mirada. Aquella palabra —«negratas»— me dejó claro que el agente era corrupto y carecía de autoridad, y me sentí solo y asustado. Me dedicó una mirada cómplice y dijo: «Te recomiendo no presentar cargos».

Unos días después, vi desde mi ventana a Wayne y a sus dos amigos en bici por la acera. Era sábado y yo también quería salir a la calle, pero tenía miedo, y la vergüenza que me atenazaba era peor incluso que el miedo. Quise entonces, más que nunca, oír la voz de mi padre; estaba convencido de que él sabría qué hacer, pero hacía casi un año que no hablaba con él. Cuando mi madre volvió a casa, le conté lo que había pasado y le pedí que me dejara comprar una pistola.

En adelante, adopté una rutina: en el colegio, esperaba hasta que anocheciera antes de volver a casa y entonces, al amparo de la oscuridad, vigilaba mi edificio desde detrás de los setos pulcramente podados de las torres Queensview, un grupo de viviendas de mayor calidad que había al otro lado de la calle, donde los guardias de seguridad patrullaban los senderos en carritos de golf de tres ruedas. Una vez que me aseguraba de que Wayne y sus amigos no andaban por allí, cruzaba rápidamente la calle y los quince metros restantes hasta el portal.

En aquella época, mi madre estaba saliendo con un afable químico israelí llamado Tzvi, que la llevó de vacaciones a Bélgica. Volvieron de Europa con regalos: un grabado enmarcado de un canal y, para mi sorpresa, una pistola de dos cañones del siglo xix. «No dejabas de pedirle a tu madre una pistola», me dijo Tzvi giñándome irónicamente un ojo, «así que te he comprado una». Me quedé mirándola con la piel de gallina, pero me fijé en que los cañones estaban clausurados con plomo. Era una reliquia inutilizable: dos gatillos con rastros de cardenillo, dos percutores, dos cámaras para la pólvora y una empuñadura de nogal nudoso. En el cuarto de baño, apunté a mi reflejo en el espejo, armando los percutores con el canto de la mano izquierda a lo Clint Eastwood. Vista de frente, parecía una escopeta recortada.

La llevaba al colegio a diario. Sabía que si algún profesor la veía, llamaría a la policía, así que la dejaba todo el día en la mochila. Cuando salía del metro en Long Island City, esperaba a que el andén se vaciara, la pasaba al bolsillo de mi amplio abrigo y caminaba a casa con una mano en la empuñadura. Nunca me detuve a pensar en lo que pasaría si la sacaba y apuntaba con ella a alguien, pero no dejaba de fantasear con ello, y practicaba delante del espejo del cuarto de baño a desenfundarla como si fuera un *sheriff* del salvaje Oeste. La llevaba conmigo a casi todas partes, porque me di cuenta de que así tenía menos miedo. Sentía la madera y el metal cálidos al contacto con mi mano.

Una noche después de clase, yo estaba en mi habitual puesto de vigilancia detrás de los setos de los edificios Queensview en la calle 24. De pronto me quedé lívido. A la luz de la bombilla sobre el portal de nuestro edificio, vi a Raísa sola, aferrando su bolso con las dos manos. Temblaba un poco, como siempre. Semión, que salía con ella de paseo varias veces al día, debía de haber vuelto adentro a por algo. A unos metros, Wayne y otro chico estaban agachados detrás de una furgoneta aparcada, observándola, y se acercaban poco a poco. Ella no los había visto. Supe que se disponían a robarle el bolso de un tirón.

Lo que sucedió a continuación fue cuestión de segundos. Dejé caer mi mochila al suelo y salí corriendo de detrás del seto. Aceleré hacia ellos, acortando la distancia que nos separaba, aferrando el arma que llevaba en el bolsillo del abrigo. Debí de gritar porque Wayne se volvió para mirarme. No sé cuál sería mi cara, pero para mi asombro él le dio un codazo al otro chico y echaron a correr, desapareciendo detrás de una fila de coches aparcados. Semión salió a la calle justo entonces. Corrí hacia él y me agaché, jadeante, decepcionado por haber desaprovechado la oportunidad de sacar el arma. Semión me miró de arriba abajo, divertido. «¿Y a ti qué te ha dado?», me preguntó.

Cuando yo tenía quince años, mi madre me llevó con ella a un instituto en Manhattan para asistir a una lectura de Joseph Brodsky, el gran poeta de cuando ella era joven; igual que nosotros, ahora vivía en Nueva York. Su poesía, me recordó mi madre, hizo posible que ella y mi padre se conocieran. Desde su atril en el salón de actos, Brodsky, con el pelo prematuramente canoso y los faldones de la camisa asomando por debajo de un jersey dado de sí, leyó apresuradamente, en un ruso jadeante, haciendo pausas solo para anunciar los títulos de los poemas. Luego, cuando un miembro del público le preguntó por los poetas más famosos de la Unión Soviética —Yevtushenko y Voznesenski—, Brodsky respondió: «Son poetas de segunda fila, y personas de segunda fila». Mi madre estaba cautivada. Después de la charla, hizo cola para hablar con Brodsky, y estuvieron charlando junto al atril hasta que casi todo el mundo se hubo ido. Pocos días más tarde, él la llamó para invitarla a cenar.

Se vieron intermitentemente durante años. Cuando mi madre tomaba el metro a Manhattan para visitar a Brodsky en su casa ajardinada de la calle Morton, donde a menudo pasaba la noche, llevaba ropa que compraba en tiendas del Upper East Side y que normalmente pagaba a plazos: un vestido de crepé sin mangas color amapola; una gabardina azul grisácea con un fedora de hombre. Sobre su escritorio, Brodsky tenía una foto enmarcada de Billie Holiday y otra de su gato. Brodsky le pidió a mi madre que leyera una obra que él había escrito y le habló de Anna Ajmátova, que había sido profesora suya. Y, mejor aún, la puso en contacto con su amigo Tomas Venclova, el poeta disidente lituano que visitó el club de lectura del instituto de mi madre en Vilna y que ahora vivía en un *cottage* en New Haven. Brodsky podía ser soberbio y distante, y mi madre estaba al tanto de su reputación de mujeriego, pero no parecía preocuparle. Cuando volvía a casa después de verlo, colgaba el abrigo del respaldo de una silla y se encerraba en su habitación para anotar en un cuaderno todo de lo que habían hablado.

Una noche, antes de volver de la casa de Brodsky, mi madre llamó por teléfono para pedirnos a Semión y a mí que fuéramos a esperarla a la parada de metro de Broadway porque no quería volver andando sola a casa. Ya de regreso los tres, caminando a la par por la acera, nos contó que había ido a un restaurante japonés con Brodsky, su amigo Mijaíl Baryshnikov y la novia de este, una bailarina de ballet, y que durante toda la noche la gente no dejó de pedirle autógrafos a Baryshnikov. Le pregunté a mi madre si no había sido raro cenar en público con un poeta famoso y un actor de Hollywood. «No», respondió sin pensarlo mucho. «No ha sido nada raro.»

En casa, a mi madre le gustaba escuchar un viejo disco combado de diez pulgadas de Ajmátova leyendo sus poemas: una voz fatigada y melancólica, apenas audible bajo una tormenta de chasquidos y ralladuras. Guardaba el disco en una caja de cartón junto a varias casetes de los Beatles, los grandes éxitos de Ray Charles y un viejo LP Melodiya de canciones tristes de Bulat Okudzhava sobre tranvías y la Gran Guerra Patriótica, que ponía siempre que otros antiguos soviéticos iban de visita.

Una noche, mientras ella estaba escuchando el disco de Ajmátova, algo dentro de mí se rompió, como una correa de ventilador vieja. Ya no podía soportar ni un segundo más aquel disco rallado, su nostalgia asfixiante y su colosal tristeza, que eran las emociones que yo asociaba, por encima de todas las demás, con nuestra antigua patria. «Cómo puedes escuchar eso?», le grité. «¡Es deprimente de cojones!»

Ella estaba preparando la cena; dejó de trocear comida, me miró y dijo:

—Eres un ignorante y te vendría bien leer en ruso. Sabes el idioma, ¿por qué no lo usas?

—Porque no sirve de nada —repliqué, satisfecho de haberla hecho enfadar—. ¿Para eso me trajiste a Estados Unidos? ¿Para escuchar discos rusos viejos y sentirnos como una mierda todo el día?

Intenté quitar el disco, pero ella salió de la cocina y me apartó. Nuestro gato, un atigrado que habíamos adoptado en el refugio de animales, salió huyendo y se refugió debajo del sofá.

Mi madre también se puso a gritar. Yo nunca la había visto tan furiosa, y me produjo un efecto eufórico. «¿Por qué odias lo que eres?», me gritó. «¡Te odio *a ti*!», le grité yo, y lo creía de veras, pensando de repente en todas las veces que me había dejado solo para irse a pasar la noche con Brodsky. Agarró una de sus botas de piel —sus favoritas, de color crema, altas hasta la rodillas y con tacón cubano— y me atacó con ella. Falló el primer golpe, pero el segundo me alcanzó de través en la espalda. El tacón de la bota cayó al suelo. Mi madre lo miró incrédula. «Lo has roto», aulló. Me desplomé al suelo, presa de un ataque de risa. «Ojalá nunca te hubiera tenido», dijo en voz baja, y se sentó en el sofá y lloró tapándose la cara con las manos. A la mañana siguiente se disculpó y dijo que no lo había dicho en serio, pero yo me encerré en mi cuarto y me aproveché de aquello otro día y medio.

Un año antes, yo había empezado a asistir a Stuyvesant, un instituto especializado en ciencia y matemáticas en el East Village de Mahattan. Para acceder al centro había que aprobar un examen al que se presentaban chicos y chicas de toda la ciudad, y que te aceptaran era todo un triunfo; Stuyvesant estaba a cuarenta y cinco minutos en metro, pero era gratuito.

Más de una tercera parte del alumnado eran inmigrantes que, al igual que yo, vivían sobre todo en Queens o en Staten Island. Los nativos solían ser genios del ajedrez o aficionados a la ciencia ficción e hijos de profesores universitarios de sociología, de directores de documentales, de editores de prensa política de izquierdas y de otros miembros de la clase media del Upper West Side. Stuyvesant acogía asimismo a una reducida pero llamativa población de adolescentes bien vestidos y acicalados, muchos de los cuales vivían en el Upper East Side o en el centro de Manhattan y almorzaban en Stavy's, un restaurante en la esquina de la Primera Avenida con la calle 15. Tenían nombres como Tinsley, Blair, Preston y Cole, y la actitud relajada y un poco atolondrada de quien siempre ha vivido rodeado de dinero. Llevaban monopatines y unas Ray-Ban auténticas, acompañaban a sus padres a mítines en Battery Park por la liberación del Tíbet y pasaban el verano en Amagansett y Sag Harbor. Al resto nos quedaba clarísimo que se estaban acostando con gente. Pertenecían a una casta inalcanzable y, para ocultar nuestra inferioridad y nuestra envidia, mis amigos y yo los evitábamos a toda costa.

Si mi madre había empezado a preguntarse por qué yo no pasaba más tiempo con chicas y no salía con ninguna, solo lo mencionó en una ocasión. Era fin de semana y ella estaba contemplando el desorden de mi cuarto. El linóleo estaba totalmente cubierto por una morrena de libros de bolsillo, cartas de béisbol, ejemplares de *National Geographic* abiertos por la mitad y ropa sucia. «A veces me he preguntado si te gustan los chicos», empezó diciendo desde el marco de la puerta, y sus palabras me cortaron la respiración. «Pero me he dado cuenta», prosiguió, «de que eres demasiado desordenado para ser gay. ¡Mira qué habitación!» Solté una risita incómoda —quise hacerla pasar por una risa normal, y quizá lo consiguiera— y le contesté que tenía toda la razón. Me dijo que limpiara mi cuarto, algo que los dos sabíamos que no iba a hacer, y cerró la puerta.

Por supuesto, yo no le había hablado de Luka. Personaje secundario en mi grupo de frikis de barrio en Stuyvesant, Luka era un inmigrante yugoslavo callado y empollón que vivía con sus padres en Fort Greene. Yo me había quedado prendado de él casi de inmediato —Luka era un chico desgarbado, de ojos grandes y una extraña elegancia— y cuando se acababan las clases pasábamos horas sentados en los alféizares de las aulas desiertas hablando de Herman Hesse y de William Burroughs. Luka hablaba despacio, pensando mucho cada frase, con las piernas flexionadas y la barbilla contra las rodillas, y de cuando en cuando me miraba con una expresión distante y amable que me hacía ruborizarme. Durante una temporada nos vimos casi a diario y pasábamos juntos todo el tiempo posible, y yo empecé a echarlo de menos cuando no estaba con él, y luego a pensar en él con un sentimiento de posesión nuevo para mí. Que él estuviera embelesado con una chica de su clase y que hablara de ella cada vez con más frecuencia eran cosas que me negaba a ver.

Debatiendo sobre *El juego de los abalorios,* que a mí me parecía interminable y aburrida aunque fingía que me gustaba para complacer a Luka, acabamos hablando de cómo Hesse escribía sobre el amor: amor a Dios, o amor universal, o de alguna otra variedad trascendental y casta. Debí de apreciar cierta abertura en él, porque le dije a Luka que creía que lo quería y alargué la mano para acariciarle la cara. Entornó la mirada y supe al instante que había cometido un error. Me agradeció mi honestidad y dijo que se tenía que ir. Unos días después me pidió que nos viéramos después de clase en el comedor, donde me estaba esperando con un grupo de amigos. En tono sombrío, uno de los chicos me comunicó que yo ya no era bienvenido en su mesa a la hora del almuerzo, por «homo».

Luego estuvo Hector. Es como si lo viera ahora mismo, en el pasillo del segundo piso del instituto, con sus Lee ajustados y una camiseta de Run-D.M.C. Estaba escuálido y tenía una voz cómicamente grave; su posesión favorita —unas gafas Cazal de montura de plástico demasiado grandes para su cara— le daba un aire de insecto amenazador. Sus andares arrogantes eran una pantomima de los de un hombre más grande. Se había criado en Haití y vivía en el Bronx con una madre muy católica y con toda una serie de padrastros violentos de los que de vez en cuando salía huyendo.

A mis otros amigos, que aspiraban a entrar en Cornell y Dartmouth, Hector les parecía sórdido, raro y probablemente peligroso. Además de enumerar actos ficticios de justicia callejera en los que era el protagonista, a Hector le encantaba comentar las proezas de Run-D.M.C., de Kurtis Blow y de sus demás raperos favoritos. Después de ver *Los caballeros de la noche,* una película sobre una banda de rap callejera que intenta conseguir un contrato con una discográfica, entró en el comedor del instituto con una grabadora portátil con la que había grabado toda la película. Sus fanfarronadas podían ser desquiciantes. Una vez se sacó de la cazadora vaquera dos cápsulas de *crack* que dijo que eran para un amigo; las guardó en el mismo bolsillo donde escondía una navaja automática que le gustaba sacar de vez en cuando para lanzar estocadas al aire. Si Hector tenía algún otro amigo además de mí, yo nunca lo conocí.

No recuerdo cómo trabamos amistad. A lo mejor fue por sus ojos de cordero, o por su cómica masculinidad, o por los padrastros a los que también yo acabé detestando. Después de que se escapara de casa y durmiera una noche en un banco de Union Square, le dije que podía pasar el fin de semana con nosotros en Ravenswood. Yo sabía que seguramente mi madre no estaría de acuerdo, pero ella se iba a pasar el fin de semana con una amiga a Montreal, así que el piso estaría vacío. Hector llegó muy temprano, cuando mi madre todavía estaba bajando el equipaje al coche. Intercambiamos las típicas cuatro vulgaridades y ella le hizo un par de preguntas a Hector. Me fijé en que a él le temblaban las manos mientras respondía atropelladamente. Antes de irse, mi madre me dijo: «Ese chico me da mala espina».

Hector y yo vimos *Friday Night Videos,* compartimos una lata de carne guisada que calenté en la cocina y luego nos sentamos en el sofá a beber por turnos de una botella de Cutty Sark que él aseguraba haber robado. «¿Qué chicas te gustan?», preguntó. Nombré a varias a las que dio el visto bueno. Dijo que a él le gustaba una pelirroja de su clase que se llamaba Megan y que tenía «un buen par de tetas». «Me la voy a follar», dijo. Era una fanfarronada tan demencial que nos hizo reír a los dos. Puede que fuera por lo tardío de la hora o por el whisky, pero yo solté que cuando me cambiaba de ropa en clase de gimnasia, a veces miraba a los chicos. Hector dijo que estaba bien. Él también miraba a los chicos… a veces. Pero más a las chicas.

Nos desnudamos debajo de una manta. Las luces estaban apagadas y yo sentía su respiración en el cuello. Con nuestras frentes tocándose, nos sacudimos torpemente el uno sobre el otro hasta que terminamos. Nos quedamos un rato tumbados en silencio y luego Hector se envolvió en una sábana y fue al baño. Oí la ducha y encendí la luz. La cama plegable que le había preparado aguardaba junto a mi cama. Eran las tres o las cuatro de la madrugada. La atmósfera de la habitación estaba cargada de vergüenza, o tal vez de algo peor.

Esperé tumbado. Hector salió de la ducha envuelto en una toalla. El triángulo de su torso, de color avellana, se veía infantil y pequeño.

Apagó la luz de un manotazo. Sin decir nada, pasó frente a la cama plegable, se quitó la toalla y se metió en la cama junto a mí. Me abrazó y apoyó la mejilla en mi cuello. Su piel olía agradablemente a jabón. Su respiración se fue volviendo más profunda y lenta, hasta que se quedó dormido.

Yací a su lado, aturdido de felicidad. De algún modo, ya entonces era consciente de que el sexo, sin que importe lo truncado o lo breve que sea, es una llamada a ser amado. Y supe que había fuentes de amor diferentes a las que yo había conocido hasta entonces. Y esta se hallaba a salvo del pasado, de la distancia y de la rabia, y no le pertenecía a nadie más que a mí. Apoyé una mano en la nuca de Hector y escuché su respiración, tratando de permanecer despierto todo el tiempo posible.

Por razones que sigo sin tener claras, empecé a escuchar el disco rallado de Ajmátova, y luego a leer el pequeño libro de pasta dura de poemas de Ajmátova que mi madre había traído desde Moscú. Acabé aprendiéndome de memoria alrededor de una docena de sus poemas. Lo hacía a escondidas y nunca se lo conté a mi madre. Cuando ella se iba a dormir, yo me sentaba en el salón con la televisión encendida a un volumen muy bajo y escribía mis propios poemas con rima y metro, en inglés —extrañas versiones victorianas y sentimentales de Ajmátova y de Brodsky— y me preguntaba cómo sería ser escritor.

Sospecho que empecé a escribir como una suerte de ritual mágico para repeler el mal. Muchas noches, seguía durmiendo con un cuchillo debajo de la almohada, no solo como protección contra sueños aterradores sino también por el temor, que padecía en plena vigilia, de que la puerta de nuestra casa se abriera de golpe, reventada por una fuerza maléfica a la que yo no podía poner nombre. Fue cuando empecé a escribir —y a reflexionar, por vez primera, sobre todos los aspectos de mi ser— cuando se me ocurrió que la fuerza maléfica podía ser el pasado que yo tanto me había esforzado en repudiar. Mientras escribía acompañado del tranquilizador murmullo de la programación nocturna, había momentos en que me parecía posible permitir al pasado entrar en mi interior sin que viniera acompañado de ninguna emoción concomitante de violencia, sin la necesidad de borrarlo, de manera que, en mi imaginación, podía por fin reclamar mi derecho a la suma de varios momentos y lugares; es decir, al conjunto completo de mis recuerdos.

Años después, cursando escritura creativa en Manhattan, traduje varios poemas de Ajmátova al inglés, incluido el favorito de mi madre: la parte 5 de *Elegías norteñas*. La narradora es una mujer que se ve obligada a vivir una vida muy diferente a la que pretendía vivir. Ajmátova lo escribió durante la guerra, después de haber sido evacuada a Uzbekistán, donde contrajo tifus mientras su hijo estuvo encarcelado y su obra fue prohibida.

Estos malos tiempos me han curvado
como a un río
mi vida fue reemplazada por otra
fluyó hacia un tributario
y mis orillas desconozco.
Es tanto lo que he perdido de vista,
el telón se alzó sin mí,
y sin mí bajó.
Tantos amigos a los que no he conocido.
Tantas ciudades que nunca
me han hecho llorar. Solo conozco una ciudad.
Sonámbula, a tientas, por ella podría encontrar mi camino.
Tantos poemas que nunca escribí.
Sus coros secretos me acosan, y quizá
algún día me ahoguen…
Sé los comienzos, sé también los finales,
y la vida después de la muerte, y algo más que ahora
debería recordar. Otra mujer ocupó mi lugar,

tomó mi nombre y me dejó a cambio un apodo
con el que, quizá, he hecho lo mejor
que he podido. Ni siquiera la tumba donde yazca
será la mía…
Pero si salir de mí pudiera y contemplar la vida que tengo
sabría al fin lo que es la envidia.

Me gustaría que me enterrasen en Staten Island, en el Cementerio
Unitario Hebreo en la esquina de la Avenida Clarke con Arthur Kill
Road. Raísa y Semión yacen allí en parcelas contiguas, pero no es
esa la única razón. También es el lugar más apacible donde he estado
jamás. Muchos cementerios son tranquilos, pero en este te sientes
como en un bosque distante, a muchos kilómetros de la ciudad, y
solo se oyen los pájaros y el susurro del viento entre los olmos. El
ruido del tráfico apenas llega como un zumbido lejano.

Enterramos allí a Raísa en 1992, tres años después de que una serie de ataques la dejaran incapaz de expresarse con frases completas
y, a veces, de reconocernos. En aquellos años hubo una pauta. Le
daban de alta en el hospital, se trasladaba a una residencia, volvía
al hospital unos días o unas semanas después. Nos llamaba un médico a mi madre o a mí y mencionaba fiebre y úlceras de decúbito,
y nos daba un número de habitación del hospital al que la habían
llevado. Los ataques la dejaban prácticamente inmóvil, y luego sus
movimientos parecían reacciones constreñidas a la incomodidad o
al dolor.

Semión iba a visitarla a diario. No falló ni una sola tarde, ya
estuviera él enfermo, o fueran vacaciones, o hiciera mal tiempo.
Solía ponerse uno de los dos trajes que se había llevado de Vilna y
el fedora con la pluma escarlata en la banda, y llevaba una bolsa de
plástico con un periódico en ruso y el *Times* plegados. Al cabo de un
viaje de una hora en dos trenes, llegaba al Beth Israel en el cruce de
la calle 16 con la Primera Avenida. Pasaba las tardes junto a la cama
de Raísa, una cama que no cesaba de emitir resuellos y pitidos; leía y

le hablaba en voz baja y solícita, negociando con ella para que tomara otra cucharada de compota de manzana, incluso cuando ella no le respondía o ni siquiera parecía reconocerlo. A veces ella sonreía de oreja a oreja, y toda su cara se iluminaba y volvía a parecer por unos momentos la persona que nosotros conocíamos. Yo acompañé a mi abuelo al Beth Israel docenas de veces; de camino a los ascensores pasábamos por delante de la sala de urgencias donde yo había trabajado como voluntario cuando estaba en el instituto. Creo que nunca admiré tanto a mi abuelo como durante aquellas visitas.

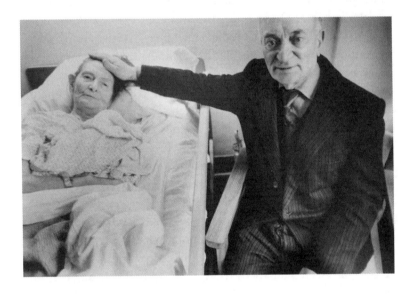

Una primavera, ya en la universidad y habiendo decidido que iba a ser fotógrafo de prensa, fui a casa de visita y les hice una foto a Semión y Raísa en su habitación del hospital. Él aparece sentado junto a la cama con su traje a rayas y apoya una mano en la frente de Raísa en un gesto extraño, que yo creo que pretendía ser afectuoso y protector. Un lado de su cara está distorsionado por el gran angular. Una copia grande en blanco y negro de la foto obtuvo el segundo premio en un concurso artístico del pueblo de Ohio donde estaba mi universidad, y unos meses después decidí enmarcarla y regalársela a mi madre. Me arrepentí nada más dársela. La miró un instante, impactada, creo, por el aspecto débil de su madre, la devolvió a la caja y la metió en un armario, donde sigue hoy en día.

La última vez que oí la voz de Raísa fue el 24 de noviembre de 1989. Recuerdo la fecha porque fue el mismo día en que mi madre se casó con su segundo marido, un pintor moscovita que se llamaba Vitaly. Un juez de paz celebró la ceremonia en el Centro Municipal de Staten Island; estaba menos concurrido que el de Manhattan, y Vitaly y mi madre querían tomar el ferri matinal que cruzaba la bahía. Después, los tres fuimos a visitar a Raísa a una residencia en Chinatown. La habitación estaba mal amueblada y en penumbra; recuerdo que desde la ventana se veía la entrada del Manhattan Bridge. Mi madre se inclinó sobre la cama y le dijo a Raísa, despacio y alzando la voz, que se había casado, algo que mi abuela había querido desde hacía mucho. Mi madre alzó la mano, con la alianza de oro en el dedo, a unos centímetros de los ojos de su madre. Raísa intentó varias veces levantar la cabeza de la almohada y movió los labios sin llegar a pronunciar ningún sonido, como si ensayara lo que quería decir. A continuación susurró, con voz apenas audible: «Nunca os separéis».

Tres años después, poco antes de mi graduación, mi madre me llamó una mañana de primavera temprano para decirme que Raísa había muerto. Fui a Nueva York en el coche de varios miembros de Socialistas Democráticos de América que iban a una convención en Harlem. La ceremonia fúnebre se celebró muy cerca de Ravenswood Houses, en una sinagoga con fachada de ladrillo en la calle Crescent que se llamaba Hijos de Israel, donde los sábados mi abuelo recitaba el Kaddish por sus padres y su hermanastro, Roma.

Tras el fallecimiento de Raísa, Semión a menudo parecía perdido. Antes se había entretenido con sus escritos y enviando cartas sobre temas científicos a académicos y congresistas, pero ahora ya no sabía cómo ocupar su tiempo. Ya no había visitas al hospital que dieran estructura a sus días, y casi nunca salía de su piso de la planta baja donde ahora vivía solo. Se pasaba el día entero leyendo el *Times*, sección por sección, de cabo a rabo, y anotando comentarios y definiciones en los márgenes con bolígrafo azul. Perdía continuamente las llaves, la cartilla del banco y los fajos de billetes de un dólar que solía guardar en los bolsillos. Miraba con aire interrogante a quienes iban a visitarlo, como si alguna pregunta que él hubiera formulado hacía mucho tiempo continuara pendiente de respuesta y se hubiera quedado flotando en el aire. Su palidez se tornó gris. Cuando yo iba a verlo, me daba un beso húmedo en la mejilla, me hacía sentarme en el sofá, me traía un plato con una pequeña manzana colorada y una gruesa tajada de queso anaranjado y lo ponía en la mesa junto a un vaso de zumo de arándanos Ocean Spray. Desde la muerte de Raísa, un residuo amarillento cubría los platos, los vasos y los cubiertos; yo comencé a verlo como el residuo de la vejez.

Aunque antes se afeitaba a diario, Semión empezó a dejarse la barba; utilizaba una maquinilla desechable que guardaba en la jabonera del cuarto de baño, y cuando perdió el filo, dejó de afeitarse. Eso me molestaba, así que cuando iba de visita le llevaba una bolsa de maquinillas. Me quedaba junto a mi abuelo en el cuarto de baño mientras él se enjabonaba mirándose en el espejo empañado y luego, con aire ausente, se pasaba la maquinilla por las mejillas. Le desagradaban particularmente los pelos negros que le crecían en las orejas; culpaba de ellos a un barbero demasiado entusiasta que vivió en Vilna cuarenta años atrás. Con una ópera de Verdi atronando en mi radiocasete, yo le afeitaba las orejas mientras él se quedaba en silencio, satisfecho, sin que le importara si yo le hacía algún pequeño corte.

Pese al desconcierto que ya nunca lo abandonaba, conservaba una confianza férrea en la ciencia. El verano de mis diecinueve años, yo le dije a mi madre que era gay, lo que desencadenó cinco años de discusiones por sus remilgos y su desaprobación, recriminaciones por alejarme de ella, y meses de silencio entre llamada y llamada de teléfono. Unos años después, decidí decírselo también a Semión.

Aquella mañana, tomé el metro a Long Island City. Durante el trayecto, mientras contemplaba los almacenes a través de las ventanillas, me pregunté por qué estaba tan resuelto a desconcertar y causar disgusto a un viudo de más de setenta años que recitaba el Kaddish en la sinagoga por las almas de sus difuntos, perdidos hacía tanto.

Le solté mi confesión a trompicones, nada más llegar a su casa. Aún estábamos en pie junto a la puerta. Desde detrás de las gafas bifocales, los agrandados ojos de color avellana de mi abuelo me miraron con curiosidad mientras le decía que había tenido varias citas con un chico de Joplin, Missouri. Se rascó la cabeza. «Es una anormalidad muy normal», declaró por fin. «Se halla bien documentado en la literatura científica que el diez por ciento de los mamíferos, e incluso de las aves, incurre en esa clase de comportamiento.» Luego pasó a hablar de alguna otra cosa. Nunca me sentí más agradecido con él —y con las ciencias naturales— que en aquel momento.

Noté que algo iba mal varios años después, cuando me llamó por teléfono para decirme que tuviera cuidado con el apartamento barato e infestado de cucarachas que yo compartía entonces con mi novio en Brooklyn. «Las cucarachas grandes», me susurró en tono conspirador, «propagan el VIH». Lo pronunció como acrónimo en lugar de siglas, de modo que en inglés sonaba como *heave*.[14] Llamé a mi madre. Ella me dijo que, últimamente, Semión no recordaba en qué día de la semana estábamos ni la fecha, que a ella la confundía conmigo y que hablaba de Raísa como si aún viviera. A veces se ponía nervioso o irascible. Peor aún, le había hecho ciertas insinuaciones «lujuriosas» a su cuidadora, una mujer brusca y fornida, natural de Puerto Príncipe, que se había quejado a su supervisor.

Mi madre le pidió a una amiga, una psiquiatra del Beth Israel, que lo examinara, y Semión pasó varias semanas en el pabellón

---

14. En inglés, las siglas VIH adoptan la forma HIV, de pronunciación similar a *heave*, «empujón».

psiquiátrico del hospital, a una planta de donde había estado yendo durante años para ver a Raísa. Una medicación antipsicótica lo llevó a realizar proposiciones deshonestas a las enfermeras; otra lo dejó demasiado aletargado como para levantarse de la cama.

Cuando mi novio y yo visitamos a Semión en el hospital, nos lo encontramos vestido con un jersey lleno de agujeros y con aire desorientado. Nos abrazó con demasiada fuerza. Esa tarde se jugaban los cuartos de final del mundial de fútbol y, sentados en sillas plegables, estuvimos los tres viendo el partido de Alemania contra Croacia en la televisión de la sala comunitaria. Mi abuelo no dejó de hacer preguntas sobre el resultado, los jugadores y, en especial, sobre el portero alemán, al que confundía con Sepp Maier, un famoso jugador de la década de los setenta. En un momento dado, le dio un beso a mi novio en la mejilla. Su nombre —Doug— le resultaba demasiado extraño a Semión, que lo llamaba Dagmar, un nombre que debía de recordar de los años en que hablaba alemán. «¡Mi Dagmar!», decía, complacido y sonriente. Yo nunca lo había visto tan contento desde la muerte de Raísa, y cuando le dije que nos teníamos que ir, se le llenaron los ojos de lágrimas y nos dio sendos besos demasiado largos antes de dejarnos marchar.

El diagnóstico fue demencia acelerada. El psiquiatra no creía que Semión estuviese a salvo viviendo solo; requería atención continuada. Tras llamar a varios especialistas y asistentes sociales, mi madre le consiguió una cama en la residencia de ancianos Bialystoker de East Broadway, en lo que antaño había sido una parte judía del Lower East Side pero que había acabado convirtiéndose en el tramo final de Chinatown. Cuando Semión se trasladó a la residencia, mi madre y yo vaciamos el viejo piso de Ravenswood. Tras reunir los álbumes de fotos, las medallas bélicas, una caja llena de cartas y de documentos, unas pocas cajas de libros y un buen abrigo de lana que me quedaba perfecto, invitamos a pasar a los antiguos vecinos de Semión y les dije que se llevaran lo que quisieran. Raúl, un puertorriqueño muy amable con gafas de montura metálica que vivía a unas puertas de distancia en la misma planta, se llevó la polvorienta estrilda disecada sobre un pedestal de madera con una inscripción, regalo de sus estudiantes de zoología de Vilna. Yo me quedé con otro regalo de sus alumnos, un cáliz de cristal azul con el nombre de mi abuelo inscrito en letras doradas, junto con las palabras en latín: *lectio ultima*.

En sus días buenos, Semión jugaba al ajedrez con el residente más joven de su planta, un antiguo abogado de menos de cincuenta años que vestía ternos confeccionados a medida y que padecía Alzheimer temprano. Una vez a la semana, un rabino le ayudaba a recitar el Kaddish. Semión solo nos reconocía a mi madre y a mí de vez en cuando, y yo no lo visitaba con tanta frecuencia como debería. Cuando iba a verlo, mi abuelo y yo nos sentábamos en un banco en un recinto vallado en el exterior de la residencia, y a veces se quejaba de la enfermera que tuviera asignada, fuera quien fuera; según él, la enfermera le robaba, aunque ni mi madre ni yo descubrimos prueba alguna de ello. Otras veces hablaba de la guerra, de su madre y de Roma, con una intensidad y una viveza que no dejaban de asombrarme. «¿Por qué no vinieron conmigo?», me preguntaba, casi suplicando, como si yo tuviera la respuesta.

Tres años después de trasladarse a la residencia, sufrió una hemorragia cerebral mientras dormía; los médicos no pensaban que pudiera recuperar la capacidad de hablar ni de comer por sí mismo. Yo estaba junto a su cama del hospital y Semión yacía de espaldas con los ojos cerrados con fuerza; cada estertóreo aliento le hacía subir y bajar pesadamente el pecho. Cuando abrió los ojos, los tenía tan brumosos como un trozo de hielo. Hacía mucho tiempo, me había dicho que no quería seguir viviendo después de perder la capacidad de razonar, y mi madre firmó un documento de no reanimación cuando él volvió a ingresar en el Beth Israel. Ella y Vitaly habían planeado irse de viaje a Italia; eran las primeras vacaciones de mi madre en años, y ahora ella no estaba segura de si debía ir. Le dije que no se preocupara: yo iría a ver a Semión y hablaría con los médicos; además, su situación no había cambiado en meses.

Pocos días después de que mi madre partiera, Semión sufrió otro ataque. El médico me llamó por teléfono para informarme de que mi abuelo ya no podía respirar por sí mismo y que, sin un respirador, moriría en cuestión de días, seguramente horas. Llamé a mi madre a su hotel en Roma. Ya fuera por miedo o culpa, cambió de opinión y accedió al respirador. ¿Y los deseos de Semión?, pregunté. El judaísmo prescribía hacer cuanto fuera posible por salvar una vida, contestó ella, y añadió que mi abuelo seguía vivo porque Dios lo quería.

—¿Tú crees en Dios? —pregunté.

—Sí —dijo mi madre—. ¿Y tú?

Estábamos en agosto de 2001. Una semana después, un sábado pasada la medianoche, salía yo de un bar de Brooklyn con unos amigos cuando recibí una llamada de un número de Manhattan. Una enfermera me comunicó que mi abuelo había fallecido y que se encontraba en la séptima planta de Beth Israel, en caso de que yo quisiera verlo.

Aquella enfermera, en su mostrador, era la única persona a la vista en la séptima planta del hospital cuando llegué; el lugar se hallaba en silencio salvo por el pitido polirrítmico de los monitores. La habitación de Semión estaba iluminaba por unos fluorescentes cegadores. Yacía de espaldas, metido en una bolsa blanca de plástico para cadáveres con la cremallera cerrada hasta el esternón y una sábana extendida por encima, se diría que como muestra de decoro que a alguien se le había ocurrido en el último momento. Tenía la piel cérea y apagada. Era la primera vez que yo veía un muerto. Experimenté una aguda impresión de que aunque era mi abuelo, al mismo tiempo no lo era: aquel era su cuerpo, pero mi abuelo no estaba ya en él. Me quedé allí hasta que llegaron mi madre y Vitaly, que habían vuelto de Italia la víspera. Mi madre sostuvo la mano de Semión un momento y lo besó en la frente, y a continuación vino la enfermera a preguntar si ya lo podían trasladar a la morgue.

En la calle, paré un taxi. Mientras cruzaba el puente de Brooklyn, miré las luces del centro de la ciudad. Desde que era adolescente y volvía del campamento de verano, esa vista me hacía inexplicablemente feliz, pues era la primera señal de que ya estaba en casa. La ciudad bullía de vida y movimiento: los taxis recorrían la autovía FDR Drive, las luces de posición de los aviones y de los helicópteros parpadeaban en el cielo, un remolcador iluminado descendía tranquilamente el East River. Las vistas desde el puente de Brooklyn eran mis favoritas de toda la ciudad. Semión me dijo en una ocasión que Nueva York era el final feliz del siglo xx, y eso nunca pareció más cierto que aquella noche, con el contorno iluminado de Manhattan recortado sobre un cielo sin luna. Saqué el teléfono y llamé a mi novio. «Vuelvo a casa», dije.

Epílogo
Campamento Éxito

Oí el triquitraque de las ruedas cuando el tren 93 dobló la curva y noté que se me asentaba el estómago. Mi padre iba sentado en la litera de enfrente, mirando por la ventanilla y sosteniendo el asa plateada de un vaso de té. Hacía tres años que no nos veíamos, desde que yo había ido a conocer a su padre, Vasili. Pero volvíamos a estar cara a cara, rumbo al interior del país en un compartimento de lujo: coche cama de primera clase, es decir, con dos literas en lugar de cuatro y sin soldados roncando encima de nosotros. Las sienes de mi padre estaban más canosas y había cambiado la graduación de sus gafas, que ahora le agrandaban los ojos dándole una expresión de leve alarma, pero por lo demás estaba tal y como yo lo recordaba. Se había pasado toda la tarde empatando señuelos, una labor delicada para la que necesitaba sus bifocales colocadas en la punta de la nariz; cuando alzaba la vista de vez en cuando para mirarme, parecía cómicamente abstraído.

El paisaje se iba tornando de un color ocre oscuro con el anochecer, pero yo aún alcanzaba a distinguir unos siniestros abedules blancos que relucían bajo el tendido eléctrico, una ringlera de abetos en el horizonte, vallas a las que les faltaban algunos postes y parecían un inacabable código de barras, y de cuando en cuando pequeños grupos de cabañas inclinadas que apenas se alzaban del suelo y que iban desapareciendo sin motivo aparente. La belleza del paisaje campestre ruso es sencilla y poco impresionante. El paisaje se compone de elementos modestos; destaca solo por ser infinitamente vasto. Quizá es esa la razón por la que en Rusia siempre ha habido afición por el gigantismo en las construcciones; idear algo que ponga orden en toda esa pequeñez, plantar un mástil de bandera en la estepa.

Nos dirigíamos al Volga, o más concretamente a la confluencia de dos ríos —el Volga y el Ajtuba—, a pescar. Todavía no me había hecho a la idea, ya que yo no era aficionado a la pesca con caña, un pasatiempo que siempre me pareció cruel y tedioso. Pero mi padre hacía el viaje a esa franja lodosa de agua a unos cincuenta kilómetros al norte del mar Caspio cada tres o cuatro meses. El bajo Volga es uno de los pocos sitios del mundo donde hay inmensos peces gato —de más de cien kilos y tres metros de largo— y mi padre ganó una vez un concurso nacional al cobrarse con caña un ejemplar de ochenta y un kilos, aunque lo de «con caña» no es del todo correcto. En la foto que acompañaba el artículo de una revista que mi hermanastra Masha me envió por correo electrónico, mi padre y su compañero de pesca sonríen en un bote hinchable. A sus pies yace enroscada una enorme criatura de cabeza huesuda, un vestigio del Paleozoico. Mi padre contaba que tardó noventa minutos en agotar al pez; al final, introdujo una mano, protegida por un guante de goma, en la boca de la criatura y la izó a bordo por la mandíbula. Tenía ojos de un gris purpúreo, y opacos como el grafito.

Yo no había cogido una caña desde que pescaba pequeños róbalos con bolitas de pan de molde como cebo, en un campamento de verano de la UJA-Federation[15] en las Catskill, hacía más de veinte años. La falta de experiencia no me desanimó. Yo estaba dándole vueltas a la idea de acompañar a mi padre en una de sus excursiones al Volga cuando se lo mencioné al editor de una revista. Le pareció que de ahí podía salir un buen artículo de viajes, sobre un lugar al que «ninguno de nuestros lectores irá nunca, pero sobre el que quizá les gustaría leer». Llamé a mi padre y bosquejé el plan: iríamos juntos, yo escribiría sobre el viaje y la revista correría con los gastos. Me temía que se reiría de la propuesta. A medida que la fecha del vuelo a Moscú se fue acercando, también me temí que cambiaría de idea, como hizo antes del viaje a Vinnytsia.

El viaje duraría dos semanas, el mayor periodo de tiempo que mi padre y yo pasábamos juntos desde que yo tenía nueve años. La mayor parte de ese tiempo la pasaríamos en una cabaña o a bordo de un bote, rodeados por poco más que hierba alta y agua, y eso era lo que yo quería. Deseaba estar a solas con él; quería saber por qué no había dejado el país junto con mi madre y conmigo, por qué no quería ejercer de padre ni de hijo, y por qué la soledad era su mejor garantía de placer. Me dijo una vez que, cuando iba al Volga, algunas mañanas apagaba el motor fueraborda y dejaba el bote a la deriva durante horas. «Zarpo a las cinco de la mañana, cuando aún está oscuro», dijo, «y no veo a ningún otro ser humano hasta que vuelvo al campamento por la tarde. Solo pájaros.»

Yo sabía que obtener respuestas no sería fácil. Cuando mi padre fue a recogerme al aeropuerto de Moscú la mañana anterior, me dio un abrazo brusco y de inmediato caímos en la rutina habitual: él estaba dispuesto a hablar de cualquier cosa menos de nosotros. Se comportaba como si fuéramos amigos poniéndonos al día después

15. Asociación filantrópica con sede en la ciudad de Nueva York dedicada al apoyo económico a judíos con escasos medios, así como a la promoción de la cultura judaica y la convivencia entre los judíos.

de haber pasado años sin vernos, y en el compartimento del tren hablamos de política, de libros, de jazz, de su mujer Irina, de mi madre y, por supuesto, de pesca. Lo que él me estaba pidiendo, sin pedirlo, era que yo no sacara a colación el pasado ni estropeara los días que íbamos a pasar juntos tratando de aclarar quién hizo qué, y cuándo y a quién. A lo mejor a él le parecía que ya era demasiado tarde para explicar y racionalizar su versión de la historia. A lo mejor tan solo se le hacía demasiado opresiva la idea de hablar del pasado. «Ganas lo mismo removiendo el pasado que hurgando en un cenicero», me dijo una vez, años antes, en Moscú.

Yo también había decidido ir a pescar para ver cómo había cambiado el país más allá de los bulevares de Moscú y de San Petersburgo, donde se representaba la fantasía de una Rusia rica y ordenada para un público de agentes del Gobierno y de visitantes extranjeros. Ese espejismo se viene abajo apenas unos minutos después de salir del centro de las ciudades; cuando cruzas los límites urbanos, el paisaje parece el de una nación agrícola y pobre de medio siglo antes. Supongo que quería averiguar cuál era la opinión general de los rusos acerca de su país y sus líderes, y por qué la democracia, a menudo invocada durante la perestroika, no había conseguido echar raíces allí. Según muchas de las personas con quienes yo había hablado, nunca las iba a echar.

Tardaríamos veintisiete horas en ir desde Moscú al pueblo de Jarabali, pero yo esperaba con gusto el viaje a bordo del tren 93, pues los trenes quizá sean lo mejor de Rusia. A diferencia de todo lo demás aquí, están inmaculados y son puntuales, y un viaje largo en tren les saca a los rusos una benevolencia que rara vez dejan ver en público. Los hombres se quitan la chaqueta y pasean por los pasillos en calcetines —negros, de nailon—, bebiendo té y contemplando el paisaje, tranquilos cual ganado bovino. Las familias políticas y los abuelos duermen en las literas superiores, tapados con abrigos o chales. Los pasajeros sacan del equipaje vodka, sándwiches y bolsas de celofán con pepinillos y rábanos; las familias juegan a las cartas; el tiempo se ralentiza. No hay ningún sitio adonde ir ni nada que hacer salvo abandonarse al vaivén de la marcha, y los pasajeros se tornan corteses y satisfechos, como si estuvieran allí reunidos para celebrar la onomástica de un anciano pariente.

En nuestro compartimento, al anochecer, desplegamos la mesa de metal. Comimos los sándwiches que nos había preparado Irina y mi padre contó historias de pesca. La mayoría eran sobre sus amigos: ocho o nueve hombres de Moscú, todos más o menos de la misma edad. Cada año pasaban varias semanas juntos en un grupo de pabellones de pesca en una franja de tierra prosaicamente conocida como la llanura aluvionar del Volga-Ajtuba. Como la mayoría de quienes solían ir allí a pescar, aquellos hombres eran abogados, hombres de negocios de medio estatus, militares de alto rango y personal del Gobierno, y ganaban cantidades importantes de dinero, al menos para el estándar ruso. Llegaban a los pabellones en SUV alemanes o japoneses de último modelo, bien provistos de cajas de whisky puro de malta, habanos, cañas de pescar de fibra de carbono y vadeadores de Gore-Tex. (Mi padre, el menos pudiente, solía llegar en tren.) Como muchas historias rusas, las suyas giraban en torno a la ebriedad y lo absurdo, y mi padre las narraba con perfecto tempo cómico y la afectación justa para dejar claro que consideraba a aquellos hombres como de su familia.

Así eran más o menos las historias. Una noche, uno de los pescadores, un coronel del Servicio Federal de Aduanas, se puso a presumir de su nuevo móvil y poco después, completamente borracho, se le cayó en el agujero de la letrina de la que acababa de hacer buen uso. Cuando se enteraron, todos en la cabaña se doblaron de risa. Uno se rio tanto que acabó vomitando.

Otra historia. Después de haberse pasado setenta y dos horas seguidas bebiendo con los pescadores, el anciano padre de uno de los vigilantes nocturnos de los pabellones intentó cruzar con su ciclomotor un terreno pantanoso. A mitad de camino, el ciclomotor perdió velocidad y volcó. Cuando los espectadores se acercaron, se encontraron con el anciano roncando en el mismo sitio donde se había caído.

Y también estaba la historia del amigo de mi padre que pasó una tarde en su tienda de campaña con una de las lugareñas —jóvenes aceptablemente guapas, serias, pobremente vestidas, con empleos precarios— que accedían a tener citas estacionales con los pescadores que iban de visita. A mitad del coito, ella miró fijamente a la cara al sudoroso moscovita y le preguntó cuánto ganaba al año.

Los días en que el viento y el silencio en el río eran excesivos para los pescadores, se iban a los pueblos cercanos en una caravana de lujosos SUV. Una vez, mi padre iba en el asiento del acompañante de un Range Rover con tapicería de cuero color crema cuando el conductor se detuvo a la altura de una chica que caminaba por el arcén. Tenía el pelo largo, era delgada y rondaría los veinte años. El conductor, un ejecutivo de una compañía de gas, bajó la ventanilla y le preguntó, de modo amistoso pero inequívoco, si quería acompañarlos. La chica dedicó una larga mirada de costado al reluciente vehículo y se limitó a preguntar: «¿Puedo pasar rápido por mi casa a por el cepillo de dientes?».

«No nos juzgues demasiado», me dijo mi padre al percatarse de la cara de desaprobación que yo debía de tener. «En Moscú, todos trabajamos demasiado y tenemos el ánimo por los suelos; durante una semana, en el río, volvemos a ser una banda de críos, y es lo más divertido que hacemos en todo el año.» Sonreí por compromiso, no queriendo admitir que su historia —sobre un coche repleto de hombres que se detenía para hablar con una chica— me había recordado a la de Vasili.

Estábamos a finales de octubre. Las luces del compartimento se encendieron temprano. Mi padre retiró los cebos y contemplamos el paisaje allanarse a la luz del atardecer. Los árboles se fueron espaciando hasta que al final prácticamente solo hubo hierba alta. Las cabañas desaparecieron. Yo nunca había estado tan al este de Rusia, tan cerca de los Urales. Recordé cuando estuve en Yalta con Tamara y Mijaíl Mijáilovich, el verano de mis ocho años. Me vinieron a la memoria las horas que pasé mirando por la ventanilla de su sedán Zhiguli, admirado por la vastedad del paisaje, por cómo se extendía, siempre igual, sin límite visible. Años después, lo recordé al descubrir los paisajes chinos a tinta, donde la enormidad de las montañas y los ríos contrasta con la diminuta figura del eremita en su pabellón. Aquella noche de 1978, me quedé dormido en algún punto de los oscuros campos de Ucrania y me desperté en Crimea. Ya era por la mañana, y a lo largo de la noche los abetos y los abedules habían dejado paso a los cipreses y las palmeras; creyendo que estábamos en otro país, casi se me escapó un grito de sorpresa. Quise contarle a mi padre ese recuerdo, pero él se había recostado contra la pared del compartimento y dormía con las gafas colgando de la punta de la nariz.

Jarabali parecía esculpido en barro. Unas bombillas desnudas pendían de un cable, trazando lóbregos cercos de luz sobre la tierra apisonada a la vera de las vías. Dos o tres árboles se vislumbraban en la periferia de la oscuridad. Más allá, entreví una fila de búnkeres de hormigón de una planta, vestigios de una época en la que aquel lugar fue el corazón del colectivismo agrario soviético.

Esperamos junto a un grupo de otros pasajeros, hombres recios y adormilados en edad vacacional; iban embutidos en tejidos técnicos de última generación y portaban material de pesca en fundas negras de aspecto serio. Los recogió una columna de Mitsubishis y de Lexus y se los llevó a los pabellones de los alrededores. El vehículo que vino a por mi padre era una furgoneta de la época de Brézhnev, jaspeada de corrosión. El conductor, Andréi, un adolescente despeinado y en chándal, conocía a mi padre de visitas previas, y los dos charlaron un rato sobre el tiempo y sobre si los peces picaban o no. Yo iba agarrado al asiento con ambas manos. La carretera estaba surcada por crestas de barro reseco, tan altas que recordaban al fondo de un mar prehistórico. Aunque íbamos a la velocidad de un carrito de golf, la furgoneta se zarandeaba de tal manera que una caja de material salió despedida y se abrió, cubriendo el suelo del vehículo de cebos agusanados y emplumados.

El haz de luz de nuestros faros delanteros iluminó a su paso una furgoneta idéntica a la nuestra, que yacía de costado al fondo de una hondonada. «Volcó ahí esta mañana», explicó Andréi alegremente. «Estamos esperando a que vengan con los caballos para sacarla.» El Ajtuba, con brillos de oro viejo, se dejó ver por fin, al fondo de una escarpadura.

Andréi condujo a lo largo de la orilla en un ángulo precario hasta detenerse junto a una garita de guardia y un letrero de contrachapado alumbrado por una lámpara. Agradecidos, volvimos a pisar suelo firme y achicamos los ojos ante el brillo de los halógenos que iluminaban el letrero: «Campamento Éxito: ¡El mayor pabellón de pesca del mundo!». El gerente, un hombre de complexión cuadrada y aire profesional, salió trotando de la oscuridad para darnos la bienvenida. Nos estrechó la mano y preguntó de dónde veníamos. Cuando se lo dije, no se lo creía. Dijo que un checo, un polaco y hasta un japonés habían estado en los pabellones de la zona, pero que yo era el primer estadounidense. Añadió, con verdadera satisfacción, que quizá fuera también el último.

Dos horas después de apearnos del tren en Jarabali, mi padre y yo estábamos sentados en un bote que él solía tener atracado en las cercanías, una embarcación reluciente, de fabricación finlandesa, con el nombre escrito en la proa: *Castor plateado*. Nos encontrábamos en el Volga, a escasa distancia del Ajtuba por un canal pantanoso, y, como el río de la famosa canción de Johnny Mercer, parecía tener más de una milla de ancho. Largamos el ancla cerca de un grupo de árboles centenarios conocidos como los Robles. Eran alrededor de las seis y media de la mañana: la hora punta de los pescadores. El nuevo día comenzaba a insinuarse por el horizonte, y el silencio era el más intenso que yo había oído jamás. Nos quedamos allí meciéndonos hasta el mediodía, y en todo ese tiempo no vimos a ninguna otra persona. La única alteración del silencio la produjo un jabalí que emergió ruidosamente de entre la maleza para beber en la orilla.

Tras pasar la tarde en el agua, mi padre y yo atracamos el bote y, mientras recorríamos el embarcadero, el móvil me vibró en el bolsillo. Había un punto, cerca de la báscula donde los pescadores pesaban las capturas, donde se conseguía una barra de cobertura. Mi madre me llamaba desde Nueva York, y pasamos unos minutos hablando a gritos por culpa de la mala conexión. El motivo de la llamada era Petya, el hijo que mi padrastro había tenido en su primer matrimonio, quien me había acompañado a Vinnytsia para localizar a Vasili. Mi madre llamaba para decirme que Petya había muerto. Vitaly estaba en Moscú organizando el velatorio y el funeral de su hijo. Ella me pidió que lo llamara.

Yo había visitado a Petya unos días antes; no me reconoció. Yacía en una cama estrecha, con las sábanas bien remetidas, y tenía la piel de un color naranja oscuro. Movía sin cesar los ojos empañados, y cuando se detenían sobre el rostro de alguien, solo por un instante, no mostraban más que miedo y confusión. Hacía un día húmedo, y alguien había abierto todas las ventanas del Hospital Botkin, el mejor centro de enfermedades infecciosas de Moscú. Había siete hombres más en la habitación, que tenía el tamaño de una habitación convencional de un hospital estadounidense, pero con las camas a menos de un metro entre sí y sin cortinas de separación. Uno de los hombres puso a Vitaly —el padre de Petya y mi padrastro— al tanto de la «situación». La noche anterior, Petya se había caído de la cama, contó el hombre, un trombonista de la tercera mejor orquesta de la ciudad. Como Petya pesaba demasiado como para volver a subirlo a la cama, el hombre salió de la habitación y recorrió los pasillos en busca de una enfermera. El trombonista llevaba la cabeza envuelta en un turbante de gasa y tenía los ojos oscuros y la nariz aguileña de un georgiano. En la cama contigua a la suya, una mujer le estaba dando sopa a un anciano de aspecto frágil que no abrió los ojos en ningún momento.

Vitaly se sentó al borde de la cama de Petya y miró con expresión vacía a su hijo. Él y mi madre habían volado a Moscú unas semanas antes y se alojaron con la madre de Petya y exmujer de Vitaly, Irina, una mujer de aspecto fatigado y edad indefinida que llevaba el pelo color agua sucia recogido con una gomilla. Ella había ido a la farmacia a comprar pañales de adulto, porque en el hospital no quedaban de la talla de Petya. Yo desconocía que hubiera diferentes tallas de pañales de adulto. Me quedé un rato junto a la cama de Petya, decidiendo si apoyarle una mano a Vitaly en el hombro. En lugar de hacerlo, salí al cuarto de baño. El pasillo apestaba porque alguien había dejado la puerta de los baños abierta, y los retretes estaban atascados, y no desde hacía poco. Dentro, cuatro pacientes fumaban y charlaban de pie; uno estaba conectado a una bolsa intravenosa que colgaba de una percha metálica.

Dos años antes, Petya había viajado a Grozni para hacer fotos de las víctimas de la guerra en Chechenia por encargo de una revista de Moscú; dijo que se había metido en zanjas para fotografiar a los muertos, que estaban por doquier. En el tren de vuelta a casa, se dio cuenta de que la piel se le había puesto amarilla. Se apeó en una estación en algún punto a lo largo del Volga —no recordaba el nombre de la pequeña ciudad— y caminó hasta que alguien le indicó la dirección de un hospital. Un médico le extrajo sangre y le diagnosticó hepatitis B. Cuando Petya preguntó cómo podía haberla contraído, el médico se encogió de hombros. Le asignaron una cama, le dieron unas revistas para que se entretuviera y le prescribieron un régimen de pastillas. Al cabo de dos semanas, un médico le dijo que ya estaba mejor, le ordenó descansar —no se meta en más zonas de guerra, le dijo— y le firmó el alta.

Año y medio más tarde, después de volver a ponerse amarillo y de sentirse peor que la primera vez, Petya ingresó por decisión propia en Botkin. Un médico de allí le dijo que el tratamiento contra la hepatitis B requería meses de antibióticos, no semanas. Tras realizarle varias pruebas, le dijo a Petya que tenía el hígado de un hombre de ochenta años, y que estaba fallando. Un especialista al que pidió una segunda opinión confirmó que un tratamiento solo retrasaría el fallo hepático. No era apto para recibir un trasplante, le informó el especialista; moriría en cuestión de un año, puede que de unos meses. Petya tenía treinta y siete años.

Lo llamé al hospital cuando me enteré. Sonaba grogui pero optimista. Me propuso ir juntos al lejano oriente de Rusia —o, como él lo llamaba, «el culo del mundo»— y trabajar juntos en un libro; él haría las fotos y yo me ocuparía del texto. Le dije que me parecía una gran idea y que iría pronto a verlo. En el ínterin, las toxinas que su hígado ya no era capaz de eliminar comenzaron a infiltrarse en el corazón, los riñones y el cerebro de Petya. Vitaly quiso trasladarlo a un hospital de Nueva York, pero el médico le dijo que no sobreviviría al vuelo de diez horas.

Cuando yo lo vi, los brazos antes musculosos de Petya se habían hinchado hasta convertirse en cilindros amarillentos; ya no reconocía a sus padres. Al margen de las visitas esporádicas de un médico de aspecto cansado con una bata color tubo de escape, nadie en el hospital se ocupaba de él. Cuando Vitaly le dijo a una enfermera que Petya necesitaba un baño, ella le dijo que por ciento cincuenta rublos —unos cinco dólares— le podía dejar la llave de las duchas. Vitaly se colocó detrás de Petya, lo levantó sujetándolo por debajo de los brazos, lo llevó trastabillando a las duchas y lo desnudó. Descalzo y con la camisa y los pantalones puestos, Vitaly sostuvo a su hijo bajo el chorro de agua, que solo salía caliente a ratos. La madre de Vitaly, Sofia, que había criado a Petya y que rondaba los noventa años, era supersticiosa y tenía miedo de los hospitales, así que prefirió mantenerse al margen. Le dijo a Vitaly que estaba convencida de que si ella iba a ver a su nieto al hospital, Petya moriría. Vitaly le respondió que iba a morir de todos modos.

Fui a visitar a Petya la víspera de tomar el tren hacia el Volga. Me había demorado demasiado rato en la recepción, poniéndome las zapatillas de papel verde que las visitas debían adquirir por treinta kopeks. Irina llegó con los pañales de adulto y se sentó, mirando fijamente una pared y escapándose al cuarto de baño cada diez minutos para fumar con los inválidos. Es muy duro para ella, dijo

Vitaly sin dirigirse a nadie en concreto, como si fuera necesario ofrecer alguna explicación. Mi madre estaba sentada junto a él. Un hombre sin afeitar y con las piernas envueltas en vendas que ocupaba una cama cercana me dijo que, cuando bajaba la temperatura por las noches, metía hojas de periódico en las grietas alrededor de las ventanas. También que, unas semanas antes, el anciano de la cama contigua a la suya falleció por la noche, y que nadie acudió cuando él apretó el timbre de llamada, que seguramente no funcionaba, así que hubo que esperar a la mañana para que un celador se presentara y trasladara al fallecido a la morgue.

Era la hora de irse; le estreché la mano a Petya, lo que le provocó una convulsión y recorrió el techo con la mirada, desconcertado. Le hablé mientras su vista deambulaba ahora por las paredes. Algunos de los otros pacientes de la habitación nos miraban. En la calle brillaba el sol y, a través de la ventana, vi a unos trabajadores con arneses renovando la cúpula en forma de cebolla de la capilla del hospital estatal. Con unos pequeños rodillos aplicaban metódicamente nuevas láminas de oro.

Me quedé mirando el Ajtuba bajo los últimos rayos del sol rojizo, pensando en Petya. También estaba hurgando en mi cabeza en busca de palabras. No podía hablar con mi padrastro en inglés —sonaría frío y demasiado formal— pero no sabía qué hay que decirle en ruso a alguien que acaba de perder a su hijo. Le conté a mi padre lo sucedido y le pregunté qué debía decir, y me anotó varias frases en una hoja de cuaderno. *«Eto nasha obschaya tragedia»* («es una tragedia para todos nosotros») fue la que elegí, y practiqué repitiéndola varias veces. Junto a la báscula del pescado, llamé por teléfono a Moscú y repetí la frase a Vitaly, añadiendo que lo lamentaba mucho. Me dio las gracias y hablamos unos minutos antes de colgar. Ya era de noche y el aire estaba cargado de mosquitos, y yo subí la colina camino de nuestra cabaña, pues a las cinco y media de la mañana teníamos que estar en el agua.

Serguéi Golovin había sido ingeniero en la granja colectiva Karl Marx. Mientras conducía, me señaló el letrero cromado de estilo *art déco* al costado de la carretera de dos carriles. Serguéi me cayó bien de inmediato. Era vigilante nocturno en el Campamento Éxito, tenía cincuenta y pocos años, vestía bien y era un hombre competente y tranquilo, nada sentimental y con un irónico sentido del humor. Los días de lluvia, o cuando yo estaba demasiado grogui como para levantarme de la cama antes del amanecer, Serguéi me llevaba en coche por los alrededores; así hicimos cientos de kilómetros en su inmaculado sedán Zhiguli de la época soviética, una copia de un Fiat con una manta pulcramente doblada por encima del asiento trasero.

Hace mucho tiempo, aquí había kilómetros y kilómetros de patatales, dijo Serguéi, y casi todo el mundo trabajaba en las granjas colectivas, donde se cultivaban las famosas sandías de Astrakhan junto a tomates igualmente famosos. Los cultivos desaparecieron a principios de los noventa. Toda la maquinaria de la URSS se detuvo en cuestión de semanas, y todo cuanto quedaba ahora de las granjas colectivas eran polvorientas parcelas en barbecho, tierra arable trabajada por nadie más que el viento que subía desde el río.

Al igual que Jarabali, los pueblos de los alrededores parecían esculpidos en barro. Uno de los mayores, Sasykoli, no consistía en más que unas pocas calles trazadas perpendicularmente, jalonadas por casas de bloques de hormigón y, aquí y allá, algún coche que era ya una pieza de anticuario. Algunas casas estaban adornadas con neumáticos enterrados en el suelo hasta la mitad —la decoración de los jardines de pobres en todo el mundo— o bien neumáticos de camión apilados de dos en dos o de tres en tres. Las balas de heno amontonadas formaban endebles pirámides. Una vaca esquelética, de procedencia desconocida, vagaba por una calle pastando matas de hierba marrón e ignorando a la manada de perros callejeros que la acechaba. Apenas había amanecido y las personas a la vista eran en su mayoría borrachos matutinos con la camisa sucia que se tambaleaban apoyándose en las vallas y parpadeando por el resplandor del sol. Unos pocos no eran más que adolescentes, y dolía verlos así.

Por las tardes, los hombres se sentaban en bancos y en troncos delante de sus casas; muchos iban vestidos con monos y gorras que habían adoptado el color marrón grisáceo del aire polvoriento. Algunos vecinos trabajaban en la planta conservera de Jarabali. Otros pocos se desplazaban a diario para trabajar en Astrakhan y Volgogrado. Eran fáciles de identificar porque llevaban ropa mejor falsificada, procedente del mercado negro de las ciudades: botas de piel con la puntera afilada, vaqueros Guess, aparatosas gafas de sol con montura dorada y las G de Gucci en las sienes.

Serguéi me llevó en coche de pueblo en pueblo describiéndome lo que veíamos. Fuera de los pueblos parecía haber tanta vida como en el interior. Conducíamos sin ningún destino en concreto, así que de vez en cuando Serguéi aminoraba la marcha para que pudiéramos disfrutar de los detalles que el campo nos ofrecía. Pasamos junto a un hombre que iba por el arcén empujando una bicicleta cargada con sacos de patatas. Pasamos junto a dos hombres que trataban de reparar una furgoneta; había tantas piezas esparcidas sobre la hierba que parecía como si pretendieran construir una máquina completamente diferente con ellas. Pasamos junto a una bandada de cuervos alzando el vuelo escandalosamente, como niños quejándose en el asiento trasero de un coche. Pasamos junto a mujeres con holgadas túnicas floreadas; vendían unos tomates rosáceos y poco apetecibles que llevaban en cajas de cartón. Pasamos junto a un hombre con una gorra de tela vaquera sentado sobre un maletín. En un tramo de carretera especialmente despoblado, pasamos junto a un grupo de embravecidos caballos castaños que levantaban a su paso una nube de polvo; nos fue imposible deducir si pertenecían a alguien. En un cruce, Serguéi me señaló un sedán que había dado la vuelta de campana. Dijo que llevaba allí, boca abajo, más de una semana.

En Bugor —el nombre significa «altozano»— nos detuvimos frente a un paralelepípedo de ladrillo y aluminio coronado por cinco pequeñas campanas, una cúpula semiesférica, otras dos con forma de cebolla y cruces ortodoxas. Eran de chapa metálica y parecían hechas a mano. Cuando los soviéticos llegaron a Bugor, me explicó

Serguéi, retiraron las cúpulas de la iglesia y la transformaron en un liceo. Unos setenta años después, los vecinos volvieron a convertirla en iglesia y recaudaron dinero para reponer las cúpulas, pero solo reunieron suficiente para hacerlas de chapa metálica, no de oro. Las cúpulas desprendían brillos de un gris peltre bajo la luz del sol, prosaicas como teteras.

Le pregunté a Serguéi en qué trabajaba la gente de por allí desde que se cerraron las granjas colectivas. Cuando dejó de haber dinero para los salarios, me dijo, siguieron yendo a trabajar y durante un tiempo cobraban en especie. Les daban azúcar, o camisas de rayón, o raquetas de pimpón, y así una suerte de ingenioso mercado de trueque surgió en la zona; la gente conducía cientos de kilómetros porque había oído el rumor de que alguien a cinco pueblos de distancia tenía un rollo de aislante térmico que a lo mejor estaba dispuesto a cambiar por unos manteles de plástico y un juego de damas. El director de la granja colectiva Karl Marx conocía al director de una fábrica de porcelana que había al norte, a la orilla del Volga, y durante meses a Serguéi le pagaron en platos.

—¿En platos? —repetí, creyendo que no había oído bien. Se encogió de hombros. En Sasykoli, Serguéi vivía en una inmaculada cabaña de madera. El espacioso patio trasero había sido transformado en un huerto donde su mujer cultivaba pepinos, tomates, lechugas, cebollas y eneldo en unas parcelas prístinas que aprovechaban hasta el último centímetro cuadrado del terreno. Serguéi me guio a un cobertizo al fondo del huerto, retiró un candado y abrió las puertas de par en par. Dentro, apilados hasta el mismo techo, había cientos de platos de porcelana, blancos, sin estrenar, algunos aún envueltos en papel. «Pensé que algún día les encontraría utilidad», dijo.

Los caballos y los cuervos eran los elementos más móviles del paisaje. Todo lo demás en la llanura aluvial se hallaba a ras de suelo, estaba inmóvil y era de un gris amarronado. El único lugar digno de la denominación «destino» era Selitrennoe. *Selitra* significa «salitre» (*saltpeter* en inglés) y, por alguna razón, mi cerebro, perdido entre ambas lenguas, rebautizó el pueblo como Saltpetersburgo. Situado a poca distancia en coche del Campamento Éxito, era igual que los demás pueblos salvo por el yacimiento arqueológico que había a sus afueras desde los años sesenta. Mientras Serguéi y yo caminábamos por Selitrennoe y él me contaba la historia del lugar, algunas de sus calles parecían deshabitadas. Un potro negro pasó al trote a nuestro lado y se perdió por una callejuela lateral sin detenerse; parecía tener un destino en mente e ir con prisa. Nos rodeaba un horizonte completamente llano, lo que causaba una sensación extraña a un urbanita como yo. Inquietaba pensar que setecientos años antes, en el lugar donde ahora estaba aquel pueblo inhóspito se alzaba una ciudad más populosa e importante que Moscú.

La ciudad mongola era conocida como Sarái, o Sarái Batú, por el nieto de Gengis que, en el siglo XIII, conquistó Rusia y construyó su capital allí, en la estepa Caspia, con el fin de estar cerca del río y de las caravanas de mercaderes que hacían la Ruta de la Seda. Los mongoles eran nómadas que requerían grandes pastizales de hierba para sus caballos y que no concedían ningún valor a la variedad y el colorido de la vegetación.

Los mongoles eran tan inevitables e impredecibles como los fenómenos meteorológicos. Surcaban los campos como una ventisca, irrumpían de improviso en los pueblos a pleno galope. Las crónicas eclesiásticas medievales nos proporcionan una idea de lo terribles que debían de ser sus apariciones. Cuando los desconocidos jinetes aparecieron por primera vez en la estepa, muchos rusos dieron por sentado que eran las gentes de Gog y Magog —enemigos míticos de Alejandro el Grande— y que su presencia era una señal del advenimiento del apocalipsis. Respecto a esto último, no estaban del todo equivocados.

Las campañas que Batú llevó a cabo contra quienes vivieron en el territorio correspondiente a la Rusia actual infligieron muerte y sufrimiento a una escala que no se volvería a presenciar hasta el siglo XX. A los mongoles les había costado sesenta años conquistar China; para someter Rusia, les bastaron tres. En lugar de ocupar las ciudades, Batú se limitó a inmolarlas tras haber aniquilado a todos los vecinos. A comienzos de 1237, arrasó Riazán, Kolomna, Kostroma, Yaroslavl, Úglich, Kashin, Snyatin, Galich, Gorodéts, Kozelsk, Rostov, Súzdal, Volokolamsk, Chernígov, Smolensk, Pereslavl-Zalesky, Yuriev-Polsky, Dmítrov, Torzhok y Tver; entre las ciudades más grandes, solo Vladímir y Pskov quedaron en pie. Su ejército aniquiló a doscientas setenta mil personas solo en Moscú. Los mongoles mataron a todos los hombres, mujeres y niños de la ciudad de Vladímir y dejaron casi despoblada la región del Dniéper.

En 1240, Batú llegó a Kiev. Era la más hermosa ciudad de la antigua Rus y su capital, y de ella se decía que superaba a las ciudades europeas tanto en dimensiones como en esplendor. Había albergado más de seiscientas iglesias, y sus familias nobles se hallaban emparentadas, bien por matrimonio, bien por vínculo de sangre, con los monarcas de Bizancio, de Inglaterra y del Sacro Imperio Romano. Tras abrir brecha en las murallas de Kiev y matar a casi todos cuantos vivían en su interior, los soldados de Batú vaciaron asimismo las tumbas, desparramaron los huesos y reventaron los cráneos a taconazos. A continuación prendieron fuego a la ciudad. El legado papal Juan de Plano Carpini, que pasó por Kiev cinco años después, encontró menos de doscientas casas en pie y «un número incontable de cráneos y de huesos tirados por el suelo».

Cuando los mongoles se aproximaban a una ciudad, dejó registrado otro cronista, los berridos de sus camellos, los relinchos de sus caballos y el matraqueo de la maquinaria de guerra acallaban las conversaciones dentro de los muros de la ciudad. Anunciaban su llegada arrojando proyectiles en llamas por encima de las murallas, disparados por catapultas chinas supervisadas en persona por Tului, el hijo menor de Gengis. Tras barrer Rusia, Polonia, Silesia, Hungría, Serbia y Bulgaria con poca oposición, el ejército mongol prosiguió hacia el oeste. Otros países europeos sin duda habrían caído también si la muerte del Gran Kan en 1241 no hubiera convencido a

Batú de abandonar el asedio de Viena y de regresar a la capital mongola, Karakorum.

Los mongoles —o tártaros, como los llamaban los rusos— gobernaron Rusia durante más de doscientos cincuenta años con una maldad oficiosa y desconcertante. Tras conquistar a los persas y a los chinos, convivieron con ellos, pero con los rusos mantuvieron las distancias; enviaban sus órdenes a través de la estepa y, al cabo, delegaron en príncipes locales para recaudar los tributos, hacer cumplir los edictos y aplacar las revueltas en otras principalidades. Los tártaros parecían arrasar pueblos rusos por diversión, incendiaban las cosechas, soltaban el ganado, tomaban esclavos y rehenes. Los kanes castigaban los errores políticos y la insubordinación de sus súbditos con severidad y frecuencia. Saquearon Moscú varias veces. Asaltaron Riazán tan a menudo que, al final, sus habitantes desistieron y reconstruyeron la ciudad en otro emplazamiento. Esclavizaban a los supervivientes de sus campañas, incorporaban a las mujeres jóvenes a los harenes, y deportaban a los trabajadores especializados y a los artesanos a la estepa para construir Sarái y otras ciudades tártaras. Solo los monasterios ortodoxos eludieron las incursiones azarosas y las exigencias de tributos; los tártaros creían en el poder espiritual de los sacerdotes de toda clase y dejaron en paz a los barbudos monjes.

Para ser justos, los príncipes rusos tampoco eran demasiado admirables. Robaban con deleite a su pueblo y guerreaban sin cesar entre ellos, recurriendo en ocasiones a la ayuda militar de los tártaros para zanjar rivalidades y *vendettas*. Los kanes disfrutaban enfrentando a los rusos entre sí; en 1327, Iván Kalitá de Moscú encabezó un ejército punitivo tártaro-ruso contra el rebelde Aleksandr Mijáilovich de Tver (hermano menor del famoso Dmitri Ojos Terribles). Como recompensa por su victoria, a Iván se le otorgó el título de Gran Príncipe y fue entronizado en Vladímir. A todos los príncipes se les exigía que realizaran viajes de varias semanas a Sarái (y a veces hasta la misma Karakorum) para rendir tributo, sobornar a los oficiales tártaros y resolver disputas, teniendo para ello que suplicar al kan y, en ocasiones, a alguna de sus poderosas esposas. Aleksandr Nevski, el héroe de guerra ruso famoso por sus victorias sobre los suecos y los caballeros teutónicos, viajó repetidas veces a Sarái para postrarse ante Sartaq, hijo de Batú. Nevski —que fue canonizado por la iglesia ortodoxa— falleció mientras retornaba de uno de aquellos viajes.

Los tártaros destacaron en otra facetas, además de la destrucción. En la primera mitad del siglo XIII, donde ahora se ubica Selitrennoe, construyeron una ciudad que igualaba en esplendor a cualquier otra del medievo, un centro comercial con mezquitas y palacios decorados con incrustaciones de mayólica, tallas de alabastro y azulejos de terracota. Una red de conducciones subterráneas traía agua desde el Ajtuba, y había barrios y mercados para todas las nacionalidades que allí comerciaban. Los italianos, por ejemplo, gestionaban dos mercados en Sarái, uno para los genoveses y otro para los venecianos. En su cenit, la ciudad era el hogar de cerca de seiscientas mil personas. Para tratarse de una gran metrópolis, no obstante, Sarái tuvo una vida muy breve. Tamerlán la saqueó en 1395 y prendió fuego a sus bibliotecas y archivos. Se mantuvo en pie un siglo y medio más, intervalo en que los tártaros cayeron en la división y el desorden, mientras la estepa regresaba gradualmente a lo que siempre le ha gustado ser: un espacio vacío.

Los tártaros influyeron en el modo de vida de los rusos de modos tan misteriosos como innegables. El vocabulario ruso contiene cientos de términos procedentes de la lengua tártara, tan notorios como los característicos pómulos rusos. El estilo antiguo de saludo —tocar o golpear el suelo con la frente— es también un vestigio de los tártaros. Iván el Terrible prometió en una ocasión que «si el pueblo de Nóvgorod humilla la frente ante mí, perdonaré su vida». En tiempos de los zares, los campesinos mostraban con orgullo los chichones de su frente, resultado de postrarse ante sus superiores. Pero la más indeleble contribución de los tártaros a la cultura rusa es el despotismo de los gobernantes del país, así como la aquiescencia del pueblo; incluso después de que la nación se emancipara de los tártaros, su historia quedó enzarzada en un drama cíclico de victimización y sumisión interpretado por los rusos de a pie, en una tierra que Mijaíl Lérmontov, el poeta del siglo XIX, describió en un famoso poema como: «un país de esclavos, un país de amos». Esta herencia cultural ha sido objeto de análisis prácticamente desde que los tártaros se fueron; el filósofo Piotr Chaadáyev suscitó un escándalo en 1829 cuando escribió que «nuestros gobernantes» heredaron de los tártaros el espíritu de «una dominación extranjera cruel y humillante».

Algunas de las particularidades rusas que irritan y desconciertan a los occidentales también datan de siglos atrás, a veces de la ocupación tártara. Después de que los tártaros se fueran, persistió en Rusia el recelo hacia los extranjeros. En Selitrennoe pensé en la convicción, tan a menudo invocada en Rusia, de que los extranjeros y ciertos ciudadanos marginales maquinan para minar el país, motivo por el que se les suele culpar de los problemas nacionales. En diferentes momentos históricos, tales antagonistas extranjeros y domésticos han sido suecos, lituanos, turcos, japoneses, alemanes, masones, judíos, chechenos, estadounidenses, protestantes y, más recientemente, chinos, estonios, georgianos, ucranianos y el colectivo LGBT. Y de la cultura musulmana de sus conquistadores, los rusos heredaron el tropo del «decadente Occidente», un lugar imaginario donde extranjeros acaudalados y ateos conspiraban y hacían mofa y escarnio de la oprimida y piadosa Rusia.

Por supuesto, el constante peligro, procedente tanto de fuera como de dentro del país, exige un gobernante enérgico y autocrático. Mientras que este mito es perpetuado por los anuncios oficiales del Kremlin, muchos rusos lo sienten de manera instintiva. Los rusos tienden a personalizar su país, siempre en femenino, como una mujer acosada, derribada a golpes, con infinitas reservas de paciencia y la capacidad de soportar lo insoportable. Por supuesto, en realidad así se están describiendo a sí mismos. La tierra nunca les ha pertenecido —era propiedad del perenne Dueño de Todas las Rusias o de un comisario del pueblo en San Petersburgo o Moscú— pero Rusia sí. Quizá únicamente como idea, pero una idea irresistible y poética que es un pilar de su imaginación. Aun así, los rusos confían la mucho menos poética labor de gobernar al líder supremo de la capital, un déspota a quien a menudo han llamado «Padre» a secas, llevados por la creencia de que es necesario renunciar a los derechos y amparos de una sociedad legítima para obtener a cambio estabilidad y orden.

Stalin fue solo el más criminal de una larga procesión de «Padres» (y varias «Madres»), y muchos de los rasgos que podrían parecer novedosos del totalitarismo soviético son muy anteriores al Estado soviético. Los agentes del NKVD como mi abuelo se parecían sobre todo a los *oprichniki* de Iván el Terrible, que espiaron, torturaron y masacraron a toda clase de rusos, empleando el terror como una forma de control de masas; igual que le sucedió al NKVD, los *oprichniki* acabaron siendo víctimas de la paranoia de su gobernante. El gulag, el archipiélago penal soviético, vino a sustituir un sistema de siglos de antigüedad de exiliados políticos y de presos comunes a los que se les hacía marchar hacia el este a lo largo de la carretera más larga del mundo, la Gran Ruta Transiberiana, cruzando el país en columnas de hombres engrilletados, hambrientos, azotados por los guardias, que se congelaban en invierno y a los que devoraban los mosquitos y los tábanos en los sofocantes veranos. El propio Stalin fue uno de aquellos prisioneros y se escapó de su exilio siberiano en al menos dos ocasiones.

Los autores rusos que se han atrevido a escribir con franqueza sobre su país a menudo lo ven como un problema que hay que solucionar; dos famosos libros sobre Rusia, uno de Chernyshevski y otro de Lenin, llevan por título *¿Qué hacer?*, mientras que en 1995 Solzhenitsyn publicó *El problema ruso al final del siglo XX*. Pero muchos más rusos consideran que discutir las calamidades del pasado es insultar y menospreciar a su país, una convicción que data asimismo de la conquista tártara. Durante la época de la ocupación, los resultados de las campañas militares eran vistos como veredictos divinos por el recto pueblo ruso y su iglesia única y verdadera. «Por nuestros pecados», escribió un cronista de Nóvgorod en referencia a los tártaros, «naciones desconocidas llegaron». ¿Pero cómo iban a explicar los escribas de los siglos XIII y XIV la absoluta derrota de Rusia y su prolongada ocupación? Pese a que las crónicas medievales abundan en descripciones de los pillajes y la inhumanidad de los extranjeros, no figura en ellas ni una sola alusión a que la totalidad de las tierras fueron conquistadas y ocupadas por infieles foráneos durante más de dos siglos y medio. Es como si los cronistas hubieran decidido no reconocerlo. Un historiador lo llamó la «ideología del silencio».

Quizá fuera un intento de salvar las apariencias ante las generaciones venideras, pero, en cualquier caso, el hábito de reescribir y censurar la historia se ha mantenido. Un año antes de que yo fuera a Selitrennoe, se publicó y publicitó a bombo y platillo un libro de texto en Moscú. *La historia moderna de Rusia, 1945-2006: Un manual para profesores de Historia* fue escrito, o así se anunció, bajo la supervisión directa del presidente, y con motivo de su publicación Putin intervino en persona en un congreso de profesores. Una de las más extrañas entre las muchas teorías novedosas del libro sugiere que las purgas de Stalin y la formación del gulag fueron productos de la agresión estadounidense. «En el contexto de la Guerra Fría», explica el libro, «la democratización no era una opción para el Gobierno de Stalin.» La colectivización, la hambruna y los asesinatos en masa fueron la única respuesta posible, nos aseguran los autores, porque las condiciones de la sociedad rusa así «lo exigían».

El deseo de Putin de abrillantar el pasado del país como si fuera un bulevar moscovita condujo asimismo a que su Gobierno, en 2014, promulgara una orden clasificada para hacer desaparecer todos los registros personales de los prisioneros del gulag; en algunos casos, los últimos documentos que probaban la existencia de aquellas personas. Tal iniciativa se basaba en la idea, propia de los cuentos de hadas, de que hacer desaparecer los documentos históricos equivale a hacer desaparecer el sufrimiento en ellos descrito. «La historia de Rusia contiene algunas páginas problemáticas», dijo

Putin a los profesores de historia asistentes al congreso. «Nosotros tenemos menos de esas páginas que otros países. Y también menos terribles que las de algunos de esos países… No podemos permitir que nadie nos imponga un sentimiento de culpa.»

Mientras recorría Selitrennie, me costaba creer que mucho de lo que hoy conforma Rusia —y el carácter ruso— tuvo origen en aquel lugar vacío y fantasmagórico, el decorado del trauma formacional de la nación. Desde entonces he pensado a menudo en Selitrennoe, sobre todo desde que leí sobre el estudio de los ratones de Emory, y otros estudios acerca de la transmisión intergeneracional del trauma. ¿Y si la particular y cíclica historia de Rusia, comencé a preguntarme, venía guiada por algo más que los precedentes y la tradición? ¿Y si los rusos no solo nacíamos con una serie de hábitos y asunciones culturales, sino que nos topábamos asimismo con una realidad predeterminada genéticamente por una catástrofe nacional? Si esto fuera cierto, casi ocho siglos atrás aquel asentamiento tártaro a orillas del Ajtuba fue el detonante de una reacción en cadena imparable: una transmisión intergeneracional de miedo, sospecha, dolor, melancolía y rabia que, con el discurrir del tiempo, cuajó en nuevas calamidades históricas, nuevos traumas que transmitir a los jóvenes.

Al fin y al cabo, ¿hay algo más fácil que empatizar con una víctima de trauma que elige la seguridad antes que la libertad? En su novela *Todo fluye,* el novelista y periodista Vasili Grossman, calificado en ocasiones como el Tolstói soviético, describió el alma rusa como un «esclavo de mil años de edad». Estudiando el brutal pasado del país, Chaadáyev se lamentaba de que «nosotros, los rusos, al igual que los hijos ilegítimos, vinimos a este mundo sin patrimonio». Pero el patrimonio de los rusos es fácil de identificar en una nación de personas temerosas de los extranjeros, de sus propios compatriotas y de la perspectiva de una mayor libertad, un pueblo atemorizado sin causa aparente, como los ratones de laboratorio de Emory.

Se levantó viento. Serguéi y yo nos apoyamos en una valla, contemplando la estepa donde Batú levantó su ciudad. No era como la estepa más al oeste, donde la hierba crece exuberante y más alta que un hombre; aquí, la hierba amarillenta forcejeaba con parches arenosos, como si la tierra no pudiera decidir qué quería. Serguéi, habitualmente sereno e irónico, estaba furioso de repente. Molesto, sacudió una tabla floja de la valla. «La gente de aquí habla como si las cosas siempre estuvieran cambiando», soltó con una emoción inesperada. «¡Los tártaros, los bolcheviques, los capitalistas! Y yo me pregunto: ¿acaso la vida ha sido alguna vez de otra manera aquí? Estas gentes fueron esclavos y granjeros sometidos por deudas a los príncipes para quienes trabajaban, luego fueron esclavos de los tártaros, luego siervos de los zares. ¿Y qué cambió cuando llegaron los rojos? Más gente aprendió a leer, es cierto, más niños llegaban a adultos. Pero también ellos se pasaron la vida trabajando una tierra que no era suya, y que no podían abandonar, no podían viajar a ningún otro sitio, lo ignoraban todo sobre el mundo.» Señaló en la dirección del sol poniente. «A lo mejor allá lejos todo está cambiando siempre. ¿Pero qué ha cambiado aquí?» Hizo un gesto hacia el pueblo que nos rodeaba, con los fardos de forraje, la pintura pelada y las casas de madera a la vera de un camino de tierra. Si se obviaban las chapas metálicas y los dos o tres coches oxidados, era fácil imaginar cómo debió de ser el sitio doscientos o incluso trescientos años antes. «Los tártaros nunca se fueron», dijo Serguéi sombríamente. «*Nosotros* somos los tártaros.» Y dicho esto escupió, como si quisiera librarse del mal sabor de boca que le habían dejado sus palabras, y echó a caminar hacia el coche.

En el Campamento Éxito, cuando la luz del amanecer comenzó a iluminar la hierba, mi padre y yo fuimos al embarcadero y desamarramos el bote. Mi padre bajó el motor fuera borda y lo puso en marcha. El *Castor plateado* cobró velocidad y planeó sobre el agua. El viento rizaba la superficie del río, de modo que cuando navegábamos perpendicularmente a la corriente, el bote rebotaba como una piedra, golpeteando el agua con un *chun-chun-chun* metálico.

Mi padre largó dos anzuelos cebados e hizo pasar el bote, a menor velocidad, por los sitios buenos. Iba abrigado con una cazadora negra de Shimano y una gorra negra con el logotipo de la compañía japonesa; creo que le gustaba disfrazarse de deportista. A aquellas horas tempranas el paisaje se desperezaba poco a poco, y los pequeños sonidos y sensaciones se iban dibujando en marcado contraste contra la oscuridad: el parloteo de los cuervos, el petardeo del fueraborda, los firmes tirones de la corriente en los cabos de pesca.

De todo el tiempo que pasamos juntos, aquellos fueron mis momentos favoritos. Mi padre y yo en el bote, aún adormilados, rodeados de un horizonte de color lavanda, y sin ninguna necesidad de hablar. Era la mejor forma de estar juntos. El trabajo —atar señuelos, cebar anzuelos, pelearnos con el fueraborda— ya nos hacía sentir lo bastante cercanos el uno al otro. Abundaban los silencios: nos sentábamos uno al lado del otro realizando labores pequeñas y concretas, sin hablar; el ancho río, el cielo y los árboles distantes cambiaban a nuestro alrededor como un decorado móvil. La mayoría de las mañanas y de las tardes no había allí nadie más que nosotros, compartiendo nuestro vínculo primordial y biológico. En aquellos momentos yo casi llegaba a creer que toda una vida de buenas intenciones no verbalizadas había acabado dando lugar a una buena relación, y que las cosas siempre fueron así, y que nadie se iría, y que nadie moriría. Cuando mi padre me miró, me pareció que él también lo sentía. Pienso a menudo en aquellas mañanas.

Nuestra cabaña de una sola habitación tenía un porche cerrado con tela mosquitera. La mayoría de las noches, después de cenar algo rápido en el comedor, nos sentábamos en sillas de plástico en el porche, apoyábamos los pies en la barandilla de madera y fumábamos los Winston de mi padre. Nos pasábamos una botella de brandi Moldovan cinco estrellas que vendían en el comedor por nueve dólares; el regusto ardiente y dulce casaba bien con el tabaco. Dentro, una mesilla de noche y una alfombrilla separaban nuestras camas, y antes de irnos a dormir charlábamos un rato, lo que nos permitía mirarnos el uno al otro durante unos momentos sin sentirnos incómodos. Algunas veces, yo lo disfrutaba; otras, me sentía cohibido ante el escrutinio de mi padre, volvía a ser de nuevo aquel niño tímido y vacilante, y era una sensación casi física que yo no podía soportar mucho tiempo. Entonces uno de los dos apagaba la luz y de pronto ya era por la mañana, y sonaba el despertador anunciando que era hora de volver al embarcadero.

Varias noches, mi padre cruzó la carretera para ir al pabellón de pesca adyacente, llamado el Triángulo, donde les gustaba alojarse a él y a sus amigos. Me dijo que para nosotros dos había elegido el Campamento Éxito porque yo era un estadounidense acostumbrado a las comodidades. Me sonó a reproche, aunque a lo mejor era cosa mía. El Campamento Triángulo era más comunitario, más rústico, más barato; en lugar de espaciosas cabañas para dos personas, en cada habitación dormían ocho o diez personas; y no había camas sino catres. Cuando mi padre iba allí a ver a sus amigos, no me llevaba con él. Yo quería conocerlos —incluso sugerí, aunque no era muy cierto, que podría ser bueno para mi artículo—, pero él descartó la idea y se adentró solo en el bosquecillo brumoso. Yo lo esperaba leyendo en el porche. Me preguntaba con infantil recelo si mi padre era reacio a que yo conociera a sus amigos o a que ellos me conocieran a mí. Él solía volver tarde y por la mañana no decía gran cosa sobre lo que había hecho, aunque yo preguntase.

Pocos días antes de que nos fuéramos del Volga, mi padre y yo estábamos recorriendo tranquilamente los canales poco profundos y poblados de juncos que conectan los ríos. Hacía sol y no había ni una nube en el cielo, salvo la estela de condensación que había dejado un avión monomotor, redonda como una pincelada japonesa. El bote avanzaba ronroneando cuando noté un tirón en mi caña de pescar. El carrete giró, desenrollándose a toda velocidad, puse el freno y la caña se dobló en una U invertida. «Sujétala fuerte», me gritó mi padre. Hubo un destello plateado en el agua y el pez brincó, tratando de desengancharse del anzuelo. Fui cobrando sedal poco a poco, como mi padre me había enseñado, y solo cuando asomó la cabeza por encima del agua vi que era un lucio, un grueso pez cubierto de escamas plateadas y de ojos verde oscuro. «Unos seis kilos», dijo mi padre, asintiendo con aprobación, cuando lo icé a bordo. El lucio yacía entre nosotros, revolcándose furioso en el fondo del bote.

Esperamos a que dejara de moverse y mi padre sacó su cámara para hacerme una foto con mi primer trofeo respetable. Levanté el pesado pez y lo sostuve en alto con ambas manos mientras él enfocaba. Antes de que pudiera sacar la foto, el lucio se retorció y se me deslizó de entre las manos. A diferencia de los guantes de pesca de mi padre, de goma con la palma rugosa, los míos eran unos simples guantes de piel, los mismos que usaba en Nueva York en invierno, y al cabo de varios días de pesca estaban resbaladizos por el contacto con el pescado. Me lancé a por el lucio, haciendo balancearse el bote, pero cuando lo aferré, mis manos resbalaron por su cuerpo sin que yo pudiera impedirlo. Tras algún otro intento de capturarlo digno de vodevil, el pez logró salvar la borda y desapareció en las profundidades. Mi padre me estaba mirando, con incredulidad que se iba transformando en indignación. «Te ha salido que ni planeado, vamos», masculló, y volvió a guardar la cámara en la funda impermeable. «En la vida hago yo una cosa así de estúpida.»

No hablamos en el camino de regreso al pabellón. Yo iba sentado a proa, concentrado en los reflejos del sol vespertino en el agua. Toda la satisfacción y el afecto que habíamos compartido se habían desgarrado como una costura mal cosida; volvía a sentir el enfado y la vergüenza habituales, e iba encogido, con la mandíbula apretada, negándome a mirar a mi padre. Sentía también aquella familiar impotencia, porque, con mi ruso torpe y funcional, no podía decirle todo lo que quería. Más tarde, en el porche, lo intenté de todos modos. «Me has avergonzado», le dije. «Es lo que siempre has hecho conmigo. Yo a ti no te lo haría nunca.» Las palabras me salieron a trompicones; pretendía sonar herido, pero temblaba de rabia. Mi padre me miró y pareció que iba a responder algo, pero al final soltó un largo suspiro exasperado y entró en la cabaña. Me dejó plantado en el porche, macerándome en el enojo que sentía hacia él y también hacia mí, y en la lástima por él, y en algo que se parecía al duelo. De pronto tuve dolorosamente claro que él no estaba dispuesto a darme, o no podía, las respuestas que yo había ido buscando, y que no habría ninguna confesión de los traumas que él había heredado, infligido y padecido. ¿Por qué lo comprendía en ese preciso momento? Desde que nos conocíamos, mi padre siempre me había ofrecido la misma respuesta: tendrás que hacerlo tú solo. Todo. El dolor causado por su ausencia —y el ansia por su presencia— eran tan intensos que nunca me detuve a pensar que él tenía, en cierto modo, razón; no lo necesitaba para concluir las frases que él dejaba a medias. Yo podía decidir por mí mismo.

Nos evitamos hasta el anochecer, y entonces salió al porche, donde yo estaba sentado fumando sus Winston. Estuvimos un rato sentados uno al lado del otro, contemplando las franjas rojizas y amarillentas, cada vez más oscuras, al oeste. «¿Sabías que después de que tú y tu madre os fuerais, mi padre vino a visitarme?», preguntó. Me volví hacia él.

En 1985 o 1986 —no se acordaba bien— recibió una carta de Vasili. Quince años de silencio era demasiado tiempo, decía Vasili; no estaba bien que un padre y un hijo vivieran como desconocidos. Al final de la carta, añadía que unas semanas más adelante tenía que ir a Moscú y esperaba poder hablar de algunas cosas con él y disculparse. «Tu padre, que te quiere», firmó Vasili. Mi padre leyó la carta varias veces pero no contestó.

Para entonces, él ya se había mudado del piso donde había vivido conmigo y con mi madre para irse a un piso más grande en un edificio adyacente, cosa que Vasili desconocía. (Alguien dejó la carta encima de los buzones del portal.) La mañana de la visita, alguien llamó al timbre de mi padre. «Hay un viejo delante de tu antiguo piso preguntando por ti», le dijo una vecina. Mi padre hizo una pausa en el relato para encender otro Winston. «Yo no tenía más que cruzar el patio», continuó. «Él me estaba esperando a menos de cien metros de distancia. Me puse el abrigo y me lo volví a quitar, y así varias veces, caminé arriba y abajo por mi casa, me fumé unos cuantos cigarrillos. Al final, no fui a verlo. No podía. Era como si una mano invisible no me dejara moverme. Luego me enteré de que Papá se pasó casi todo el día allí, en el pasillo. Después de aquello, no volví a saber de él.»

Era la primera vez que yo oía a mi padre referirse a Vasili como «Papá», y fue un tanto desconcertante, como si por primera vez él reconociera el parentesco que los unía. Supe que aquel relato era una ofrenda que mi padre me hacía; no el relato que yo quería, pero al menos algo real. Pasamos un rato hablando de otras cosas hasta que se fue a dormir. Yo me quedé fuera, viendo cómo el humo de mi cigarrillo ascendía hasta la bombilla del porche, donde se sumaba al frenesí de polillas. Me imaginé a Vasili esperando de pie en el pasillo de cemento que yo había conocido de niño; el antiguo agente del KGB de más de setenta años, con un traje recién planchado, esperando al hijo del que se había distanciado. Y me imaginé a mi padre, andando de un lado a otro en su casa, con un cigarrillo en la mano y decidiendo a cuál de sus impulsos obedecer después de años de separación. En realidad, también yo sabía lo que era la «mano invisible». Pensé en las incontables veces en que había querido preguntarle o decirle algo a mi padre, o sencillamente oír su voz, cuando la mano —el residuo de décadas de dolor, decepción y enfado— me impidió marcar su número de teléfono. Y al detenerme a considerar qué habría hecho yo si hubiera estado en el lugar de mi padre aquella mañana de 1985 o 1986, me sorprendió descubrir que no lo sabía.

Aquella noche volví a tener la pesadilla. Estoy en pie frente a nuestra casa de veraneo en Stepanovskoye, agarrado a la valla azul al pie del camino sin asfaltar donde solía sacar agua del pozo y donde aprendí a montar en bicicleta, mirando la luz al otro lado de las persianas verdes. Huelo los pinos y el humo de leña de la cocina de mi bisabuela, y oigo a Liudmila Andreevna en el patio adyacente, cantando entre los espinos de fuego, y veo la cosechadora en el trigal lejano. Si pudiera despertar de esa pesadilla y descubrir que me encuentro en ese mismo lugar, tal como entonces era, sentiría un gran alivio, pues fue el lugar donde más feliz fui en mi infancia. Pero eso nunca sucede, y los ladridos del bulldog al otro lado de la valla me dejan mudo de miedo. Mi madre, mi padre, Tamara y María Nikoláyevna están en la casa, y yo quiero verlos desesperadamente, así que, como todas las demás veces, abro la portilla de un tirón y corro hacia la puerta, y el bulldog me persigue, gruñéndome en el cogote.

Me desperté gritando. Era plena noche pero, para mi sorpresa, había una lámpara encendida, y mi padre estaba sentado al borde de mi cama.

—Estabas hablando en sueños —me dijo—, y de pronto te has puesto a gritar.

—Lo siento —contesté, de manera un poco absurda. El corazón aún me latía a toda velocidad.

Los ojos de mi padre, agrandados por las gafas de leer, me escrutaban.

—Cuando yo era niño y vivíamos en Moscú, tu abuelo también hablaba en sueños —me dijo—. A veces gritaba o lloraba, y tu abuela lo despertaba y le hablaba hasta que él volvía a dormirse. —Se quedó un momento pensativo—. Yo los escuchaba desde detrás de la cortina. Y tú ahora sonabas como él.

Con las gafas puestas y sin dentadura postiza, mi padre parecía más viejo de lo que yo nunca lo había visto. Me dio unas palmaditas en las piernas por encima de las mantas, me deseó buenas noches y se volvió a la cama. Yo apagué la lámpara. Transcurrieron unos momentos sin que pudiera ver ni oír nada. La noche en el Volga era muy oscura y los pájaros aún no se habían despertado. Entonces oí a mi padre revolverse y cambiar de postura en la cama. Pasamos largo rato tumbados, cada uno a solas con sus pensamientos, hasta que nos volvimos a dormir.

AGRADECIMIENTOS

Para escribir este libro necesité más apoyo, consejo, favores, cariño, comidas caseras, paciencia y tiempo de lo que me gustaría reconocer. He acumulado una deuda enorme. Este libro no existiría sin John Jeremiah Sullivan, que fue el primero en sugerir que las historias que en él figuran merecían ser escritas, y que tuvo la generosidad de presentarme a las personas que me ayudaron a que eso sucediera. Joel Lovell y Jim Nelson de la revista *GQ* hicieron posible el viaje para conocer a Vasili. Nathan Lump de *T* me envió de pesca. Doug Dibbern me ayudó a dar forma al material, leyó numerosos borradores, padeció estoicamente mi proceso de escritura y me dio invaluables ánimos, consejos y respaldo. Gracias, Doug.

La persona responsable de remolcar este libro hasta la orilla es Andy Ward, mi editor en Random House. Su magistral labor de edición y su entusiasmo infatigable, así como su paciencia, generosidad y talento para decir la verdad, hicieron de trabajar con él un sueño. Cualquier escritor que trabaje con Andy es muy afortunado. También me gustaría dar las gracias a Daniel Menaker, Jennifer

Hershey, Chayenne Skeete, Craig Adams, London King, Ayelet Gruenspecht, Jordan Pace y Anna Bauer de Random House.

Mi agente y amiga desde hace mucho tiempo, Jin Auh, ha ejercido de editora, consejera y protectora. La adoro. De la Agencia Wylie, tengo que dar las gracias a Tracy Bohan, Sarah Watling, Sarah Chalfant y Andrew Wylie. Y gracias también a Bea Hemming y Dan Franklin de Jonathan Cape.

Mi sentido agradecimiento al brillante y entusiasta Andrew Chaikivsky, cuya habilidad para detectar errores, omisiones, conjeturas y razonamientos endebles es tan formidable que pone los pelos de punta. Mejoró mucho este libro.

Tengo una deuda inmensa con la McDowell Colony, Yaddo, Writers OMI en Ledig House, Summer Literary Seminars y el Brooklyn Writers Space por darme tiempo, espacio y una inyección de ego cuando más lo necesitaba. Me gustaría dar las gracias en particular a Elaina Richardson, Candace Wait, Christy Williams, Michael Blake, David Macy, DW Gibson, Mijaíl Iossel, Soren Stockman, Ann Ward, Scott Adkins, Erin Courtney y Jennifer Epstein.

El manuscrito se benifició del servicio de lectores generosos y atentos, incluyendo a Alex Chasin, MT Connolly, Anne Fadiman, Boris Fishman, Elizabeth Kendall, Larry Krone, Michael Lowenthal, Lena Mandel, Maryse Meijer y Devika Rege. Olivia Laing, un faro de ánimos y de amor, leyó estas páginas cuando se hallaban en diferentes fases del proceso de escritura, permitiendo que me beneficiara de su soberbio ojo editorial y de su impecable gusto. Donald Antrim me proveyó en abundancia de muy necesitados consejos, de conversación y de consuelo en los momentos más complicados. Simon Sebag Montefiore, Stephan Kotkin, Dovid Katz y el difunto Richard Pipes me proporcionaron perspectiva histórica y contactos impagables. A lo largo de los años, Boris Kerdimun me proveyó de sus recuerdos personales del Moscú de los años cuarenta, así como de su amistad y amor inagotables. Y el difunto y muy añorado Pyotr Degtyarev me guio a través de Rusia y Ucrania con buen humor y una amabilidad inolvidable.

Escribir un libro es, en el más sincero de los sentidos, un esfuerzo conjunto, y quisiera dar las gracias a los amigos que me cuidaron y animaron, de todos los modos posibles, a lo largo del extenso y a menudo difícil recorrido: Nick Abadzis, Hilton Als, Jim Andralis, Christian Barter, Cris Beam, Marcelle Beck, Jonathan Blessing, Ester Bloom, Paul Boyer, Colette Brooks, Alan Burdick, Brooke Costello, Stanley Crouch, Kyle DeCamp, John De-Vore, Lisa Dierbeck, Becky Doggett, Jeff Drouin, Laurel Farrin, Aaron Foster, Ian Frazier, St. John Frizzell, Eric Gagne, Mary Goldthwaite-Gagne, Donald Gray, Rahul Hamid, Trish Harnetiaux, Maya Jasanoff, Alexander Kopelman, Jessica Lamb-Shapiro, Michael Lashutka, Michael Lavorgna, Benjamin Lorr, Tamar Lusztig, Mitch McCabe, Richard McCann, Kathleen McIntyre, John McManus, Stephen Mejias, Hugh Merwin, Tzs Yan Ng, Garrett Oliver, Heidi Parker, Michelle Radke, Tejal Rao, Yasmil Raymond, Herb Reichert, Ragan Rhyne, Alex Rose, Karen Rush, Andrew Schulman, David Seubert, Sumakshi Singh, Andrew Solomon, Wells Tower, Ellie Tzortzi, Vint Virga, David Walker, Angela Watson, Anthony Weigh, Dave Wondrich, John Wray y Wendy Xu.

Jonathan Allen soportó la escritura de este libro con una paciencia y un cariño inagotables, lo leyó atentamente y proporcionó cruciales consejos editoriales. A lo largo de los años, mi padrastro, Vitaly Komar, me enseñó muchas cosas sobre nuestra antigua patria. Mi hermanastra, Maria Cherkassova, compartió conmigo sus valiosas percepciones acerca de nuestra familia. Ni este libro ni yo existiríamos si no fuera por mi madre, Anna Halberstadt, quien me proporcionó mucho del material y fue mi aliada en el proyecto desde el principio. Es tanto lo que le debo a ella y a los demás protagonistas del libro —mis difuntos abuelos, Raísa y Semión Galbershtad, Tamara Kamysheva y Vasili Chernopisky, y mi padre, Viacheslav Chernopisky— que me limitaré a decir спасиб.

Créditos de las fotos

Páginas 13, 25, 31: fotos familiares; página 33: autor desconocido; páginas 37, 44, 48: fotos familiares; páginas 51, 53, 55: autores desconocidos; página 66: foto del autor; página 68: foto familiar; página 74: autor desconocido; página 76: foto familiar; página 80: foto del autor; páginas 92, 93: fotos familiares; páginas 95, 96, 98: fotos del autor; página 99: autor desconocido; páginas 103, 105, 116, 123, 124: fotos familiares; página 140: *Unter der Linden*, foto de William Vandivert; páginas 145, 149, 151, 161, 163, 167, 174, 176: fotos familiares; página 179: autor desconocido; página 187: fotos de archivo; páginas 191, 192, 193, 195: fotos del autor; páginas 203, 205, 209, 212, 214, 217, 232: fotos familiares; página 242: *Brézhnev y Ford*, David Hume Kennerly, Gerald R. Ford Presidential Library and Museum, dominio público; página 245: *The Motherland Calls*, Anastasia Galyamicheva, Creative Commons Attribution-Share Alike International 4.0 license; página 248: autor desconocido; página 257: *Setas*, foto de Bjorn S . . . , Creative Commons Attribution-Share Alike 2.0 Generic license; páginas 264, 274: fotos familiares; páginas 301, 309, 321, 322, 323, 324, 333, 335, 337: fotos del autor.

Índice

∾

Praise for
SOVEREIGN

"*Sovereign is one of the most influential books I have read in years. It's loaded with ideas that will recharge your life and change the way you think and act right away. By far the most highlighted book in my library!*"

— **Tom Rath**, #1 *New York Times* best-selling author of *How Full Is Your Bucket?* and *StrengthsFinder 2.0*

"*It is no exaggeration to say this book is life-changing. I couldn't put it down. Emma Seppälä gives us wisdom and guidance in the form of unforgettable human stories of fallibility and courage, of astonishing scientific research (for any skeptics among us), of humor and vulnerability, and inspiration that is nothing short of poetry. This book is a gift.*"

— **Faith Salie**, Emmy-winning contributor to *CBS News Sunday Morning*, panelist on NPR's *Wait Wait . . . Don't Tell Me!*, and author of *Approval Junkie*

"*Sovereign is an insightful and entertaining guide to living life on your own terms—backed by science, spiced with humor, and laced with love.*"

— **Dr. Jennifer Aaker**, General Atlantic Professor at the Stanford Graduate School of Business and best-selling author of *Humor, Seriously*

"*With clear stories, science-backed skills, inspiring poetry, and gentle humor, Emma Seppälä invites us to explore the key experience of 'sovereignty,' a state of clarity and well-being beyond simply our capacity to be self-governing. In this illuminating exploration of the essential ingredients of a resilient mind, rewarding relationships, and a meaningful life, we are empowered to develop and strengthen this liberating way of being grounded in our lives. Reading this book will be a gift that keeps on giving for all those in your life, including you.*"

— **Daniel J. Siegel**, M.D., *New York Times* best-selling author of *Mindsight, Aware,* and *IntraConnected*

"With a science-backed approach and stories from her own experience, Emma opens the door to greater freedom and happiness as she skillfully shows us how to reclaim our sovereignty from the variety of thoughts, habits, beliefs, and distractions that otherwise keep us bound."

— **Sharon Salzberg**, *New York Times* best-selling author of *Lovingkindness* and *Real Life*

"For many, modern society has separated us from ourselves. Sovereign is a deeply personal narrative that offers us a path to recognize our own agency and empowers us to reach our greatest potential."

— **James R. Doty, M.D.**, Director of CCARE and *New York Times* and international best-selling author of *Into the Magic Shop* and *Mind Magic*

"Sovereign is a gift to your inner spirit, a salve for anyone yearning to unleash their best self, and a masterpiece of insight about how to show up for life. No matter your background or circumstances, Sovereign helps you tap into your greatest potential and fan your own inner flame— today and every day from here on out."

— **April Rinne**, global futurist and author of *Flux: 8 Superpowers for Thriving in Constant Change*

"In a world where sensory overload is a daily occurrence, Emma Seppälä's Sovereign provides a step-by-step guide to help you stay centered, grounded, and focused so that you can handle whatever curveballs the universe throws your way."

— **Alison Levine**, *New York Times* best-selling author of *On the Edge*

SOVEREIGN

ALSO BY EMMA SEPPÄLÄ

The Happiness Track

SOVEREIGN

Reclaim Your
Freedom, Energy, and Power
in a Time of
Distraction, Uncertainty,
and Chaos

EMMA SEPPÄLÄ, Ph.D.

HAY HOUSE LLC
Carlsbad, California • New York City
London • Sydney • New Delhi

Published in the United States by: Hay House LLC: www.hayhouse.com®
Published in Australia by: Hay House Australia Pty. Ltd.: www.hayhouse.com.au
Published in the United Kingdom by: Hay House UK, Ltd.: www.hayhouse.co.uk
Published in India by: Hay House Publishers India: www.hayhouse.co.in

Cover design: Kara Klontz
Interior design: Karim J. Garcia
Indexer: Beverlee Day
Interior photo: Tony Rinaldo

**Cataloging-in-Publication Data is on file
at the Library of Congress**

Hardcover ISBN: 978-1-4019-7506-7
E-book ISBN: 978-1-4019-7507-4
Audiobook ISBN: 978-1-4019-7513-5

10 9 8 7 6 5 4 3 2 1
1st edition, April 2024

Printed in the United States of America

SUSTAINABLE FORESTRY INITIATIVE

Certified Chain of Custody
Promoting Sustainable Forestry
www.forests.org
SFI-01268

SFI label applies to the text stock

To humanity.
A love letter.
May you be sovereign.

CONTENTS

CHAPTER 1

INVITATION

Sovereignty is internal freedom and a relationship with your-self so profoundly life-supportive and energizing that you access your fullest potential. The fullest potential you were *born* for.

Trust me, you've felt it. You've felt the sovereignty fire, kin-dled, in the pit of your stomach at different times in your life.

It's the inner flame that lifted you up from rock bottom and kept you walking through the darkest of nights. It's the roar of defiance that helped you back to your feet every time you were knocked down—a declaration of your fight and right to live as you, no matter what. It is what has kept you alive de-spite everything.

Regardless of race, nationality, religion, gender, or social sta-tus, at our core we're the same: sovereign. We all have the same desire to live in the fullest expression of ourselves.

Sovereignty allows us to reclaim the treasure trove of possibil-ity that exists within all of us, if we allow it.

Sovereignty is your birthright.

And somewhere deep down, you know it.

Take the example of Maya, who was born into a working-class family riddled with addiction in rural Indiana. She grew up in a trailer and suffered abuse as a child. She felt pride in herself for the first time in her life when she joined the Indiana National Guard. She identified with the values of service, commitment, and ca-maraderie, and began to feel hope. That is, until she deployed to Iraq. She was in combat operations during the day—with all the hellishness that entails—and at night, her very own commander, a member of her community in Indiana, sexually assaulted her and prostituted her at gunpoint to her own colleagues. If she ever said anything, her commander threatened, she would not live to see the baby she had left back home in the U.S. A modern-day experience of enslavement at the tender age of 22.

Maya was a participant in one of the studies my colleagues and I ran, a woman I would never forget. She stunned me because—despite it all—she was sovereign. She said that our research intervention (a breathing protocol I'll discuss in Chapter 4) helped with her PTSD and that she would otherwise most likely have become an alcoholic, but she also had the powerful flame coursing through her veins that you could see in the gleam of her beautiful eyes: sovereignty. Despite everything she had been through, she was determined to show up as a great mother for her son—with all the extra care and love needed for a child on the autism spectrum—and a kind and compassionate leader in her community. She went on to beat all odds as a successful high-level leader at one of the country's top tech companies.

Another example is Nasreen Sheikh. Born into poverty and undocumented in India in the early '90s, she was forced to labor in sweatshops under abusive conditions in Kathmandu as of the age of 10. Yet at 16 Nasreen defied all odds by becoming a world-renowned human rights activist and successful social entrepreneur to help other women who had suffered the way she had.[1]

Extraordinary people like Maya and Nasreen, who lived through hell yet thrive, through their existence show us what we ourselves are capable of—despite anything we might have experienced.

There are many historical examples of sovereignty. It's Diogenes, the Greek philosopher who, after being captured by pirates, was being sold as a slave on a busy marketplace yet remained sovereign. He pointed to someone and cried out: "Sell me to this man; he needs a master."[2] It is the Buddhist monk who, despite being beaten down, repeatedly sat back up in perfect meditation until his abusers fell at his feet in astonishment and devotion. It's Dandamis, a famous yogi of Alexander the Great's time, who, when threatened with death if he didn't come meet Alexander, remained unperturbed and unmoving, stating he had no fear of death.[3] It's Joan of Arc, a 17-year-old illiterate peasant girl with neither status nor education who rekindled the deadened spirit of an army of downtrodden and unruly French men, turning them into victorious conquerors. It's the enslaved Africans of South Carolina who—after the 1739 Stono Rebellion—had their instruments taken away from them yet still kept singing, dancing, and celebrating using their feet and hands, originating step[4] and tap dancing.[5]

These examples and so many others awaken in us a distant memory: the knowledge that the human spirit is a force to be reckoned with.

Because you can shackle someone and take the instruments away from them, but you can never take the song out of their soul.

You can't restrain the human spirit. The human spirit is indomitable. It is sovereign.

Sovereignty is your song. To quote Gurudev Sri Sri Ravi Shankar:

> *There is a song deep inside you. You are born to sing a song and you are preparing. You are on stage holding a mic but you are forgetting to sing, you are keeping silent. 'Til that time you will be restless, until you can sing that song which you have come on the stage to sing. It doesn't matter if you feel a little out of tune for a minute or two. Go ahead! Sing!*

I dedicate this book to you, that you may sing your song.

And that, my friend, is my dangerously powerful invitation to you.

You were born for this. You were born to be sovereign.

THE BOUND STATE

Yet sovereignty often feels far from what we experience daily.

To the contrary, we tend to live in what I'll call a bound state: Through life experiences, fear, and trauma, we start to disconnect from ourselves. We're dealing with distraction, uncertainty, and chaos on a daily basis—thus the subtitle of this book. We are prone to fear and easily influenced by outside forces.

The crises the world has been facing—from pandemics to senseless wars and environmental catastrophes—have dramatically increased mental health problems[6] and sent us further into a state of languishing.[7] The constant barrage of all sorts of news, media, and messaging accelerated by technology and influenced by corporate greed and divisiveness only exacerbates matters.

Research tells us that over 50 percent of people across industries are burned out,[8] uninterested (engagement levels are very low at 34 percent, according to Gallup[9]), overwhelmed, and down. Something feels like it's missing. Something is lost. Something is not quite right. But we can't quite put our finger on what it is.

The COVID-19 pandemic lockdown was the first time many of us consciously experienced a sense of being bound: total lack of control, autonomy, and freedom.

Though that time is now behind us, we have experienced living in a bound state far longer than that. A type of invisible lockdown. So old, and so common, in fact, that we fail to see it. So normal, that we don't even know it's there.

We're bound to destructive beliefs, habits, patterns, concepts, relationships, addictions, and misconceptions. It is the reason so many of us feel there is more to life. That life feels empty. It is the reason so many suffer from anxiety, depression, addiction, fear, burnout, and unhappiness.[10]

It's easy not to be aware of something when you're in it, just like the proverbial story of the fish that doesn't know it's in water because it has never experienced anything else.

Almost everyone is bound to something. Because it is the norm. It's social conditioning. It is what we have learned, what we have integrated, and what we have carried with us for generations. It's deeply entrenched in our own minds. And it is keeping us from living our freest, boldest, and most authentic life. It is also keeping us in a place of suffering, whether we realize it or not.

Take the models of success that society gives as an example: people with bulging muscles or bulging wallets, fame or power, beauty or balls. When you look a little deeper, they are often accompanied by misery, superficiality, or self-destruction, as we'll discuss in the coming chapters.

If you don't relate to yourself in a way that is sovereign, as my own experience showed me, those acts of power will also be acts of defeat, because they often also involve a fundamental betrayal of yourself, and that causes a profound energy leak.

SOVEREIGNTY

Sovereignty doesn't have an underbelly. It is about a deeply life-affirming, respectful, energizing, and enlivening relationship with ourselves and other people in such a way that fully preserves us and allows us to live in the fullest expression of ourselves.

The path to regaining sovereignty begins with becoming aware of the shackles binding us and then learning to break free from them.

There's a way to stay centered and grounded despite the chaos. Despite the unpredictable nature of these times. Despite the constant noise. Despite it all. And that is sovereignty. If ever there was a time on the globe when we desperately need inner strength, poise, and the ability to maintain equilibrium and power no matter what—it's now. Thus this book.

I started writing it shortly after the COVID-19 pandemic began. Though it was a tragic time, one powerful phenomenon that came from the pandemic and its aftermath of war and chaos and division was that, by making us face the reality of death, it also woke us up to the value of life and how we want to live it: on our own terms.

While my last book, *The Happiness Track*, invited readers—using science—to emancipate themselves from outdated and destructive theories of success to find true happiness, *Sovereign* takes things further. Written in as practical a way as possible, using anecdotes from my own life (Husband may or may not have decided to change his name after reading the manuscript) as well as stories from friends, science, research, case studies, and even poetry that came to me in the creative process, the following chapters are an invitation to you. An invitation to claim your sovereignty.

When you are sovereign, you not only experience happiness and well-being but also maximize your gifts and strengths, bringing out the best in yourself.

Just like your thumbprints are unique, your whole being is a unique expression of life with completely individual gifts you bring to the planet—whether you realize it or not. Sovereignty allows you to express them completely. In that way, sovereignty is not just a gift to you, it is a gift for everyone who meets you.

And sovereignty is contagious. A U.S. Marine Corps veteran who was in one of my research studies shared with me that, during grueling challenges, it wasn't the youngest and most able-bodied Marines who succeeded; it was often the smallest, oldest, or even weakest. What they had that made them different was inner sovereignty. And they became the leaders—seeing them succeed helped everyone else stand taller. Reminding someone of their sovereignty makes their flame grow stronger and brighter. If you don't want to gain sovereignty for yourself, then do it for everybody else.

This book is a manual, a road map, a manifesto by which you can systematically become aware of all the areas in your life where you have abandoned your sovereignty and what to do to reclaim it. *Sovereign* is designed to emancipate you from the many ways in which you subjugate yourself (knowingly or unknowingly) *at every level of your existence:* your self (Chapter 2), your emotions (Chapter 3), your mind (Chapter 4), your relationships (Chapter 5), your intuition (Chapter 6), and your body (Chapter 7). Each chapter will first describe how we bind ourselves and then how we can reclaim our sovereignty.

Chapter by chapter, this book is designed to make you aware of the areas of your life in which you may be keeping yourself tied up in knots—bound—and depleting yourself, and showing you how to set yourself free. At the end of each chapter, I'll recap the "side effects" (i.e., benefits) of becoming sovereign in that area of your life; I'll offer a tool kit full of practices to put the ideas in the chapter into practice; and I'll share a poem that came to me as I wrote, which I hope may resonate with you as we explore sovereignty together.

As you read this book, three areas of your life, in particular, will strengthen to a whole new level:

- Your awareness and discernment in your everyday experiences, choices, and interactions

- Your energy as you start to live in a more life-supportive rather than depleting way

- Your courage, strength, and boldness

Reading *Sovereign* may be challenging at times because it will awaken you to the extent of the subjugation, limiting beliefs, and inertia you have unknowingly placed yourself in. But it will also open your perspective to the possibility of living life at your fullest: with your eyes wide open, spirit soaring. As you free yourself, you will notice a shift in your life force, and this power, in turn, will help you free others.

Early readers of this manuscript reported that *Sovereign* unlocked many things for them. The chapters are designed to lovingly and deprogram you from destructive conditioning so you may live a freer and happier life. True to yourself.

I want to invite you to a playground of freedom and authenticity, vision and innovation, personal potential and fulfillment. This book will help hone these qualities and bring them to your consciousness in a joyful, practical way that will also hopefully make you laugh out loud from time to time. It's an invitation to the beautiful landscape of possibilities wide open to you and within you when you start living in your sovereignty.

You Did Not Come Here

You did not come here
To play small,
To hide yourself,
To blend into the wall.
You did not come here
To dim your light,
To crouch in fright,
To lie in a ball.

You came here
To light a fire
Within your own heart,
That it might
Warm and light the fire
Within others' hearts,
That it may set ablaze old
    rotting beliefs,
That it may light the way to
    greater truths,
That it may burn to ashes
    systems of old
Grown toxic with mold,
That you may make room
    for new plants to bloom.

CHAPTER 2

SOVEREIGN SELF

One Saturday I was slated to give the opening keynote at an online conference. I don't usually work on Saturdays so, without thinking about it, I took the kids to a park 45 minutes away from our house.

The kids were throwing rocks in a lake when this text came in: "Having trouble logging in?" The keynote. I had forgotten about it. We had planned for over six months, and now I was letting them down. Devastated, I cringed. It felt like I was wearing a full-body shame suit.

Ever had an epic fail? A humiliating moment? A total flop? Take a quick moment to think back on your latest cringeworthy mistake or embarrassing moment.

Once you've done that, think of the words you said to yourself right after.

Judging from the thousands of students and executives to whom I've asked this same question, the words go something like this:

You're such an idiot.
You're so stupid.
You don't belong here.
What were you thinking?
You always do this!
You're such a mess.

Read those harsh words one more time, registering how they make you feel. These are the abusive words humans tear themselves apart with.

This chapter is about how we relate to ourselves. Our relationship with ourselves can either bind us, which is what we'll talk about first, or lead us to sovereignty, which we'll talk about second. While being bound puts you down, de-energizes and depletes you, sovereignty is invigorating, energizing, and lifegiving. The first curbs your potential. The second sets it free. We'll end with ways to reclaim sovereignty.

BOUND SELF

As a faculty member of the executive education program at the Yale School of Management, I teach hundreds of talented executive leaders every year. What I've observed is that the greatest hurdle standing in their way is often their relationship with their own self. One day a highly talented middle-aged woman, a leader in a Fortune 500 company, came up to me after class and said: "Well, I get an A in leadership and a D in parenting" before she walked off. My heart broke for her broken heart.

"I am not good enough" is sadly a viral program running in most people's heads. Eighty percent of millennials endorse the statement "I am not good enough" with regards to almost every area of their life![1] Our brains focus more on the negative than the positive, the well-known negativity bias[2] explaining why, during performance reviews or any kind of feedback session, for example, instead of celebrating the nine compliments you got, you can't stop thinking about the one criticism, dragging your spirits to the ground.

Self-Loathing

We often hear about "toxic relationships," but something we don't realize is that many of us have a toxic relationship with ourselves—and that's how we get bound and tied up in knots.

A bound self is having an antagonistic relationship with yourself. It depletes you, wears you down, and stops you from attaining your fullest potential. It's self-loathing. You may think self-loathing doesn't apply to you, but consider this: Are you self-critical?

When I ask my students across age groups, professions, genders, and ethnicities to raise their hands if they are self-critical, almost every single hand goes up. Every time. Chances are, you are self-critical too.

Reread the list of things people say to themselves one more time. Most people wouldn't speak such words to their worst enemy—yet they do to themselves. Psychologists define self-criticism as a form of self-loathing.[3]

Here's where you may be thinking, *Stop right there. Isn't a good dose of self-criticism healthy? Isn't it the key to self-improvement? Isn't it important to be hard on yourself so you don't fall behind or fail to reach your potential?*

Here's where we need to differentiate between self-criticism and self-*awareness*.

- Self-criticism is beating yourself up for your mistakes and shortcomings. It condemns you for not being up to par and keeps you reeling in shame. It's mean.

- Self-*awareness* is knowing your weaknesses without judging or beating yourself up for it. It is honest and supportive of your growth and learning. But it's not destructive or condemning. You are simply conscious of where you need help. It doesn't elicit feelings of guilt or shame or insecurity.

For example, in my case, my statistics knowledge is not where it could be. Self-criticism would have me beat myself up about that. Self-awareness is acknowledging I need more expertise and inviting a statistician to be part of my research teams—which is what I do.

The Inner Terrorist

Back to the mass confessions of self-criticism in my class. Interesting, isn't it, that we can be so hard on ourselves alongside others who are just as hard on themselves? Everyone beating themselves up in their corner. Self-loathing is such a widespread viral program—I say viral because it's (a) common; (b) contagious, running in families and entire societies; and (c) so destructive. Toxic.

When I ask my students how self-criticism is working out for them, I am greeted by uneasy squirming and awkward smiles. They know the pain of it but don't see how it binds them.

How does self-loathing bind us? Research shows that self-criticism is akin to having a predatory relationship with yourself. It is highly destructive, leading to anxiety, depression, impaired decision making, fear of failure, and decreased levels of motivation, performance, and persistence.[4] It burns you out and drains your resources and energy.

Imagine a terrorist walked into the room right now, threatening you with a weapon. Your sympathetic nervous system—the fight, flight, or freeze mode—would get activated: fear, anxiety, elevated heart rate and blood pressure, panic.

Your inner critic is like that terrorist. Only this terrorist lives inside you, torturing you. By increasing your heart rate and other measures of sympathetic activity, it wears down your physical and mental health over time.[5] No surprise that research shows self-criticism is a maintenance factor in anxiety, depression, and eating disorders.[6]

Self-criticism is internalized perpetration. And the weapon at your temple is shame. Shame makes your self-worth plummet; it's de-energizing. It drains you and sucks you dry. There's nothing good about it.

Ironically, you play the role of both the persecutor—the terrorist—and the victim—your own poor self. See that? Trapped and bound by yourself. It's like we're programmed to self-destruct. It makes no sense.

Lift the Veil

As I mentioned earlier, self-criticism is a type of self-loathing. It's social conditioning that runs in families, communities, and cultures. And if everyone's doing it, it's what you're going to learn as well. It becomes so "normal" you forget to question it.

That said, self-loathing is not universal. In some cultures—like Hindu, Jain, and Buddhist cultures, to name a few—there's an understanding that having a human life is incredibly valuable because of the belief in reincarnation. You hit the jackpot if you were born a human. After all, you could've been born a worm! You're fortunate to have a human body, free will, and the opportunity to learn, grow, and contribute.

Now here's an example of how deeply rooted—or you could even say *married*—we are to the self-loathing program:

In one of my classes for executives, I ask participants to request feedback about themselves from colleagues, friends, and family. Not the usual kind, *only* the positive kind.

Get this: participants are so uncomfortable with these instructions they sometimes can't sleep before asking! I'm not in the business of promoting insomnia, but you have to wonder what is going on here. Why is requesting positive feedback so anxiety-provoking? When I ask them whether they'd be more comfortable asking for negative feedback, I hear a resounding *YES!*

Why is it acceptable to beat ourselves up with self-criticism and to solicit criticism from others but not okay to praise ourselves or have others praise us?

It doesn't make sense.

HOT TIP: You *cannot* unbind yourself without questioning things, especially when these things are destructive to you. Look deeper, lift the veil, ask yourself, *Why should I buy into this?* It's only by calling things into question that you start to dismantle the destructive habits and conditioning that are running your life.

Besides, if the self-loathing program is not worth dismantling for yourself, then do it for your children or anyone you mentor. The most heart-wrenching example I can give is hearing my son talking about himself in the self-critical way he heard me talking about myself when I was in a dark postpartum period after his baby brother was born. He had internalized the same feelings he heard me express—as children do. I became determined not to pass this on more than I already had. The buck had to stop here. If there's one thing I want to pass on to my children, it's a sovereign relationship with themselves, one that is life-affirming and self-honoring.

The Need to Belong

Another way we shackle ourselves up is that we believe approval, accolades, and admiration from others will make us feel loved.

And yet we often tie ourselves up in knots seeking them out.

Yale is an extremely competitive university with annual admittance rates between 3 percent and 5 percent. Millions of students from around the world dream of attending this elite institution. So, when a group of research scientists asked Yale undergrads what emotions they feel the most, you might imagine the undergraduates' answers would be "proud," or "happy." Right? They were living the dream, after all.

Nope.

These go-go-go high-performing students responded "stressed" and "tired."[7]

How deflating.

Next, the scientists asked the students, "What emotions do you most *want* to feel?"

Before reading on, take a moment to think what that might be.

Fulfilled? Joyful? Successful?

Nope.

"Loved."

Loved!

All that tireless striving, stress, and fatigue is a desperate search for *love*.

It's not just Yale students who are desperate for external forms of validation. It's the most common thing in the world. That's why most people have at one point or another sacrificed their own needs in order to belong.

Of course, the need to belong is deep-seated, instinctual, natural, and healthy.[8] Across history, humans have lived in social groups, tribes, and families. From birth through old age, our connection to others is essential for survival. We need each other for physical safety, psychological health, community, and connection.

From an evolutionary standpoint, to be an outcast, in many cases, meant death. Maybe that's why we evolved to experience rejection as so painful—it activates similar brain regions to those activated by physical pain.[9]

Researchers have found that after food and shelter, positive social connection is our greatest need, benefiting our physical and mental health.* People who feel more connected to others have lower rates of anxiety and depression,[10] a 50 percent increased chance of longevity,[11] a stronger immune system,[12] faster recovery from disease, and even a longer life.[13] Low social connection has been generally associated with declines in physical and psychological health.[14] Loneliness is linked to depression, anxiety, a host of negative emotions and behaviors, and poorer health outcomes.[15]

We're wired to seek social approval. Babies as young as four months prefer voices that have the sound of acceptance as opposed to rejection.[16] From childhood we have been taught the importance of fitting into our family, schools, friend groups, and communities. Throughout adulthood, we continue to shape our behavior for our romantic partners, friend circles, communities, and workplaces. Consciously or unconsciously, we adapt to norms for gender, country, religion, community, and culture.

Even rebels conform. Many motorcycle clubs, for example, stand by values of freedom and defiance, as exemplified by motorcycle slogans like "To prove them wrong, be a rider," and

---

* What's interesting is that these benefits have nothing to do with how many friends or connections you have and everything to do with how connected you feel to others on a subjective level. You could be an introvert or loner and feel connected to others, or you could be a socialite that feels connected to no one. You feel more connected to others when you are sovereign because your well-being is higher. Fascinating research I'll discuss in Chapter 5, "Sovereign Relationships," shows that the better your relationship with yourself, the better your relationship with others i.e., if you feel more connected to yourself in a positive way, you're more likely to feel connected to others in a positive way.

"Ride free or die." Yet these clubs also tend to have strict codes of conduct, strong established hierarchies, and expectations of obedience to club norms. Their motorcycle club gear and tattoos may be a show of rebelliousness, but they're actually a standardized uniform. All humans—no matter how badass and tough they appear—have the same tender vulnerability: the need to belong and the desire, like those Yale undergrads, to be *loved*.

Shape-Shifting

However, this desperation to fit in so as not to experience the pain of rejection can lead people to shape-shift, i.e., put their own needs, preferences, and beliefs aside to put on an appearance they think will be more acceptable.

When I moved to China right after college, I didn't speak the language and felt desperately lonely. I longed for even basic human contact, like phone calls from loved ones back home. One day the phone rang while I was in the shower, and I jumped out soaking wet to grab that precious phone. To hell with a towel, I wasn't going to miss the call (no FaceTime back then so no one would know!). Ten minutes into the conversation with Mom, standing there naked and shivering, I noticed something out of the window. (The buildings in Shanghai are very close for lack of space and overcrowding.) There, barely one foot from my window, were not one, not two, but three Shanghainese gentlemen, leaning over their balcony and having a good look.

You may or may not have been on public display in all your dripping, naked glory in China, but chances are you've experienced the burning shame of being seen at your most vulnerable and awkward, cheeks crimson with mortification at some point. Everyone has.

That's why we try to keep up appearances—to avoid shame. It's why so many people are deathly afraid of public speaking—the possibility of ridicule, because that equates to rejection. No wonder we shape-shift to garner approval.

But adapting yourself to fit in is still a form of rejection from arguably the most important person in your life: your own self.

Sarah, the sister of one of my colleagues, was diagnosed with a type of disease that health-care professionals suggested could be supported with a healthier and cleaner diet. She refused to even consider the lifestyle changes that involved cutting out certain foods. Why? Because that would mean she would stand out in some way through her dietary choices and stop looking "normal" to her community. See that? Belonging was more important to her than surviving. Is there a more tragic example of our universal desperation to fit in?

Putting on an appearance that contrasts with who you really are binds you because it drains you and makes you suffer. You feel:

- **Fearful.** After all, there is always the risk that appearances will come crashing down. If people find out who you really are—not the person they think you are—you might be rejected. Clara Dollar, a former Instagram influencer, wrote a disturbing essay for *The New York Times* describing how she remained aloof and cold in her romantic relationship to stay "on brand" for her partner, believing he had fallen in love with her for her Instagram persona. Unsurprisingly, she ended up losing his love, which was all she really cared about in the first place.[17] Her Instagram account no longer exists.

- **Depressed.** Norah Vincent disguised herself as a man as an experiment for a year and wrote a best-selling book about it (*Self-Made Man*). While she successfully passed for a man even in hypermasculine circles, the strain of faking her identity for so long led to a depressive breakdown so severe she admitted herself to a psychiatric ward.

- **Depleted**: Whenever you conform when you don't want to, give in when you would rather not, or say yes when your heart says no, you're going against your own needs and desires, and that's depleting. It's akin to how well-to-do women used to bind their feet to minuscule proportions in pre-Communist China. Instead of walking, they hobbled slowly and painfully, completely deprived of much of their own power—bound by their own selves.

It's normal to fall in line with expectations and conventions for behavior in order to belong. That's how social conventions are built (and total anarchy and lawlessness avoided). But it's not normal if it goes so far as to lead you to abandon yourself: your authenticity, your wishes, perspectives, and even basic needs.

I experienced my first romantic heartbreak at 16. I had lost many of my friends through being immersed in my first relationship and felt desperately lonely after the breakup. I concluded that, since I wasn't lovable enough as I was, I would simply have to become someone else. Someone "nice," which I interpreted to mean complacent and passive and (mostly) ready to go along with what others wanted. I grew my hair and stopped biting my nails to conform to gender norms of femininity. I also started starving myself—metaphorically erasing my perceived unlovability and sowing the seeds for an eating disorder. In trying to adapt to what I thought others wanted, I slowly lost touch with who I was. I became annoyingly agreeable—the type who, when asked, "What do you want to do?" would answer, "No, what do *you* want to do?" A friend said to me one time: "You're apologetic for even being in the room."

Although I certainly hope you made more life-affirming choices than I did as a teenager, in many ways, small or large, knowingly or unknowingly, most of us have conformed to our environment's expectations, often ignoring our needs in the process and abandoning ourselves. We have all said yes when we knew better, and mostly the impact is as meaningless as eating an unwanted hors d'oeuvre just to be polite. But sometimes the impact is life-changing: saying yes to a job, home, or marriage. Eventually, those mistakes become glaringly obvious. To others you can feign innocence. But in hindsight, if you are truly honest with yourself, you always knew better. You just didn't dare say no. Because you wanted to belong.

Vulnerability to Control

What's more, conforming to others' opinions or norms over your own keeps you disempowered and subject to manipulation and control, sucked into other people's agendas.

A lot of people stand to profit from you feeling that you are not good enough:

- Organizations you work for that want you to keep striving to prove yourself
- Friends and family who want you to conform to their views and desires
- Politicians and leaders who want you to feel powerless, afraid, or complacent
- Marketers who want you to feel like you need their product to feel better about yourself

You stand to profit from remembering that you *are* good enough. Not just good enough. You are more than enough. Exactly as you are.

Self-Neglect in the Guise of Perfection: A Toxic Cake

No amount of love or acceptance from others can make up for a lack of love from yourself.

There's only one person who can mend that hole in your heart: *you.*

Luke seemed to have it all. Very attractive (he is often mistaken for a famous Hollywood actor), he always had a half-smile on his face, ready to crack a joke. His life appeared to be close to perfect: a gorgeous wife, an extremely high-paying job, and a glamorous career that took him all over the world.

And then he went through a painful divorce.

I had noticed that he always shied away from conversations that weren't superficial, so when he called me for advice, I gently suggested he might benefit from learning to communicate before entering a new relationship. That's when he gave this self-aware and heartbreaking answer:

"I don't even know how to communicate with myself. How can I communicate with someone else?"

Self-neglect and self-loathing under the guise of perfection is like a gorgeous, perfectly multilayered creamy chocolate cake that's actually made of horse dung. It stinks. From the outside, Luke had reached the pinnacle of material success, but on the inside he was lost and poor and felt like a failure—like a little boy, not the man he appeared to be. You would never know he suffered from self-loathing, although he admitted it to me. The contrast between his outward achievements and inner torment were stark. The three to four bottles of wine he needed to sleep at night were a clue for those who cared to notice.

Here is the irony of it all: In an attempt to pursue innumerable external things—recognition, status, popularity, follows on social media, attention, power, money—to gain others' approval, you dig yourself into a hole because you've abandoned your own damn self. And if you don't like you—no matter how rich, powerful, or famous (or not) you get or even how much other people like you—you will never feel happy or whole.

In China, I thought I was lonely for the company of people. What I didn't realize until later was that the most profound form of loneliness is the one that comes from abject self-neglect and self-rejection. Loneliness for your own friendship. That is a loneliness no one else can help you with because you've bound yourself with it. That's a loneliness only you can quench.

Worthiness Is Intrinsic

It takes courage to allow yourself to be seen for who you are, with all your weaknesses and insecurities, quirks and preferences, desires, differences, and boundaries. But it beats the stress and strain of hiding behind a façade you know to be a lie. Because that is profoundly draining.

I spent many years in a relationship with a very kind person who was not the right fit. We were interested in different things, and I felt like I had to conceal parts of myself because I was still in shape-shifting mode. When we finally did break up, I noticed that I had a lot more energy. Not just 10 percent more energy, more like 500 percent more energy. I was supercharged for about a year after our split. *What was going on here?* I wondered. Then I figured it out: It's *energy-draining* to hide who you are and what you need. Living an inauthentic life creates an energy leak. Once I was alone again, all the energy I had spent pretending I was something I was not was freed up. I could reclaim it. The experience was extraordinary. As one of my students once summed up: be yourself, everything else is exhausting.

Besides, people connect with vulnerability and imperfection. Think about it. You're at a party. Who do you most want to hang out with? The perfect-looking person who is putting on airs or the person who just spilled something on themselves, who is acting slightly embarrassed or goofy but is also totally natural, vulnerable, and themselves? You'll probably take notice of the first and maybe be impressed for a minute. But you'll want to hang out with the second.

You are also more likable than you know. Studies have found that most people underestimate how much another person likes them and enjoys their company—*the liking gap*.[18]

Neglecting your own needs, hiding your identity, living according to other people's desires, and criticizing yourself for being you is like dying while you're still alive.

Knowing that self-loathing is just a program running you, you can reprogram it.

When a baby is born, you don't expect it to do anything to be worthy of love. Its existence is enough. Why should it be different for you? You were born good enough.

You don't have to do anything to be enough. You don't have to be anyone to be worthy.

Your existence is proof of your worth.

Once you've tied yourself into an unrecognizable knot to conform to other people's expectations and fulfill external markers of success, it's hard to get yourself untangled and to know who you are in the first place, let alone like or approve of your own self. It takes awareness and some work. But it is possible. And worth it.

Now that we've examined what your bound self looks, acts, and feels like, let's see how different it looks when you are sovereign.

SOVEREIGN SELF

Sovereignty is reclaiming your right to exist as you. Reclaiming it not just from others but also from yourself. Sovereignty involves courage, awareness, and self-honoring. When you are sovereign, you show up with all your gifts, and you become a gift.

Deprogramming Self-Loathing

Remember when I asked the students in my class to think about the last time they made a cringeworthy mistake? And they told me all the painfully mean things they say to themselves in those moments? Well after that, I invited them to do something else.

I told them, "Think of your best friend or a person dear to you."

I invite you to do the same right now.

Imagine that person calling you right now. They just made a cringeworthy mistake. They feel ashamed, devastated, and embarrassed. Take a minute to think what you would say to them. Judging from what my students tell me, inevitably the answer will go something like this:

"It's okay."

"Don't worry."

"Everybody makes mistakes."

"You've got this."

"This will all be forgotten soon."

"I am with you."

"It's not as bad as you think."

"You tried your best."

Go back and read that list one more time as if you were speaking to yourself. Notice what you feel. Relief, warmth, and solace. There is nurturing, there is love, there is respect, and there is perspective.

Here's another question to ponder: Why is there such a difference between the words that we use for ourselves versus those for someone we love? Why?

What is the only difference between you and your friend?

There is only one difference: you live in different bodies.

See that? It makes no sense to treat yourself differently. It's just a toxic viral program. I'm inviting you to deprogram that right now.

With #selfcare hashtags exploding on social media, you would think it has to do with bubble baths and chocolate. While that may feel good for a moment, it won't make much of a difference over the long run. Honoring yourself involves reprogramming yourself from the inside.

Consider what would happen if you loved and cared for yourself as much as you do for others. How would you treat you if you were your own child? With kindness and understanding and forgiveness? Consider how that would make you feel.

Safe, comforted, strong, resilient, confident, secure, centered, calm, energized, and at ease. Powerful! At face value, someone might dismiss self-love as weak. But it's not. It makes you powerful beyond measure.

You, more than anyone, are deserving of your own love. After all, it's the only relationship you're guaranteed to have 24/7 your whole life. How will you choose to treat yourself, not just in the good times but also when you fail, when you're tired, when you're ashamed, when you're lonely, when you're flawed, scared, or at a loss . . .

When you make your relationship with yourself the best one you've got, you automatically become sovereign, unhooked from others' wants and from depleting and destructive conditioning that takes away your power. And that's one reason sovereignty is so energizing.

After all, we all long to be seen, heard, valued, and appreciated. We have a strong need to feel safe and to trust. Once you create this kind of relationship with yourself, you stop seeking self-worth in others. You stop looking for validation and recognition from the outside when you provide that to yourself. Sovereign.

Self-Compassion

You've probably heard the term *self-compassion*, pioneered by psychologist Kristin Neff.[19] It involves:

- Treating yourself as you would a friend (like we just discussed)

- Being mindful and aware of your emotions without adding fuel to the fire: witnessing your feelings and thoughts without judgment or blame, hope, or aim—just a neutral observation

- Remembering that it's normal to make mistakes. If you are human, you live, love, and learn—often by making mistakes. They come with the territory.

Just as self-criticism is like a terrorist living in your head keeping you shamed, shackled up, and tortured, self-compassion is your best friend calling the cops on that terrorist, moving in, untying your chains, speaking words of kindness and support, and giving you a hug. It simply makes sense.

As you start to tune in and listen to yourself, you will awaken to yourself: your needs, your wants, the tendencies of your mind, your desires, your self-talk. Being aware of painful feelings (embarrassment, shame, disappointment, jealousy, envy) will help you witness them without going down the rabbit hole of self-destruction (*You're such an idiot*). You will begin to go easy on yourself (*It's okay, you're doing your best*). As you develop acceptance and even love for yourself, you'll feel relief and ease on a visceral level. We are all just human beings fumbling along, making mistakes, causing chaos, and doing our best. Hurting and healing. Everyone is a work of art in progress.

What Do I Need Right Now?

I like to add an embodied perspective to self-compassion. Notice that the three main tenets of self-compassion invoke changing your thoughts. Deprogramming the self-loathing also involves changing how you *behave* toward yourself at every level: physically, mentally, and emotionally.

In those moments where we have failed, stumbled, embarrassed ourselves, and cringed at the horrifying situation we have created for ourselves, what if we stopped tearing ourselves apart by asking, *Am I good enough?*

What if we stopped going down that well-worn path of self-loathing and asked something different instead?

What do I need right now?

This far healthier question suggested by Kristin Neff's colleague Chris Germer, clinical psychologist at Harvard Medical School, invites you to build yourself back up and heal rather than tearing yourself apart and suffering.[20]

Inquire into what you need physically in that moment to help you with your distraught mind and emotions:

A hug?
A walk?
A break?
A nap?
A cry?
A meal?
A friend?

You decide. You are the only one that truly knows what you need.

Learning to ask "What do I need right now?" will lead to you to engage in habits that

- Rebuild your strength

- Restore your peace of mind

- Revitalize your energy

- Rekindle your well-being

- Reawaken your willingness to get up and try again

In other words, habits that reawaken your resilience. Your ability to bounce back. Your hardiness. Your inner strength. And that's sovereignty.

From Bound to Sovereign: Stephanie's Story

Stephanie struggled with self-loathing from her early 20s onward, which led her to alcohol and drugs. Things seemed to have finally settled down somewhat in her late 20s. She kept herself in what seemed like a stable marriage and had two children. Soon after the second child was born, however, she found out her husband was having affairs with not just one of her girlfriends but *almost all of* them.

She lost her husband and her entire friend group and support structure all at once. This dramatic experience of hurt, shame, and betrayal confirmed her feeling that she was not good enough. She lost her trust in others but, above all, in herself. She lost all sense of self-worth. Being a single working mom of two on a tiny budget made her feel even worse about herself.

A few years later, she entered a new relationship and gave birth to a little boy who was diagnosed with autism, challenging her to a whole new level of stress. Her painful relationship with the boy's father only added to it. As in her first marriage, her new relationship mirrored her relationship with herself: one in which she felt put down. She even went against her maternal intuitions for how to best take care of their son, squelching every last bit of sovereignty to do what her husband thought was best.

Stephanie's son is now a handsome teenager. Loving, vulnerable, yet also strong and loud. Standing tall at 6 feet 7 inches and weighing 176 pounds, he loves to wrestle with Stephanie, who stands at a diminutive 5 feet 1 inch and weighs 110 pounds. She does her best to keep up with him and simultaneously admits she always lives "on the edge." The stress has led to nerve damage that makes her body jerk uncontrollably at times.

The only way she made it through all these harrowing events and relationships was by finally befriending herself. She began to attend to herself with care and dedication—making room to process the pain and anguish that she had tried for so many years to mask with alcohol, drugs, and other distractions. After 30 years of struggling in partnerships, she allowed herself to finally separate from her second partner and make space for herself.

Remember Luke, who said, "I don't even know how to communicate with myself. How can I communicate with someone else?" Stephanie broke that cycle: she started to listen to herself, and in so doing, attained sovereignty.

Self-compassion saved Stephanie's life. It helps her stay patient and energized and loving for her son. "I find I no longer desire alcohol or drugs. Despite everything, I'm happy, and I know it's because I'm finally there for myself." Though her life is tough, and she has very little time and few resources, Stephanie does the best she can with what she has to take care of herself. "I feel blessed and privileged every single day of my life," she shared with me.

Stephanie takes care of her son—a full-on 24/7 activity—on the weeks when he is with her. The rest of the time, when he is with his dad, she devotes to her work, but within healthy boundaries. She has gradually learned to stop pushing herself past the limits of self-respect and instead acutely listens for messages from her body and mind. She catches herself when she needs rest or downtime and commits to restorative activities daily.

"If the only time I get for myself is two minutes in the bath-room, I look at myself in the mirror and say: 'I love you; I've got you,'" she shared.

Awareness: Listening to Yourself

So how do you deprogram yourself from self-loathing? You systematically train yourself to do the opposite: befriend your-self. As simple and even cheesy as that may sound, it takes skill and dedication to rewire yourself. And it's worth it.

The first step is to become self-aware. Awareness is such a fundamental element of sovereignty that you will see the word *awareness* pop up again and again throughout this book.

What is self-awareness? It's observing your needs and actu-ally attending to them. Sounds simple but notice what we usually do. We know we're hungry but still skip a meal. We know we need more exercise but still stay lazy, sitting on the couch. We know we need healthier habits, but we're stuck to our destruc-tive ones.

One study gives us a clue as to why we're so out of touch with ourselves: When the study's participants were given a choice be-tween sitting in a room doing nothing or sitting in it and giving themselves painful electric shocks, participants preferred to go the electric shock route.[21] Really. That's how averse we are to be-ing with ourselves.

After all, we tend to go *all* day being distracted (by other peo-ple, news, media, entertainment, technology, etc.). In fact, you can go your whole life without ever encountering yourself. Think of Luke. Many do.

Back to Stephanie. She successfully deprogrammed self-loathing by paying attention to her body and mind even during the difficult moments and then honoring her needs.

In short, by paying attention to the clear cues your body and mind are giving you, you are building new neural pathways—ones that are no longer neglectful of yourself but attentive. With practice, this habit becomes second nature. It starts to be common sense. And, in meeting your own needs, you become sovereign and so much more available to others—as Stephanie is for her son.

Her cup is full, so next time she is with her beloved son, she can have the joy and stamina needed to accompany him on the adventurous journey that is his life and potential.

The journey home from the misconception that you are not good enough involves deconditioning yourself by proving yourself wrong. Instead of neglecting your needs, you put yourself first on the priority list to the best of your ability. Instead of being harsh with yourself, you nurture yourself. Instead of twisting yourself into a pretzel to fit into others' expectations, you remain aligned with yourself. The transformation you feel from this will keep you doing it.

I once told a wise friend about the heart palpitations I had developed since having my second child—a symptom of depletion and high stress, among other things. She said something I never forgot: "Your heart will heal when you turn your love toward yourself. Take care of yourself as you do your infant baby." And I did, and my heart did. What would it look like if you took care of yourself as you would an infant, attentive to its every need?

Know that as you start to pay attention and respond to your internal cues, you may risk disappointing others or causing some conflict. Especially if they are not used to you prioritizing yourself. As a fellow mom shared with me, "There are times when I just have to say to my husband: 'I realize it may be hard for you to watch the kids, but I really need 20 minutes to meditate.' And be willing to tolerate his reaction." After meditation, she's better able to deal with the kids and the dad. Everyone is happier.

What Do You Do with the Shame?

Remember that moment I failed to show up for my keynote? In that moment I had a choice: spiral downward with self-criticism and beat myself up, try to distract myself in unhealthy ways for temporary peace, or be mindful of my shame, remembering that errors happen to all of us. I chose what I knew was best: self-compassion.

I felt shame through and through from head to toe for several hours. Excruciating. My stomach was on the floor, but I didn't take it further. I didn't beat myself up. Isn't the emotion itself torture? Adding fuel to the fire makes no sense.

Dropping self-criticism doesn't mean you suddenly go soft on yourself and become overindulgent or irresponsible to the detriment of others. No, like a loving parent to your child, you are kind *and* you stay disciplined. You move through the difficult experience with courage and steadfastness, and you make amends if you've made mistakes. I went home, apologized profusely to the conference organizers, recorded a talk for them immediately, sent it over to them, and asked them to cancel my honorarium. And then, with a little time, life went on, and I moved on.

Research shows self-compassion has a significant positive association with happiness, optimism, positive mood, wisdom, well-being, and personal initiative.[22] You grow and learn from your mistakes and are resilient even in the face of setbacks.

Shame makes you forget how powerful you really are. In fact, it strips you of your power. Self-compassion is the antidote. It makes you sovereign again.

Remember how self-criticism activates your sympathetic nervous system—your fight, flight, or freeze response—by acting like an inner terrorist. A nurturing relationship with yourself does the opposite: because it makes you feel safe, it activates the parasympathetic nervous system, which is often called the rest-and-digest response. In that mode, the body can restore itself and recharge so you can get up and keep going with resilience, even in times of failure or hardship. You're able to recuperate much faster and bolster your body's well-being. Your mental health is steady as you stop judging yourself and putting yourself down but instead show up and support yourself. Self-compassion is smart.

Reprogramming Yourself

Being hard on ourselves and sacrificing our own needs causes us to believe there's something fundamentally wrong with us.

Wait. Stop right there. Did you let that sink in?

Being hard on *ourselves* and sacrificing *our own* needs teaches us to believe there's something fundamentally wrong with *us*.

Who is doing all the action in that sentence? Ourselves!

And that's good news . . . because again, there's not much you can do about others. But there's a *lot* you can do about yourself.

Room to Breathe

Once you recognize this, the mistakes don't seem quite so big anymore. You see things from a broader perspective. You have room to breathe—even laugh.

At the beginning of the COVID-19 pandemic, I volunteered to lead virtual meditation sessions to help people with the stress of lockdowns. Inexperienced with Zoom, I had my first session hacked within minutes by penis-drawing hooligans.

The second time, I was so much more prepared—hackers, kiss this Zoom pro's backside! I had welcomed everyone and successfully started the meditation when my space heater started banging loudly. Although I was in my home's unheated sunroom and it was the dead of winter, I decided that removing bomb-like background sound effects from the meditation was worth sacrificing warmth. I quickly muted myself to turn the heater off.

Then, to put everyone back into a serene space, I put on gentle flute music and proceeded to lead the group in meditation, trying to keep my voice gentle and steady despite the fact I was shivering. We seemed to be all set for communal peace of mind when things started to go awry again.

The others seemed as inexperienced with Zoom as I was, judging from the fact that they didn't mute themselves. There was so much noise and activity, my eyes kept flying open in alarm at the commotion: I saw kids launching themselves across screens to attack meditating mothers, heard dogs barking, and watched partners ask meditators for TV remotes. Someone kept crunching snacks . . .

I repeatedly asked participants to please mute themselves, but no one complied. I attributed their unresponsiveness to the fact they were either in deep meditation or had had it with pandemic mandates and weren't also going to take a meditation mandate from me.

Then someone accidentally shared their screen. Then they started to look up Hulu videos. I repeatedly requested they please stop, but again, to no avail.

Suddenly, everyone got kicked off (including me) because this "Zoom pro" had a free account with a 40-minute max usage limit.

After all this, I found out that after muting myself to turn off the heater at the beginning of the session, I had never unmuted myself, and no one heard a word I said!

That evening, I couldn't sleep. Not because I was devastated with embarrassment and shame, as might have happened in the past, but because I was hysterically laughing, first on my kitchen floor and then for a good part of the night in bed.

Once you deprogram yourself from self-loathing and cultivate a more sovereign relationship with yourself, you stop basing your life on trying to look perfect and on others' opinions of you. Life becomes noticeably lighter—and a lot more fun! You're energized and invigorated. You don't just learn from your mistakes; you bounce back from them. Perhaps, unexpectedly, you even gain from them. The day after my infamous meditation, I received compliments from participants for taking them on an "epic silent journey." Go figure.

The Courage to Live Your Magic

Remember how I asked executives in my class to collect positive feedback about themselves? Times when they were their best self? When they read the feedback they received, they were shocked by the positive impact they had made on others and were often moved to tears. Turns out most people are walking around with low self-worth and absolutely no idea what a difference they make to others. If your self-criticism and shame are strong, it's a good idea to pressure-test this self-view with others' perspective. You don't have the faintest idea what a difference you're making in others' lives.

When you no longer walk around with high self-criticism, no one has power over you anymore. You become sovereign. We've seen that many "rebels"—like the motorcycle gangs I mentioned earlier—tend to be quite conformist. If you want to be a true rebel, love yourself. (And we'll talk about how to do that later on.)

Each one of us has qualities that are a gift to those around us. It's your magic, whether it's that you're great with children, music, cooking, building, crafting, teaching, writing, inspiring, mentoring, healing, or making things beautiful. Perhaps you make people feel safe, or loved, or inspired, or uplifted. You touch people through your humor, sensitivity, wit, grace, or compassion. Even if you really are irritating, you're teaching others something valuable: patience! Everyone has magic—the song we talked about in the first chapter.

Way-showers are leaders who have changed societies through their art, spirit, or ideas and brought in new ways of being. They are sovereign. They know their song and its magic, and they're willing to sing it, even if it goes against the grain or makes people uncomfortable. Even if they're criticized. Even if it's hard as hell. Way-showers aren't here to stay in their comfort zone or keep you in yours. They're here to pull the blinders from your eyes and to show you that you, too, have magic to share. They change the world for the better.

Eric Michael Hernandez was 14 years old when his teacher asked for student volunteers for a school cultural festival. Eric is a member of the Lumbee Tribe of North Carolina, and his uncle had recently taught him a traditional healing ceremony called the Hoop Dance. "The misconceptions and stereotypes about Native Americans made it hard to be proud of who I was," he explained.[23] He felt embarrassed and ashamed. "I was afraid of what my classmates would think of me claiming my native heritage . . . I mean, what do you think about when you hear the term

Native American? Do you picture a half-naked teepee-living bow-and-arrow-shooting feather-and-fringe-wearing savage? I knew that's what my friends saw. I mean, how could they not? Our history books and Hollywood were telling us that's what's real." Eric did not raise his hand to volunteer that day.

On the day of the cultural festival, however, Eric showed up wearing oversized clothes covering up a full set of handmade Hoop Dance regalia. He gave his teacher music to play, took off his cover-up clothes, and performed a Hoop Dance in front of all his awestruck classmates. The next day, his best friend ran up to him and showed him the school newspaper with a front-and-center picture of Eric dancing with his hoops and the headline "Lord of the Rings."

The next year, when the school hosted the cultural festival again, they had to extend it from a one-day to a three-day event because Eric had inspired so many more students to volunteer and share their heritage. Eric went on to perform over 2,500 shows all over the world as the lead Hoop Dancer with Cirque du Soleil's *Totem* show. "I challenge you to think about the times that you may have held back who you are," he said in a TEDx Talk he gave at UC Irvine while I was writing this book. "Embrace your identity, embrace your heritage, and embrace your passions because you can educate and you can inspire and you can make the world a better place because we all have something to share."

Please don't cancel yourself. Don't clip your wings, dim your light, or hide your magic; the world needs you as you are—real, uncensored, and free.

So what if they call you crazy for being you? They don't realize the craziest thing you could ever do is live life pretending you are someone other than you.

Have the courage to be seen. As you set yourself free, like Eric, you'll set others free too. And they'll breathe easy. Perhaps for the first time.

Sovereign Self: A Dangerously Powerful Proposition

"Caring for myself is not self-indulgence, it is . . . an act of political warfare,"[24] writes Audre Lorde, activist, writer, and self-described "Black gay woman in a white straight man's world." In a world that was antagonistic to her, she understood that the only way she could do her work with energy, inspiration, and strength was to make sure her own needs were well taken care of.

Because how do you want to show up on the battlefield of your life? Limping because you kicked yourself on your way there or overflowing with energy and health and in spanking-new shining armor because you freakin' loved yourself on the way there?

As Maya Angelou writes: "I learned a long time ago the wisest thing I can do is be on my own side."[25] Self-compassion is common sense.

I have seen Stephanie, whose story I mentioned earlier, struggle; I have seen her fall. I knew she was strong, but I was also worried. When she finally started engaging with self-compassion, everything changed. While earlier in our lives I was concerned about her, I now witness her as one of the wisest and most powerful women I know. A source of solace, compassion, and sage advice.

When you are a friend to yourself, you stop seeking comfort outside yourself. Instead of looking for comfort, you become a source of comfort.

That is why only those who have truly learned to love and honor themselves can ever help really truly love and honor another.

And that is why, by healing yourself, you heal humanity.

Few and wise are those who value, honor, and care for themselves. For they are sovereign. May you be one of them.

> ## SIDE EFFECTS OF A SOVEREIGN SELF ⚠
>
> - **Awareness:** You are in tune with your needs and take care of them.
>
> - **Energy:** You save a lot of energy when you're not constantly trying to keep up appearances, make an impression, and look for approval.
>
> - **Boldness:** You no longer fear being yourself and speaking your truth.
>
> - **Serenity:** You're less stressed because you no longer worry about other people's opinions.
>
> - **Leadership:** By dancing to your own drum, you inspire others to do the same. You become a *way-shower.*

SOVEREIGN SELF TOOL KIT

So what should you do the next time you fail or are hard on yourself? Or the next time you feel shame or the need to pretend to be something you are not? Or the compulsion to conform instead of following your heart?

Create the conditions for a sovereign self.

- **Make time for yourself:** To get in touch with yourself, you need time. Perhaps the most important meetings to schedule on your calendar are meetings with yourself. Meditate, take periods offline when you can, or spend time alone, whether it's going for a walk, taking a drive, or doing chores around the house. See if you can do these things without external entertainment shutting out your internal world. Start to relish time alone with yourself and getting to know yourself. Even if all you have is five minutes once everyone is in

bed or all your work is done, make the most of
that time. It will pay back in huge dividends.

Remember how people would rather give
themselves electric shocks than be alone? It's not
easy being alone, but it's key. And by the way, you're
not alone, you're with yourself.

- **Listen:** What is the state of your mind? Anxious,
frazzled, down, or jittery? What is the state of your
body? Are you tired, hungry, worn out, energized?
At first, it might feel awkward and even anxiety-
provoking to tune in to yourself because you're
not used to it. It might even feel overwhelming.

    But you will see that it is deeply healing. And as
you practice, you transform your relationship with
yourself. Think about how Stephanie became sovereign, replacing a life of destructive and impulsive
habits with deep listening: to her own needs, wants,
pain. As she got used to being with herself, she
learned to relish it. With time, you too will begin to
deeply enjoy these moments and understand them
as time to honor yourself. It's in these self-loving
moments with yourself that you understand how
to best take care of yourself and fill your tank. They
will become critical sovereignty builders. They
give you that armor and protection to help you go
through life sovereign. You will become your own
best friend.

- **Meditate:** To learn to listen and to build your
self-awareness, I strongly recommend a daily
practice of meditation. As a scientist, I like to
see if things work for myself. I encourage you
to do the same. Set a goal to meditate every day
for 40 days and notice the results for yourself.
I personally use the Sattva meditation app
because most of the meditations on it are by my
meditation teacher, Gurudev Sri Sri Ravi Shankar.

Practice loving-kindness meditation, which my colleague Cendri Hutcherson and I found increases feelings of connection and well-being. In this meditation you practice directing feelings of benevolence to different people, including yourself. You can think of it as deprogramming self-loathing imprints by training yourself for self-compassion and self-kindness,[26] which may explain its broad beneficial impact on anxiety and depression.[27] You can find this meditation on the Sattva app, my Youtube channel, and my website www.iamsov.com. I'll also share a brief version of the instructions here.

Loving-kindness meditation: Close your eyes and imagine someone who loves you dearly standing on your right—either a real person, a person from the past, or perhaps even a person from your religious tradition— someone who loves you very much. Feel the love coming from them as you imagine them standing by your side. After a few minutes, imagine either another person or the same person standing on your left, sending you their love. Then imagine yourself surrounded by people who love you, sending you their love and their wishes for your well-being. As you feel yourself filled and overflowing with love, you begin to return those benevolent feelings outward. First, you can send wishes of well-being to the person who was initially standing on your right. If it helps, you can repeat a phrase like "May you be happy, may you be healthy, may you live with ease." Then do the same for the person standing on your left. Finally, start to bring in acquaintances, even people you don't know very well, and send wishes for their well-being, for their health, for their happiness. You may want to end the meditation by imagining the globe in front of you and sending wishes for well-being to the entire planet.

- **Give yourself what you need:** Maybe you're tired and run down, but it's hard to take care of yourself because you have kids and responsibilities. Do the best that you can with what you have. Maybe make sure to have a healthy meal instead of what you might have had otherwise, go to bed early instead of watching TV, or park farther away from the grocery store so you can take in some extra steps and daylight. Day by day, these little acts can have a significantly positive impact.

People often ask: "Well, what exactly did Stephanie *do* to heal?" Here's what Stephanie did: she took workshops that helped her become more aware and attentive to her body and mind, to soothe her emotions and meet her own needs. Trauma and self-loathing can sometimes go hand-in-hand with disconnecting from the body—as we'll discuss in the next chapter. Now she commits to reconnecting with her body through free dancing, breathing, bodywork, meditation, cold plunges in icy lakes or rivers—or, when bodies of water are too frozen to access, like when she came to visit me, birthday suit snow rolls! She also spends time with creative endeavors that bring her joy: drawing, building, painting, and crafting.

Deprogram self-loathing.

- **Learn to handle the inner terrorist:** Of course, you may notice some unpleasant things as you make time to listen to yourself. For example, you could become even more aware of the inner terrorist program. Remember that whatever you become aware of loses its power over you: it no longer owns you. This is true of your inner terrorist or any self-destructive internal program that we'll discuss in this book. What you see can't hurt you.

Some people give the inner terrorist a name to help create the distance from it: "Hey, Boo, there you are again. I don't deserve to be treated this way by anyone, including you. Come back when you have something nice to say. Toodles." Then, congratulate yourself on noticing it and not letting it drag you down.

- **Self-compassion:**

  - Treat yourself as you would a dear friend.

  - Be mindful of your emotions (like the shame I experienced when I didn't show up for the keynote) without amplifying them with self-criticism. Feel them but don't feed them.

  - Go easy on yourself, remembering that we all make mistakes. Take responsibility for righting any wrong, but don't beat yourself up about it.

- **Your secret weapon:** *What do I need right now?* If you feel yourself going down a rabbit hole of self-criticism or self-loathing or are in a difficult situation, ask yourself: *What do I need right now?* Maybe you're at work and things are stressful and people want you to do more, better, faster. And you let the inner terrorist sit at the head of the table and be the first to agree. Your stress response is in full gear and your usual MO might be to get more coffee and double down, burning yourself out quickly, feeling awful about yourself, and probably doing less quality work.

  In those moments, pull out your secret weapon. *What do I need right now?* What you might actually need is to get out of the building for five minutes and take some deep breaths in the open air. Even if it goes against what you would usually do. Even if it goes against what others think you should do. Every time you do this, you are rewiring your brain to nurture rather than confront yourself. It's guaranteed you will show up better, not just for those around you but also for yourself. There's science behind this (discussed in Chapter 3).

Get real about your magic.

- **Do the Reflected Best Self exercise:** Remember the exercise I have my students do, where they are asked to collect feedback on when they were their best selves? This exercise is deeply beneficial for improving well-being, reducing anxiety, and building stress and psychological resilience. It can help prevent burnout and even improve creativity. In brief, you collect positive feedback about you (moments when you showed up as your best self) from a broad group of people around you (friends, colleagues, family). It's an extremely moving exercise but also enlightening. You can find a link to the exercise and its details on my website at www.iamsov.com.

- **Do the same with yourself:** Praise yourself, acknowledge your strengths. Speak or write them out—if only to yourself. At night when we put our children to bed, we have a custom of sharing what we're grateful for. Our youngest, who was four at the time, would rattle off the list and always end with: "And I'm grateful for *me*, Christopher." Practice being grateful for *you*.

- **Have the courage to set boundaries:** Sometimes you're faced with situations in which you'd rather say no, and perhaps your usual program would have you override your own wants for the sake of fitting in, belonging, or being loved. In these moments, take a break and some time to walk away and really consult your heart. Saying no can be challenging, and people may not respond positively. It takes courage, but practice saying no. The more you do it, the more it becomes second nature and the braver you will be.

Setting boundaries used to be so difficult for me, I would get anxious at the very thought of doing so. But practice is key: I would rehearse a sentence in my head (or spend hours crafting an e-mail just so) and then force myself to spit it out (or press Send). After doing this for a while, it stopped being a problem. I now hold my boundaries up firm—without anxiety. After all, am I not as deserving as anyone else to express my needs?

- **The magic list:** You have so long ignored your needs; it's going to require retraining your attention to prioritize them. Some people will need alone time; others will need company. Some will need nature; others music. Some will need spirituality; others comedy. Sometimes you'll need a run; other times you'll need a nap. It might be a letter you write to an old friend or some warm tea or a trip to the trampoline park. It doesn't matter. You know best what fills your cup—what brings you rest, rejuvenation, energy, vitality, upliftment, inspiration, and joy. Make a list of these things and keep it handy. Do those things. Prioritize them.

The result? You'll keep your cup full. And when it's not, you'll know to consult the list.

> **For additional tools and ideas, visit my website at www.iamsov.com.**

Should Is Sh*t

Wise words spoken by a friend.
In what areas of your life do
   you live only by shoulds?
Do you squeeze yourself into
   something you are not?
Do you permit yourself
   to be bullied for who
   you are?

Do you apologize for being
   you?
Do you push yourself past the
   limits of self-respect and
   self-care to perform?
Do you bend and twist
   yourself into something
   you are most decidedly
   not—just to fit in?

What areas of your life do you
   feel free in?
Can you breathe in?
Do you feel like you can be
   you in?
Authentic, carefree, and
   natural?
Like a child that is secure
   in her mother's love.

Where can you cry and laugh
   and speak the truth?
Your truth?
In those places you are home.
At home within yourself.

What will it take to bridge the
   gap between the two?
Where do you expand and
   where do you contract?
What's keeping you stuck?
What's making you free?

Where and how can you relax
   more and more into who
   you are?
Finally let the shackles drop?
When will you feel safe?
Abandon fear?
Who decides?
You do.

Sovereign.

CHAPTER 3

SOVEREIGN EMOTIONS

In my adolescence and college years, I struggled with emotional eating. Not the occasional cozy-up with a pint of Ben & Jerry's. More like a compulsion to gorge every time I was feeling down, a desperate attempt to subdue my emotions with anything edible. When I was done, feeling overly full and still upset, I would end with crying. It was a hellish cycle. And I was stuck in it. An addictive self-soothing mechanism, an escape, a false promise, a destructive habit that kept me captive and bound.

It was during that period that I first tried meditation. At the time (1996), meditation was considered weird in some quarters, but I couldn't pass up the opportunity to hang out with my crush—a freshman I heard attended weekly meditations at the campus chapel.

I dragged my fellow introverted roommate to a social situation we could feel comfortable with: the peaceful, calm kind. I also felt less anxious with a wingwoman—even one who was shyer than I was. Little did we know the type of meditation we had walked into was far from the relaxing mental hot stone massage and spa music we had envisioned. The silent hour we spent there was more unpleasant than the boisterous frat parties we avoided, even though I was sitting on a meditation cushion that was right next to my crush.

The teacher's stern instructions were not to move. My legs felt like they had been anesthetized, and after a while, everything was aching. While others were drifting into their Zen zone, I was silently swearing to myself never to come back. Never mind my meditating neighbor—no one was worth this literal pain in the butt.

When the meditation finally ended with a loud gong, I attributed my relief to escape from the torture session. And yet as we exited, I shared with my roommate that I felt noticeably different. My mind had fallen stiller, like leaves that had gently settled onto the ground after a windy autumn day.

I had never felt so good in my life, *and* I was never doing that again. Ever.

The meditation's impact didn't seem to last. The very next day I was feeling down again—as was often the case in those days. When I spotted a cold leftover pizza, I had my usual reaction: *Perfect, a chance to binge.*

That's when I had an epiphany. A realization that had never occurred to me before: *Emma, you always cry after you binge. This time, why don't you cry first and binge afterward?*

So I did. I lay on my bed and sobbed.

When I was all wept out, I noticed the impulse to binge had disappeared. Completely. I was shocked.

By giving full expression to the unpleasant emotion, the impulse to bury it with food had disappeared. The awareness that dawned thanks to one 60-minute session of meditation ended my eating disorder. I'm not surprised that several research reviews have since shown that meditation can help curb binge eating and emotional eating.[1]

I never binged again. Nor did I ever date my crush. But who cared? It was the beginning of a lifelong committed romance with meditation—and therefore with myself.

What happens when you are triggered or angry? Do you know what to do with those feelings?

No matter how educated you may be—how many Ph.D.'s, M.D.'s, or any other letters you do or do not have behind your name; how many skills you've mastered; weights you can lift; dishes you can cook; employees you can manage; crossword puzzles you can solve; and languages you can speak—chances are you have as much formal education about what to do with your big, bad negative emotions as a five-year-old.

That's why most people are emotionally underdeveloped, undertrained, and undereducated. And that's how they get bound.

It's no one's fault. Chances are your parents, families, teachers, and leaders had the same blind spot. How could you learn from them?

Children are told "Shh, don't cry!" and "Stop pouting!" and "You're okay!" No wonder they become adults who deny feeling anything—"Nothing's wrong. Really, I'm fine"—alongside other suffering from stiff upper lips.

And we've failed to question the absolute lunacy of this. Because everyone's doing it. Heartbreaking, when you think about it.

Research shows that emotions impact everything we do—focus, attention and memory, physical health, mental health, decision making, and relationships—and everywhere we do it, whether at home or at work.[2] And when we don't know how to handle them, we suffer, and so do the people around us.

You'll notice that when you're stressed, anxious, or angry, you're not able to pay attention or remember things as well. You have a hard time learning when you're sad. If you need to make a big decision, it's going to look radically different on a day you're burned out versus a day you're relaxed. Have you noticed that our inability to handle our negative emotions leads us to hurt the people we love the most and want to hurt the least?

On the other hand, when you know how to handle your emotions, you can harness them for creativity, energy, deeper relationships, and greater happiness and fulfillment.

We bind ourselves to our emotions and abdicate our sovereignty when we disregard our emotions, suppress them, and numb them. Ironically, by attempting to flee them, we become stuck to them: they last longer. In trying to stop feeling, we also often engage in destructive habits—as I did with food—and often end up feeling even worse.

Yet, as I mentioned in Chapter 2, reclaiming sovereignty involves (1) questioning the destructive programs that are running our lives and (2) making more life-affirming choices instead.

In this chapter, we'll discuss how we bind ourselves: all the dumb things we do that get us stuck there. Bear with me on this one! We can't get unbound if we don't know how we got ourselves tied up in knots in the first place. Saving the best for last, I'll then discuss how to gain sovereignty over our emotions.

BOUND EMOTIONS

We bind ourselves to our emotions when we suppress and numb our feelings. We're afraid of feeling uncomfortable emotions and, in the process of avoiding them, we suffer and get addicted to habits that are destructive. Ironically, the more we try to avoid our emotions, the more we're stuck with them. Yet we keep falling for flawed beliefs that keep us stuck in this cycle.

Belief That Binds You #1: Leave Your Emotions at the Door

Historically, Western society has considered feelings child-ish and weak. Emotions don't matter. Don't bring them into the workplace. And for goodness' sake, pull yourself together and don't let them spill out all over the place. Leave your emotions at the door.

This belief is a joke because emotions are not like shoes you can slip off. You can't take something off that's on the inside. And, ironically, the more we try to ignore our emotions and stuff them away, the more they keep us captive, sitting on the throne of our life, ruthlessly running the kingdom.

Sure, research shows some people are more emotional than others, but research also shows everyone feels emotions, and this is true regardless of gender, age, or culture.[3] Laughter, crying, sor-row, despair, stress, joy, calm, frustration, anger, peace—we've all felt them. Since they are often considered frivolous or inappropri-ate—especially the negative ones—you may have buried them, hidden them, swallowed them, or used any number of substances to squash them maybe even to the point that you aren't even aware of them, but they most definitely are there.

Even if you could leave emotions at the door, you'd need a lot of doors because you experience emotions every minute of the day. Right now, I hope you're interested, curious, entertained, and excited to read on, but earlier, you might have checked your phone briefly and that brief moment might have elicited an avalanche of feelings:

- An angry text from your partner stressed you out
- A request from your boss made you anxious
- A post on social media gave you FOMO
- A memory on the Photos app made you nostalgic
- A notification that you spend four hours/day on your phone depressed you

See that? Five emotions in a moment. BOOM.

It's guaranteed that our ancestors didn't have to deal with even a fraction of the number of emotions in a day we do in a few minutes, thanks to our technology.

Research by Rob Cross, professor of global leadership at Babson College, shows just how these small stressful experiences—which he appropriately calls "microstressors"[4]—can accumulate and create a toll on our minds and bodies. Although nothing really "big" happened, you are wondering why you feel like you've been through a war zone by the end of the day.

Each emotion—especially negative ones—is a micro-drain on you. It's fatiguing. And it's even more draining when you have to pretend it's not there—which we'll discuss next.

Belief That Binds You #2: Suppress Your Emotions

I've asked audiences from around the world what their society taught them to do with their big, bad negative emotions.

I invite you to think about your answer to this question before reading on.

Most audience members' answers go something like this:

- Hide feelings and pretend not to feel upset
- Bottle them up
- Stuff 'em down
- "Suck it up, buttercup!"

Stuffing emotions seems to be a quasi-universal phenomenon and expectation. I say *quasi* because an audience member once pointed out that this was not the case for his southern Italian family, where vehement emotional expression is considered good for the heart. However, even if you're from an emotionally expressive family or culture, you undoubtedly have to deal with suppressors and personal moments of suppression.

Take a minute to think about this question: How is suppression working out for you?

Tragically, although suppression is the number-one most popular technique people use to handle difficult emotions, it is also the absolute worst and most unsuccessful one. Research shows it makes you feel worse, damages your health, and, ironically, ruins the very relationships you're trying to maintain. Suppression leads to a host of unfortunate outcomes, including having fewer closer friends, more negative emotions, less social support, lower satisfaction with life, poorer memory, and elevated blood pressure.[5]

Depressing, I know, especially given how practiced we are at it.

To top it off, it doesn't work! Research shows that suppressing emotions does the opposite of helping you: it makes emotions stronger. Take anger, for example.

As it is, we know that anger increases inflammation, heart rate, and blood pressure. It activates your fight, flight, or freeze stress response. Your nervous system goes into high-alert mode, expending significant energy, straining your physiology, and increasing inflammation. No surprise that anger is correlated with heart disease.

What happens when you suppress anger? You may *look* less angry, cracking one of those stiff, tight-lipped, "everything's just peachy" smiles, but at the level of the brain we see the emotion itself gets more intense! There is greater activation in the emotion centers of the brain and in the physiology. Your heart rate and blood pressure get even higher than they already were.[6]

Suppression is the equivalent of taking a soda can and shaking it up. Everything looks the same until you pop the top and it squirts up your nose. No wonder it eventually makes you more likely to explode in a way that has onlookers wonder when you're due for your next psychiatric appointment.

An emotion is "action potential," or energy. If it isn't processed, it lands somewhere in your body or psyche—unresolved, festering, and generally causing problems. If anger (or resentment or jealousy or any negative emotion) doesn't explode, it can *implode*, showing up somatically with stomachaches, migraines, or other physical symptoms.

Being from Northern Europe—part German, English, and Finnish, cultures where burying your emotions way down deep is the norm—I have a black belt in suppression. So I was the queen of stomachaches for most of my suppressing life.

Suppressed anger can also come out as passive aggression— ouch! Anyone who has experienced passive aggression knows how it can degrade relationships over time like a slow burning fire.

In sum, emotional suppression, the world's number one most popular emotion management technique, keeps you bound. When you hide your emotion, you are stuck to it. Resisting emotions gives them free rent on prime real estate in your mind. It keeps you captive, not free.

On the other hand, full-blown emotional expression is usually not a superior option, for obvious reasons. I don't recommend temper outbursts, but I have not always found them easy to control—especially during the sleepless postpartum years when my tank was hovering near empty. Husband doesn't prefer temper outbursts. The only heated thing he appreciates is the saunas he takes to sweat out his marital stress. Thankfully he is generous in his forgiveness of my occasional fire (I have his Catholic faith to thank for that).

Belief That Binds You #3: Drown Your Emotions

If my first labor had been a movie, it would have been a drama—or maybe a comedy. I sobbed, called for my mom, and cursed like a seasick sailor. I had decided to labor with no meds like my mother had done for her four children. I was in agony. I resisted the pain, panicked at the ever-increasing speed of the unbearable contractions, and felt terribly sorry for myself.

Many of us have a hard time with physical pain. "Give me the pill, the shot, the laughing gas, the Tylenol, the steroids, put me to sleep. I don't want to feel!" *Bad*, that is. We don't want to feel bad. Ever. Justifiably! Physical pain can be excruciating and so debilitating.

My point, however, is that we feel the same about our emotional pain as about our physical pain. We try to numb that too. But unfortunately, numbing our emotions doesn't work as well as Novocain does at the dentist. What it does do, however, is get us hooked to addictive habits.

On some level, if we're honest with ourselves, we all are addicted to something. The "something" can seem so innocent: that daily glass of wine, scrolling through your phone, or reaching for a treat.

Emotions are hard to live with. So we use all sorts of tricks to try and do away with them:

- Stimulants
- Alcohol
- Food
- Sex
- Weed and other drugs
- Entertainment
- Reputation or fame

- Work

- Money

- Attention

- Social media

- Anything new! New car! New job! New house! New partner!

- And so much more

There's so much for us to choose from, isn't there? There are many ways available to numb our pain. For me, in college it was food. Later, it was workaholism. Husband looks for emotional consolation in Merino wool. Whenever he shows up with a new warm top, we know he went "sad sweater shopping."

We teach our kids early too. Cookies, candy, and screens will quiet a child.

We look to these outside resources and substances to dull the pain or give us highs. We shop or gamble, drink or binge, watch movies or porn, scroll or smoke, overwork or overexercise, overindulge or punish ourselves. This can look like being industrious ("I work 12-hour days") or gritty ("I do an Ironman a month!"), or even saintly ("I volunteer 30 hours a week!") . . . but it's all the same thing: numbing.

Anything we're dependent on—though it might feel good for a minute or two—we have given our power away to. It drains our energy. We've handed over the remote control to our life. Given away our sovereignty. Not until we reclaim our sovereignty will we feel the true potential that we are.

What's more, numbing is like a pain med—it doesn't heal the source of the pain. It masks it temporarily at best. The emotions are right there waiting for us when we're done. They'll come raging back like the tears that rushed forth after my college binges. Only now we're exhausted, beaten up by the side effects of our drug of choice, and, sadly, in worse shape to face the pain than when we started.

We bind ourselves when we buy into the idea that the answer to our emotional pain lies outside of us. An extensive menu of modalities is at our fingertips. Convenient, easy, yummy. We just don't realize that menu is poisonous. We don't realize that the menu is filled with empty calories and junk. By selecting from it, we perpetuate our pain, make things worse, and give others control over our lives.

Numbing, because it's temporary, keeps us on a treadmill, searching for more. We become more vulnerable, weak, and manipulatable. And it's hard to resist temptation. By appealing to our need for comfort and emotional escape, others exert control over us. Think of the many entities—from pharmaceutical companies to liquor brands and entertainment companies—that are profiting from our numbing habits. We spend dollars and time and get hooked. Not to mention there are plenty of social media influencers, advertising executives, and skilled marketers who make a great livelihood on us believing their product is the solution to all our negative emotions forever.

There's a better way to handle life's challenges. We can reclaim our sovereignty.

Think about it. You deserve so much better.

SOVEREIGN EMOTIONS

Many problems would never happen if, along with reading and math, we had been taught how to regulate our emotions. But it's not too late: we *can* learn to cope with emotions effectively using simple science-backed tools.

Emotional sovereignty is learning to navigate emotions with grace. As I'll describe, you have to be willing to feel, practice, be self-aware, be honest, and be courageous. But you'll gain so much awareness, energy, and well-being in the process. I'll share techniques in the pages ahead that can make it all much easier.

Technique #1: Feel the Damn Emotion

Remember the raucous circus that was me giving birth without meds the first time? Well, believe it or not, the second time I was so relaxed, no one noticed I was giving birth, and I practically had to deliver the baby myself.

A couple of hours before I delivered, my midwife announced to everyone that, given how calm I was, I would not give birth until the next day. Then she and her assistant walked off and had a nice nap. As for Husband, he enjoyed his beauty sleep next to me. In response to my pain-induced hand squeezes, he would offer occasional closed-eyed grunts and a mild squeeze back as signs of wakeful, attentive compassion for his suffering beloved and exuberant excitement at their soon-to-pop-out pup.

During my first childbirth, I had been resistant, feeling sorry for myself and like a victim. The second time, I was sovereign.

Instead of anxiously panicking, wallowing in self-pity, and desperately trying to escape my situation, I surrendered to it. I had gone through a hypnosis program that had trained me to welcome the sensations. I rested instead of wasting my precious energy with resistance. I accepted every sensation—intense and painful as it was—as the process of helping the baby move out of my body and into the world. The labor went by easier, smoother, and faster. Despite being as physically challenging as you can imagine, it remained a peaceful experience not just for the sleeping midwives and hubby but also for me.

My childbirth story is about physical pain, but it's also a metaphor for how to handle our emotional pain successfully.

Notice how children get over emotions fast. The tantrum happens; they scream at the top of their lungs. They cry 100 percent. Two minutes later they're done. Sovereign once again.

What makes children so emotionally resilient? They let the emotions flow through them. As the saying goes, *feel it to heal it*. Emotion is energy in motion. It needs to move like a baby on its way out. And it *will* move if you let yourself feel it—observing and embracing the discomfort—without resisting, numbing, or feeding it, i.e., if you accept it rather than resisting. Fully experiencing negative emotions isn't pleasant. It often hurts like hell, but the good news is that, like childbirth, it ends with deliverance.

Note that fully *experiencing* the emotion doesn't mean fully *expressing* it during its peak. It can be damaging to our relationships when we blow up at someone. It's better to communicate once you have calmed down. The point here is that by experiencing your emotion, you process and digest it. You'll communicate better once you've taken those steps.

Brain-imaging studies have shown that using acceptance during emotional moments helps the brain's emotion centers to calm down (i.e., deactivation of the limbic area).[7]

The day of my cold-pizza epiphany back in college was the first time I realized that if I let myself fully experience my despair and sadness, the urge to binge would disappear. Surrendering to the emotion would set me free. I just needed courage and forbearance.

I say "just." Not that it's easy. But it's worth it.

The result was that I became free both from the emotion and the destructive numbing habit I was using to suppress it.

You heard me talk about the need for awareness and courage in Chapter 2 and as you can see, you'll need them here again (and you'll see these themes popping up throughout this book because they are keys to sovereignty).

Technique #2: Realize You Are Bigger than Your Feelings

You may be wondering: How do I stop suppressing? And how do I face emotional pain with full awareness? Sounds awful!

You're not alone. Whenever I've talked about the need to feel and go through your emotions on social media, I've received touchingly open, transparently honest, and refreshingly concise feedback like "F*ck off."

I get it. It's hard. Really hard. And emotions hurt. Anger, anxiety, fear, depression, and rage are unpleasant and often seem unbearable. Excruciating. Which is precisely why we fall into addictive and destructive habits in the first place. Reeducating yourself to feel is undeniably difficult, especially when you've been suppressing your emotions your whole life and you're scared as hell to face them. But you now know (and have probably for a long time experienced) that numbing, escaping, and suppressing aren't working for you.

Besides, whether it feels like it or not, you are bigger than your feelings. During a yoga teacher training I attended in Canada, our instructor would help us get through excruciatingly long abdominal exercises with these six words: *you are bigger than your body.* Emotional sovereignty requires the realization that *you are bigger than your emotions.* Although it may feel as if your emotions could take you down in a boxing match, they can't. They may hurt you, but they can never destroy you—unless you numb and resist them. Then, as we discussed earlier, they're running the show.

The difference between you as a child and you as an adult is that children are immersed in their emotion. They *are* their emotion: *I am mad!* As an adult, you can become *aware* of the mad *without* identifying with it. *I am experiencing mad.* You can observe the emotion and differentiate between you (the observer) and the emotion (pissed).

This point is critical; please let it sink in. As an adult you have the choice to become the observer of your emotions. Just like you observe a TV screen and the TV screen doesn't control you, you are also the observer of the phenomena that happen on the screen of your mind and body. You are the viewer, not the screen. You are the experiencer, not the experiences. You are the feeler, not the feelings. They don't have to control you. Ironically, it's by surrendering to them, welcoming them, and observing them run their course that you end up in control.

After the yoga teacher training where I learned the whole *bigger than your body* lesson, I traveled to India for the second part of the training. The difference in mentality was astounding. Whereas in Canada the yoga trainees were disciplined, on time, and completely focused, in India the students were relaxed, late, and totally nonchalant. Even their yoga mats were rebellious: while ours were thin plastic mats offering little to no support to our aching knees and backs, the Indian participants had four-inch-thick cotton roll-up mattresses that looked more like comfy, squishy beds that begged for a snooze.

The teachers attempted discipline by trying to enforce rules and a code of conduct. They really gave it their best, but the Indian students broke the rules every chance they got. In North America, I learned discipline and grit; in India, surrender and relaxation. I learned a lot about yoga but also about emotions during that teacher training: have the discipline, forbearance, and courage to endure the emotions, but then surrender and relax into the process to allow them to move up and out.

Counterintuitive, isn't it, that it's by surrendering to emotions you end up mastering them? That it's by being defenseless you end up winning?

Sure, emotion is sometimes an indicator that we need to do something about a situation. For example, if you're angry about some injustice that you notice happening or that recurs repeatedly in your own life, it may be a sign that it's time for you to address it. And being aware of your emotion doesn't mean that you become passive in the face of events you want to act on. But it does mean you'll probably do so from a more poised and skillful place.

Here's something else to consider: Sometimes it's not even *your* emotion. Research on emotional contagion shows that we pick up on other people's emotions. An obvious example is when there's panic in a crowd and suddenly everyone is panicking. Or when one person near you is angry and soon you find yourself mad. You may notice that when you arrive in a place buzzing with stress, like Manhattan or the Bay Area, the anxious energy in the air is palpable. All the more reason not to take emotions so seriously all the time. They may not even belong to you.

You stop identifying so strongly with emotions when you realize they may not even be yours.

Remember Stephanie from Chapter 2? The one who used drugs and alcohol for so long to suppress and numb her pain before developing a more sovereign relationship with herself? She still experiences pain, but here, in her own words, is how her relationship to it has changed. "When I'm feeling weak or fragile or emotional, I now embrace my feelings rather than avoiding them. I have learned no longer to avoid the feelings of emptiness I used to drown out with substances. I no longer avoid the void. It's in fact become a place of refuge when I'm overwhelmed and insecure. Above all, I have come to trust that the rhythmic ups and downs of life are themselves wise and intelligent guides." Stephanie gained sovereignty over her emotions by claiming, owning, accepting, and allowing their energy to course through her body. As a consequence, she gains solace in the very experience itself.

When you accept an emotion, it no longer controls you. You simply see it for what it is. You become an observer and let it wash over you. From that place, you access power. No longer a victim, you are master. Sovereign.

Technique #3: Reappraisal

So the emotions are there, and you're feeling them. And it's hard. You don't want to suppress, so what do you do?

Much of the field of emotion regulation has focused on cognitive reappraisal as the number one technique for emotion management—and so did the lab I was in as a graduate student. Reappraisal is the ability to use logic, reason, and wisdom to manage your emotional response in accordance with your goals. It involves looking at the situation from a different perspective.

I was once in the subway coming back from school in the late '80s while the HIV epidemic was at its peak. Life expectancy was extremely short for infected individuals as there was no medication available yet. I overheard two men speaking about the situation. One of them, pale, skinny, and with gray hair beyond his years, clearly had tested positive based on what he was saying. On his way out of the subway car, he held the door open for a moment, turned to his friend, and said: "But you know what, it's changed me for the better. I'm not taking a single day for granted now; every breath is a blessing." His situation was extremely challenging, but he gained sovereignty by using reappraisal to help him look at his situation as a gift.

Research also shows that perceiving stressful situations as a challenge or adventure instead of a burden helps you handle the situation much better, lowers activation in emotion centers of the brain, and even reduces harmful health markers like inflammation.[8]

It's probably no surprise that sovereignty is linked to better relationship outcomes. How we deal with conflict in a relationship and how we handle the emotions resulting from those conflicts impact the quality and longevity of the relationship[9] as well as our mental health. Being able to handle your emotions makes others around you—colleagues, family, friends, partners—happier. Colleagues and I ran a study that showed that varsity coaches who reappraise their emotions rather than suppressing them have happier, higher-performing teams.[10]

Sometimes work is stressful but home life is going well, for example. Refocusing on the things that are going well can help you snap out of the funk about what is not going well and what you can't change. It can give you the energy to handle the things that are not going well with greater forbearance. It broadens your perspective.

In China, I learned an interesting and very useful way to reappraise emotions when things are challenging. There is a Chinese expression, *chi ku shi fu*, which means "eating bitterness" (i.e., hardship) "is good fortune." But we think the cliché "no pain no gain" applies *only* to exercise and diet. It couldn't possibly be true about our emotional pain: our anxiety, fear, insecurity, anger, frustration, loneliness, depression, midlife crisis, darkest thoughts, languishing, or anxiety. Nope. When it comes to those forms of pain, we do everything possible not to feel.

Here's a proposition to help you reappraise:

What if growing pains didn't end in your teens?

What if they kept going so you could keep growing?

What if emotional pain was not useless suffering?

What if pain were your friend?

The friend who matures you, makes you stronger, fiercer, and wiser.

The friend that loves you so much they will break your heart so it can grow larger.

The friend that lures you into the darkest areas so you can see your own light shine brighter.

The friend that truly sees the beauty, strength, and magnificent potential you are.

And who will go to any length to help you become your truest, bravest, boldest self?

Sovereign.

Looking back on your own life in this light, from what life experiences have your greatest lessons emerged? Inevitably it's the divorces, deaths, sudden unemployment, health issues, cheating partners, abusive relationship, or financial difficulties. It is those hard, painful, heartbreaking, and excruciating times that have also brought forth your best self.

They have invoked resilience in you because you had no choice.

They brought forth your courage because you had to make it through.

They cultivated forbearance and steadfastness in you because you felt like you were dying, but you had to keep going.

There were tears and moments spent writhing on the floor, but you got up, had breakfast, and went to work anyway.

You witnessed the warrior within yourself.

The valor.

And you carried on.

Your hair grayed, but you grew.

Post-traumatic growth is real. The lotus really does grow from the mud. When we go through hard times, it brings about forbearance and enormous strength. It brings about wisdom because we've seen suffering. We no longer take small things for granted. Most of all, post-traumatic growth leads to compassion. Because you've seen and experienced pain, your heart has stretched. Its capacity for love is greater and its desire to help others in need is stronger.

I once worked with a veteran with trauma who had a family member die by suicide. He recounted that he'd experienced no emotional response to the death. In pathologies like posttraumatic stress, you can stop feeling emotions at all. The problem is that even your positive emotions are numbed. This veteran was in the active arm of a study we ran on a technique called SKY Breath Meditation, which helped him with his trauma (more on that in Chapter 4). He regained the ability to feel. He was telling me about the crush he had on one of our mutual friends and the ups and downs that came with that. He exclaimed to me with great joy: "Emma, I feel *good*. I feel *bad*. I *feel!*"

With no valleys, there are no peaks. If you can't feel bad, you also won't feel its opposite: good.

Technique #4: Breathe

Yeah, but. That's what I kept thinking in graduate school when reappraisal was discussed. This is all well and good and it works to "talk yourself out" of mild frustration—logic can be the master of feelings to a certain extent when things aren't too bad—but my question was: How do you reappraise when the rug gets pulled out from underneath you: you get suddenly fired, you find out your partner is unfaithful, or something else equally dramatic. Then what?

Reappraisal is a great strategy but doesn't always work.[11] It can *only happen if the emotion isn't overwhelming.* If an adult finds himself in a situation that profoundly provokes anxiety or anger, no amount of reason and logic will help.

Here's why: When all hell breaks loose, cognitive strategies are no match for big emotions. The emotion centers in the brain are so acutely activated, they trigger the stress response, and you temporarily lose the ability for reasoning and logic. We know from neuroscience research that when emotions are intense, or during periods of high stress or lack of sleep, brain areas responsible for rational thought in the prefrontal cortex are impaired.[12] That's why you can't easily talk yourself out of high anxiety, fear, or anger. Under those kinds of intense emotions, your brain's emotion centers (e.g., the amygdala) take over and the prefrontal cortex has a weakened connection[13] with other brain areas, so it is unable to properly regulate our emotions.

That's why logic and trying to talk yourself down from a situation seldom helps you regain control when emotions are intense. And this is why they say "no one in the history of calm down has ever calmed down by being told to calm down." (Now that you know the science behind its ineffectiveness, I hope you'll join me in a silent oath never to say "calm down" to yourself or anyone ever again.)

So what can help us when rational thought can't? In our cerebrally oriented life, many of us have forgotten one critical piece: the role of our body to help our mind. Because emotion is energy in motion, if we want to regain our ability to think clearly, it helps to process emotional energy through the body. And the fastest-acting way to do that is via breathing.

Jake was a Marine Corps officer in charge of the last vehicle on a convoy going across Afghanistan when he drove over a roadside bomb. When the dust cleared, he saw his legs almost completely severed below the knee. This level of shock, trauma, and excruciating pain usually results in fainting pretty quickly. But Jake actively prevented himself from going into shock with a breathing technique. It allowed him to maintain his ability to think clearly and perform his first act of duty—check on the other servicemembers in his vehicle—and his second act of duty—to give orders to call for help. It even gave him the presence of mind to tourniquet his own legs and think to prop them up before falling unconscious. He was transported urgently to Germany and then to Walter Reed Army Medical Center, where he was told that had he not done those things, he would have likely bled to death. Jake's injuries were so severe that he lost both his legs. But he is alive, has a family, and is well. All this because he knew how to calm his nervous system through breathing in a moment of acute emotion.

If Jake can remain emotionally sovereign in such dire circumstances, what can breathing not do for our (hopefully) lesser stressors? We all know how to breathe, of course. Our first act of life was an inhale and our last will be an exhale. Between those pivotal moments, we will take roughly 20,000 breaths a day. That should make us breathing experts, yet most people don't realize the profound potential the breath has for mental health.

How we breathe impacts our heart rate,[14] blood pressure,[15] emotions,[16] and memory.[17] Our breathing patterns influence the function of many critical areas of the brain.[18] Breathing influences how we perceive the world, think, pay attention, remember, and feel.[19]

Our neurons respond to the rhythm of our breath: When we alter our breathing, we can control the activity of our brain cells.[20] Research shows you can rapidly change your emotions using just your breath.[21] Different emotions are associated with different forms of breathing, and changing how we breathe can change how we feel. Actors learn these techniques—they can manipulate their breathing to evoke an emotion they need to display. They breathe long, deep, and slow to trigger relaxation and short and shallow to evoke anxiety or anger.

Slowing the rhythm of your breath—especially your exhales—can initiate relaxation.[22] It calms your heart rate and stimulates the vagus nerve, which runs from the brainstem to the abdomen and is part of the parasympathetic nervous system. You start to calm down. You feel better. And your ability to think rationally returns.

I've included a simple exercise you can try in the tools at the end of the chapter and will talk more about recommended breathing protocols in the next chapter.

Technique #5: Self-Awareness and Radical Honesty

Sovereignty is becoming radically honest and self-aware. Are you addicted to entertainment, to food, to work, to shopping, or to just being busy? So you don't have to feel bad? Sovereignty is making room for the entire human experience with eyes wide open and with courage.

We've talked about the critical importance of self-awareness. I have a brilliant academic colleague who is a recovering addict.

When I asked whether she is on social media, she gave me this highly self-aware answer: "I don't do social media. I can't risk getting involved in any activity that might give me a high." Social media is not alcohol or drugs, but it can give us a buzz that gets us hooked on likes, comments, and follower count—another addiction-forming habit that you can use for getting high and numbing out. Self-awareness made my colleague sovereign. She recognizes where and how she can fall into the traps of captivity and skillfully avoids them.

How do you develop self-awareness? A straightforward technique, as I described in my story about the eating disorder epiphany, is meditation. Even a single dose of meditation for people who have never meditated before alters brain activity and helps increase self-awareness.[23]

Mark lost his mother at age 15. His suffering led him to drinking. A lot. Eventually he became an alcoholic. After years of struggle, it was through meditation that Mark finally became sober.

While alcohol numbs your awareness (which is why you don't drink and drive), meditation cultivates it. A number of studies show that meditation increases brain volume.[24] It also strengthens areas of the brain that promote the opposite of addiction: self-control, self-awareness, and emotion regulation.[25] Perhaps this is because you process more thoughts and feelings when you are meditating than when you are doing some other relaxing activity.[26]

(Alcohol does the opposite. Research on more than 36,000 adults found that even drinking less than one alcoholic beverage a day—the equivalent of about half a beer—reduces brain volume. Going from one to two drinks a day is linked to changes in the brain equivalent to aging two years.[27] Even a single drink permanently alters the morphology of neurons, making you more likely to crave more alcohol and fall into addiction.[28])

Meditation cultivates your awareness, but you also need radical honesty in that self-awareness. Because if you're not honest, your relationships will make that glaringly obvious to you, as Mark discovered.

Though he had married the girl of his dreams after getting sober, in only a short time Mark's marriage fell apart. Angry and feeling sorry for himself, he met a psychologist who told him to stop being a victim. "I just broke. He was the tipping point. I said 'F*ck you, man. I do the meditation. I do all the things. Why me? Why? Why? Why?'"

A light bulb went off in Mark's head, though. He realized that it was his unprocessed anger that had destroyed his marriage. He had quit the act of drinking but never processed his emotions or taken responsibility for them. "I was wearing sobriety like a badge of honor but still feeling sorry for myself, angry, and righteous. I felt entitled and like a victim of circumstance. I was not being honest with myself," Mark shared with me.

"I finally understood I needed to take responsibility for my feelings. If I get angry at someone, it's not their fault. *I'm* the one experiencing anger. *I* play a role in that. Just because I meditate doesn't mean that I can be an asshole and yell and scream and demand things. I have to clean up my side of the street: I'm responsible for my emotions, thoughts, speech, actions, beliefs—all of it. I can't blame anyone else."

As I mentioned, our emotions are contagious, and they impact the environment and the people around us. You can think of emotions as pollution. Or perfume. When we take care of our emotional well-being, we spray perfume wherever we go. Or at least a neutral scent. When we don't, we create toxicity.

And as we'll discuss at greater length in Chapter 5 on sovereign relationships, we cannot expect to have good results in our relationships, workplace, or health if we don't learn to work through our emotions. If we don't learn to let go of anger. If we don't learn to release grief. If we don't learn to forgive. If we don't learn to be grateful and to celebrate the good.

It's not easy to be self-aware and radically honest with yourself. You may witness parts of yourself you're not proud of, as Mark did. But it's the key to healing and to emotional sovereignty. Mark shared with me how much happier he is now. He views his life and his challenges as a gift that helped him heal.

When you love someone, it's because there's love in your heart. When you are kind to someone, it's because there is kindness in your heart. When you're angry with someone, it's because there is anger in your heart. It all comes down to you. Perhaps the world, with all its stories and dramas, its ups and its downs, is just an excuse for you to come back to you and heal your own heart.

Technique #6: Creative Expression

Creativity can be a healthy form of release for a strong emotion. My five-year-old son had to have surgery, and he and I traveled out of town for it. My sister came to support us for two of the three weeks we were there. On the day she left, my son was devastated. "Now we're all alone here," he cried and started sobbing. Suddenly, he yelped, "I need paper!" He drew and drew until all his love and grief had spilled onto a beautiful drawing of himself with his aunt, complete with the giant bun she wore on her head during our time together. And the emotion was processed.

Several years ago, I found myself using creativity in a similar way. After moving to a new area for a demanding job that left me little time for myself or for socializing, I found myself in a painful state of loneliness. I didn't know what to do, so I did one thing I knew how to do: I wrote. Specifically, I wrote an article on how to overcome loneliness. To this day I receive e-mails from readers who say the article helps them. I had no idea expressing my pain creatively and from direct experience would come to someone else's aid. I've written about what to do when you're angry when I was dealing with someone who was very angry, when you're dealing with passive-aggressive people when I was dealing with passive-aggressive people, and when you're the target of a nasty office rumor when I was. Creative expression can be a place of true transformation for self and other, a way to absorb and process emotions. The energy of the emotion, painful as it is, can be transmuted into healing for yourself and solace for another. Like the debris that gets caught in the delicate insides of a mollusk and becomes a pearl, the emotion can be processed from raw pain to real beauty.

But you don't need to create something for an audience. The process of expressing your emotions alone can be beneficial.[29] Psychologist James Pennebaker has shown that just the act of writing about emotional difficulties—a technique he called "expressive writing"—can deeply benefit your well-being and mental health.[30]

Engaging in the arts as a spectator or listener can also help you move the energy. There is a hub in our brain that responds to music, emotion, and memory, and some people are particularly affected by different music, such as yours truly.[31] (Husband is careful not to play piano music in the car to avoid the spontaneous tear deluge that overcomes me when I feel moved.) A college student who babysits my children shared with me that she puts on music and dances freestyle to help release painful feelings when they start to interfere with her life.

Technique #7: Move and Ground

Speaking of movement, when you think of emotion as energy in motion, then of course moving the energy, burning energy, and altering your energy will shift you. Sometimes anxiety has you shaking or anger has your blood boiling. Sitting around with this energy can often lead to overthinking or getting yourself tied up into knots. Instead of exploding or numbing or stuffing it, do an angry kitchen cleanup, bust out 100 sun salutations, challenge yourself to a CrossFit class, do a lying-down meditation (yoga nidra), or snap yourself back into the present moment with a cold shower. Even if you haven't fully calmed down the emotion, you'll have spent some of that energy and you'll have a clean kitchen countertop, a fresher disposition, and greater physical well-being. No wonder research shows exercise is linked to not only better physical and mental health but also better emotion regulation.[32]

Exercise is always a good idea as it also fills you with endorphins and feelings of accomplishment. It can give you a fresh outlook on a situation and has immediate benefits for depression and anxiety, research shows.[33] However, don't let it become an addiction in itself. If you spend two to three hours a day training your jiujitsu moves to the detriment of your relationship, then just make sure you're not using exercise as another way to numb, suppress, or escape your emotions.

Ideally, go outside, preferably in a natural environment. Nature or even just a broader horizon offers you a new perspective. Within the four walls of our room or the restricted boundaries of our virtual communication with people, we can get caught up in narrow-minded perspectives. We forget to see how relative our problems are in the grand scheme of things. Going into a natural environment or even just stepping outside, no matter where you are, can help you see the bigger picture. No wonder research shows that exposure to nature benefits mental health and that you can improve your mood in even a short walk outside.[34] More on that in Chapter 7.

Emotions—when they are strong—can often make us feel slightly disembodied. We're caught up in our thoughts and feelings and we lack steadiness. Exercise can help bring you back into your body. So can being in a natural environment like the woods or the beach. Sit on a rock. Take your shoes off and be barefoot on the earth—a practice known as "grounding," which research shows reduces inflammation, promotes immunity and wound healing, and benefits mental health.[35]

Some techniques may work better than others, depending on the situation and emotion. When you're highly anxious, soothing activities will be better than high-intensity ones like running, which, though it might pump you with endorphins, also puts further stress on your heart and activates your sympathetic nervous system. Choose a breathing exercise, a slow walk in nature, or a gentle yoga class in those situations.

The Transformative Power of Emotion

Sovereignty means facing all that life offers—the good and the painful—and growing stronger and wiser for it. Your emotions, when observed with compassion and patience, pass faster. You're happier, braver, stronger, and freer. You've already been through tough times. You can do this. Knowing you can stand in the face of anything and come out the other side, you become sovereign.

Besides, according to Elisabeth Kübler-Ross, who spent her career supporting people on their deathbeds: "The most beautiful people we have known are those who have known defeat, known suffering, known struggle, known loss, and have found their way out of the depths. These people have an appreciation, a sensitivity, and an understanding of life that fills them with compassion, gentleness, and a deep loving concern. Beautiful people do not just happen." It's life's challenges that mold the human spirit into its greatest beauty.

It's a normal part of life to come unhinged and unhappy and uncentered at times. The ground comes out from under us—trauma, loss, shock, sudden transitions, life-or-death situations, sheer exhaustion. It's what develops our understanding and compassion for others who are suffering, and it's what makes us value the good times so much more.

I once worked in a research lab whose culture was known for its toxicity. The members of the lab were not particularly friendly, except for two people. The two Black women there—one a scientist and the other an administrator—always went out of their way to be warm and welcoming to me. They smiled and joked, and we always stopped to talk. They made me feel safe. They stand out in my memory, and I'm grateful to them to this day for having made my experience there so much better than it otherwise would have been. After I left the lab, I shared my gratitude with one of them. She said to me: "Don't you find it fascinating that the two people who showered you with kindness, love, and community were two Black women? It's because we know what it's like not to experience any of those." As awful as their life experience had been, they made a remarkable decision: to flip that pain into an intention that others not go through the same suffering. What would the world look like if we all set that intention?

SIDE EFFECTS OF SOVEREIGN EMOTIONS ⚠

Better physical and mental health: Suppressing emotions damages our mental health and can lead to physical health challenges too. As you learn to process rather than suppress your emotions, both your mind and your body will benefit.

Better relationships: Others may be surprised by the fact that you no longer suppress your emotions—maybe even a little uncomfortable with it at first. After all, it's a change! There will be shifting dynamics in how you relate to others. But your relationships will improve. Because as you learn to process your own emotions and recognize that others too must do so, you become more understanding and compassionate. You judge them less.

Lightness: When you learn to process your emotions, you don't hang on to them for as long. No longer bearing the weight of suppressed feelings, you feel lighter. It's easy to be happier and more joyful.

Courage: It takes guts to feel your emotions fully. I'm not going to lie. But the more you do it, the stronger your forbearance and endurance. You cultivate valor.

SOVEREIGN EMOTIONS TOOL KIT

Remember: When you run from your feelings, you run from your healing.

When you're highly stressed, anger, anxiety, or fear will be your fight, flight, or freeze stress response. Notice if you want to escape that state. Part of the panic that arises when we have strong emotions is a feeling of lack of safety. Our system is hijacked by the stress. That is why we look to numb ourselves to get away from the pain. When you notice the need to numb yourself, take that as a cue that you need to feel safe.

Take care of your basic needs.

Remember the points we discussed in Chapter 2, "Sovereign Self." This is where it can help to take care of yourself. As you work through accepting your emotion, it helps to make sure your basic needs are met: Are you sleeping enough, eating well, exercising, and taking care of yourself? The fuller your tank, the more sovereign you'll be as you manage your emotions.

If possible, go to a location where you feel at ease, or if not, imagine yourself there. Take rest, nourish, and hydrate yourself with care. As you start to fill your tank back up, you'll notice everything is more manageable. When our life force is stronger, everything feels better.

Feel instead of suppressing.

Remember the only way out is through. You will undoubtedly notice a strong desire to escape your emotion and to resist it, because you're not comfortable being uncomfortable, let alone in pain. This is where you need patience and profound acceptance, surrender, and self-compassion. And forbearance. If it helps, think of it as labor, like in childbirth. You're delivering the emotion and will be free from it soon. And as you allow yourself to feel it, you'll allow yourself to heal it.

Let the emotions wash over you like a wave that comes, keeps you underwater for a bit, but eventually passes so you can resurface and take a breath of fresh air.

Remember these two mantras.

- **You are bigger than your feelings.** Come back to a place of observation: you are the experiencer, not the experience.

    It's helpful to remember that you've been through challenges and difficult experiences before. No matter how awful you felt then, you got to the other side of this. You did it. You might even have learned a few things along the way. You can do it again.

- **Emotions are energy in motion.** What will you do with that energy? You can breathe, as I describe below, but you can also shift the energy in other ways. Do something creative: Write out your frustration or your fear, or draw it, or play music. You can move your body, exercise, stretch, or dance. Clean the house or organize your shelves. Going outside can really help as well—and going out in a natural environment is the cherry on top as it helps with anxiety and depression (more on that in Chapter 7). Walk barefoot for the added benefit of grounding I mentioned earlier. If emotion is energy, you can channel it.

Breathe.

We talked about Jake's story of survival and the science of how your breath is connected to your emotions. Breathwork has now become popular, with many techniques taught on YouTube or various apps. I can't vouch for those techniques. What I can recommend is what we know works from research. Here's a technique that will slow your heart rate in minutes and help you shift your state of mind: Breathe in until your lungs are completely full (to a count of four, for example), and then on the exhale try to breathe out for longer than you breathed in—ideally a time and a half or two times as long (to a count of six or eight). Do this for five minutes and notice the aftereffects. You'll probably feel more calm, with your mind clearer and more present. The next chapter will describe a breathing protocol we have researched and found to be very beneficial for mental health and well-being.

Reappraise.

Once you have calmed down—and remember this *only* works once you've calmed down, because emotions skew our vision—look at the situation from a different perspective. You might remember how past challenges helped you grow stronger and wiser, for example. Maybe you learned something from the situation. Embrace all the feelings. If we can learn to celebrate our ability to feel—as that veteran did who had lost the ability to feel—our whole experience of life shifts. Though emotions can be so hard, it's the difficult moments that have molded us into who we are today, often for the better.

Use radical honesty.

If you find yourself blaming others, remember to be radically honest, as Mark learned to be. Sometimes it takes two to tango— Mark took responsibility for his anger and his actions. He learned that he needed to clean up his side of the street. Again, the point is not to blame yourself here, as we learned in Chapter 2, but to observe what happened, how it happened, and how you can let go of it by not hanging on to anger at someone. We all make mistakes; so do others.

Practice.

When I first stopped consciously suppressing, I was like a toddler with his first coloring book. Let's just say I did not know how to color within the lines.

There was one time when I expressed myself a little too intensely. But here's what was interesting: I meditated shortly after the experiences and felt almost blissful peace.

To clarify, the high I experienced was not due to the outburst; that made me feel remorse. The giddiness was from the freedom of finally having let out what I had painstakingly been suppressing for so long. The steam had finally blown off. There are way more graceful and less hurtful ways of expressing an emotion, but the relief I felt does exemplify how, when we completely experience an emotion and let it move through us, we become free: sovereign.

Ideally, feeling the emotion doesn't have to equate to chaos and disruption. It doesn't mean you live your entire life like a volcanic eruption spewing lava all over everyone. But it's important to remember we're all toddler-like when we try something for the first time: awkward and far from perfect. Practice is essential, and practice, by definition, is filled with trial and error and failure. That's how you learn. Be patient with yourself (and others). It does take some time to relearn how to handle emotions, especially in relation to other people.

Bookmark and reread this tool kit whenever you need to. Practice these tools and remember that it's normal to make mistakes when we practice. You might find yourself no longer suppressing but expressing a little too much.

Be patient and kind with yourself. You may have spent a life suppressing or reaching for comfort through distraction, entertainment, food, and so on. It will take practice to unlearn those habits.

That's okay, we only learn through experience. Allow yourself the time to build new habits and ways of interacting with your emotions—it doesn't happen overnight.

Take action (if you need to) once you are feeling more centered.

You will see things from a different perspective. And if you need to do something about the situation that sets off the emotion, you may need to communicate your feelings to someone. You will do so in a much more constructive way when your own state of mind is more settled. Then, in fact, communicating about your feelings skillfully can lead to a deeper bond with another person instead of a rift.

For additional tools and ideas, visit my website at www.iamsov.com.

Whole and Complete

You were made to be ashamed.
Of your actions
And therefore, of yourself.

Not okay as you are.
Not okay to make mistakes.
Not okay to feel what you're
    feeling.
Angry or upset or jealous or
    sad.
There's something wrong
    with you.

And in that process
Bit by bit,
You divorced yourself.
From yourself.

Hidden in a shell.
That you tried to make look
    perfect.
You become perfect outside.
And were crying inside.
Like a fraud.

Your job is to pick up the
    pieces.
All the lost pieces of yourself
    one by one
And softly blow life back into
    them.
Whispering

"You're okay, little one.
I got you."
And to love them
Slowly
And surely
Back to life.

Those parts of you,
Numb, cold, and anesthetized
    away
Become warm once again.
In the constant and steady
    embrace
of your own acceptance
    and love

And your self-love will be the
Glue that brings the puzzle of
    you
Back together.
Whole and complete.
Healed.

CHAPTER 4

SOVEREIGN MIND

I was blown away when I first met Starr, an executive who came through our Yale Women's Leadership Program. Starr is charismatic, brilliant, and passionate. It was obvious to me—and all her classmates—that she is a powerful leader with enormous potential. It wasn't quite as obvious to her, though, because of an old belief that she was harboring.

"As a Black woman," she explained, "I believed the most important thing was to feel safe . . . and for good reason. Black women have all heard stories of other Black women that perhaps reached too high, hoped for too much, were cut down literally and figuratively simply for being, shown no mercy, no grace. So I was constantly searching for a safe space. Layer this with a sentiment heard often in the Black community, likely heard in some other form in other marginalized communities, 'You have to be twice as good to get half as much.' So I found myself sitting in what was a 'safe space' being 'twice as good' and getting half as much. The problem is that it's so embedded in me that if I make a mistake, I believe I deserve every bad thing that comes my way. I go from 0 to 100. You had a typo, you deserve to be fired because you're not twice as good. I'm afraid that something is going to happen to me, and it becomes self-fulfilling because I have so much anxiety that I'm not focusing on what I'm supposed to be focusing on. And here's the rub . . . if you're feeling all that . . . you're NOT SAFE."

The belief Starr held had kept her in a secure position as a lawyer working for the government for 13 years. She notes it wasn't all bad. After all, an advocate sent her to the Yale women's leadership course—no small feat on a government training budget. But her soul yearned to stretch and expand into bigger roles she knew she was capable of, and that she deserved.

What Starr is describing is an imprint. Research shows our brain is deeply influenced by what we've seen, heard, or learned in the past. Many of our experiences are recorded in memory, conscious or unconscious, resulting in beliefs, concepts, or assumptions with which we navigate our worlds. These experiences leave a mark, an impression that programs your mind to think a certain way, interpret situations a certain way, or judge yourself and others. Imprints shape our perception of what's going on in the present and sometimes completely distort it.

Some imprints are positive or neutral, but when they limit your perspective, harm you, or restrict you from accessing your fullest potential—as they did with Starr—they are problematic.

During the breaks in our weeklong program at Yale, Starr would often be in deep thought. She was questioning her old beliefs. Here's how she described it: "I'm in a reprogramming battle with myself." She went on to say: "Something in me is saying no. This program that I need to be twice as good is the stupidest thing ever, and it's so toxic. I don't have to be twice as good. I can be Starr. I can be human."

A few months after our program, I got a text from Starr. She had not only applied for jobs in the private sector (a bold move and not easy after a long career in the government) but also received multiple offers. Not just anywhere. At a Fortune 100 company.

Turns out that once Starr saw what her belief was doing to her, she refused to let it control her any longer. In fact, in stretching her comfort zone, she went above just moving jobs and sectors. When her current company offered her several positions—one as legal counsel (staying relatively "safe" in her comfort zone as a lawyer) and another as a vice president doing something she'd never done before that would involve a steep learning curve, guess which one she chose. The latter, of course. And she's thriving. Sovereign.

To be clear, Starr wasn't at fault for the limiting beliefs she had held; her imprint was the result of trauma. The point for her was to understand what she can do now, in the present, so her imprint doesn't keep her from being who she really wants to be. And that's what this chapter is about: seeing through imprints and clearing them so you can, like Starr, have mental sovereignty. First, I'll talk about the kinds of imprints that bind us, and then I'll talk about how we can attain sovereignty.

BOUND MIND

We are constantly accumulating imprints in our minds. Think about it: whatever you focus on, you become. After seeing a movie, for example, you'll notice the images and story linger with you for a few hours (or a few days if you're like me!).

Imprints are in part social conditioning: the religious, political, and philosophical viewpoints of our family, ancestry, and community; the ones we learned from our culture and that were shaped by our socioeconomic status, gender, ethnicity, and race. But we also accumulate imprints through our life experiences: significant relationships and events. Some you'll remember your whole life; others will dissipate over time. Some are positive or neutral. Others are destructive—like the imprint that confined Starr for so long.

And since imprints are like glasses through which we make sense of the world, they shape the way we interpret our life and interact with others. In that way, they are like a program running us. They are destructive when they get in the way of our song, our magic, our ability to shine as ourselves. Which they almost did for Starr, until they didn't.

How do you know if an imprint is destructive? When it creates constriction: undue fear, anxiety, anger, or discomfort despite not being in a life-or-death situation. For example, if you're terrified before public speaking or a first date, it's probably due to an imprint. If, like Starr, you're keeping yourself confined in a job, relationship, housing situation, or anything that you know you've outgrown or that makes you suffer, chances are an imprint is running the show. A false belief has you in its grip, confining you and getting in the way of your sovereignty.

A decade ago I was soaring high as an academic with dual appointments at Yale and Stanford; a speaker at multiple TEDx events; a well-being expert who appeared on *Good Morning America* 10 times; a psychologist whose *Psychology Today* column had received over 5 million views; and an author whose first book, *The Happiness Track*, sold more than 50,000 copies in the U.S. and across the world, translated into dozens of languages. External markers of success, perhaps, but . . .

Physically, I was withering. My health was at an all-time low, and I had to spend most of my time resting. My heart broke daily because I was not able to take care of my newborn and toddler. I was operating at a small percentage of what I was capable of previously. Although I was sustained by the practices and principles I described in *The Happiness Track*, I was still missing something key. And that was sovereignty. I was buying into imprints that were destructive. And I was paying for it.

Trauma Imprints

There are two kinds of imprints: those we learn through our life experiences and those we acquire through media and messaging.

Some of our deepest imprints result, of course, from difficult moments in our past. The more emotional an event—especially a highly negative one—the more likely our brain is to remember it and hold on to it. If it's a deeply disturbing event, it can stay there for a lifetime. For example, if you were born before 9/11, you probably remember where you were on that day. Trauma is nothing but a deep imprint. An undigested experience.

A life-or-death situation can also create a debilitating imprint. I was walking with a group of friends, and we were about to cross a bridge when sweat started pearling on Jose's forehead. He had been in the Army during the Iraq war and had survived an explosion on a bridge. His logic knew nothing was wrong in this moment, but the *bridge* = *danger* imprint was more powerful than his mind could control.

We may not have a post-traumatic stress diagnosis, but almost all of us have been through difficult experiences like car accidents, sudden losses, divorces, failures, rejections, and so on that can live on as imprints in our mind, keeping us hooked to the past with a ball and chain.

That's why if you've ever failed or embarrassed yourself, that imprint can stay with you as debilitating fear of failure despite external proof of success. Annelies was a ballet dancer at the New York City Metropolitan Opera Ballet. Despite her success as a dancer, she had a profound fear of failure. Adrenaline coursed through her body prior to performances and she was unable to eat all day. After a performance, she was self-critical, ruminating on all the mistakes she had made. No matter how successful she was, her mind and body were trapped in a vicious pattern of fear followed by self-criticism. Her success was not sufficient to heal an imprint that was destroying her ability to enjoy her hard-won career despite dancing on one of the most famous stages in the world.

Cultural Imprints

I grew up in Paris, which sounds glamorous—but the philosophy on the streets makes you think things are always going to hell in a handbasket. You bond with others through moaning and complaining. You've heard the French phrase *oh là là*! In the U.S., it's used for something positive, like when someone looks fabulous, but in France it usually accompanies bad news. Oh là là, the weather! Oh là là, the traffic! Oh là là, politics! Oh là là, les Américains! Oh là là, life!

Even when you pose for photographs, you don't smile—models in French ads are considered beautiful when they look slightly depressed. The sexy pout. For a kid in school, grading is harsh.

No one ever gets a perfect score, and you learn you're just never good enough. In fact, you're probably hopeless. There's a saying when you dare make any kind of optimistic plan or dream: *ça ne marchera jamais*—meaning "it's never going to work out." Talk about demoralizing.

When I moved to the U.S., I was introduced to a radically different and more enlivening perspective: *you can do anything if you put your mind to it* (which is why America is home to inventions like Slugbot, a slug-eating robot for your garden, or the Parihug, a WiFi-enabled teddy bear that hugs your loved ones from afar). French people would say that's naïve and perhaps it is a bit, but I gratefully traded cynicism for hope. That perspective was more energizing and served me better.

For the longest time, I wasn't sure if the French cynicism imprints were just me, but then I heard my high school classmate Justin Guilbert on a podcast:

"As a French dude, you live in this world where nothing is really doable and that's the culture . . . everything is hard and challenging and you stay in your stasis . . . and then you come to the U.S. and people are just like, 'Let's just do it.' And you wonder, 'What? You just do it? You just get up and do it?' And it happens."[1] And it does. As founder of Harmless Harvest and Bravo Sierra, he is now a successful serial entrepreneur running businesses that have social impact.

Don't get me wrong. It was obviously a privilege to grow up in France. Its history, literature, poetry, art, beauty, and bread also offered me extraordinarily beneficial imprints. As for the U.S., it wasn't all perfect—the common U.S. imprint, a belief that you are what you do and that you should work yourself to the bone— took me a while to deprogram. *Do it! Do it right! And do it right now!* The productivity and perfectionist imprints will drive you bananas if you let them run you (ask Husband).

My point is we carry cultural imprints we're not aware of and they shape how we see the world. I wasn't aware of my cynical French mindset until I came to the U.S. and saw its opposite.

Because here's the first secret to unbinding yourself from harmful imprints: awareness. That theme is appearing again and again because it is one of the core keys of sovereignty. Once you're *aware* that the imprint is there, like Starr was or like I became after moving to the U.S., it loses its power. Once you see an imprint for what it is, you can choose not to fall for it.

It's only mind control if you're not aware.

I'll soon share other ways of deprogramming imprints.

Should Imprints

A subset of cultural imprints are *should* imprints that keep us bound.

Scrolling through a Yale alumni group on Facebook, I was shocked to see the sad answers submitted to an admin's innocent discussion prompt: "What is your profession and how would you advise someone who wants to work in that field?" Most comments were from physicians and lawyers who did *not* actually answer the question. Instead, they wrote about how they had thought they should choose a career for financial success and prestige and how they now hated their job. Having presumably ruined their lives in the pursuit of material success, they pleaded with younger alumni not to choose careers for money or status.

So what if you've succumbed to all the *shoulds* in your life, have done everything "correctly," and become a big deal if you hate your life?

Women suffer because they *should* look like they are 17 for the rest of their lives. Men suffer because they *should* not appear weak or vulnerable. Kids suffer because they *should* always be "good." These imprints are torture—unrealistic and unhealthy.

I was once confiding in my mother about a difficult coworker. I needed to assert some stronger boundaries with the person but was worried that what I had to do wasn't very nice. At which point my mother asked: "Why do you have to be *nice* all the time?" Hmm, I hadn't considered that. She was right. In the U.S., it's pretty much imprinted on us to be nice, especially if we're women, even at the expense of ourselves. My mother lives in Paris, and Parisian women do not suffer from this problem (as anyone who's been there on vacation can attest).

In France, I learned I should be humble and obedient and try to fit in, so when I arrived in the U.S. and learned I should be proud of myself, stand out, and toot my horn, I was thrown. *Should* is so relative. It's not absolute truth. It's perspective. Opinion.

As my endearing tell-it-like-it-is friend Moria puts it so simply: *should is sh*t.*

This whole *should* imprint business is no one's fault, by the way. We all fall for *should*s. If you think about a child under age 10, they are wide-eyed. Not just with innocence and cuteness, but because they are stretching their eyes open to *take it all in.* They are making sense of this world by absorbing *everything.* Their brains are developing at lightning speed to learn as much about life as possible as fast as they can. Whatever they're rewarded for, they'll remember. It's not surprising that as adults, we then continue to adapt and conform to society's expectations— sometimes at our own detriment.

Media

Most people don't realize we mass-consume imprints *voluntarily*—upward of 60,000 GB of information per day across all our media channels (TV, podcast, social media, messaging, entertainment, etc.),[2] which is sufficient to crash a small computer in a week. Whether news or entertainment, much of it is empty and filled with expertly crafted messages designed to suck you in. After all, that's what makes you click and consume.

You know those moments where you get lost scrolling online news, random tutorials, or TikTok dance clips instead of finishing work, paying attention to your kids, exercising, making dinner, or watering the poor dehydrated plants? The tech's got you. Bound. Whoops.

Consider this: Your smartphone is mostly just other people's agenda for you. For example, the urge to check social media is even stronger than the urge for sex, research suggests.[3] Some of the brightest minds, armed with the most sophisticated knowledge of how our brains work, have designed these experiences to exert control over your attention and be maximally addictive.

Talented scientists run behavioral studies that demonstrate what gets people most hooked based on some of the research I mentioned in Chapter 3—the addiction cycle our brain gets locked into. Tech companies then design products accordingly. Why? So they can sell ad space. Ugh.

Same goes for entertainment. Former CBS and NBC programming president Jeff Sagansky said, "The number one priority in television is not to transmit quality programming to viewers but to deliver consumers to advertisers."[4]

Let *that* sink in for a moment.

And, unaware, we click right into our roles as obedient consumers. Indian friends of mine whose family followed a 20th-century Indian mystic said he gave this haunting prediction: "In 50 years, you'll hold the cause of your misery in the palm of your hand." Hard not to think he was referring to our digital devices. Looking from the outside in, we appear controlled by our technology, walking around, heads down and attention locked onto a device, letting its messages imprint on our minds 24/7. By choice! It's like something out of a sci-fi movie.

Fun fact: research shows most people don't prefer overtly violent or sexual content in movies. So why is there so much of it? Advertisers believe viewers prefer it, so they are more likely to buy ads during highly violent or sexual parts. So producers make more of it—for the advertisers![5]

And meanwhile, viewers' brains absorb violent imprints, leading to more aggression, especially in younger viewers who can go on to become more aggressive adults.[6] Violent media has also been shown to increase anxiety in adolescents.[7]

I was once at a party where a mixed martial arts fight was being broadcast. While the adults were talking, my heart broke for the host's five-year-old, who was standing inches from the TV, absorbing what he was seeing with all his senses: two vicious-looking grown men beating each other up while an audience cheered. What were the messages he was absorbing?

News Imprints

When the Iraq war started, I was in France visiting my parents. The U.S. and Iraq were enemies while France and Iraq were allies. Accordingly, headlines in the two countries were strikingly different. While the U.S. newspaper showed moving photos of Iraqi grandmothers warmly welcoming American soldiers with open arms, the French paper *Le Figaro* showed a heartbreaking picture of a massive explosion with a gloomy headline, "Bombs over Baghdad." Same facts. Different opinion. Different framing. Completely different news.

In 1983, 50 companies owned most of the media in the U.S. Now it's only six shaping and honing most of the information you receive due to companies consolidating.[8] There are some independent news agencies out there, but you have to seek them out. And understand their perspective. News articles may report factual events, but the articles themselves are interpretations. Opinion pieces.

The point here is not that the media is evil or that there's a news monopoly. The point is awareness—if we wish to be sovereign. Be a discerning consumer, see through and beyond the messaging and imprints you are taking in. Appreciate them for what they are—carefully curated perspectives that someone is profiting from.

I lived in China from 1999 to 2001. Every time I picked up the *South China Morning Times* or another Chinese newspaper, it was mostly positive headlines. Everything seemed to be going just peachy all the time. During breaks from our Mandarin class, the other international students and I would drink tea and laugh at the Pollyannaish headlines.

However, heading back to France and the U.S., the news coverage there suddenly seemed similar—only in reverse. Every murder and act of child abuse was covered in excruciating detail, making it feel like heinous crimes were the norm.

Which news source is "true," the Chinese or the American? Probably neither. Which one is mind conditioning? Both. They are doing the same thing: spotlighting one thing (the overly optimistic or the overly terrifying) and thereby imprinting specific perspectives on the viewers' minds.

I have a neighbor who is glued to U.S. news. She's constantly scared sick. By focusing on rare atrocities that are the exception and not the norm, news reports make you think there's more danger out there than there actually is. You're freaked out. No wonder research shows that consuming high-intensity news can lead to a higher probability of developing post-traumatic stress.[9]

When you're watching a musical and the spotlight is only on one actor, you think they're the only one on stage. But if you know there's a lighting professional controlling the spotlight and keeping the rest of the stage in the dark, you're aware that there's a lot more than meets the eye. Sovereign.

Without awareness, we don't realize how stuck we are in our media's messaging. Especially since we're absorbed in the messaging alongside others who are stuck in it. It feels normal. But by confining our human experience to limited and controlled views, stimulation, entertainment, consumption, and fear-based messaging, we deprive ourselves of the higher states of consciousness, awareness, and happiness the brain is wired for. We unknowingly find ourselves bound. We abandon our own sovereignty. But there's a way out, as we'll discuss soon!

Imprints: The Power of Negativity

What you fill your mind with is what's going to haunt you. I had a friend who constantly suffered from intrusive sexual thoughts. Every 15 minutes, to be exact. (Not sure how he got any work done.) When a mutual friend asked him whether he engaged with a lot of porn, the answer was yes. For sure. A lot. "You are what you eat" is also true of mental imprints.

It's one thing if the media you ingest is inspiring and uplifting; it's another if it makes you want more stuff or it's filled with negativity or is evoking fear, insecurity, anxiety, desire, or anger. Because then you're stuck, disturbed, and miserable. Bound.

Why does our news tend to focus on negative events—murders, calamities, atrocities? Fear triggers your sympathetic nervous system, causing stress, which is stimulating, grabs your attention, and keeps you hooked (and consuming advertisement).

A colleague at Yale once came to me and confessed he couldn't sleep. He looked exhausted and stressed. I felt so bad for him. I asked him what his bedtime routine looked like. He told me he fell asleep watching the news every night. How can you sleep in peace when, night after night, you set off your internal alarm system by focusing on the sad and the scary? Whatever you hear or read as you're drifting to sleep is going to leave the deepest impression on your mind. After all, research shows we remember items we learned right before sleep much better the next day.[10] How are you choosing to condition your mind before bed?

Neuroscience research also shows that negative information impacts our brain's ability to think, reason, and perform on cognitive tasks.[11] Considering how much negative information we take in through news and otherwise every day, how much better would we be at performing and thinking if we did not?

Also, sadly, the more we see awful things, the more likely we are to carry them out. When German poet and author Goethe published a book in 1774 whose hero took his own life after a heartbreak, it spurred a trend of copycat suicides throughout Europe. Two centuries later, psychologist David Phillips showed that the more a suicide is covered in the media, the greater the rise in suicide in the area where that media was consumed.[12] Sadly, we are seeing this now with social media's influence on teen self-harm.

Living in China provided a period of remarkable deconditioning for me. It's extraordinary to spend several years surrounded by media not aimed at you (e.g., a supplement to grow *taller*, cream to make your skin *whiter*). You're like an alien on a planet where nobody is trying to influence, persuade, or brainwash you. My mind was sovereign: true to itself and so much more at ease. There was a sense of mental freedom.

Poet and activist Maya Angelou is a sovereign wisdom keeper worth learning from. She says, "I simply refuse to have my life narrowed and proscribed."[13] Nothing can bind you, if you choose for it not to do so. And that's sovereignty.

SOVEREIGN MIND

The good news is that imprints can be released, and that's what we'll talk about in the rest of this chapter. Because if they're not released, they can eat away at you. Ever noticed how some people are young in years but seem old? They've stopped smiling and look beaten down or lifeless? And then you see others, like my 75-year-old mother, who sparkle with enthusiasm, joy, and mischief (like the time she was talking to an ultra-conservative Christian family and brought up penis tattoos—something she seems to know a lot about—because why not?).

What's the difference between these two types of people? Harmful imprints—have you accumulated them and let them weigh you down or have you managed to free yourself from them?

Our mind is like a mirror. It reflects what we put in front of it. If it hasn't received regular cleanings, it's grimy with the dust of past events and information accumulated over years. Sovereignty involves dusting off the mirror by releasing those imprints and developing greater awareness, discernment, and clarity of mind. And then nourishing it with high-quality imprints that feed your sovereignty.

Deprogramming Imprints

Layers and layers of imprints have filled our minds since childhood. We clean our bodies, houses, and computer screens. But we forget to do the same with our minds.

There are many ways to shed impressions. First, I'll share a few time-tested research-backed methods. Second, I'll make suggestions for curating what you allow in.

Awareness of Internal Imprints

When I talked to Starr about how she gained sovereignty over the belief that had been confining her all those years, she shared this: "You need to call out the limiting belief, name it, tell the truth about it, and identify the virus. Then you take power away from it. It's hard, but you have to face it with courage. The worst thing you can do is ignore it, because that gives it power. Shed a light on it and know that it's not true."

See that? The topics of awareness and courage that you've seen in the previous chapters. It's a simple equation, really: **Awareness + Courage = Sovereignty.** This equation is true for every aspect of sovereignty in this book.

You need to engage in a staring contest with self-loathing tendencies to gain a sovereign self (Chapter 2), with your emotions to free yourself from suppression and addictive habits to gain emotional sovereignty (Chapter 3), and with your imprints to gain a sovereign mind. Not always comfortable, but always key to sovereignty.

Because if you're not aware of imprints, they rule you. In Starr's words: "How do power-packed, incredibly intelligent, highly qualified individuals suddenly think they can't do something? Where does this delusion come from? Why does our mind create delusions that are not true? Creating this whole fantasy or nightmare in our own minds that isn't even true? Eighty-five percent of things people worry about never happen. What is it that is holding us back? If we're in a prison, we have to ask if the prison walls are real." It's when you become aware that an imprint like Starr's is *just an imprint* that is ruling you that you can start to take back the reins as she did.

How do you develop awareness of your imprints so you can deprogram them? After all, it's sometimes difficult to know that you're under the influence of an imprint. How many years did Starr operate under the need to be safe without realizing she was being controlled by that fear?

As you start reflecting on what your own harmful imprints might be, think about what keeps you feeling confined or constricted: A belief that others are out to get you or that you don't have enough or that you're not good enough or that you don't belong or that you are in danger? Look at what you crave: Attention? Approval? Money? Sex? Power? Think about your fears: Fear of humiliation? Or rejection? Or the dark? Or something you've seen in a movie or on the news? There are countless imprints a person could have.

Practices like meditation can help build awareness.

The good news is that this releasing imprints and attaining mental sovereignty business has been researched in many parts of Asia. You know how they say it takes 10,000 hours to become an expert in something? Well, India has 10,000 years of experience on how to decondition the mind. Thank goodness we don't have to reinvent the wheel—though we've tried in the field of psychology with some limited results.

Traditions like Hinduism and Buddhism, unlike other faith-based traditions such as Judeo-Christian ones, involve awareness and self-study. The Buddha famously said something to the effect of "Don't believe anything I say unless it's a product of your own experience." The goal of contemplative activities like yoga, breathing exercises, and meditation, for example, is sovereignty. Observe your mind and imprints. Treat your mind like a scientist: investigate it objectively. You are in your very own lab.

Breathing Out Trauma Imprints

Traumatic imprints are difficult to remove with pure awareness and cognitive strategies (like the ones suggested in talk therapy) alone because of an important difference: they are often lodged in the body. Remember Jose? He knew there was no danger on the bridge we were crossing that day, but his body reacted like there was. The traumatic imprint in his body was more powerful than his mind. That's where body-based practices like those involving breathing are key.

While I was a postdoc at the University of Wisconsin–Madison, research was showing that traditional treatments (pharmaceutical and therapeutic) were failing many veterans with post-traumatic stress. So my colleagues and I ran a randomized controlled trial to test the effects of a breathing protocol called SKY Breath Meditation on veterans returning from Iraq and Afghanistan with trauma. We partnered with a nonprofit called Project Welcome Home Troops that offers SKY to veterans and military at no cost (SKY Breath Meditation is taught by a nonprofit called Art of Living Foundation to nonmilitary).

Many of the veterans in our study had post-traumatic stress so severe that they were bunkered up in their basements, smoking pot and drinking. Jose, who was afraid of bridges, was one of them. Many couldn't finish school, and even those who could hold down a job often had failing marriages due to uncontrollable anger outbursts or the alcohol and drugs they used to sedate themselves to sleep. Others were medicated so heavily they could not function properly.

We found that, after one week of practicing SKY Breath Meditation, the veterans' anxiety dropped to normal levels compared to the control group that received no intervention. We even saw a reduction in anxiety at the physiological level—the vets weren't just telling us they felt better, their bodies were also showing greater ease and less stress.[14] I'll never forget the day Jose turned to me after learning SKY and said, "I didn't need any weed to get to sleep last night." It had been the first time since returning from Iraq that he was able to sleep without substances.

What surprised us most was that the veterans still had normalized levels of anxiety one year later, suggesting long-term recovery. In fact, many no longer qualified as having PTSD at all—even though most did not continue to practice.

A few years later, I collaborated with the Palo Alto veterans' hospital on a larger version of this study, comparing SKY to a gold-standard PTSD therapy (cognitive processing therapy). SKY not only had similar benefits as the therapy on PTSD but also showed greater improvements in emotion regulation.[15]

If you'd rather not talk through your trauma or therapy isn't working for you, breathing may be the answer. Many of the veterans in our studies went through such horrific experiences that the last thing they want to do is talk about them. Remember Maya from the opening chapter—the one who was in the National Guard and whose boss prostituted her during the war in Iraq? She appreciated that she could breathe without having to revisit her trauma: "With the breathing exercises, I learned to release my dark emotions without having to confront them directly. It was like loosening the soul, letting go without needing to attend to those emotions."

I personally discovered the impact of SKY on trauma shortly after 9/11. I was attending graduate school in Manhattan at the time and witnessed the second plane crash into the Twin Towers from my rooftop. After that day, I shook with anxiety every morning. I tried many things. Mindfulness triggered full-blown panic attacks. Hot yoga gave me glowing skin, a six-pack, and probably much-needed lymphatic drainage to detox post-9/11 Manhattan pollution, but no long-lasting peace. I even attempted to attain inner peace by osmosis, attending countless talks by Buddhist monks at New York City's Tibet House, but I'd inevitably find myself back at square one, sitting on the floor of my tiny 34th-floor studio apartment wondering what the heck I could do to stop shaking.

One day, I stumbled into a SKY Breath Meditation and finally experienced calm again. Twenty years later, I haven't missed a day of my SKY practice.

One of the most appealing aspects of a breathing practice is that you're helping yourself. You're not dependent on someone else. You're in charge of your own healing. You've got this. You've got sovereignty.

Remember Annelies, the ballerina with debilitating stage fright? She was the one who taught me SKY Breath Meditation at Columbia. She started teaching SKY Breath Meditation soon after she discovered it helped her with her stage fright. Just as she had trained her physical body for athletic sovereignty, she had now found a way to train her nervous system for emotional sovereignty.

Annelies realized her imprint was fully healed on a night she had to stand in for a sick dancer at the last minute. The opera that night was *Julius Caesar*. The set was a huge Roman building that nearly scraped the ceiling of the MET. The other dancers had quickly filled her in that she was to walk behind it and then make a sharp right to dance onto the stage. She followed their instructions but soon after making the sharp right found that she couldn't move! Horrified, she strained forward. Her dress was caught in the set! As she forcefully pulled at it one more time to get on with her performance, she dragged that entire sky-high Roman building forward across one of the biggest stages in New York City in front of thousands of onlookers.

Before learning SKY, Annelies would have been devastated and afraid to go to rehearsal ever again. Instead, as soon as she got backstage, she exploded with held-back laughter instead of shame. Sovereign, not crushed.

As a scientist, it's nice to see an intervention work, but you ask yourself how it measures up side-by-side with other well-known interventions. To test this, we randomly assigned stressed Yale undergraduates to one of three well-being interventions—SKY Breath Meditation, mindfulness meditation, or emotional intelligence—or a control group. The SKY Breath Meditation group showed more statistically significant benefits for mental health and well-being compared to the control group than the other interventions.[16] One reason for these results may be that mindfulness and emotional intelligence are mostly cognitive exercises, while breathing doesn't just bring ease to the mind, it also deeply calms the physiology.

Michael Goldstein at the University of Arizona ran a very similar study (comparing SKY to stress management training) that showed almost the same results as ours. In addition, he showed the results were maintained three months later for SKY.[17] My favorite part of his study was that he placed participants in a high-pressure performance situation to see if he could experimentally test their ability to withstand stress.

Compared to the stress management group, the SKY breathing group held steady in terms of breathing and heart rate, suggesting the program had instilled in them a buffer against the anxiety typically associated with anticipating a stressful situation—like Annelies, who overcame her stage fright! This is stress resilience, psychological sovereignty. From what our research has shown, the SKY Breath Meditation builds a stronger foundation for stress resilience in the nervous system—thereby creating more sovereignty.

Removing imprints makes you sovereign. Things and situations can't push your buttons if your buttons are gone. No situation is inherently stressful; situations are a function of how you perceive them. New York City hadn't changed, I had. Performances hadn't changed, Annelies had. Bridges hadn't changed, Jose had.

Epigenetics research shows that trauma can be passed down over several generations[18] when they're not healed. Children of parents who have gone through traumatic life experiences or have post-traumatic stress may be more likely to develop post-traumatic stress, depression, and anxiety. Their genetic profile is more sensitive and vulnerable. That's why it's so important to heal ourselves so we don't pass it on. In healing yourself, you heal the future generations coming after you. If not for yourself, do it for them.

Meditation

After learning the SKY Breath Meditation breathing technique, I was calm enough to practice other forms of meditation. As I mentioned in Chapter 3, meditation and other contemplative activities—by turning you into the observer of your thoughts rather than their captive audience—help you see your imprints for what they are: just thoughts, memories, emotions, and judgments. When you stare that imprint down without reacting, engaging, or feeding it, its power dissipates. Meditation is key to developing awareness.

It's a pretty radical act in our modern age to sit there and do nothing. It certainly goes against the grain of nonstop productivity, stimulation, and media consumption we're used to.

It's also no surprise meditation has become so popular in a high-tech, high-speed, high-consumption world. Our mind—clogged with imprints and the constant flow of notifications and information—is longing for slow, our mind is longing for silence, our mind is longing for peace.

To claim sovereignty over your mind in an age of imprint overload and distraction, meditation allows you to make time for the opposite: silence.

The benefits of being voluntarily peaceful and still on a daily (or regular) basis while your mind releases imprints are tremendous, research shows. Meditation benefits anxiety, depression, emotion regulation, happiness, attention, memory, creativity, compassion, and social connection.[19]

There are many forms of meditation, but the one that has received the most attention in the West is mindfulness because it has been researched more than other techniques—probably because it appeals to researchers since it takes a scientific approach: (1) observe your thoughts, (2) objectively and (3) without judgment.

As I mentioned earlier, it was not the right fit when I was suffering post-9/11 anxiety. Willoughby Britton, a professor at Brown, explored mindfulness's potential drawbacks in the case of trauma.[20] Once my trauma was resolved, mindfulness was no longer problematic, but I found it kept me in the heady mind space I already spent so much time in as a research scientist and writer. I prefer techniques that are less cognitive. I found that mantra meditation (*sahaj samadhi*) or a guided meditation (I use the Sattva app) helps quiet my thoughts more and brings me to a place of peace, which suits me better. This goes to show that if you try meditation and it doesn't work for you, it may not be meditation that didn't work for you but the technique you tried. Find the right fit for you.

Silence

There once was a time when no virtual world tugged at me. When I would wake up to the sound of birdsong and feel the vast stretch of time laid out before me . . . time in which I could be fully awake to my life, immersed in observation of nature, deep in a book for hours, in wonderment at the sky, or fully immersed in my work or studies and more present in my relationships. That was all there was. Perhaps you also remember a time like this—at least from childhood, if your childhood didn't involve cell phones.

Now I have to consciously carve out silence. I go on three-day silent meditation retreats. What's most interesting about these retreats is how busy your mind feels during the retreat. It's like a ball of imprints that was wound tight and is finally unraveling. In fact, I was so unnerved by this unraveling process, that I ran away from my first retreat. The second time, I would have run away, but this was pre-Uber and I couldn't find a ride. When the retreat was over, however, I felt so much peace and bliss that I immediately signed up for the next one being offered. Now I do one quarterly.

I come back not only refreshed but also with greater awareness of the impact that different messaging has on my mind and well-being, a greater ability to be present with my family and immediate surroundings. Most importantly, I have more discernment: about what I do and do not want to allow into my mind.

In that way, meditation and silence give you mental sovereignty. Despite all the noise.

X-Ray Scanning Media

Awareness allows you to step back whenever you are consuming any media or information or message from anyone—and decipher the intention behind it. See through what you're told and what you're sold.

When the audio-based social media app Clubhouse came out, it was obvious to me as a psychologist that the developers were using well-known persuasion and influence principles to get people hooked. For example, the psychological principle of *scarcity*: People want something more if there are limited resources and it's hard to get. The name *Clubhouse* itself made it sound exclusive and hard-to-get. At the time of launch, Clubhouse members could join only if they were invited, making the platform seem even more desirable. Another principle is *social proof* (i.e., we look to others to decide what we should do) and *authority* (i.e., we trust and follow people we believe know what they're doing). So Clubhouse's first members were celebrities, making the platform seem even more attractive. Sheer manipulation and it worked. Clubhouse launched very successfully (at least at first).

So how do you resist manipulative messaging? I asked a lieutenant colonel in the Army whose job it was to create messaging designed to manipulate the enemy. See that? It was his job to create imprints and condition minds. We had a fascinating conversation in which he relayed that whatever he reads—news, media, or any type of information—he automatically scans for intent: what does the content creator want the consumer to think, feel, and do? Awareness—that sovereignty skill—allows you to do this too.

He shared this fun anecdote about how he's teaching his kids to develop mental sovereignty. When he's at the store shopping for groceries and his child wants an unhealthy cereal brand, he'll ask the child this: "Why do you want that cereal?"

"Because it's colorful."

"So tell me, why do you think it's colorful?"

"Because it looks fun."

"Why do you think they made it look fun?"

"So kids would like it?"

And so on.

Nothing like getting parenting tips on mental sovereignty from a high-level military commander who is in the business of creating imprints! He is training his kids to arrest manipulation before it can even happen. May we all be that perceptive. You may remember that in high school English class, you learned to discern the intention behind an author's words: What do they want the reader to feel and to believe? It's a good idea to keep doing that with any media we consume.

Curating Content: A Shield for Manipulation

Again, your mind is like a mirror—it reflects back to you what you put in it.

Ultimately, you know best what content energizes, inspires, and uplifts you and what brings you down.

Silicon Valley tech entrepreneur Premal Shah, co-founder of Kiva.org, shared with me: "The White House has a 'no-fly zone' that restricts aircrafts coming into its airspace. I've been thinking of that metaphor for my own brain—a 'no-fly zone' where I'm more careful about what I let in." He started by removing electronics from his bedroom.

I took social media off my phone, which freed up so much mental space. But when I took e-mail off it too, it felt like someone gave me my life back. I'm more present and have more space to think. If I want to look at any of it, I go and power up my laptop. I realized I don't need to check my e-mail 24/7. A couple times a day on my laptop is plenty. If there's an emergency, that's what texting is for. Some people protest that they need to be available all the time. But I know CEOs of companies with major responsibilities who have started doing the same thing. "If there's an emergency, people can call me," one of them shared with me. "But meanwhile, I have more time to think with greater clarity than if I am constantly interrupting myself to check my device."

As for social media, I don't check it daily, but when I do it's for no more than 5 to 10 minutes a day. And I check it on the computer, where it's less easy to consume mindlessly. I also don't scroll, which sets me up to see all sorts of things I may not want in my mind space. Instead, I select accounts I want to visit.

Bryant Wood is a social media influencer with over half a million followers. I asked him for advice on good boundaries with social media, given that it's his profession. He explained, "When on social media, the rule of thumb is to be a creator not a consumer. You want to share wisdom and content for the greatest good of others not consume information all the time. Otherwise, you lose your identity in the programming of the social space."

Losing your identity in the programming of the social space. No thanks. Creating content for good and following those who inspire you—now that's worth it. If you enjoy social media or have to use it for work, have fun creating inspiring content—and not too much of it. That's what I try to do.

Cultivate Wisdom

We've talked a lot about clearing our mind of imprints, but what then? That's not all.

A major key to sovereignty is not just ridding your mind of harmful imprints but nourishing your mind with input that will enliven you, energize you, inspire you, uplift you, and make you more aware and sovereign.

Our world is filled with a rambunctious cacophony of meaningless or unsettling information, devoid of substance and sustenance. Empty calories. Education teaches you how to think and analyze and learn technical skills but nothing about how to sail through life's curveballs. Wisdom isn't just downplayed, it's nonexistent in popular social discourse.

Cultivating your mind with wisdom will both help you clear out more imprints and fill your mind with sovereignty tools.

Finiteness

On our way back from a ski trip in Vermont during my last year of college, a college friend, Etelle, and I were driving uphill through a snowstorm, behind a semitruck, in a 1980s Volvo with a stick shift. As you might be able to predict, it didn't end well. I lost control of the wheel; we skidded across the oncoming lane and rolled the car three times. It finally came to a stop upside down. By some miracle, we were okay. But changed. For a full 24 hours, Etelle and I were on a high difficult to describe in words. We couldn't understand why classmates were stressed about finals; we were overjoyed to be alive! So grateful! If there is a seventh heaven, we were in it. Completely liberated from all things that weighed down the mind, in a state of freedom, joy, and inner peace. We experienced total mental sovereignty.

That's why certain wisdom traditions, like Tibetan Buddhist traditions and the Stoic philosophy of ancient Greece, made it a habit to contemplate death and impermanence. Sounds gloomy but it's not. Really understanding how short life is gives you mental sovereignty. You become really clear on what's important and what's not.

You realize it's possible to go through the ups and downs of life without being weighed down. Not because you are naïve or have blinders on, but because you gain wisdom. You become simultaneously aware both of the painfulness of life and of its beauty, of its difficulties and of its delights, of its reality and of its impermanence.

The Vermont trip set me on a trajectory to seek inner sovereignty. It's why I went into psychology, why I was drawn to elderly people in China and Tibet who seemed mentally emancipated despite hard lives, why I completed a master's in Indo-Tibetan Buddhism, why I conducted research on the benefits of breathing, why I have meditated for 20 years and regularly attend silent meditation retreats, and why I continue to immerse myself in wisdom. And all these paths have allowed me to re-access and cultivate the state of freedom I was once in, for 24 hours, on that fateful day after the car accident.

In the realm of science, we focus so much on what we know, we don't talk about the fact that what we know is, in actual truth, minuscule. Where were we before we were born? Where do we go after we die? What is this universe? And who the heck are we in the first place? In truth, we have no idea. It's a freaking mystery!

Wisdom is *making room for the unknown*. The mystical. The creative. As you do that, your mind enters a state of wonder and contemplation. Instead of being weighed down by small petty concerns, it opens up and gains perspective.

It wasn't until I attended graduate school at Columbia that I took a class with a professor of Indo-Tibetan studies who discussed these issues: Robert Thurman—"Buddha Bob"—who also happens to be Uma Thurman's dad (thus her name, which is also the name of an Indo-Tibetan goddess).

The film *The Matrix* had just come out, and Bob explained that it was based on an ancient Vedic text called *The Yoga Vasishta*. *The Yoga Vasistha* is a really wild ride with stories within stories that don't seem to make sense yet paint a picture of reality not far removed from the ones you see in movies like *Inception*. When I read it, I felt like I was getting deprogrammed. I walked out of Buddha Bob's classes with a feeling of intense freedom. I still have it by my bedside.

According to Vedic and Buddhist cultures, we are all living in a matrix; it wasn't a Hollywood invention after all. Caught up in our imprints and stories, we live life as if it would go on forever, on an eternal hamster wheel chasing what we want and fleeing what we fear. We are focused on ourselves, the star of our own movie, and blind to how deeply connected we all are to each other. The secret, Bob told us, was to see through that matrix by observing our thoughts, emotions, and imprints instead of being at their mercy; deeply understanding the impermanence of all things; and filling our minds with wisdom and our hearts with compassion.

It doesn't matter what path of wisdom you pursue. Find the one that speaks to you. Whatever path brings you serenity, peace, strength, and perspective will allow you to truly savor life when things are good and to prevail with fortitude when things are hard.

After learning SKY Breath Meditation, I met its originator, Gurudev Sri Sri Ravi Shankar. I had my doubts about gurus but was also deeply appreciative for SKY Breath Meditation, which had helped me and the veterans in our studies gain more mental sovereignty. Whether I listen to him on YouTube or in live talks, I notice that Gurudev's wisdom does not crowd my mind with more imprints but quietens it, releases stress, and opens my perspective.

One teaching related to mental sovereignty that Gurudev often underscores is that "the state of your mind determines the quality of your life." What does this mean? Think back to those moments in your life when things were going extremely well—maybe you were on vacation or financially successful—but you were *still* miserable. Similarly, there were times that were externally hard—maybe during the pandemic—but still, you found yourself happy. The situation is often irrelevant. It's the state of your mind that runs the show and that's good news. Because there's only so much we can do about our circumstances—taxes! health! relationships! uncertainty!—but there's a lot we can do to improve our state of mind. And that's mental sovereignty.

In all the centuries that have passed before us, wisdom flowed through various philosophical schools and religions: Native American wisdom, Indigenous traditions from around the world, the Stoics, Sufis, Humanists, Daoists, Hindus, Buddhists. Ancient teachers like Plato or Rumi or more contemporary ones like Thich Nhat Hanh, Ram Dass, Eckart Tolle, or Maya Angelou—whatever touches you and elevates or lifts your spirits. Most religious traditions have both a spiritual component and a philosophical one. You don't have to be religious or spiritual to dive into the deeper questions of life. Geniuses like Einstein were deeply contemplative and knew to read widely, including Vedic philosophical texts like the Bhagavad Gita. You can find wisdom in poetry, art, or music. And you can find it in the elders among us. Often cast aside by a busy society that doesn't honor them (at least in the West), they are often treasure troves of experience and knowledge. Sometimes they are sages with much to teach.

Wisdom can systematically free you from the thoughts, emotions, and destructive programming that don't serve you while opening you up to what does.

Gratitude

An essential part of the 24 hours after my car accident experience of enlightenment was gratitude. Gratitude is one of the most important tenets of wisdom. It sets you free.

My mother always showed me the power that gratitude can have. Although she had a traumatic childhood and suffered as a single working mother on the brink of poverty for many years, she's done her fair share of healing imprints through therapy. Defiant of her severe chronic pain, my mother laughs age in the face and cuts down her own trees with a chainsaw. And she's not overloading herself with new imprints either. She's almost never online or watching or reading the news. She's certainly not on her phone. Instead, she's cracking jokes with strangers, taking saunas, spending most of her day outdoors, skinny polar plunging, reading books, eating cheese, telling rude jokes, and feeding the local foxes with fresh sausages (although she's vegetarian) until they follow her around her well-maintained garden and into her house like faithful dogs. The most powerful practice she has, though, is gratitude. She is so grateful for the life she now has that every day is a celebration—pain or no pain. Gratitude is a powerful psychological shield. Very few new negative imprints can take hold of her.

I saw this when I lived in Shanghai in the late '90s. People weren't allowed heat in their homes at the time. While I felt sorry for myself (alone in my cold studio with the scrawny street kitten I'd rescued, the fleas it hosted, and the cockroaches its food attracted), they lived three generations together in spaces no larger than mine, with broken windows. They wore big ski jackets just to stay warm in the freezing winter months. They didn't have running toilets or hot water. But they were so grateful—grateful for a roof over their heads, grateful for each other, grateful to be alive.

I learned gratitude from those who have nothing but are grateful for everything. They are so much wealthier than those who have everything but are grateful for nothing.

Gratitude doesn't mean you are complacent or stop having dreams and ambitions or stop fighting for what's good and right. But what it does do is give you a state of mind that is more deeply able to find joy in life, optimism, and resilience.[21]

Gratitude is a lifeboat.

Nourishing Your Mind

Compared to all the junk food media out there, wisdom is high-nutrient nourishment. Junk food can be a nice treat once in a while, but it's the healthy stuff that keeps you strong, resilient, and healthy.

A teacher shared a story of running with an elementary school child who had a lung defect. He asked the boy, "How can you run when it hurts to breathe?" The little boy responded, "I run *past* the pain."

Wisdom allows you to do the same thing. It's not that you don't experience pain and suffering, but you don't sink in it. You remain buoyant.

When you've immersed yourself in meditation, silence, breathing, and wisdom, then you'll find it is so much easier not to get caught up in the noise of the world, the agendas, stories, and opinions. And even when you do get caught, you're rarely fully entangled because there's a part of you that notices you're getting caught. So you can extricate yourself more easily.

To take care of your body:

Stay *aware* of your needs.
Keep it *clean*.
Give it *good nutrition*.
Rest it regularly.

The same thing goes for the mind:

Stay *aware* of your imprints.
Keep it *clean* with activities like breathing and meditation.
Give it *quality input* like wisdom.
Bring it for *periodic servicing* and *rest* like silence.

SIDE EFFECTS OF A SOVEREIGN MIND ⚠

- **Calmness:** You have a less busy and frantic mind because you release imprints daily through meditation or other contemplative practices.

- **Energy:** You're less distracted and less likely to be overtaken by the many messages coming your way.

- **Centeredness:** You consciously work to heal your trauma imprints, so you are less reactive to the world. You're less swayed by events around you because you know how to come back to center.

- **Awareness:** You see through messaging and are less easily manipulated by what's coming your way.

SOVEREIGN MIND TOOL KIT

We carry imprints from our culture, personal history, trauma, news and media messaging, and more. But we also have something more powerful than the imprints themselves: awareness. That sovereignty skill again.

Here's how to cultivate awareness and remove imprints.

Observe and discern.

What you can see can't trap you. Start to observe the messaging coming at you with discernment. Rather than diving right in and letting it have its way with you, step back and observe: What are the intentions behind the messaging? Is it giving you freedom or binding you in fear? Do you wish to engage with it?

Identify your imprints.

Journal or reflect on these questions:

- What areas of your life have you felt most constricted in? Was it relationships? Work? Family? What were the beliefs you held in those spaces?

- Are you worried about losing your safety, like Starr was? Are you afraid of failing, like Annelies was? Are you emotionally triggered in certain situations, like Jose was?

- Think about what your greatest fears are. Fear of not having enough money? Anger and argument? Abandonment?

- Now consider your cravings. What do you pursue most feverishly? Success? Attention?

Remember that some imprints are perfectly healthy. For example, the need to connect or belong. As you think through your imprints, remember it's the ones that are confining and hurting you that are the harmful ones. Meditation can be a key practice to get to know your imprints because it makes you familiar with your mind and thoughts.

The next chapter will give you further insight into how relationships can help you discover your imprints.

Sovereign mornings, sovereign nights.

What's the first thing you condition your mind with in the morning? How do you set up your day? Do you immediately go on social media? To look at what other people are doing? To look at what other people are selling you? To give attention to people who want your attention? Or do you give attention to yourself and condition your mind with things that bring you joy and peace? Perhaps it's your family or your pet, perhaps it's looking at the trees, perhaps it's prayer or meditating or a quiet run outside.

What do you do in the last hour of your day? Do you give it away? Or do you reclaim it as yours, no longer taking in information from others but settling into a quiet time with yourself, for your mind to unravel, for your thoughts to dissipate, as you come back to yourself?

Breathe.

Our research shows that SKY Breath Meditation is effective for trauma imprints. You can learn SKY from a trained instructor online (or in person) through the Art of Living Foundation (www.artofliving.org). This is the technique we studied with veterans and students[22] and that I personally practice daily. Veterans, active military, and their families can learn it at no cost from Project Welcome Home Troops (www.pwht.org). There are various breathing techniques called SKY on YouTube; I can't vouch for those, as we haven't studied them. Best to go with a trained teacher. The silent retreats I take are also offered through the Art of Living Foundation.

Consciously release daily imprints.

While practices like breathing and meditation can help you release old imprints, there is a Jain practice that a Jain friend shared with me designed to release daily imprints. At the end of the day, consider everything that happened to you. In this practice, you review the day as if you were rewinding it. Go over each event from the moment you were just in to the moment you woke up. As you do so, set the intention to release any harmful imprints that were formed.

Create boundaries around your media.

Notice the media on your feed or phone that doesn't serve you. Consider completely removing apps that take up more of your mind space than need be. Maybe set aside times of the day—say, between 7 P.M. and 7 A.M.—when you don't engage with your media at all.

Cultivate wisdom.

Wisdom from around the world is at our fingertips. It's up to us to choose to consume it in whatever way we wish. Whether it's poetry or ancient philosophical texts, the world is your oyster. What would it feel like if you conditioned your mind not with fear messaging or marketing and advertising but with food for your soul? With inspiring knowledge that lightens your load, eases your stress, fills your heart, and turns you into a sage? It would feel sovereign. Learn about different philosophical paths and choose the one that speaks to you. Dive deep into it and see what pearls you can find there.

Reflect.

Here's a question worth pondering, put so eloquently by Charles Bukowski: "Can you remember who you were, before the world told you who you should be?"[23] Think back on when you were a child. What was important to you? Think back on your deepest values. List them. Remember who you are before the shoulds and all the other imprints flood your mind.

Meditate.

I've talked about meditation repeatedly and across chapters. That's because it's benefit cannot be overstated. This is the ultimate awareness-building exercise. Just as when the night falls and you see the stars, you suddenly get wrenched out of your little world as you stare into the vast and infinite universe, when you meditate you start to transcend the limited everyday affairs of your thoughts and feelings as you stare into the vast, magnanimous, and infinite space within. That is the inner space of sovereignty.

Meditate daily. The best way to start is to commit to 40 days. That way you can see its impact for yourself. The impact is cumulative, and you are most likely to notice its benefits when you commit to a daily practice for a specific amount of time.

For additional tools and ideas, visit my website at www.iamsov.com.

A Good Thing to Remember

*Most of us identify
with what's
going on
inside our head.
We take it
to be
truth.
And yet,
often,
it's not.
Especially,
When it makes us feel
small,
afraid,
less than.*

*Confined,
Controlled,
Constricted,
Conflicted.
Then it's
Usually
A lie.
That's
A good thing
to
remember.*

CHAPTER 5

SOVEREIGN RELATIONSHIPS

As I mentioned in Chapter 2, decades of research show that social connection is our greatest need and a powerful predictor of both psychological and physical health. We crave connection. The root cause of why people do most things—have children, join communities, seek romantic partners, try to be successful or attractive—is that they think it will lead to positive, life-supportive relationships with other people. That it will lead to love, connection, and belonging. At our core, we share the same deeply vulnerable need: to be seen, heard, and valued. We want to feel safe, and we want to feel we can trust people around us.

Yet relationships are another realm—like emotion—where we never received formal training. And because no one prepares us for how to navigate them successfully, they can cause a lot of grief. Learning the secret of relational sovereignty, however, can prevent much of it.

Etelle Higonnet—the same friend from the college car accident in Chapter 4—went on to do extraordinary work as a human rights lawyer and environmental activist. She can be found doing investigations on deforestation and child labor in the jungles and forests of Africa and South America, often risking her own life, as nearly happened on a mission in an African country where she was working to stop a rubber company from illegally cutting down trees.

As Etelle was about to leave for the airport, which was three hours away, her driver mysteriously disappeared. The local officials suspiciously insisted she set off for the airport with two threatening-looking, muscle-strapped strangers in military apparel. The safety concerns were obvious: The rubber company Etelle was investigating for illegal deforestation had built close financial ties with the country's leaders. Her activism was a potential threat to the kickbacks the leaders were receiving. Still, she had no other choice than to get into that car.

In those three momentous hours in the car with her would-be hitmen, Etelle worked a miracle. She connected with her handlers in such a way that they not only safely escorted her to the airport, but also shared their snacks with her and—get this— even held up a little sheet to give her privacy while she relieved herself by the side of the road.

When they safely dropped her at the airport, Etelle received confirmation that they had been ordered to kill her. They warned her that she was not safe in their country and that she shouldn't ever come back, but that, if she did anyway, she should travel over a land border and under their protection. And that she should stay with them.

How did Etelle turn her hitmen into protectors?

She didn't threaten them, seduce them, or pay them. She didn't need to. Because Etelle has something much more powerful than that: positive relational energy. It's what makes her what I call *socially sovereign*, and it's what we're going to talk about in this chapter. Social sovereignty is having a relationship with oneself and others that is deeply life-supportive. The result is nothing short of extraordinary, as Etelle's story demonstrates.

THE SCIENCE OF POSITIVE RELATIONAL ENERGY

Kim Cameron at the University of Michigan's Ross School of Business, together with his colleagues, discovered the fascinating science of relational energy while studying organizations. He noticed that among these large networks of people, certain sub-groups stood out as anomalous. They had significantly higher levels of productivity than other groups at the company. Not just a little higher, much higher. What was going on here?

When Kim and his team of scientists looked further into what could be causing this extraordinary productivity, it seemed that one person at the center of this subgroup was causing the effect. And—though it didn't sound scientific—the best way the researchers found to describe this person was that they had contagious positive energy.

Kim and I collaborated on several articles about positive leadership, and he also wrote a book called *Positively Energizing Leadership* about this phenomenon and these life-giving individuals.

Kim explains positively energizing leadership by comparing it to the heliotropic effect—the fact that plants are drawn to the sun because it is life-giving. Similarly, we are drawn to life-giving people—they are inspiring, uplifting, and energizing.

Kim and his colleagues also noticed that there were certain individuals who had the opposite effect. They were de-energizing. Being around them made people feel less motivated, less enthusiastic, and less alive. Thinking back on your own life, you've probably experienced that some friendships and work relationships are draining while others are enlivening.

If you've noticed so far, in every chapter in this book we talk about energy. You can have an energizing or de-energizing relationship with yourself, as described in Chapter 2. Same with your emotions, which are energy in motion, as we saw in Chapter 3. You can suppress them or fall for addictive behaviors, all of which deplete you, or you can let them move through you in various ways, allowing them to energize rather than drain you. Same with the mind, as described in Chapter 4. Negative imprints can de-energize you, while clearing your mind of imprints and filling it with nourishing imprints energizes you.

Relationships are also an exchange of energy. You can either fill someone's tank or empty it, as my kids' favorite book, *How Full Is Your Bucket? for Kids*, describes. But this isn't a fairy tale. It's serious empirical research. Companies whose leaders have mastered relational energy simply do better. Companies with more de-energizing leaders fail. And the same can be said in any community, family, friendship, or romantic relationship.

And the good news is that positive relational energy—which is key to social sovereignty—can be learned. Etelle, before our near-fatal car accident, was already an activist. She was organizing peacekeeping conferences on campus and working hard to make a difference even then. But it was from a place of frustration and indignation. And she was a little intense to be around. She would unknowingly push people away from her with her well-intentioned but angry activism.

After her brush with death, however, her entire mindset shifted. Filled with wisdom and gratitude, she began to relate to others with positive relational energy. She completely turned around her messaging and focused on the positive. Instead of confronting people with a depressing message like "Do you know how many African kids die working as slaves in diamond mines every year?" she would invite them with a message of hope and possibility: "Do you know how many African kids' lives could be saved if we only imported ethical diamonds?" Her entire tone shifted. So did her success rate as an activist both in college and beyond.

As anyone who knows Etelle can say, being around her is indeed uplifting, enlivening, and inspiring. Her ability to relate to others helps her accomplish extraordinary things. The French government, in fact, knighted her while I was writing this book, awarding her the National Order of Merit for her life's work.[1] Did I mention she's only in her 40s?

It's not hard to become a positive Energizer. Kim and his colleagues are turning around failing companies by training previously de-energizing leaders to become positive Energizers. And that means we can learn it too. Because it is both extraordinary and absolutely ordinary, as we will see.

The 6 Keys of Positive Relational Energy

Positive Energizers relate to others in such a way that they are a catalyst for those around them to get in touch with and reach their fullest potential. They raise their own energy *and* that of others. Both the giver and the receiver leave the interaction uplifted. These Energizers live a fulfilling and productive life and are magnetic.

What makes someone a positively energizing person? Based on Kim's research[2] it involves six things:

1. **Caring for, being interested in, and seeing the best in others**—their qualities and skills, their attributes and gifts. In so doing, you meet their fundamental need to be seen, heard, and valued. To feel safe and to trust. You let others know that you appreciate them for who they are and that they matter and that you have their back.[3]

2. **Providing support for one another, including offering kindness and compassion** when others are going through a hard time. Everyone has moments of struggle, and when someone knows you genuinely are there for them during those times, it automatically deepens your relationship. Think about someone who was there for you unconditionally when you were going through a hard period in your life—perhaps it was a mentor or a friend, a teacher or a boss. If that person were to call you right now and ask for help, you'd probably drop everything to do what you could to help. That's the kind of loyalty that grows out of a deeply supportive relationship.

3. **Avoiding blame and forgiving mistakes**, not holding on to grudges. As we discussed in Chapter 2, making mistakes is a basic part of the human condition. It's how we learn. I'll talk about the science of forgiveness in greater depth later in

this chapter. It both benefits the relationship and increases your own well-being.

4. **Inspiring one another and focusing on what's going right.** As I talked about in Chapter 4, many of the messages we receive are negative. It's easy to be negative, criticize, and complain, but it's also de-energizing and depleting—both for yourself and others. Positive Energizers don't just focus on what's going right, they make a point to emphasize it and celebrate it. Gratitude, for example—which we discussed in Chapter 4—is a tenet of wisdom. It is energizing and enlivening both for yourself and others. Research shows it strengthens relationships.[4]

5. **Emphasizing meaningfulness.** Whether you're parenting children together or working on a group project at your job or in a community, focusing on the impact and benefit of what you are doing is a powerful motivator. It reminds others of the impact they have. In one of my favorite studies, workers at a university alumni call center doubled their productivity after they heard a student talk about the difference financial aid had made in her life.[5] Feeling that you are contributing in some way and making a difference is automatically energizing and inspiring.

6. **Treating others with basic human values like respect, gratitude, trust, honesty, humility, kindness, and integrity.** Think about it. When you know someone has those kinds of values, you automatically feel trust and safety around them. You can relax and let your guard down. You know they will do the right thing, so you appreciate them. These are the type of people you want to be around and want to be like. They are uplifting.

How are positive energizers, like Etelle, able to show up in that way? They have a great relationship with themselves (as described in Chapter 2), they know how to handle their emotions and fill their own tank (Chapters 2 and 3), and they have healed or are in the process of healing their imprints (Chapter 4).

The 3 Types of Energizers

Some people are De-energizers—you can likely think of a few in your own community, workplace, or family. You may even—if you're truly honest with yourself—think of times, places, or relationships in which you held this role as a De-energizer.

The good news is that anyone can become a positive Energizer, but—and here's the catch—not always the kind that drive the best results. There are three types of Energizers, but only one of those can help both themselves and their families, communities, and organizations reach their fullest potential. I have named them as follows: Crushers, Sacrificers, and Stars.

- **Type 1: Crushers.** These Energizers can be extremely captivating, charming, and inspiring. From the outside, they're literally "crushing it" and often deeply beloved by some. They can drive positive change and carry out innovative and beneficial work. They can attain high positions of power, fame, and reputation. Patrick is a famous scientist whose work is celebrated all over the world. The press gushes over his data and his books are bestsellers. He's been nominated as one of the most influential people in his field for his groundbreaking research. In this way, Crushers are energizing to themselves and others.

  Yet when you dig a little deeper and ask Patrick's colleagues and lab members about him, you'll find that the culture in his research facilities is miserable and backstabbing.

Here's the problem: Crushers (often unknowingly) also "crush" their own people underfoot. Their imprints (often of not being good enough) lead them to desperately seek attention, discarding others in their wake. This great need for attention and adulation, which helps drive them, also keeps them trapped in a self-centered and self-aggrandizing mission. While they may be motivated by human values, and their work can break new ground, paradoxically they also reap destruction.

In most cases, their behavior leads them to be less successful than they would have been otherwise. In some cases, it can destroy them.

Though Patrick provided tremendous energy to the audience he inspired, he drained and depleted his own staff by focusing on himself, taking credit for their work, forgetting to mentor them, and failing to support them in their own professional development. Imagine what heights he could have climbed if his team and the people "below" him had been on his side.

- **Type 2: Sacrificers.** These Energizers are also inspiring and can accomplish great things. Like Crushers, they can carry out great work and are beloved and admired by friends, outsiders, and colleagues alike. Sacrificers do not trample others underfoot. To the contrary: They tend to lift others up and share the limelight. They are truly noble— but there's a hitch.

  Johane, a Haitian-born immigrant who came to the U.S. in her teens, became a passionate and award-winning school principal after seeing how much she could contribute to improve the U.S. educational system, especially for poor and at-risk youth. She gave so much of herself, however, that she eventually burned out to the point of landing in the hospital.

Here's the problem: In an attempt to give of themselves, Sacrificers don't know their own limits, so they drain themselves. Their imprint—also, ironically, often of not being good enough or of needing to do more than they are able to—leads them to perform while destroying themselves.

They often have poor boundaries with others and themselves and are easily depleted. In many ways, they are their own worst enemy. In some cases, Sacrificers, like Crushers, are also intent on proving their significance, only they don't sacrifice others. They sacrifice themselves.

While they can be extremely successful, they often will have to pay the price for their profound self-neglect at some point (often through mental health problems, physical health concerns, and/or burnout) and do not reach the pinnacle of success they otherwise would.

Thankfully, Johane did learn to take care of herself and thrive—using many of the techniques described in Chapter 4. She continues to be a successful and inspiring principal. She is also working on a Ph.D. in leadership—something she knows a thing or two about! And she continues to inspire others to attain their highest potential. But she's not burning out. Why? Because she went from being a Sacrificer to a Star—the third type, which I'll describe next.

Though I've given mostly work examples here, you can see how Crusher's and Sacrificer's ways of relating to others might play out in a relationship. You may have witnessed or even personally experienced what it's like when a Crusher dates a Sacrificer, for example. It's a match seemingly made in heaven that turns out to be hell. You can also think about how this applies in a smaller system such as a family, a community, or a friend group.

Now let's talk about the Stars.

- **Type 3: Stars.** These Energizers, like Etelle, have all the positive traits of Crushers and Sacrificers, but they have learned how to make the best of their traits while not falling prey to selfish or sacrificial tendencies. They have worked on becoming more self-aware of their imprints and have a healthy and supportive relationship with themselves and others.

  Stars become highly successful in a sustained and sustainable way. They have deep humanity when relating to others. They are humble, they are compassionate, they are caring, they are forgiving and trustworthy. Stars display attitudes and behaviors that highlight the positive aspects of difficult circumstances. They focus more on what is right or what can be learned than on what is wrong and what is missing. Stars demonstrate gratitude, compassion, humility, forgiveness, and trustworthiness. They focus on helping others flourish rather than on themselves alone. In the process, they themselves thrive.

  Stars who are leaders in organizations, for example, outperform competition at significantly higher levels. Compared to industry averages, profitability, productivity, quality innovation, customer satisfaction, and employee engagement under Stars' leadership are through the roof.

  The fascinating paradox of being able to strike the balance of energizing both themselves and others simultaneously is the key to their success. They can be both outwardly focused and inwardly focused and do so with grace.

  It's not that Energizers are naïve or saccharine-sweet, by the way. Etelle is brilliant and bold and has brought major organizations to their knees on issues of deforestation and child labor. As one person, she routinely addresses the entire legal counsel of major companies—even when they try to intimidate her with their size and power. She shows them who's boss. She's a badass making a significant positive difference to the planet—thus her recent knighthood.

Stars are not just do-gooders who let others step all over them. They are not Pollyannish. They have profound self-respect, good boundaries, and self-awareness. They care for themselves and know how to fill their own tank. They rely on a very strong inner platform, be it their values, spiritual orientation, contemplative practices, or commitment to service.

They are also authentic and real. Deeply familiar with their own weaknesses, they are humble, honest, and open about them. They are deeply human—both highly relatable and inspiring. Simply put, they are badasses. Irresistible.

BOUND RELATIONSHIPS

A bound state, in relationships, is when people are engaging in either Crusher-type or Sacrificer-type relationships with other people. There are a number of ways to de-energize both oneself and others in relationships and most of them have to do with imprints. We have not yet developed self-awareness of our imprints or done the necessary healing work to mature past them. Either way, we're leaking energy and making others and ourselves suffer in the process.

Imprints

I once entered a relationship with a person with serious anger issues.

In hindsight it was obvious why: I had met a perfect match for my imprints. My destructive and depleting relationship with him was a direct reflection of my destructive and depleting relationship with myself. He was treating me like I was treating me. Poorly. I tended to be a Sacrificer, and the relationship held up a perfect mirror to my self-loathing imprint. It was therefore an opportunity to either stay in the relationship and the imprint or heal the imprint for good and no longer put up with abuse from my then partner—or anyone, really.

Everyone is walking around with imprints, as we discussed in Chapter 4. Like a little kid who, under his big kid outfit, is hiding big purple bruises: imprints of fears, anxieties, and so on. Relationships can evoke love and joy and many other wonderful things, but also involve bumping up against each other's bruises—and that hurts. (And that's also why a dear friend of mine in his late 40s explains why he would rather stay single in this way: "One mind full of imprints is hard enough to deal with, let alone two.")

When someone (friend, romantic partner, family member, colleague) bumps up against your bruises and you have an unusually strong reaction, you can either play the blame game or—and this is the more sovereign approach—see it as a powerful opportunity for self-awareness. "Wow, that's quite an imprint I still have there."

There are situations of abuse that may, of course, not be tied to your imprints. But in my case, if I was really honest with myself, it was that I needed to respect and honor myself more. The relationship was not healthy and needed to end, but so did the self-neglect and self-denial programs I was running. The end of that relationship was the beginning of a brand-new and much more positive relationship with myself.

We often blame our partner when a relationship doesn't work out. We try to find someone new and better. Finding a new partner, however, won't usually help if you haven't resolved your imprints. Research shows you bring the same dynamics into new relationships and can end up with the same type.[6] Ever had a déjà vu in a relationship? I know the first person I dated after the destructive relationship was basically another version of the same guy. Thankfully I only dated my ex's brother from another mother for about five minutes, but I still encountered varying degrees of the same scenario in workplaces and even friendships until I really woke up. Things don't change until we change.

I once had a conversation with a young woman named Kristy. She was an actress in Los Angeles in her early 30s. We met at a party where she was describing to me how she had just escaped a frightful relationship with someone who tried to kill her. She had had to lock herself in the bathroom and call 911. It sounded horrendous, but then she told me something even more shocking: This wasn't the first time a partner had almost killed her. It was the seventh! The relationships always seemed to be wonderful at the beginning, but they would inevitably end in terror. The first couple of times she found herself in these dramatic situations, she blamed her partners (who were obviously disturbed and dangerous people). But when it kept happening, she realized there was a self-destructive part of her that attracted her to these kinds of partners.

To clarify, I'm not victim-blaming here. There are horrendous situations in which people are being victimized every day and it is obviously not their fault.

The point is, relationships—good or bad—can be opportunities for self-awareness. We are all swimming in our own homemade soup of imprints, interpreting the world accordingly, and spilling our imprints out all over our relationships—or not. And while other people may indeed be jerks, the battles we face are also battles with ourselves. And that's why relationships are opportunities for healing, growth, and, ultimately, sovereignty.

Your Triggers Can Reveal Your Imprints

Reading the last chapter, you might have wondered how to find out what your imprints are. One very easy way to do that is to look at your triggers in relationships. They are mirrors for your imprints.

The relationships I just described were not healthy ones. Your relationships are, I hope, happy and healthy ones, but *regardless* they will still reveal imprints to you. When something feels personally assaulting (i.e., it triggers you), for example, more often than not it's not the other person. It's your imprints.

If your imprint is that people don't like you, for example, then when someone—your partner or really anyone—pushes that button by being rude, you may have a reaction that is wildly out of proportion to what actually happened. Because it's bringing up all the pain you've felt your whole life about this one imprint. And you may risk unleashing all the anger on whoever it was you feel did not respect you. And to them your temper comes out of left field. Because it's not actually about them. It's about you.

I was in a week-long workshop a few years ago where we sat in small groups and shared how we felt we were viewed by others. A sweet elderly gentleman whom I had spent the workshop week with said, "I feel like I am annoying." The weird thing is that over the course of the week, I had in fact felt he was annoying, but for *no* logical reason. He was perfectly respectful and even adorable as the eldest gentleman in our group, trying hard to keep up with the rest. Yet I'd been mildly irritated by him all week. When he uttered those words, it hit me: he was projecting his belief—an imprint he had picked up along the way about himself—that he was annoying, and I was registering it though it made no factual sense. Inevitably, he would then pick up cues from people like me and others that yes, he really is annoying, even though it was a self-fulfilling prophecy he was manifesting. And it was de-energizing for all involved.

That's why, when you feel unlovable, others will mirror that back to you—or you will imagine that they do. If you are hard on yourself, you may assume others are just as hard on you, and you will feel insecure. Sure, in some cases, people really aren't kind or don't like us—that happens even when no imprint is there on your side. However, it's still critical to be self-aware, especially if you notice repetitive patterns in your relationships.

To give another example, many people have some degree of rejection sensitivity—a term psychologists use to describe being highly sensitive to rejection cues and having a particularly strong emotional response to rejection—probably because it evokes an unhealed imprint of being rejected at some point earlier in life.

How intense is your reaction to a colleague dismissing you? A friend criticizing you? A romantic interest breaking up with you? Is it just a bummer or highly debilitating? Do you get over it quickly or does it stay for a painfully long time? Does it trigger searing emotional pain? Or are you able to let it go, understanding that the other person's opinion may have nothing to do with you at all?

Self-awareness involves looking at those big reactions, identifying the bruise, and, when you feel yourself getting triggered, turning that into a moment of self-reflection rather than blame. Awareness, as we've now repeatedly seen, is the key to sovereignty.

That's why taking care of ourselves to the best of our ability is always key. Because when we're stressed and our self-awareness or peace of mind is low—which naturally happens to all of us at times—imprints start to run the show, and we no longer see things clearly. That's when we tend to assume everything is the fault of the other person. They caused all this annoyance in you, after all! They may have done something objectively annoying (and if they're abusive, they do need to go), but at the same time, *you* are annoyed because they pushed *your* buttons. If your button is a biggie, even a five-year-old can trigger it. Either way, when you blame them, both of you are de-energized and unhappy. When you stay aware and take responsibility for what's yours, you grow and your relationships improve.

The Victim Imprint

African American writer and poet James Baldwin said: "It's not the world that was my oppressor, because what the world does to you, if the world does it to you long enough and effectively enough, you begin to do to yourself. You become a collaborator, an accomplice of your own murderers, because you believe the same things they do."[7] While he was speaking of the oppression of people of color, his wisdom holds lessons for everyone. We internalize destructive imprints from social conditioning or past perpetration—and the more we fall for and identify with those imprints, the more we allow them to bind us.

You may have been a victim of violence or abuse or neglect or swindling or any other kind of perpetration. That's a fact. But *identifying* as a victim for a long period of time, or even for life, *once the abuse is over* is profoundly disempowering and de-energizing for you.

Here's why: Victimhood makes *you* become your own perpetrator *in the present*. It continues the abuse. You remain at the scene of the crime despite your perpetrator being long gone. The past is past, but you continue to torture yourself about it now, robbing yourself of the present. Your perpetrators continue to take up prime real estate in your mind, squatting there large and in charge. Victimhood evokes anger and fear that keep you in fight, flight, or freeze mode. Your perspective is skewed, and your brain, because it is under stress, functions suboptimally.

And that's how you lose your sovereignty.

A 25-year-old veteran from Wisconsin who had severe post-traumatic stress after his time in Fallujah, one of the deadliest battles of the Iraq war, wrote these extraordinary words: "They call you a victim of war. I AM NOT A VICTIM." He held onto his sovereignty even in the face of his suffering and trauma. Like Maya, whom I described in the first chapter, he showed me that no one can take your sovereignty away if you choose to claim it. Despite his challenges, he was fully empowered.

I know this may be hard—maybe even frustrating—to read. I'm not trying to downplay trauma at all. Trauma healing often needs to take place before you can fully let go of the difficult experiences. And that's where using some of the techniques described in Chapter 4 on releasing trauma imprints and healing from them is an essential step.

But when I say step out of victimhood, I'm saying it out of compassion. Because it sets you free and gives you back your sovereignty. How about instead of identifying as a victim, you identified as a warrior?

The Myth of Needing Others to Complete Us

A popular social imprint is the idea that we need others—friends, children, partners—to complete us. We look at relationships as a way to gain something, fill a hole, or quench loneliness. A bit like a commodity. Others as the source of our happiness.

This myth is perpetuated in entertainment. Our eldest son's little friend watches way too many Disney movies. When she is with him, she pretends he's a prince, and she plays out the whole drama, singing songs of woe to him. He has no idea what's going on and doesn't understand what all the wailing and pouting is about when all he wants to do is just go down the slide together. Our youngest watched the movie *Bolt*, whose main character is a girl called Penny. He goes to sleep at night telling me: "I can't live without Penny. You know I'm falling in love with her." He's five years old. And we don't even have a TV, do screens, or watch movies regularly—just a couple times a year. The myth that you need another person to complete you can be programmed in early and easily.

Porn often propagates a similar message—sexuality as a performance in which you get something from the other, with little emotion, love, or kindness and often with brutality. Many college students I taught had been addicted to porn from their adolescence. It was their introduction to sexuality. A painful addiction that modeled sexuality as a selfish performance rather than the romantic intimacy they actually wanted. They told me that their first intimate experiences were disappointing, hurtful, and sad when compared to the performances they had watched for so long. Another of the many ways media imprints can destroy the happy and healthy relationships we actually long for.

When we believe we will find completion in our partners or friends, we set ourselves up for heartbreak. Here again, *we* are the ones who break *our own* hearts by binding ourselves to the myth that someone *else* can complete us.

Loving someone because you want something from them is no different than a business transaction. What's more, when both people in a romantic relationship are coming from a place of deficiency and of wanting something from the other, research shows this dynamic can end up damaging the relationship through aggression,[8] violence,[9] and passivity.[10] It can lead to unhappiness, conflict in the relationship, and feelings of uncertainty and anxiety.[11]

That's also how we become De-energizers and become bound. It's draining to be with someone who looks to you as the solution for their problems and the answer to their dreams, who believes you should complete them and give them what they want. Inevitably, they will be disappointed. They fail to realize that others can't fill your tank. Only you can do that. And when you do, you'll be a much better partner yourself.

That's why research shows that the healthiest and happiest relationships are ones where both partners *feel* a high sense of personal power.[12] See that? Two sovereign people make for a happier relationship. Makes sense.

The Myth of Separation

The final and perhaps most profound way we bind ourselves is through the imprint that we are separate. We self-identify narrowly with things like our religion, race, and so on, artificially creating boundaries. Of course, we are all different, but categorizing ourselves and putting ourselves and other people in boxes creates pain for everyone. We believe we are on one side, while they are on the other. We judge, criticize, and fight. The media and politicians stir the pot because they capitalize on this division. Divisiveness is an imprint that makes everyone suffer.

I was in second grade with my best friend George. We were sitting at a desk in our classroom working on something. At that moment an adult said to me, "He's black, you know." Planting the imprint of difference and division where before there had been none. Like a thorn that tore ruthlessly through our hearts.

Because while there are indeed many ethnicities, religions, and cultures, at our core we are one race—the human race; one family—the human family. We may feel separate but we're not.

We may feel different but our genes are 99.6 percent identical to the genes of the next human.[13] One fragile people who all want the same thing: love, peace, harmony. We need each other, we have so much to learn from each other, and so much diversity to celebrate among one other. Children get this. Adults often need to relearn it.

I've attended several World Culture Festivals, which are put on to bring home the message that we are one world family. Ten thousand artists performed over a weekend from 100 different countries and cultures; a celebration of unity within diversity. Witnessing the unique beauty that has emerged from every human culture and civilization on this small planet brought tears to my eyes. There was such a sense of belonging and love. And real hope for humanity.

The latest one I attended was on the National Mall of Washington, DC, with the Capitol in the background and more than a million people in attendance over three days. The DC police said they'd never seen such a large event with no violence. It is possible. Peace is within reach. It just needs to be kindled—when we are reminded that we are one family.

We kill our own selves when we move to one side. We break our own hearts when we judge and divide. Separated, we're weak. United, we're sovereign. Think about it: wars declared by leaders can't happen if no one shows up to fight them.

How can we bust the myth of separation? It starts with developing sovereign relationships.

SOVEREIGN RELATIONSHIPS

Sovereignty is understanding relationships as valuable opportunities to heal yourself and respect yourself on the one hand, but also invaluable opportunities to give and support others on the other.

Just as we can deplete ourselves and others by relating to others through our imprints, the good news is that by healing our imprints and understanding the principles of relational sovereignty, we can turn our relationships into energizing ones.

Every relational exchange is an exchange of energy. And those who have mastered this energetic exchange know how to enhance energy and well-being in themselves and those around them, primarily because they have a great relationship with themselves. They prioritize filling their own tank so they have the energy to relate to others in an uplifting way based in human values. As a consequence, they energize others while re-energizing themselves through their relationships—a positive feedback loop.

A Positive Feedback Loop of Energy

Remember my dark postpartum years? Annelies, the former ballerina I mentioned in Chapter 4, would periodically stay at our house while she was working in the area. The moment she walked into the room, I would feel more energized. And it wasn't just because she was a dear friend—after all, I had other friends visiting me from time to time. It was her presence. Even Husband, who was slightly irritated to have Annelies's favorite snacks crowding his well-organized kitchen cupboard, would remark: "She's uplifting to be around." If you ever have the good fortune of spending time with Annelies, it basically feels like you're a cell phone that's just been placed on a charger.

Kim Cameron and his colleagues saw how leaders who are positively energizing transfer life-giving energy to those around them, creating superproductive work units. But here's the kicker: usually energy depletes with use. Take physical energy, for example. You're tired after you work out. That's not true of relational energy. The leaders who deploy positive relational energy in turn get re-energized by their interactions, creating a positive feedback loop. Annelies inspires, uplifts, and energizes the people she works with and teaches, and in so doing she is re-energizing herself. By enlivening others, she re-enlivens herself.

We might believe that Energizers have to be extroverts. But that's not necessarily the case at all. Annelies would self-describe as an introvert. She loves spending time alone. What makes her an Energizer is how she fills her tank: She eats healthy vegetarian food; gets good amounts of sleep; does a yoga, breathwork, and meditation routine twice a day; engages in community service; listens to wisdom; and spends time in nature. She works a lot, but she fits fun activities into her busy schedule when she can.

She works with some difficult people, but as she tends to focus on the best in others, she also brings that out in them. The colleagues around her are happy, productive, and upbeat. She has the ability to inspire and create a culture of genuine joy and hard work at the same time.

As I mentioned earlier, positive Energizers relate to others with human values. When you talk to Annelies, you know she has your back and she really cares. She's compassionate, honest, and kind. She also doesn't shy away from telling you what she thinks, and she is not a pushover. She's strong and forthright and street smart and doesn't take any nonsense, but she remains positive and uplifting and caring and forgiving at the same time.

When I once asked her husband what it's like to be married to her, he laughed and said: "It's great! Every time we argue, she's over it after her next meditation." (Given that she meditates twice a day, that makes for a happy marriage and a lucky guy!)

Neuroscience research shows that what people give to—rather than receive from—a relationship is what makes them happiest.[14] Service, compassion, forgiveness, trust, and kindness don't just make relationships better; they make you happier and healthier.

The greatest source of happiness and fulfillment lies in service to others. We know that compassion, kindness, and service increase well-being much more and for longer periods than other things we believe bring us happiness, like pleasure, money, or fame. Think about those times you were there for someone else, helping them through a difficult period. The feeling is indescribable. You are uplifted, empowered, and energized. Alive! It leads to a fulfilling life and research shows it benefits your physical health, mental health, and longevity.[15] It even decreases inflammation at the cellular level (a precursor to diseases like cancer and diabetes).[16]

My favorite study showed that in a group of people who had gone through a severe life stressor such as war, acts of service were a protective factor ensuring their longevity.[17] We know that people who have lived through extreme stress tend to live shorter lives. The stress wears and tears on the body. However, among a group of people who had gone through such extreme stress, a subgroup lived long and healthy lives. What was protecting them? It was that they were engaged in altruistic activities in their life. In other words, acting in service to others erases the impact that a severe life stressor may have had on your health and body. When you show compassion to others, it saves your own life.

Of course, you don't want to be of service at a cost to yourself, but if your tank is full, the best way to capitalize on that is to offer your services to others in whatever capacity works for you. You create a positive feedback loop that is energizing for all involved as well as inspiring.

Self-Compassion

As I mentioned earlier, I saw a pattern in my personal and work relationships—an invitation to heal myself. The recurring theme was showing me what I needed to work on. I needed to develop a healthier and more respectful relationship with myself. And when I finally did, the recurring theme disappeared. Self-compassion involves doing the healing work so you can show up from a place of fullness in your relationships.

When we are in a healthier relationship with ourselves, we are more likely to be in a healthier relationship with others. When we have more self-compassion and make sure to take care of our needs and well-being, research shows we are more likely to have better relationship outcomes.[18] Because it's not always imprints causing the depletion in relationships. Sometimes it could also be fatigue and self-neglect.

During one of my first research jobs, we had a colleague who pushed everyone's buttons. Everyone's, that is, except mine. I didn't find him as irritating as everyone else did. Then one day, I went to work without doing my morning practice, which is the backbone of my self-care (yoga, SKY Breathing, and meditation), and discovered that this postdoc was indeed irritating as hell. He was, in fact, infuriating! They were right, I decided. I finally understood what everyone was talking about.

Or did I? When I came back into the office the next day with a more sovereign state of mind after doing my morning practice, the guy no longer bugged me. He wasn't different, but my state of mind was. You'll notice that on some days you will be triggered by someone cutting you off in traffic, while on other days you won't. On some days your significant other/children/co-workers set you off, and on others they don't. What's the difference? Your. State. Of. Mind. You've either cultivated a sovereign state of mind, or you haven't, and you are tired, wiped, your tank is empty. In the former case, you've stayed sovereign. In the latter, you're de-energizing yourself and others. No one can make you feel bad if you don't feel bad.

It wasn't until I developed a more self-compassionate and loving relationship with myself (which we discussed in Chapter 2) and a more sovereign emotional and mental state (discussed in Chapters 3 and 4) that my relationships improved. It wasn't the other people who changed. It was me. My newer and healthier relationships with others reflected a newer and healthier relationship with myself.

When your tank is full, you can approach others with generosity. Two people coming together from a place of fullness, rather than from emptiness, makes the whole (the relationship) greater than the sum of the parts (two individuals). Both partners have something to offer each other, and they can interact from a place of kindness and patience, love, and compassion.

Instead of being demanding, you become authentically grateful for the other person, further benefiting the relationship.[19] You are no longer in taker mode. The relationship becomes about "we" and "us," which research shows leads to a more successful relationship.[20]

Not that work isn't needed in a relationship—even between two positive Energizers. But it's much easier to figure things out when both people have a full tank, both have worked to become aware of and heal their imprints, and both are coming from a place of kindness, honesty, forgiveness, and integrity.

Boundaries

A key aspect of self-compassion is boundaries. To master relational energetics, being aware of your boundaries—and those of others—is critical. And that's why the data shows that being true to ourselves leads to better relationships.[21]

Relational boundaries can be strong and obvious or very subtle. Take your cell phone, for example. It connects you energetically to everyone you're in touch with in a subtly invasive way. Think about it. Your boss can reach you while you're in the bathroom in your underwear. Talk about no boundaries.

I can wake up feeling sovereign, but as soon as I turn the phone on, I can feel myself energetically connecting to anyone who has reached out. It can energize me or—more often than not—deplete my energy reserves. Same with e-mail. Your inbox is often filled with other people's to-dos for you. Same with whatever else you look at, be it news or sports or anything. It's as if filaments of our attention and energy are constantly dispersing in micro-drains.

Boundaries often depend on having good awareness—that sovereign skill again! When I performed clinical interviews with veterans for one of my research studies, I heard traumatic stories day after day. I had never done this type of interview before and went in wide open, taking in all their stories of suffering. At the end of the day when I got home, I had to lie down on the floor. I couldn't move. I was drained and sad and had nothing left in the tank. Compassion fatigue is a thing. And it wasn't helpful to them or me. It was a lesson in building boundaries so I could be there for them without going downhill myself.

I did simple things, like setting an intention to have an invisible barrier around me protecting me so I could be there with all my heart but not allow their pain to become mine. I washed my hands with soap between one interview and the next, symbolically letting go of the last one and preparing for the next. It was more about the ritual and intention than the acts themselves. Sometimes I would step outside for a moment, letting go of all I had seen and heard. There is a lot of suffering on this planet. We can be so much more resilient and useful to others when we're whole rather than in pieces.

Developing boundaries takes practice and courage when people are really pushing up against them. I was having trouble getting one of my research studies published. That's when a professor stepped in and said, "Let me help you. I really just care about this research." Now, I knew he was up for tenure and his situation was precarious—a situation in which more publications could be very helpful. His request was strategic. He didn't "just care" about the research as he had said, he cared about being an author on the study. I had no choice but to accept, given the situation in my lab, in which politics had stopped me from publishing the study. With this professor's help, the study was published, for which I was grateful.

And then it came. The moment I was anticipating. Just as we were about to submit the final draft for publication, he e-mailed me, copying his colleague, the director of my lab, saying: "I'd like us to be co-first authors." He had helped edit the final draft of the paper and get it out the door, but I had spent five years raising the funds for the study, recruiting the participants, interviewing the participants, running them through the study, organizing the intervention, training the research assistants, analyzing the data, and drafting the paper. I had already placed him as second author, giving him precedence over others who had spent much more time on the study than he had. When I discussed with my lab director how problematic this request seemed to me, the director replied that he had no problem with this professor getting co-authorship. In other words, he did not have my back at all as a junior female scientist in his lab whom he was meant to be mentoring. I felt shocked, deflated, and betrayed. Talk about a de-energizing experience.

I could have chosen the victim route. I certainly did feel abandoned by my director and devastated by my colleague's manipulation. It was like a déjà vu of other times when people had taken credit for the work I had done.

Yet there was a part of me that no longer wanted to play into that imprint. I was done rolling over. As much as I wanted to break the pattern, however, I was simultaneously anxious. It's nerve-wracking to suddenly exercise strong boundaries, especially when you're not used to it and it's in the face of people with more power than you. It takes courage—that sovereign skill that you've read about in previous chapters. Reaching for sovereignty can feel daunting and scary. I ended up mustering up the boldness to hold on to my sovereignty in the face of these two men, who were much higher on the totem pole than I was as a mere junior scientist. I sent them both a one-sentence e-mail: "I respectfully decline your request."

To my surprise, it worked.

Later in my career, a well-known academic invited me to join her lab to run a research study. She tried to get me to take on more than I was comfortable with by saying, "You'll be university faculty" instead of "just a contractor." I was still willing to take the opportunity, but *on my own terms*. I said thank you very much, I'll be a contractor. Later, others in her lab asked me how I had had such good boundaries with her. I'd been there, done that, and wasn't willing to sacrifice my sovereignty again.

Letting Go: Forgiveness

Another key aspect of self-compassion in relationships is the ability to let go and forgive. Energy in relationships doesn't just come from positive interactions but also from the ability not to waste energy on resentment.

My husband and I went to a marriage retreat when things were difficult. We didn't realize all the couples there were on the verge of separation. We were having challenges, but we were nowhere near that point. The fascinating thing was that the entire retreat was led by couples who had been to real hell and back (affairs, alcoholism, loss of a child, severe mental-health issues). One couple shared how one partner had had an affair with someone he became obsessed with. He couldn't let the person go, even though he tried, and the wife suffered through years of pain. Finally, they came out the other side and began the healing journey.

At that point, the wife said something remarkable: "I was a wreck, and he was guilt-ridden. But we weren't going to heal with me constantly bleeding all over him." It was striking to hear those words and to see her—the victim in this story—taking responsibility for her own emotions. She understood that keeping him in a cycle of blame and guilt would stand in the way of healing the relationship. It would be de-energizing for both. In that seminar room, it felt like you could cut the air; it was so thick with love.

Forgiveness is one of the key aspects of being a positive Energizer. *Let bygones be bygones. Forgive and forget.* That sounds good in theory. What you may not know, however, is that forgiveness is primarily a gift to yourself.[22] It's a profound act of self-compassion and can help you move past trauma and victimhood and release imprints so they don't bog you down or your future relationships. Most importantly, forgiveness restores your energy.

Studies show that forgiveness is associated with:[23]

- **Decreased resentment and stress.** We all know what it feels like to be angry at someone: unpleasant. As we discussed in Chapter 3, studies show that holding on to resentment and anger not only makes you feel terrible but also increases your blood pressure and heart rate—all physiological signs of stress that can deteriorate your health. Forgiveness lowers your blood pressure. It even lowers the blood pressure of the person you are forgiving! Likely because it's setting you both free.

- **Improved well-being.** Forgiveness is linked to higher satisfaction with life and more positive moods.

- **Better physical health.** One study even showed that forgiveness is linked to less medication usage, improved sleep, and lower fatigue and pain.

- **Improved relationships.** No surprise, people who tend to forgive (rather than be vengeful) have less conflict and negative emotions and are more willing to work on a relationship.

- **Kindness.** Studies show that forgiveness makes people kinder and more generous, increasing the likelihood that they will donate to charity.

- **Better mental health.** Higher levels of forgiveness significantly reduce negative emotions and stress and help build stress resilience and may even protect against depression.

- **Resilience in general.** Research shows that forgiveness helps you move on with your life!

My favorite forgiveness study showed that people who learn to forgive perceive hills as less steep and are able to jump higher.[24] Anger and resentment can feel like a burden; in forgiveness, by letting that go, you lighten your load. Forgiveness psychologically and physically unburdens you. See that? Holding grudges is draining and binds you, forgiveness is energizing and makes you sovereign.

Not that you don't hold people accountable, set up good boundaries, and act with self-respect. You do! But forgiveness allows whatever happened in the past to stay there while you move on with a lighter heart. You haven't let the situations that made you a victim in the past steal your future away from you too.

Wonderfulness

As I write this, a dear friend, a Star by the name of Diego, is lying in the hospital with a fatal diagnosis. He may only have days left. Humble, kind, and always ready with a smile and a word of encouragement, he lived his life quietly but was of service to everyone—especially the children he taught with all his heart in at-risk schools. He filled his tank with a true dedication to yoga (108 sun salutations every morning!), meditation, and community service and poured it out in love, joy, and kindness to others. Every time I met him, I felt uplifted by the sparkle in his eye; his humble benevolence; and warm, encouraging, and positive attitude. As he lies in his hospital bed, an outpouring of love is coming to him from friends all over the world: videos, texts, and voice messages sent to his sister to share with him—testaments of the positively energizing relationships he had with hundreds of people. Too weak to talk much, he's still positive: giving thumbs ups and smiling in response to the messages.

We are taught to strive to be "successful" in our work, parenting, athletics, and so on. The other day, I challenged the idea of "success" in an undergraduate class I was teaching. I asked my students, "What are the qualities of the most *wonderful* person you know?" Think for a moment about who the most wonderful people in your life are. Make a list of at least three people. What are the characteristics that they have? How do they make you feel? It's likely they are positive Energizers and perhaps they are even Stars.

The adjectives that came to mind for my students were *loving*, *caring*, and *present*. I then asked, "Would you say that this person has had a 'successful' impact on your life?" There was silence. They had never even considered this definition of *success* before.

And yet isn't it the wonderful people, the generous, kind, and compassionate ones, who actually do the heavy lifting? Isn't it they who carry us through life? They are there when we have fallen, they love us when we don't love ourselves, they care when no one else does, they show a depth of empathy that inspires us to be better people, they laugh from a place of wisdom and peace, they share with us a kindness we don't find elsewhere. It's the wonderful people who are the most successful and impactful influences on all our lives, and we are fortunate to know them. If we are indeed "successful," it's in large part because there were wonderful people along the way giving us a hand.

And as Kim Cameron's research shows, that's what makes up a Star. Long-lasting fulfillment comes from being there for others, helping where we can, loving one another despite our differences, and making others smile. Yes, follow your ambitions, dreams, and professional goals—why not? They too can bring great satisfaction and a sense of purpose. But remember what also leads to your deepest happiness. You already know what you will know on your deathbed: that a life well lived is a life in which you have shared an abundance of love. With others and yourself.

***

Think back to my college friend Etelle. As extraordinary as she is, what Kim Cameron's research shows is that we all have the ability to relate to others in positively energizing ways. It's within our grasp. It sets us on the trajectory of becoming our best self, our greatest potential. Etelle is a force for goodness for everyone who has the good fortune to meet her, and we can all be that too.

Every interaction you have, whether with a loved one or a stranger, is an opportunity to uplift another person. And in so doing, you uplift yourself.

SIDE EFFECTS OF SOVEREIGN RELATIONSHIPS ⚠

Energy: As you learn to be a positive Energizer, you will energize others around you and, in so doing, you will re-energize yourself, creating an uplifting positive feedback loop. The human values you deploy, like compassion and kindness, will in turn benefit both your physical and mental health.

Awareness: Your relationships will teach you to get to know yourself like you never have before. You will see all your imprints show up in the guise of triggered emotions like anxiety, fear, and anger.

Healthy boundaries: You may feel awkward setting boundaries at first and those close to you may feel surprised when you do so, but the long-term benefits will outweigh short-term discomfort. Boundary setting is the most useful skill you'll build because it allows you to respect both yourself and others.

Power: Your personal power will grow as you learn to both energize others and set good boundaries while taking care to fill your own tank.

SOVEREIGN RELATIONSHIPS TOOL KIT

Remember the 6 keys of positive relational energy.

1. Caring for and being interested in others

2. Providing support for one another, including offering kindness and compassion when others are going through a hard time

3. Avoiding blame and forgiving mistakes

4. Inspiring one another and focusing on what's going right

5. Emphasizing meaningfulness

6. Treating others with basic human values like respect, gratitude, trust, honesty, humility, kindness, and integrity, while maintaining healthy boundaries and self-care

Use relationships as opportunities for healing.

- Understand your relationships as mirrors of your relationship with yourself and of your imprints. Reflect or journal on the following:

  - What are some ways my past and current relationships can help me understand my imprints better? For example, what are my biggest triggers?

  - Are there repeating patterns across time and relationships? What can they teach me about my imprints?

- Self-awareness exercise: Are there times in your life, areas of your life (e.g., work), or relationships in your life in which you show up (or have shown up) as a De-energizer for others? How did that make you

SOVEREIGN

feel? How did that show up in your relationships?
What were the consequences of this type of relating?

- Which type of positive Energizer do you most
  identify with: Crusher, Sacrificer, or Star? Don't just
  ask yourself, have your friends or partner read the
  descriptions and give you their thoughts. What are
  areas where you're leaking energy, and how can you
  improve that?

Heal relationship insecurity and rejection sensitivity.

Do you tend to feel insecure in relationships? Insecurity in
relationships is oh so common and often runs deep. As we discussed earlier, we are deathly afraid of rejection. But you can heal
rejection sensitivity by deprogramming it. If you give yourself af-
firmation, you won't need it as much from others. Exercises like
the Reflected Best Self, in which you gather feedback on your best
self from people who know you well (described in the Tool Kit in
Chapter 2, page 41), can help a lot here too. It is a way to collect
objective information that directly contradicts any insecure feelings you might have.

As I mentioned in Chapter 2, my colleague Cendri Hutcherson and I ran a study on loving-kindness meditation (a meditation
that helps you experience unconditional love) and found that the
more sensitive people felt to rejection, the more they benefited
from this meditation because it helped them recall the love they
receive from others while also giving them the benefit of extend-
ing love to others. It conditions you for connection to yourself
and others.

Fill your tank to be a star Energizer.

Remember not to fall for the idea that you need others to *complete* you. No one can complete you. Only you can do that. If you
are true to yourself, heal the wounds you carry, and find inner fulfillment, you can be a great friend, wife, son, mother, and so on.
What are some ways in which you are currently not filling your
tank? And how could you find more fulfillment in your life? When

142

you love, honor, and value yourself, you can create extraordinary relationships that enhance your life and the lives of others, creating a continuous feedback loop of energy and positivity.

True sovereignty is learning how essential self-care is for good relationships, and that part of self-care are the tools we have learned in Chapters 2, 3, and 4, but also:

- Not falling for the victim trap (remember this doesn't deny that you experienced trauma)

- Practicing forgiveness (which lightens *your* load and increases *your* well-being)

- Establishing good boundaries

Make sure to take note of where you are energetically each day (is your tank full or empty), especially before you interact with others. It will help you gauge how you will show up. There are moments when I must alert Husband to the fact that I'm running low and need extra support. In those moments, I hope his tank is running high. If not, we have to figure out what we'll do so we can show up at our best for each other and our kids.

Practice boundary setting.

Practice asserting your needs, asking for what you deserve, and pushing back when others aren't respectful. If you're not used to asserting your boundaries, it may feel scary at first and you may feel awkward doing so, but it can also work. So what if you mess up a couple times? It's okay. The world moves on. Every time your boundaries are crossed is an opportunity to build and strengthen them.

When you first start developing stronger boundaries, you can throw them up a little high or lay it on a little strong. Your words can come out too intensely because you're not practiced. I know because I did that. It can feel nerve-wracking. I once was helping one of my best friends when she came home after a surgery. While I was there, her partner was disrespectful and condescending. He was also a man three times my size with a personality to match his stature—intimidating, to say the least. But I was going to stand my own. Though I was trembling when I said it, I told him that he was condescending and that I didn't need to be there cleaning his dishes. Well, he was respectful after that. The more you practice—awkward as it might seem at first—the more skilled you become, until it's second nature.

Compassion.

After studying the science of happiness for two decades now, I can honestly say that the people who live the happiest and most fulfilled lives (as well as the healthiest and longest ones!) are those who live lives characterized by compassion. For all the reasons I mentioned in this chapter, it benefits your physical and mental health as well as your longevity—when balanced with self-compassion. Remember that every time you uplift, help, or support another person, you in turn are also getting benefited. It's a win-win. A well-kept secret.

If you don't have much time, then micromoments of upliftment—whether it be with the cashier at a store or your romantic partner—can serve as catalysts of well-being for both you and the other party. If you have more time, think about how your particular skillset can be of service to others.

> **For additional tools and resources, visit my website at www.iamsov.com.**

How Do You Feel about You?

I chose to be in a destructive
    relationship.
And then
I chose to stay in it.
That's a lot of choosing,
    isn't it?
I'm not blaming myself.

Not blaming my then-
    partner either.
Just reflecting that
the place I placed myself
was a direct reflection
of how I felt
about
me.
If you don't like yourself,
your relationships may be
    ones
in which your partners
don't treat you with the
    kindness you deserve.
Neither do you
treat you
kindly.

There was a mirroring
in our interactions
of my own self-worth.

The world is a mirror for
    our mind.

That is how
you create the world,
your reality
with your mind.

How are your circumstances
    showing you
how you feel about
you?

CHAPTER 6

SOVEREIGN INTUITION

Kushal, an ambitious and successful young New York City trader, had just gotten to work on 9/11. He entered one of the Twin Towers, where his office was located, just as the building was hit. Orders were being given for everyone to stay in the building. Kushal hesitated for a moment, then went with his gut instead, rushing out of the building minutes before it collapsed. That fateful day changed his life, and he lived to tell the story in his book *On a Wing and a Prayer*.

You know the time you knew you shouldn't speed, but still did and got caught? Or the time you knew the relationship was over, but it took you 5 years to break up (or 20, ouch)? You've known when you shouldn't do something. Your gut knew. Speeding and getting caught is one thing; marrying someone you feel you shouldn't is another. We can claim innocence but deep down, yeah, we knew.

Like our animal counterparts, humans have intuition—a hidden dimension of intelligence for which the brain is wired. But intuition has a bad rap—we think good decisions always have to be reasoned. What we don't realize, however, is that intuition is a form of cognition that is instinctual and can improve your decision making. It's an elegant, fine-tuned, and incredibly rapid form of perception that research shows can help strengthen sovereignty.

Our body is a more sophisticated communication device than any that technology has ever developed. Our brain is complex, and there are forms of cognition and awareness that modern science has yet to understand more deeply and that many of us have yet to fully tune in to.

Intuition is an instinct—a form of cognition meant to guide us, to alert us to things we might not otherwise be able to see. We bind ourselves when we completely ignore this instinct and we gain sovereignty when we learn to harness its wisdom.

Sovereignty is allowing yourself to make informed choices based on all the information you gather and process, both with reason and with intuition. The result is that you become more creative, more insightful, and more aware. It can save your life—as it did for Kushal.

INTUITION

What is intuition? You can think of it as an instinct or gut feeling. A *knowing* or inner wisdom. The internal compass that guides you. Our instincts are meant to keep us away from danger and near safety in a complex world.

And our world is indeed so complex. We take in so much information, as we've discussed in the chapters so far.

- The external physical world that we engage in with all our senses: seeing, smelling, touching, tasting, and hearing what is going on around us

- The internal physiological world with its experiences, needs, and demands; its hungers and aches and wants and energy levels

- The internal mental world of constantly flowing thoughts and ideas, imprints of various types

- The internal emotional world, with its varied landscape of feelings rising and rocking our world

- The many virtual worlds tugging at us: social media, phones, messaging, advertising, entertainment, artificial intelligence, and more

Worlds upon worlds of information are coming at us in a constant flux. It's a lot to take in and a lot to navigate. Our attention is constantly in demand from all sides.

We've talked about the hidden messaging in media and advertising that we sometimes don't discern. But there is so much more information that we do not see and are not aware of.

The word *understand* reflects this phenomenon. It comes from the Old English *understandan*,[1] which can be translated as "stand in the midst of." We can only perceive that which we can grasp within the limitations of our five senses, that which we stand "in the midst of." However, there is a whole world out there that is beyond what our physical senses can perceive yet still exists: the thousands of microbes crawling on your skin, the particles floating in the air, the Wi-Fi network, your partner's anxiety, the traffic in a city far away. The many smells and colors that flies and cats and hawks can see but that we cannot. There are worlds upon worlds of information inside and around us that our five senses are not privy to. There is so much we are not able to see, feel, hear, taste, smell, touch, or otherwise know.

We forget what we can't perceive. We think it's not there. But it is.

Intuition is a cognitive skill that allows us to navigate the complexity of our lives in a way our sensory and logical mind—which is limited and much slower—cannot. It's something you can think of as *inner*-standing.

Why talk about intuition with regard to sovereignty? Because most of us have been trained out of listening to our own instincts, despite the fact that research shows we are physiologically wired for intuition and can train it to help interpret our world, make better decisions, pick up valuable information, and even save our own lives. I'm going to use the terms *intuition, gut feeling,* and *instinct* interchangeably here because those are all names that have been given to similar phenomena of rapidly perceiving information by means other than the intellect alone. In this chapter, we'll look at different ways the military, scientists, and artists have conceived of intuition. We'll look at how we bind our intuition and what we can do to capitalize on it for greater sovereignty.

BOUND INTUITION

We all have an inner compass, but we often ignore it or override it, just like animals who lose their survival instincts in captivity. If these animals are brought back into the wild, they will most likely not survive.[2] The same has happened to many of us humans. We have often disempowered ourselves from the gifts our intuition has to offer by tuning it out or shutting it down, drastically restricting and narrowing our perception, potential for insights, and innovative thinking.

It's common to meet the idea of intuition with an eyeroll. As I mentioned in Chapter 4, "Sovereign Mind," we tend to value reason over everything else, using expressions like "think before you act," "think twice," and "look before you leap." We don't trust intuition. In fact, we believe it's flawed and magical thinking, either vaguely crazy or downright stupid.

Why do we pooh-pooh intuitions and gut feelings?

We're trained to rely on outside sources of information, not internal ones. As we discussed in Chapter 4, outside sources and imprints shape our thinking. We depend, trust, and rely exclusively on information coming from outside of us, shutting down a valuable additional resource: our inner knowings. This binds us through a limited perspective that doesn't take advantage of other forms of cognition to which we could have access.

"Many Indigenous communities in the Americas and in Africa have relied on intuition for survival—intuition of the environment, of the earth, of threats to humanity," says Dr. Dena Simmons, education scholar, author, and founder of LiberatED. "It's too bad that this wisdom isn't respected more and that we do not look to the knowledge of those before us as a guide."

We overemphasize reason over other forms of cognition. Our education has conditioned us to dismiss gut feelings, instincts, and intuition as superstition. We are rational and reasoned, and that can make us very sensible but sometimes also narrow-minded and unaware because we rely on intellect at the cost of other modes of perception. We try to figure things out and categorize, analyze, and critique. We often forget to even consult, let alone give any weight to, our inner feelings on a matter. Unfortunately overreliance on the intellect leaves us unnaturally disconnected from the intelligence of the gut and weakens intuitive forms of perception that can help us come up with creative solutions, access information, and, as I've said, even save our lives. We are thereby binding our fullest potential.

I'm a scientist with huge respect for reason. I like a good logical argument (and try to write that way too!) and have a hard time respecting arguments that aren't sound. But we should not allow the pursuit of reason, logic, and proof to shame us into dimming other sources of insight. Intelligence is understanding that we have processing mechanisms other than our intellect. And it's having humility about what we do and do not know and an openness to the idea that there is still much to discover—especially about how the human brain works.

To quote neuroscientist Dr. Thomas Insel, founding director of the Center for Behavioral Neuroscience at Emory University: "I can't tell you—nor can anyone else—how the brain functions as an information processing organ. How does it do it? What is meaning, how is it stored, where does it exist, what does it look like in the brain? We really don't have a sense of how the brain works."[3] If Insel, a renowned neuroscientist who was also the director of the National Institute of Mental Health for 13 years, can't tell how the brain functions—we know there is much still that we do not know!

Who are we to dismiss something we haven't even thoroughly researched and don't know all that much about?

Intuition Research

One of psychology's best known and most respected social psychologists, Daryl Bem, was fascinated by the idea of intuition. It was the subject of the last paper he published, in 2011, for which he spent almost a decade collecting data with hundreds of participants and methods considered rigorous at the time.[4]

He looked, for example, at whether participants could predict where images would be before they appeared (and before, in fact, the program would randomly assign the picture to appear). In the majority of experiments he ran, Bem found that participants were able to correctly intuit the future with greater accuracy than could be accounted for by chance alone.

His findings created an explosion of both enthusiasm and ridicule in the field. His methods were questioned. This happened to be a time (which continues to this day) when all of psychological research was stood on its head and subject to question—for good reason—because of flaws in research methods. But another reason for the explosion of backlash Bem received was that his statements also flew in the face of psychology's way of understanding the mind—in particular, the tenet that a cause has to come before an effect and that you can't predict things ahead of time.

Flaws in methodology and prejudice against certain ideas can exist at the same time.[5] Our field has preconceptions that pooh-pooh this alternate form of cognition and label it—just as society does—as nuts. When I was a graduate student, there was a rumor that a pot of money existed in the department for anyone who wanted to research extrasensory perception. It had supposedly been gifted to the department for that exact purpose. Although everyone wants money in research—after all, we need the resources to get our studies up and running—no one dared to touch it for fear of being ridiculed.

Interesting, isn't it, how scientists, who are supposed to be open-minded so they can discover new phenomena, can close themselves off from new discoveries because of peer pressure, preconceptions, and biases about what will and will not work and about what is and is not worthy of study. It's wild when you think about it. And not very objective, discovery-oriented, or scientific.

I once heard that there are two types of scientists: cynical ones and skeptical ones. The cynical ones will say "That will never work" and not do the experiment. The skeptical ones will say "That will never work" and do the experiment. Only the second type is open to possibility and the potential of being wrong, and therefore to new discovery.

There was a time when psychologists considered meditation a fringe research topic—not a safe one or well-regarded. In fact, in my second year of graduate school, two professors who served as my mentors warned me: "You don't want to be pigeonholed as a meditation researcher. You have to do research on other things." Turns out that, 15 years later, meditation is now a huge field of research with thousands of papers published on the topic every year. The paper my colleague Cendri Hutcherson and I published on meditation that year has now been cited hundreds of times in peer-reviewed journals and over a thousand times in other books and articles.[6] I have no doubt that intuition will soon become another hot research topic.

SOVEREIGN INTUITION

Sovereignty is becoming aware of the level of conditioning that we have received that divorces us from our own inner voice, intuition, and creativity and nips it in the bud. It is getting back in touch with our own innate intelligence, which includes both our reason *as well as* our instincts, gut feelings, and intuitions. It's acknowledging that we *have* these gut feelings and intuitions, an inner compass or instinct that you can add to the mix of information when deliberating how to resolve a problem, which direction to go in, and what to do.

Lynn Tilton lost her father in her teenage years and experienced firsthand what the loss of the main income provider can do to a family. She got herself into Yale, her tuition paid by a tennis grant, married while at Yale, then became pregnant shortly after graduation. It was the 80's and she launched into a career on Wall Street to support her child as a young single mother. She was successful but sexually harassed daily. After making enough money to support herself and her daughter, she briefly considered retiring, until she had a dream—a vision that came to her as an intuition—that changed the course of her life. In her dream, her late father appeared to her and said, "This is not what I had in mind for you."

She realized that she needed to make her life about more than herself and to dedicate the rest of her career to making sure others would not have to go through the kind of suffering she and her family had when her father, the family's primary provider, died. She started Patriarch Partners, a company that bought organizations on the brink of bankruptcy—companies that consulting firms and others had completely given up on—and turned them around.

Because she followed her intuition instead of allowing her logical mind to squelch it as "magical" or "irrational" thinking, the Turnaround Queen, as she came to be known, saved hundreds of thousands of jobs. She also became the owner of the largest woman-owned business in America, overseeing 700,000 employees. Although many (including the government) tried to sue her, figuring she was doing something illegal given her wild success, she refused to settle, spending millions in legal fees and taking on a lot of stress but knowing that she was going to prove that her business was clean and honest. She is sovereign.

When I interviewed Lynn for this book, she shared: "I definitely move from my intuition. But intuition without intellect is like buying a plane without any propulsion. I do the analysis, but my decision comes from my place of knowing. You can't shut off your intuition. If you have to shut off much of yourself to do what you're doing, eventually you just find yourself unhappy." And because she followed her intuition, she saved hundreds of thousands of working class families from succumbing to unemployment.

She's not the only leader to do so. Research shows that a majority of CEOs (85 percent) tend to use intuition when making decisions.[7]

Military Research on Intuition

The U.S. military—always trying to find ways to maximize human performance—has been investigating intuition for decades under various names. You may have heard of "remote viewing," a form of intuitive training the military and CIA researched that was later made fun of in the comedy *Men Who Stare at Goats*. Though the military dropped that program, there were so many accounts of soldiers returning from the Afghanistan and Iraq wars reporting how gut feelings helped them save lives that the military continues to research the phenomenon to this day. The Department of Defense has opened up several new research projects under different names like the Navy's "sensemaking"[8] to look at this phenomenon.

Commander Joseph Cohn, research psychologist at the Office of Naval Research, describes why soldiers' experiences inspired the military to continue researching intuition: "Reports from the field often detailed a 'sixth sense' or 'Spidey sense' that alerted them to an impending attack or IED or that allowed them to respond to a novel situation without consciously analyzing the situation."[9] And that's sovereignty. We don't always have time for lengthy deliberation, especially in critical or life-and-death situations. We sometimes need access to information in a lightning-fast way.

There are many accounts of military members who have described moments of intuition and how they saved their own lives with it. Retired Navy SEAL commander and podcast host Mark Divine was walking with colleagues during a training exercise when he felt a sudden urgent instinct to stop in his footsteps. Seconds later he felt the wind of a bullet just miss his ear. Had he not stopped, the bullet would have hit him in the head.[10]

Staff Sergeant Martin Ritchburg was at an Internet café on a military base in Iraq, speaking to his wife back home, when he got a weird feeling about a man who walked into the café. Ritchburg saved the lives of 17 people that day because his hunch was right and the man had planted a bomb.[11]

Intuition as Conscious Awareness

As we discussed in the preceding chapters, awareness is key to sovereignty in all its forms. It is crucial for intuition too. The most cognitive form of intuition is a form of hyperawareness. Marine Corps officer Maurice "Chipp" Naylon, author of *The New Ministry of Truth*, described his experiences in Afghanistan.[12] He shared with me that the U.S. Marine Corps Combat Hunter training is a way the Marine Corps has formalized the instruction of honing into your gut. It involves becoming an acute observer. You train your observation skills for deviations from the norm in your environment. When Chipp was in Afghanistan patrolling, for example, noticing that a usually busy playground was empty would indicate a deviation from the norm and be a sign of potential danger.

"For us in a foreign country, Afghanistan," Chipp shared, "we will never understand the cultural norms, so one way we could get a baseline level of our environment like locals was to make sure we had local soldiers patrolling with us. That way if something deviated from their baseline that we couldn't pick up because we're not local, we could observe that in the Afghan soldiers. If they were hanging around, smiling, joking, smoking cigarettes, we knew things were relatively normal. But if they stopped smiling, started stressing out, two hands on their weapon, we knew something was off."

He also shared the dangers of not picking up on those cues: "We once had eight to ten Afghan soldiers with us that suddenly left without explanation. Several minutes later, we got hit by a suicide bomber. That was a deviation from baseline that we failed to pick up quickly enough."

The Combat Hunter training[13] is a form of intuition that is attention-based. You are fine-tuning your observation skills. Before you dismiss it as a highly specialized training for elite Marines, consider that it has to do mostly with that one thing we've been talking about again and again: awareness. That skill we have repeatedly discussed as a key to sovereignty. And it is accessible, when you have trained your nervous system to be calm and your mind to be present—see that? It's built on much of what we've discussed so far: **Awareness + Courage + A Full Tank = Sovereignty**.

The techniques I have been sharing with you in the preceding chapters, like breath training and meditation, hone your awareness because they calm the nervous system, sharpen your attention, and bring the mind back into the present moment. There it becomes ready and available to receive information. After all, our mind is usually wandering—from 10 percent to as much as 60 percent of the time, research shows.[14]

Navy SEALs train themselves to be calm even in stressful situations so they can think on their feet better. We can do the same without going through bootcamp. When you are calmer, your eyes literally perceive more things in the environment.[15] No wonder military scientists are studying the benefits of meditation[16]—which trains your nervous system to be calmer and more aware—for military training.

Intuition as Physiological Information

Have you ever felt off around a person and couldn't figure out why? You just want to back away and get out of there but logically you can't find any reason for your impulse?

This form of intuition is more internal—it's physiological and empathic. Psychologists define *empathy* as "the ability to feel or experience what another person is feeling." It's what we also call psychological resonance. Our body is like a sophisticated sounding board. It can register another person's physiological and emotional state, which is why emotion is often contagious and you can feel stressed around someone who's stressed or relaxed around someone who is at ease. We receive critical noncognitive information through our bodies all the time.

Let's go back to suppression, the emotion regulation technique discussed in Chapter 3 that most people use but that doesn't do us any favors. If someone you're talking with is suppressing anger (i.e., feeling anger but not showing it on their face), here's what happens to your heart rate: it increases. Your intellect hasn't caught on to any funny business yet, but your body has registered that something potentially unsafe is going on—the other person is hiding something—and your fight, flight, or freeze instinct kicks in. You can't figure out why you don't feel comfortable, since your mind hasn't caught on yet—but your nervous system has. Your heart rate is up and you want to get out of there. Simply put: your body registers inauthenticity as a threat.

You see this instinctual response in the animal world as well. In equine-facilitated therapy, the patient will do a therapy session with a therapist and a horse. If the patient fears the horse but pretends everything's cool and they're not scared, the horse is visibly anxious, moving all around. Yet as soon as the patient admits, "I'm scared," the horse calms down. Why? The horse doesn't understand English! But—like our human instincts—the horse's instincts are finely attuned to noncognitive signals that could signify danger. Physiologically, both an animal's body and ours register inauthenticity as dangerous because the other person is hiding something. And that throws up a red flag.

Our mind is slow at picking up what's going on, but our body has, through its senses, registered information that our intellect is not privy to. That's probably why we call it a "gut" feeling—it's a different and much more rapid form of intelligence and perception than the one we can access with the mind alone. It's physiological. On the flip side, when we feel safe with someone, our heart rate syncs with theirs and so does our breathing and brain activity.[17]

Again, here awareness is key. The more present you are, the more you will perceive and the more your body will pick up cues. Perhaps most importantly, the more in tune you are with your body's messages, the more you'll gain valuable insights and information to guide you.

Intuition as Emotion

Sylvie Guillem was the closest thing to a superstar that the world of ballet has ever known, in part because she knew to follow her gut. Acclaimed all over the world, her performances radiated a rare power and beauty. I was fortunate to attend several of her performances, and you could hear the entire audience gasp when she came onstage. Her energy was electric. She exuded sovereignty by living and performing at her fullest potential and, as such, woke the audience up to their own.

She was the youngest dancer to ever be made an *étoile* by the Paris Opera Ballet. (*Étoile* is the French equivalent of principal dancer—one of the best dancers in a company, who performs the starring roles.) She then shocked the whole of France when she became the youngest étoile to ever voluntarily leave the Paris Opera Ballet. Why? Because she felt they exerted too much control over her. She was one to live life sovereign, i.e., *on her own terms.* Unsurprisingly, she was known as "Mademoiselle Non" (or "Ms. No") by the English, who subsequently hosted her at the Royal Ballet in London.

When interviewed about how she made big decisions in her life, such as leaving the Paris Opera Ballet, she said, "I work with instinct." She went on to say that was why she had no regrets—a powerful statement. And when asked where one feels instinct, she replied, "In your whole body!"[18] And that's how she danced too, to the beat of her own internal drum, living her life to the fullest as a dancer, performing artist, and human, inspiring thousands the world over.

Joseph Mikels, professor of psychology at DePaul University, studies intuition as an emotional process. After all, when we speak about our intuition, we often talk of it as a feeling. Something "feels" off, though we can't necessarily explain why. Kushal, the one who was in one of the Twin Towers on 9/11, didn't have time to deliberate rationally about what he should do. He had to make a decision and fast—it *felt* right to run out of the building.

We've all had gut feelings that we can't explain. Sometimes a decision you're making *seems* like a reasonable decision but doesn't *feel* right. On the flip side, you may be compelled to do something that *seems* unreasonable but *feels* right.

Mikels has researched intuition as an emotional process that can lead to better decision making, especially when matters are complex. His research shows that, when you're making a complex decision with lots of information to weigh, you're more likely to choose the right path if you consult your intuition—your *feelings*—rather than debating the matter with reason.[19] This is not the case for simple decisions, but for the more complicated ones, it's in your favor to consult your emotions. He found this to be especially true for older adults whose cognitive faculties might not always be as sharp as younger people's, showing that intuition is even more important with age.[20]

Like Joe Mikels, Joel Pearson and Chris Donkin, psychologists at the University of New South Wales, ran a study[21] that showed that our emotions can provide information even below our awareness. In their study, participants were meant to decide whether a dot would appear on the left or the right of the screen. What they did not know is that an image (either positive, like a cute animal, or negative, like a car wreck) would appear before the dot appeared. The image flashed so quickly that the participants could not consciously see it, but their brain registered it as positive or negative subconsciously. Whenever the image was positive, the dot would appear to the right, and when it was negative, to the left. Soon, despite not consciously seeing the images, the participants became very accurate at predicting when a dot would be on the left or the right with the information they were subconsciously receiving in the subliminal images. Joel Pearson claims that "with our work, we have shown strong evidence that unconscious feelings and emotions can combine with conscious feelings, and we can use it to make better decisions." But he also clarifies that "intuition is only as good as the information you rely on,"[22] suggesting that if we don't have sufficient information or accurate information, our gut instincts could lead us astray.

Intuition as Subconscious Processing

Some psychologists hypothesize[23] that intuition is more subconscious. It comes about when your brain connects the dots between things in the background—information is getting processed below your awareness.

People with expertise in their field—for example, physicians or art collectors—may have a strong intuition due to being highly trained in that specialty. Research shows that experienced dentists who rely on intuition when they have to make quick decisions will make better choices than if they depended on reason alone.[24] Doug Woodham, former president of Christie's America, shares a similar experience: "You're able to stand in front of the work of art knowing lots of other work by that artist and be able to sense whether it's real or not."[25] I'm no expert in Gothic architecture, but when I first landed on the Yale campus—many of whose buildings are built in Gothic style—after growing up in France, I kept having this feeling: "This place *looks* old but doesn't *feel* old." Having grown up around buildings that have the same style but are centuries older, I couldn't describe to you why the Yale ones didn't feel as ancient, but they just didn't.

Intuition as Innovation and Creativity

A more abstract way of conceiving of intuition is to think of it as receptivity. One of the greatest geniuses of our time, Albert Einstein, credited intuition as the source of scientific discovery: "All great achievements of science must start from intuitive knowledge. I believe in intuition and inspiration. . . . At times I feel certain I am right while not knowing the reason."[26] He goes on to say that "the theory of relativity occurred to me by intuition."

To his point, when you look at where our best ideas come from, it's often from intuition, not reason. Ask yourself this question before reading on: When you're trying to figure out how to resolve a problem in your work or personal life, when is it that you come up with solutions? What kind of activities are you doing when you suddenly get a-ha! moments, insights, or answers to questions you have? If you're anything like the audiences I've posed this question to, you'll say something like this: in the shower, while walking the dog, in the morning before the day has started, at night before bed, or when driving.

Neuroscience research shows we are most likely to get creative insights or a-ha! moments when the brain is in alpha wave mode. It's that relaxed space—neither intensely focused nor lethargic—you could call it a meditative state of mind. Research by

Jonathan Schooler shows that sudden moments of insight tend to occur when you're in a relaxed and unfocused state[27] like when you're in the shower, taking a walk, or doing another laid-back activity. Because it's when your brain is in alpha wave mode—neither fully focused nor completely relaxed but somewhere in between. That's when it seems to be in active problem-solving mode in the background, firing up solutions to your problems. (And that's why a friend of mine who studies creativity and is always looking for ideas jokes that he takes multiple showers a day!)

Einstein claimed to gain access to his intuition via the arts: "Music is the driving force behind this intuition. My parents had me study the violin from the time I was six. My new discovery is the result of musical perception."[28] And research specifically bears this out, showing that some music—Mozart's but not Beethoven's, for example—elicits alpha wave frequencies in the brain, which are linked to both attention and cognition.[29]

You could think of it as a time when your subconscious connects dots, or—as many artists and scientists who, like Einstein, get their a-ha! insights in those moments—as a place of receptivity. The book you are reading right now—like my last book—came to me mostly while on walks in the woods, on hikes, or during meditation. It felt like I heard many of the sentences and just wrote them down.

My husband and I once found ourselves without childcare quite suddenly. We were desperate. I needed someone I could trust starting the next day so we could go to work. Exhausted, I gave up thinking about this problem and went to meditate, as I usually do twice a day. At the very end of the meditation, just as I was about to get up, I heard: "Mali's mom." That's right, Mali's mother is incredible. Having had eight kids of her own, and having infinite patience and warmth, she was the perfect person. When I called her, it turned out she was looking to leave her current job. She became a part of our family the very next day. Go figure.

Here's a question to consider. Why are children often so creative and perceptive? They build castles out of cardboard boxes, forts out of pillows, cars out of sticks and stones. Children are in alpha wave a lot more than we are because they are in the present moment, in play, and in periods of rest or daydreaming (unless they are distracted and focused on a screen).

As adults, we can access the alpha wave mode where our mind is more likely to attune to gut feelings. However, we are often robbing ourselves of it by giving our attention away in the ways we've discussed in Chapter 4.

In this attention economy, where everyone wants your eyes on their product or perspective or social media profile or TV show, we can spend all day without ever tapping into alpha wave mode. In our go-go-go society, where we value *doing* so much more than *being*, we inadvertently stop ourselves from accessing our creative genius. As we discussed in Chapters 3 and 4, our attention is monopolized by distraction in the form of technology, media, entertainment, high stress, busyness, and countless addictive and pleasurable activities. These keep us bound rather than in the alpha wave state that is so conducive to more intuitive and innovative ways of thinking about things.

We passively consume entertainment (YouTube, TV,[30] social media, video games) keeping ourselves in a focused state of mind.[31] Think about it, you could be on a screen all day from the moment you wake up, roll over, and grab a hold of your phone. Children and adults are so used to entertainment being created for them that they lose touch with their own innate intuition and creativity. Children who are used to iPads sometimes forget "how" to play when they are not on a screen. Coupled with an education system that emphasizes reason and logic over creative pursuits, no wonder there has been a sharp decline in children's creativity over the last decade. Creativity researcher Kyung Hee Kim at the College of William and Mary found that 85 percent of children are less creative than children in the 1980s.[32]

We no longer make space in our lives for fun, for irrelevant activities, for unproductive moments, for plain and simple *joie de vivre*—stimulators of the alpha wave state—and as a consequence we've lost touch with our own inner problem-solving and also our inner compass.

Yet a more sovereign lifestyle embraces the ability for down-time and relaxation *in the day to day*. It understands that a more relaxed body and mind is also far more energized, creative, inno-vative,[33] and intuitive—because it is joyful.[34] It invites cognitive downtime, childlike playfulness,[35] wonder[36] and exploration lead-ing to novel insights and broader perspective.[37]

The result is a brain that is more likely to see things out-side the box, to understand things from a broader point of view, and to intuit solutions to complex problems—because it is not lost in the tension and narrow-sightedness of a stressed and lin-ear perspective.[38] Like that of a child, it remains curious.[39] As a consequence, you can come up with innovative solutions that benefit both your personal life and your work.

Innovation is what every company wants. According to a Boston Consulting Group survey,[40] it's among most companies' top three priorities. If you can create something better, smarter, faster, then you can beat the competition. How many compa-nies understand that, in order to bring out innovative thinking in their employees, they need to curb the stress and invite their staff to spend more time in a relaxed frame of mind? Unsurpris-ingly, one study showed that going into nature for three days, completely unplugged from devices, increases creativity by 50 percent—most likely because nature increases well-being, re-duces stress, and therefore places people in alpha wave mode.[41] How much more successful would companies be if they took this approach to innovation?

In short, binding our intuition stops us from accessing key moments of insight and creative genius that could deeply benefit our lives.

Uncharted Intuition

The most abstract form of intuition is the kind we don't have a category for yet.

In researching this chapter, I met a man called Mihir, hav-ing heard that his daughters had used intuition to help find a child. A middle schooler had run away from home in Toronto, where Mihir and his daughters live. The parents of the missing child—having heard of Mihir's daughters' gifts—called him to see if his girls could help. Mihir's daughters went into meditation and were able to describe the location of the missing girl, down to details of the area where she was and the shed behind which she slept at night. I interviewed one of the daughters about this—I'll call her Deana. She said: "The street names were fuzzy, but we could see which landmarks were in that area of the city, so we knew in which neighborhood of Toronto she was located." Thanks to the girls' intuition, the missing child was found and safely returned home to her parents.

Mihir explained to me that his daughters had both trained in the Intuition Process, a course offered to children through the Art of Living Foundation, the same place I learned breathing and meditation. The idea is that intuition is a cognitive skill you can train and that children can learn it most easily.

I was curious about this two-day Intuition Process class, so I decided to sign up my five-year-old. The class is only four hours long, two hours on each day. On the second day, halfway through the class, parents can come in and observe the kids doing a blindfolded activity. In front of each child were two coloring pages with a teddy bear on them. One page was in color, and the other was in black and white. The children were instructed to color the black-and-white one in the same colors as the colored one. They had not seen the images before putting on their blindfold.

I stood next to a tiny five-year-old. When I saw him start to choose the exact right colors and carefully color within the lines of the teddy bear's ears as if his eyes were open—all with a heavy-duty blindfold on—tears spontaneously rolled down my face. I'm not sure if it was because of how unbelievable it was and therefore somehow shocking and moving or because it was such a tiny human demonstrating this extraordinary ability—which may be an ability we all have at our fullest potential and with the right training and access to our intuition.

Will these children grow into teenagers, like Deana, who are able to navigate their world with greater insight into what is and isn't beneficial for them? Will they make better choices? The research is still out on this.

When I went over to my son, he didn't accurately color into the corners the way that first child did, but he did choose the right colors. I have no scientific explanation to offer for this kind of intuition other than that it's a form of cognition we have yet to discover and research further. And there is much that we still do not know about how our minds and brains work.

The most moving evidence of the utility of intuition training I saw was in schools for the blind in India that are offering the Intuition Process. Devoid of sight, the children are able to accurately recognize pictures and colors by using their intuition alone. They developed vision through means other than their eyes—nothing short of extraordinary, especially if you think of the applicability of this to other blind populations or elderly populations that are losing their eyesight.

The Intuition Process class is only offered for children at the moment, perhaps because they don't second-guess their intuition as adults, who are conditioned by their education and restrictive beliefs about what they feel is and isn't possible, tend to do. They may be more in tune. At the end of the class, the kids make a group pledge to only use their intuition for good, not to crack codes, intuit credit card numbers, cheat on tests, or gamble.

I haven't been so good at getting my son to keep up with the daily intuition practices he is meant to do, but he has developed an uncanny ability to tell what people need. One night, during our bedtime routine, he said: "Mama, your body needs sleep and vitamin C and D. Also, you need a liver cleanse and should avoid fats for a while. Also, you need chamomile tea. Mixed with lavender." He's often right on the money, but, as his mom, I am of course totally biased, and my son does have a lot of data points on me! Sometimes he'll want to eat some junk food, and I've gotten into the habit of saying: "You're old enough to make your own decisions now. Ask your intuition." To my surprise, he'll often turn down the junk after that or say yes to the vegetables he didn't want prior to checking with his intuition. It doesn't mean he always listens to the guidance. The other day he said, "I don't want to check with my intuition because I know what it will say, and I just want to eat the cookies anyway."

We don't have much information about this powerful and moving form of intuition that Deana and the blind children display and that appears to be trained in the Intuition Process class. We don't yet have research on how it works. It's way beyond anything we have studied in psychology—yet some colleagues and I are interested in possibly exploring this form of cognition more deeply, especially because of the fascinating possibility that it could help people navigate the world with greater sovereignty.

***

So what is intuition at the end of the day? It's probably a complex combination of all the cognitive skills we discussed. It can take the form of focused awareness, subconscious processing, emotion, physiology resonance, and other forms of receptivity we haven't fully understood yet. On the one end of the spectrum, it is extreme awareness turned outwardly watching and listening for what's there; on the other, it is relaxed awareness turned inwardly harking for internal cues. Either way, the brain is receiving, perceiving, and processing information that is leading us to gain insights and information our logical mind doesn't always understand or have access to.

Sovereignty is getting back in touch with the innate intelligence derived from our instinct, gut feelings, and intuitions. It can be trained. It is a muscle like any other. It is heard and felt, not researched or deliberated intellectually. It is perceived in silence, not noise. During times of rest.

Practices I've already discussed—like meditation, technology fasts, silent retreats, and nature immersions—can help us get back in touch with our own inner knowing and compass. We regain access to innate wisdom in addition to a storehouse of creativity and innovative insights.

Being Brave

It takes bravery to follow your gut. And as we've seen time and again, sovereignty implies courage. For one, it's sometimes hard to tell the differences between an intuition and something else. What baggage or imprints, if any, may be giving us heebie-jeebies because we're actually just in a fear imprint. In fact, feeling anxious or depressed can impair our ability to access our intuition, research shows.[42] You are probably more accurate when you are able to calm your mind—thus my repeated emphasis on the importance of breathing, meditation, and other activities that allow you to access a sovereign state of mind. Discernment is key so you can distinguish between accurate inner signals and inaccurate ones.

Another reason you need bravery is that it's scary to disappoint people's expectations of you or to do what does not appear logical or rational in other people's eyes. But are you going to live your life according to other people's road map or your own inner compass? And here's something to question: Why, when something doesn't appear logical, should it automatically be labeled as crazy?

There's a big push to follow the crowd in our society, but being sovereign means you can do something differently. Even if it doesn't look right for everyone else, it can look right for you—and you can own that.

Should you always follow your intuition? Joe Mikels gives good advice similar to that Lynn Tilton gives. Given his research on intuition and how it can help you make a better decision in complex situations, he says he makes sure to "consult" it and take it into consideration along with all the other information he has.

Combining logic with intuition seems like a wise, poised, and grounded approach. Reason obviously plays an important role, and intuition provides additional information to throw into the mix. Einstein said it best: "The intuitive mind is a sacred gift, and the rational mind is a faithful servant. We have created a society that honors the servant and has forgotten the gift."

Think of what would have happened to Kushal, Sylvie, and Lynn if they hadn't had the courage to follow their intuition. Instead, Kushal went on to not only live but thrive as a successful social entrepreneur who has embraced a life of much greater happiness than before. Sylvie became the closest thing to a rock star the ballet world has ever seen. And Lynn saved the jobs of over 700,000 people. Think of those people in the Twin Towers alongside Kushal who had the same intuition to run but listened to orders instead of running. It's both amazing and frightening that we can actually lose our lives because we are too afraid to listen to our inner voice.

Allow yourself to tap into underutilized parts of your own intelligence. Make time to connect with the many forms of cognition, perception, and creative genius you are wired for. As it did for Kushal, it might just save your life.

SIDE EFFECTS OF SOVEREIGN INTUITION ⚠

Insight: We've talked about awareness throughout the book since it is key to sovereignty. As you start to make room for intuitive insights, you'll find your awareness deepens further. By making time and space for intuition to arise, you'll have greater insight into yourself and the world.

Creativity: By making time to consult your innerstanding, you will come up with ideas and insights you've never had before. This will enrich your life and that of others.

Better decision making: By using multiple sources of information and using both logic and intuition, you will make superior decisions.

Independence: As you realize the amount of insight you have within yourself, you will start to trust yourself more and need to rely less on other people's opinions and perspectives. You'll be the captain of your own ship, guided by your own inner compass. You might push people's buttons in doing so, but you'll stay true to the most important person in your life: yourself.

SOVEREIGN INTUITION TOOL KIT

Contemplate.

Sovereignty is becoming aware of the level of conditioning that divorces us from our own inner voice. Think back on decisions you made in which you ignored your gut feelings. What were the consequences of those decisions? What about times in which you did follow your gut? How did you feel about it—was it scary? How did others feel about it? What were the consequences? What did you learn? Journal or reflect on these questions:

- How often have I betrayed my own inner knowing to fit in? And then paid the price later?

- For how much of my life have I allowed outside sources to tell me how to think and behave?

- Have I tuned into my own instincts and knowings, or do I tend to shut them down? How often do I actually consult my gut?

- To what extent do I depend on reason alone?

Consult your gut feelings.

When you need to make decisions, make it a habit to also consult your feelings on the matter. Start with small, inconsequential decisions to practice getting the hang of it. It's of course wise to think about things rationally and try to understand them, but see if your feelings—your *inner*standing—are aligned with your logical mind. Remember when you're making complex decisions, in particular, Mikels found that our gut feelings tend to be most accurate.

How do you do that? When you need to make a decision between options A and B, for example, sit with your eyes closed for a moment. How do you *feel* about each option? You might notice one makes you tense up while the other makes you feel relaxed. This will take practice. You may not notice much at first. Try it in different situations, when you're dealing with people, for example.

And finally, be aware if anything else—e.g., fear—might be getting in the way of your decision. Are you tense because one decision is scary? Or because it feels wrong? Sometimes, the scary option feels right, it just requires courage.

Make room for quiet.

We've talked about the need for silence and time away from the onslaught of imprints coming our way (Chapter 4). Our intuition is dimmed if we are constantly listening to news, opinions, and entertainment. Shut out the noise for a little while. Amplify time for listening to something other than the loud and raucous everyday.

I once heard a Buddhist monk describe meditation as listening to the grass grow. Not that you always need to be meditating, but make time for quiet, make time to hark for the messages that lie beyond the din of the world. Chances are, you'll find treasure.

Schedule idle time.

Instead of always trying to be productive, having the music on, scanning your phone for news and notifications, and engaging with someone or something, make time to allow your mind to daydream, to be in an unfocused space—the alpha wave mode we discussed that is key to receptivity and creativity. You don't have to carve out special time for this. Just choose not to take calls or listen to podcasts while you're driving. Walk your dog or go grocery shopping without your phone so you have time to just be, rather than focusing on your screen. Take hikes without your technology. Allow your mind to be in that gently unfocused state—the alpha wave mode—that is receptive to novel ideas, insights, and innovation.

A meditation practice, which you've hopefully started by this time in the book, will help you attain and value this unfocused time all the more. You have become used to spending time with yourself and hopefully enjoy it. You won't find it quite so hard anymore to put your phone away. Think of it as your sovereignty time.

Many of the same takeaways from previous chapters apply here: meditation, breathing, time spent alone and in nature, calming the nervous system. But also make sure you nurture your alpha wave time by doing the following:

- Listen to music—think of Einstein's source of inspiration and Mozart's effect on alpha waves

- Creative activities may let your mind wander and allow you to access an alpha wave state of mind

- Any activity that is not highly focused—even cleaning the dishes—can help you tune in to alpha wave mode

- Unplug from your devices, from screens, from anything that tunes you into high-focus mode. Give yourself downtime where your mind is receptive and quiet.

Create opportunities for contemplation.

Our ancestors had time for contemplation when the sun went down, around night fires, during solitary moments, or walking in nature. They had no phones, no distractions. They just spent those moments *being*. Allow yourself to spend time unplugged on hikes or nature. Observe the night sky. Read poetry. Do the things that allow you to be in a contemplative state of mind. It's hard to be in tune with yourself when your attention is always elsewhere. Allow your mind to come back home. To itself.

> **For additional tools and resources, visit my website at www.iamsov.com.**

Intuition

They made you feel
You would die
If you did not obey
If you did not abide.

Little did they know
That because you listened
Not to them
But to your heart
You came alive.

Silence the mind
For it is only in that silence,
That stillness,
That you can hear
The music of your Heart.

CHAPTER 7

SOVEREIGN BODY

Our bodies evolved for survival, meaning physical and mental health. Yet modern life often finds us anxious, depressed, stressed, burned out, exhausted, and ailing, despite the fact most of us are not doing hard labor or living in a warzone. In large part, this has to do with the fact that we've given up sovereignty over our bodies. In so doing, we become bound.

JT[1] was a 45-year-old morbidly obese BBQ chef. At 348 pounds, he suffered from joint pain so severe he had to take 21 ibuprofens daily. He was prediabetic and had sleep apnea, high blood pressure, high cholesterol, elevated kidney and liver enzymes, and daily crippling anxiety. He was on anti-inflammatory medication, pain killers, and muscle relaxers for severe edema, but they didn't help his swollen hands, legs, and feet. He had such severe intestinal pain that he was hospitalized and prescribed more medication. He was dying.

The part that struck me most about his story was the fact that no health professional ever mentioned to JT that changing his lifestyle could help. Instead of suggesting he take responsibility for his healing, eat healthier, and lose weight, they gave him more medications. One piece of advice a doctor did give him was "stop living like a 35-year-old man and start living like a 45-year-old man" as he handed him eight more prescriptions. JT may have been exceptionally unlucky in his health professionals, but medication as a quick fix that allows you not to avoid taking responsibility is common.

JT had a choice to make here. Would he continue the trajectory he was on and abdicate sovereignty over his body, remaining bound to this downhill trajectory? Or would he take responsibility for it and save his life?

It was JT's mom who suggested he investigate what he could do to help himself. Unable to work by this time, and desperate, he did. Consequently, he adopted a 100 percent plant-based diet. In the span of three weeks his edema was gone and his blood pressure stabilized. As time went on, his numbers returned to normal, he got off all his medication, his anxiety resolved, he lost 168 pounds, and he was able to not only work again, but to thrive as a vegan chef and influencer.

JT took responsibility for his health, turned his life around, and gained sovereignty over his physical and mental health. Once bound, he is now profoundly self-empowered.

Our body is the ground of our existence, the root of all of our experiences. Our very foundation. In order to exercise sovereignty in any other domain, it is fundamental to first exercise it with our body.

You may not be morbidly obese, but you can still bind your body by not taking responsibility for it. Or you can have a sovereign relationship with it, enlivening, protecting, and nourishing it. In so doing, you gain the ability to live life to its fullest potential.

Our body is our closest friend and ally—when we have a sovereign relationship with it—or a source of great suffering and depletion when not. We'll first talk about how we bind our bodies and then how to attain sovereignty.

THE BOUND BODY

Humans have long been fascinated by the possibility of UFOs without realizing that we ourselves have become extraterrestrial. How? We live *on* the earth but are no longer *of* the earth. Our bodies evolved as part of nature, but our lifestyles are often totally out of sync with our body's natural needs, disrupting our physical and psychological well-being.

We Mistreat Our Bodies

Animals in the wild live in harmony with nature. Honoring their body is an *instinct*—following the rules of their circadian rhythms is normal: sleeping enough and at regular, predictable intervals; eating the right food for their systems; moving sufficiently; getting sunlight, and so on. No animal in the wild abuses its body or overindulges in any of the senses.

Humans, on the other hand . . .

- Are tired because we ignore our circadian rhythms and eat poorly, then overcaffeinate, artificially increasing our energy. This leads to anxiety, swiftly followed by a comedown—burnout, depressive feelings, and more fatigue than before. And then we start over. (I once witnessed someone downing anti-anxiety medication with a Red Bull. You've got to wonder: What are we up to?)

- Sit for six to eight hours/day.[2] The sedentary lifestyle also makes us more tired, lethargic, and craving the caffeine that overstimulates us and keeps us up.

- Eat junk food and fast food and mass-produced food filled with salt, fat, sugar, and chemicals that taste great but make us feel lethargic or overstimulated and harm our physical and mental health

- Deprive ourselves of fresh air and natural light and live in artificial light morning and night, further disturbing our circadian rhythm[3]

- Are so rarely in the sun that we lack vitamin D, spending most of the time indoors within four walls that are sometimes a part of concrete jungles as we stare into screens (phone, TV, computer, tablets, watches, etc.), harming our eyesight and mental health. A review paper showed that insufficient

> sun exposure is linked to more than 300,000
> deaths a year (from various cancers, hypertension,
> Alzheimer's, and more) as vitamin D supplementation
> does not make up for lack of sun exposure.[4]

. . . to name just a few of the very strange facts about our modern life.

And we wonder, perplexed, why do we feel so off? Not just physically, but also emotionally.

Instead of honoring our body, we take it for granted and override its needs: overindulging or overexercising, staying up too late or not sleeping enough, working too hard or lazing around. Either way, we are out of sync and often totally out of contact with our body's needs.

We usually only take care of our body after a long haul of driving it into the ground. Beat, we finally buy a green smoothie, go to the gym, or drive to a lake or beach to take a few days off in hopes of making up for things.

Here's the rub: We can't rely on self-care one-offs while neglecting our body the rest of the time. That's like a romantic partner taking you out for a glamorous date after being an ass for three months—it's nice, but it doesn't erase what happened yesterday.

Our body is the precious ally that houses us, not our enemy. Yet we treat it like we're at war with it, rather than listening to its needs and being grateful for it. We feel like we need to fight the flab, beat the bulge, and burn calories. We believe we need to battle our body, improve it, change it, heal it, complain about it. Yet considering the body a fiend that needs forceful taming binds us in misery and has us abuse the precious piece of equipment that gives us life.

We forget how extraordinary it is to have a body in the first place, except in those rare moments when we see a newborn baby and are reminded of the miracle that life is—a body complete with organs and bones created out of another body—or when we're sick and realize how important health is, or when someone we know passes away and we stand in shock at the fact that our own body has an end and how fortunate we are to still be alive.

Toxicity

Before our boys could speak to us in words, they spoke to us in eczema. On day two of our firstborn's life, his entire body was covered in the stuff. Our pediatrician himself winced as he suggested we could use a cortisone cream on our newborn. He also recommended we look into what might be causing the rash. I went on a mad investigation like only a new mom can do. Turns out it was our detergent. We were using an organic and natural detergent, but it had a "natural fragrance" that can be irritating for hypersensitive skins, especially those of newborns. When baby number two arrived, "100 percent natural and organic" American diapers gave him horrendous and painful welts. Only the finest Swedish-made compostable diapers (probably made from organic fair-trade sustainably grown non-GMO banana leaves) would do.

My children's sensitivities taught me a lot about how we can unknowingly lose sovereignty over our bodies via consumer products.

The U.S. allows the use of more than 1,000 chemicals that are illegal in many other Western countries because of health concerns. More stunning yet, there is no law requiring American companies to publicly disclose all the chemical ingredients[5] in consumer products. No surprise that a study at the University of Washington found hundreds of undisclosed chemicals and volatile organic compounds (VOCs) known to be hazardous to health, toxic, and carcinogenic[6] (as stated by the Environmental Protection Agency (EPA)) in consumer products—think teenagers' Victoria's Secret creams, our Yankee candles, and the scented Christmas trees hanging from rearview mirrors.[7]

Many of these chemicals are endocrine disruptors—they act like hormones in the body and can wreak havoc on brain function, immunity, and mental health.[8] Often, the result is that we find ourselves diagnosed with anxiety or depression that we then try to medicate away with other chemicals. And since endocrine disruptors impact our hormones, they can also lead to reproductive issues.[9] With fertility issues being so widespread (12 to 15 percent of couples are unable to conceive),[10] it makes you wonder.

In fact, some toxic consumer products are inserted directly into an area of the woman's body that produces hormones, like condoms which contain an unregulated amount of toxic chemicals.[11] Speaking of condoms, when my boyfriend-now-husband visited my parents for the first time in France, we ran out of condoms. Yeah, well, you know. Anyway, we were out in a village grocery store in Normandy when I discreetly asked my mother where such things could be purchased. Shocked, Mother promptly stomped over to poor, embarrassed, proper, small-town Midwestern boyfriend and scolded him loudly: "How could you possibly come to France without a suitcase full of condoms?!"

Of course, it being France and all, there are condom vending machines on the street, which don't work (or perhaps, it being France and all, are out of stock), despite my mother's attempts to vandalize them. Defeated, we return to local shopkeeper for advice. Shopkeeper immediately gets on phone with other local shopkeepers to try and resolve condom situation. Soon, whole village is abuzz. Finally, he surreptitiously slips Mom a small package of his own stash with a whisper: "Don't tell my wife." The condom box is yellowed with time and looks like it possibly dates from the '70s. It has a cartoon of a large smiling condom running in place. And—though doubtless past their expiration date—possibly a lot less chemicals than the ones produced today. (Though the good news is that, once you know how to look for them, you can get nontoxic condoms!)

Chemicals are even found in the urine of newborn babies[12] from the flame retardants routinely used in their pajamas, stuffed animals, and car seats. As of January 2024, Johnson & Johnson agreed to pay $700 million dollars to settle the tens of thousands of cases resulting from their iconic baby powder. It purportedly contained asbestos, causing ovarian cancer and mesothelioma.[13]

The fascinating thing is that chemicals have become such a normal part of our life that they are cherished. Most people love the smell of fresh laundry and dryer sheets whose chemicals are associated with known allergens even when labeled "baby safe" and "free and gentle."[14]

A waiter once sprayed Windex to clean the counter my baby and I were eating at. Chemical warrior I had become, I quickly pulled the baby out of the way of the spray. Confused by my reaction, the waiter protested: "But it smells *clean!*"

It smells clean. See that? Our brain associates "smell of Windex chemicals" with "smells *clean.*" Chemicals = clean = good.

I'm not making this up. Psychology studies show that when you spray Windex in a room, study participants are more likely to share and play nice than make selfish choices. The hypothesis here is that the smell of Windex makes you think about cleanliness, so your actions also become more clean.[15] In sum, a spritz of Windex may come in handy once in a while when you're negotiating for a car or a raise, but over the long run, chemicals bind your physical and mental health by wreaking havoc on it.

Chemicals in Our Food

When my boys grew older, I became aware of the impact of food-based chemicals and sugar, not just on their eczema and intestines but—worse yet—on their mental health. At one birthday party, our then five-year-old had a piece of cake that morphed him into Frankenson, growling with uncontrollable rage, attacking his baby brother, and then screaming for two hours straight, managing to make even Husband, who, after 12 years in the Marine Corps can endure a fair amount, cry. Our son started apologizing. He himself couldn't understand why he was so angry. "It's not your fault," I whispered and held him tight in my arms as the food-induced stress ruthlessly coursed through his shaking little body. (I knew it was food-induced because I'd seen him react like this before.)

All nine current U.S.-approved food dyes pose toxicity risks, according to toxicology researchers.[16] While many of these are not allowed in Europe or only allowed with labeling that they "may have an adverse effect on activity and attention in children," they are widely used in the US, not just in candy and cereal but also unexpected items like ketchup.[17] Let's take, for example, the food color additive red dye No. 3, which is produced from petroleum. It has been banned from U.S. cosmetics since

1990, yet stunningly has *still been allowed* in popular U.S. foods like chewing gum and candy and icing as well as medicines and nutritional shakes.[18] After 20 consumer groups filed a report,[19] California recently banned its use.[20] It can produce behavioral changes in both animals and children[21]—a particularly alarming fact when you consider that 10 percent of U.S. children are diagnosed with attention deficit hyperactivity disorder (ADHD).[22] It is also associated with cancer in animals.[23]

I see many of my children's peers medicated for behavioral issues—5.5 million kids aged two through eight in the U.S., to be exact. (You read that right—starting at two!) The scientist in me wonders how many of them could go off their behavioral medication if their diets were chemical-free. Moreover, scientists say that because children are in the prime stage of their development, they are especially vulnerable to the effects of these chemicals.[24]

My heart breaks for the parents of children who believe there's something wrong with their child and possibly even medicate their child when it's potentially the chemicals that the kids eat that are causing the problem.

Even if you try to eat in a healthy way and don't just consume junk food and pizza for three weeks straight like my college dormmates (who ended up in the ER with scurvy), chances are you're still consuming copious amounts of chemicals unknowingly! Flavor enhancers, preservatives, colorings, emulsifiers, sweeteners, and more.

For example, ever wonder what those innocent-sounding "natural flavors" are that are in almost every packaged food? Turns out they can be made up of over 100 ingredients, including MSG and known carcinogens.[25] Regular food starts to taste boring in contrast to the excitement of "natural flavors"—which is why they are now so pervasive you can't even buy tea without them—and which is how you get bound: hooked on different foods and overeating. Even pet food is filled with them, making cats think the cornmeal they are eating is actually fish.

Parabens, preservatives known to cause cancer[26] are routinely found in medication—even for infants. A third of chocolate products test high for heavy metals[27] as does baby food[28] and pharmaceutical products.[29] The accumulation of heavy metals in the brain is associated with autism,[30] Parkinson's disease, Alzheimer's disease, Huntington's disease,[31] and more.[32]

There's so much more we could go into, like hormones in meat and dairy, pesticides, and I know this can get depressing so I'll stop here. That's not the point, because you can do your own research. My point is that, with knowledge and awareness, we can make sovereign choices.

It's critical to watch the messages coming our way—and the imprints they develop. After all, Big Agriculture spends upward of $150 million to influence our consumer choices.[33] The food industry pays influencers to promote their products on social media.[34] An energy drink marketed by a YouTube influencer to children— Prime—became really popular yet contains potentially dangerous levels of caffeine (six times the amount in Coke).[35] Caffeine products are marketed to children as young as four.[36] How many parents of toddlers and elementary school children who love soda realize their child's hyperactivity may be due to it? How many know that researchers recommend no caffeine for kids under 12 so as not to develop neurological, cardiac, and sleep problems?[37]

But aaaah! We so often just don't want to know! Life's complicated enough. Changing our lifestyle can seem impossible. Plus we have strong feelings about our food. After a healthcare professional told a colleague of mine that he might be allergic to dairy, he got so upset on the way home that he tripped, seriously injuring his leg, had to undergo surgery, and was unable to walk for three months. The idea of losing his milk literally took the legs out from under him. That's how strong our food attachments are.

We Don't Want to Take Responsibility

We would so much rather get an easy answer, a magic pill, instead of having to leave our comfort zone. Psychology research shows we tend to gravitate to the easier choices.[38] Yet one of the biggest ways we get bound is that we fall for the idea that we don't need to take responsibility if we can just find the right pill. As I'm writing this, there's a huge trend for weight-loss shots.

Why go to the trouble of getting on a healthy diet and exercise regimen if you can just get a shot?

And that's how we get bound, because reaching for the easy answer could cost us a lot—as it did for JT and the multitude of prescriptions he was handed instead of receiving recommendations to change his lifestyle. And of course, it's not entirely our fault that we think this way. Big Pharma spends $30 billion[39] a year on marketing and spends upwards of $250 million on lobbying Congress.[40] Drugs are a big and growing business after all: in 1980 nationwide spending on prescription drugs accounted for $12 billion, in 2000 $122 billion, and in 2021 $378 billion.[41]

Viola suffered from a kidney disease. After having a severe reaction to medications that sent her to the hospital and almost took her life, she looked into alternate ways to support her kidneys. She shifted to a plant-based low-protein diet and kidney-friendly foods.[42] Her cysts became smaller, and her pain disappeared. X-rays showed more improvement via her diet than ever before.

A few years ago, I met a fellow researcher at Yale Medical School who studies Viola's exact disease. I was eager to ask her what she knew about diet for the disease, having heard firsthand how much it helped Viola. Here's what she answered: "Researchers used to study diet a few decades ago, but we don't do that anymore because all our funding comes from pharmaceutical companies." Pharmaceutical companies are subsidizing medical schools,[43] directly impacting how future physicians are trained and what is researched. See that? No one stands to profit from Viola helping herself and being sovereign—only Viola stands to profit from that.

Not only does Big Pharma subsidize much of the research conducted in medical schools, it often jointly researches it[44]—a clear conflict of interest—and, worse yet, ghostwrites the results.[45] In the disturbing words of a review article on the subject, it's no wonder that "systematic bias favors products which are made by the company funding the research."[46]

I'm not saying that pills aren't often a freaking godsend. Thinking I could get away with just Tylenol after a surgeon cut my stomach open for gallbladder surgery instead of the much stronger pain meds she recommended was by far the least brilliant idea I ever had—it's up there with the time I flew into Lhasa, Tibet (12,000 feet of elevation), from Shanghai (0 elevation) without altitude sickness medication and had more than a few hard yaks in the land of yaks. My point is that relying only on pills and disregarding prevention—that isn't sovereignty.

I see a similar trend in mental health. We receive lots of information and advertisements about medical treatments for our mental health but little if any about the easy, low-cost, or free things research shows can improve our well-being without side effects or dependence. (Many of which I'm sharing throughout the book.) Many people financially benefit from you binding your body; *you* benefit from taking responsibility for it and being sovereign.

SOVEREIGN BODY

A sovereign relationship with our bodies is one that deeply respects the body. It takes awareness and that other sovereign skill: courage. But it's worth it.

So how do you become sovereign in body? Exercise and rest are obviously a given and something you've undoubtedly heard about a lot.

Eat Plant-Forward

Research is substantiating the saying attributed to Hippocrates: "Let thy food be thy medicine." In particular, it's a really good idea to be plant-forward. A plant-forward diet is a diet that doesn't restrict you from eating any foods but heavily emphasizes plants: fruits and vegetables.

Researchers at the University of Warwick tracked more than 12,000 randomly chosen individuals and discovered that people who go from a diet containing no fruit and vegetables to incorporating up to eight portions per day experienced an improvement in mood and life satisfaction "equivalent to moving from unemployment to employment."[47] The scientists, even after taking into consideration other happiness-inducing events such as income increases or new romantic relationships, discovered that happiness continued to increase incrementally for each additional daily portion of fruits and veggies, up to a maximum of eight.

Similarly, Drs. Tamlin Conner and Caroline Horwath of the University of Otago asked people to record their food consumption and mood and discovered that the more fruit and vegetables someone eats, the happier they are that day and the next.[48] Eating more fruits and vegetables is associated with a lower risk of psychological distress.[49] We know fruits and vegetables are essential for physical health, but they're also the mental health hack we've probably never heard of. This is a sovereignty tip you're not likely to hear from your psychiatrist—yet! Researchers are pushing for diet to be considered in psychiatry[50] because studies are showing that healthier diets benefit ailments like depression,[51] possibly because these diets' high-nutrient value help prevent deficiencies linked to mental health problems.

You might think, well, maybe people who are happier tend to eat more fruit so maybe these subjects were happy to begin with. To test that theory, Conner's group ran a follow-up study in which they divided people into different groups. Only one received extra fruit and vegetables to consume and only that group showed improved psychological well-being.[52]

These are not just one-off studies. A meta-analysis (a research paper that compiles many studies) of diet interventions for mental health found that "high total intake of fruits and vegetables, and some of their specific subgroups including berries, citrus, and green leafy vegetables, may promote higher levels of optimism and self-efficacy, as well as reduce the level of psychological distress [. . .] and protect against depressive symptoms."[53] Another meta-analysis looking specifically at young adults showed that a higher intake of fruit in particular appears to be preventative for depression.[54] On the flip side, unhealthy dietary patterns were associated with poorer mental health in children and adolescents.[55]

It's not just well-being that is improved but also cognitive function.[56] Several studies show that eating more fruits and vegetables could delay or prevent age-related cognitive decline. One study even showed that people consuming high amounts of fruit and vegetables end up performing better on cognitive tasks than healthy adults consuming low amounts of fruit and vegetables.[57] (If you think of the food deserts—areas with limited access to affordable and nutritious food—in many low-income communities, people are bound by the circumstances of their environment—trapped in a situation where the only food choices they have are processed with low to no access to fresh fruit and vegetables.)

No wonder high-performing athletes who continue their profession into their 40s find that avoiding unhealthy foods, chemicals, caffeine, alcohol, and excess animal products can help them continue to thrive despite their age. Tom Brady is arguably the most famous face in American football. He was the oldest NFL MVP at 40, the oldest Super Bowl MVP at 43, and the oldest quarterback selected to the Pro Bowl at 44.[58] He adheres to a strict regimen of nine hours of sleep, lots of water, and an 80 percent plant-forward diet free of dairy, sugar, gluten, refined carbohydrates, caffeine, genetically modified food like corn and soy, MSG, trans fats, overly processed foods, and processed meats.[59] Many top athletes also avoid meat, including *Sports Illustrated* Olympian of the Century Carl Lewis, top ultramarathon runner Scott Jurek, tennis legend Chris Evert, football star Ricky Williams, baseball slugger Prince Fielder, boxing champion Keith Holmes, and NBA standouts Raja Bell and Salim Stoudamire.[60]

These lifestyle choices are controversial and even triggering—think of my colleague with the broken knee. That's where courage comes in. Sometimes sovereignty means stretching your comfort zone.

If you're wondering how much fruit and vegetables you should be eating, the studies above and others recommend eight servings daily.[61]

When we find sovereignty to change our food and eat clean low-chemical, plant-forward diets, we often see that this happily leads to better farming or fishing practices that are gentle on the earth. It can feel positive and empowering to know that when you recapture sovereignty for your body by changing what you put into it, you're also becoming part of a growing movement to protect the future of our children, save biodiversity, and ensure healthy ecosystems can thrive for generations to come.[62]

Detox

Develop sovereignty over your consumer choices. This has become easier as more and more people become aware of the effects of chemicals on their health. The Environmental Working Group is a bipartisan nonprofit that offers useful information on consumer choices that are aligned with both human health and planetary health. Startup companies and even established brands are starting to develop cleaner products with fewer and less toxic ingredients. More consumers are waking up and demanding less toxic products. They're voting with their dollars and that's why you now see so many brands assuring customers that they are phthalate-free and BPA-free. You can buy toys and clothes made of organic materials like cotton, wool, and silk. Some car seat manufacturers are even using naturally flame-retardant textiles like wool, for example.

After seeing the effects of chemicals on my childrens' mental and physical health, I had to do a lifestyle overhaul. I ended up moisturizing baby two's sensitive butt with coconut oil, feeding my kids mostly plant-forward whole foods (which can be done on a budget by ordering organic food that doesn't look perfect, joining a food co-op, growing a garden, or using a shared garden), and cleaning the house with vinegar and baking soda (the former being Husband's least favorite smell in the world unless it's on a caprese salad). They are cheap, nontoxic, and effective. We're done with eczema and food-based meltdowns, but Husband leaves the house on cleaning days and happily eats out whenever he gets a chance.

It can feel like an overwhelming task when we (and our children) are used to the flavor-enhanced high-sugar treats out there—after all, some researchers have even claimed that sugar has similarly addictive properties as cocaine[63] that manifest as attention deficit disorder. But the good news is that many companies are expressly not using chemicals or refined sugars in tasty snacks and ready-made foods. There's a lot more to choose from now than there was 10 years ago.

I am not going to lie—even for my own family, it was work to change our routine. But when I am healthier and happier and my boys are healthy and feeling good, we all win. Sovereignty is making choices aligned with what is right for you.

Some people think these kinds of clean food and lifestyle choices are extreme and even offensive because it calls into question their own choices, and I get it. It's more effort to live like this in our society, and making changes is hard. So start small to make it manageable.

As with everything, no need to go overboard. It's easy to become obsessive. Take the story of my uncle who had a thing about backside hygiene. While traveling and deprived of his home bidet, he decided to wash his behind in the hotel sink. By sitting in it. Never mind that he weighed 240 pounds. Well, the sink broke away from the wall, and, as it did so, took the whole wall with it, leaving him butt naked in a sink on the floor, framed by fountains of water from the broken pipes. It's better not to take things too far (although it can make for an unforgettable vacation).

Balance

Instead, stay balanced in all things. Take our stressful lifestyles, for example. We value productivity so much, we forget the value of restoring ourselves. Question the belief that you need stress to be productive because it flies in the face of the data. You think you're getting things done better and faster, but you're actually on the superhighway to system failure. Thus the afternoon crash and, over time, the chronic fatigue and burnout. No professional athlete would dream of being in go-go-go mode all the time without periods of restoration—that would incur injury! But the rest of us do.

Here's a flashback to 10 years ago pre-kids. I had thrown my body out of whack with too many years of stress and strain, ignoring its need for proper rest and failing to take proper care of it. Husband (then fiancé), by default of being in the military, ate extreme stress for breakfast. Consequently, we were way out of balance.

Given that my biological clock was ticking and fiancé was about to deploy for an entire year, we defied his religious beliefs and started "trying" for a baby pre-wedding. When I still wasn't pregnant on our nuptials, my type-A-go-getter-won't-take-no-for-an-answer side hunted for a solution pronto. My sister-in-law had gotten pregnant thanks to acupuncture, so I found an acupuncturist who Yelp said was getting everyone in SoCal pregnant.

Picture the scene: Acupuncturist's waiting room is plastered with pictures of grateful fertile adults with the offspring the acupuncturist undoubtedly helped them produce. Needled up, I ask acupuncturist if he does dudes too. No, only the rare case of overheated testicles (sperm suffer from heatstroke too, you know). Given Husband trains in the hot California desert for weeks on end, I take zero chances and drag him to see acupuncturist.

During his session, Husband lies there stiffly, getting progressively paler—especially when acupuncturist tests Husband's testicular temperature by lifting Husband's family jewels with two bare fingers to plop a thermometer underneath. Turns out that, in addition to my unbalanced hormones, my desert-training Marine, who remains dead silent and refuses to look at me for the entire session, has the rare case of hot balls! To address this fertility fiasco and to Husband's continued horror, acupuncturist places needles in Husband's groin and—why stop there?—runs electricity through them.

A few months later, I got to send a positive pregnancy result to deployed Husband and of course add another glowing review to acupuncturist's Yelp page.

If you're anything like Husband, you associate "natural" solutions with crunchy granola yoga retreats or dance-around-the-fire-in-the-moonlight witchcraft. But that's throwing the baby away with the bathwater. Having worked as a research scientist in medical schools at Stanford and Yale for most of my career, I have a deep respect for medicine. But one thing to note is that it tends to focus on medical interventions *after* a health problem has arisen. Traditional forms of medicine (e.g., Chinese medicine) seeks to create balance in the body and prevent problems from arising in the first place while helping to manage chronic health-care problems.

Many well-known healthcare facilities like Mayo Clinic and Duke University Medical Center now offer integrative medicine, which Mayo defines as "an approach to health care that includes practices not traditionally part of conventional medicine, such as acupuncture, massage, yoga, dietary supplements, wellness coaching, and meditation. In many situations, as evidence of their effectiveness and safety grows, these therapies are used with conventional medicine."[64]

When I had postpartum anxiety, I went to visit an integrative neurologist also trained in Ayurveda—traditional Indian medicine that has been around for thousands of years. She recommended self-massages with specific oils for my physiological makeup. From a Western perspective, we would consider giving yourself oil massages simply "hydrating the skin." How could it possibly benefit my mental health and aid my sleep? And yet it made such a difference that I still use this practice when I need to. It's easy, cheap, and can be self-administered without side effects. Most importantly, it gave me sovereignty over my postpartum mental health.

Just because there is no extensive research on it doesn't mean it's ineffective—it just means it hasn't been studied yet.

Nature

One of the best-kept secrets to having a sovereign body, is aligning it with nature. We treat nature like it's an external thing—a nice thing to go into occasionally. Maybe a hike or a few days of camping. While Indigenous traditions have long honored nature, we often tend to destroy it. But as we split from nature, we inevitably split from ourselves.

Because we forget that we are a product of nature. We were born somewhere around seven pounds and all the weight we have accumulated since then is from food and water stemming from nature. We are part and parcel of nature. Isn't it *wild*, then, that we don't work toward self-preservation?

That's probably why we benefit so much from listening to its laws: resting, exercising, and nourishing ourselves according to our circadian rhythm and physiological needs.

Exposure to nature is also a powerful way to cultivate physical, mental, and emotional sovereignty, though it is not discussed enough because nature has no marketing agents being paid to promote it like products on shelves do.

Research on more than 400,000 people showed that for every extra hour you spend outdoors during the day, you're more likely to be happier and less likely to have depression or use antidepressants. You're less tired and have less insomnia because your circadian rhythm is more balanced.[65] Another study on 16,000 urban dwellers found that visiting natural spaces (parks, lakes, etc.) three to four times a week was linked to 33 percent lower odds of being on psychiatric medication.[66] Yet Richard Louv, author of *Last Child in the Woods* (the haunting title says it all), explains that many people suffer from "nature deficit disorder."

There are too many studies on nature's health benefits to mention. Here are just a few examples:

- Natural light helps you regulate your circadian rhythm[67] and improves your emotional well-being[68]

- Seeing or hearing birds improves your mental health for hours after the encounter, even when you have drug-resistant depression.[69] Just hearing an audio recording of birdsong can alleviate anxiety, depression, and paranoia.[70]

- A "nature pill" of 20 minutes of exposure to anything that makes you feel connected to nature is sufficient to reduce levels of the stress hormone cortisol.[71] Ten minutes is the minimal dose[72] and the recommended dose per week is two hours for greater physical health and well-being.[73]

- Researchers in Finland recommend five hours in nature per month to reduce depression, alcoholism, and suicide[74]

- South Korea uses nature therapy for firefighters with post-traumatic stress[75]

- U.S. and Canadian physicians can prescribe nature therapy to help with mental and physical health[76]

Nature is even good for:

- Social health: Spending time in nature improves self-esteem in children[77] and cooperation in adults

- Brain function: Nature sounds (as opposed to urban sounds) also improves cognitive function like attention,[78] memory,[79] and creativity[80]

- Physical health: Nature protects against diseases, including depression, diabetes, obesity, ADHD, cardiovascular disease, cancer, and many more,[81] possibly via strengthening our immune system[82]

No matter how far you live from a natural environment, there is always a plant you can have on a desk and a tree you can notice down your road. There's a lunch break you can take outside, a call you can take on a walk around the block, and an evening stroll you can take when the day is done. And research shows that every single exposure to nature—even if it's a screensaver[83]—has a benefit for your mental health and well-being.

***

Are you willing to honor your self so much (as discussed in Chapter 2), that you're willing to take responsibility for your body?

Are you willing to experience your feelings (as discussed in Chapter 3) instead of physically abusing your body with addictive habits?

Are you willing to let go of imprints (as discussed in Chapter 4) that make you treat your body like an enemy instead of the loyal friend it is?

Are you willing to have a positively energizing relationship (as discussed in Chapter 5) with your body to benefit your physical and mental health?

Are you willing to go with your intuition (Chapter 6) to take care of your body in the way that it needs even if it goes against the grain or doesn't make sense to others?

If so, you will have a sovereign relationship with your body.

Your body is the only home you'll have for life. Honoring its needs makes sense. Why not resolve, once and for all, to take care of the shell in which you dwell?

Our body is the ground of our existence. It's our basis. Our root. Our very foundation. Stabilize it. Optimize it. Don't give it away. Don't betray it. It's working so hard to keep you alive.

Fall in love with this vehicle, this exquisitely fine-tuned instrument that houses you. Loyal, loving, and keeping you alive despite everything. It is your home for life. The means by which you perceive the world, interact with it, and enjoy it. It is completely devoted to you. Make it a good relationship filled with gratitude, care, and respect.

SIDE EFFECTS OF HAVING A SOVEREIGN BODY ⚠

Improved mental and physical health: By reducing toxicity in your life and increasing health-promoting lifestyle habits, you will see an improvement in both your mood and your physical health.

Less stress: As you start to respect your body's need for rest and balance, you'll find your stress will decrease significantly.

Choosiness: You'll become picky, picky, picky with food and consumer products, but you'll feel better for it. It might be a little more complicated than usual to go out to eat or to shop for things, but it's worth it. If you don't look out for you and your loved ones, who will?

Nature love: You'll develop a greater appreciation for plants, trees, parks, and natural environments.

SOVEREIGN BODY TOOL KIT

**Relate to your body as your best friend,
because that's what it is.**

Sovereignty is learning to love your body, learning to care for it, learning to listen to it, and learning to live in harmony with its natural needs because you are so grateful to it. It gave you life! Your relationship with your body can be a deeply respectful, mutually beneficial relationship. Prioritize resting it well whenever possible, eating well whenever possible, and hydrating and exercising it well. Connect with nature whenever you can. This requires that sovereign skill: awareness. Listen for your body's needs; tune in to when you need to rest, exercise, eat better, hydrate, and spend time outside.

Get off the stress bandwagon.

There are many unavoidable stressors in life. But don't pile on more by believing you need to be in go-go-go mode all the time. Quit overcaffeinating, overcommitting, overdoing. Remember that's just the highway to burnout.

Even if you think you have no ability to make restorative choices for yourself, consider what you do during the times you are home. You may have an extremely busy schedule, but presumably you have at least an hour or 30 minutes to yourself a day. Consider what you're choosing to do during that time. Watching shows? Social media? Scrolling? Are these activities regenerating your energy and calming you down or evoking stress and exhaustion? Consider reframing your choices around this idea. *In the few minutes I have to myself, will this activity fill my tank or empty it?*

So what if, because you did something restorative, you didn't get things done. Or you got them done imperfectly. Or you only got one teeny thing done. So what? You didn't come undone. You were happy.

Check in with yourself regularly.

I have learned to use my free time as wisely as I can. I will first check in with my energy levels, if I'm depleted, I'll go for something restorative: meditation, taking a bath, napping, reading, listening to something funny or uplifting or wise, or speaking to a friend or family member. When I'm feeling energized, my cup is full, so I'll do work, reach out to someone I know who needs a little support, do something creative like write an article that might help some readers, or bake something for my family.

Low-toxicity lifestyle.

Consider making small changes to reduce your consumption of chemicals via lifestyle products and food. This can either feel overwhelming (there's so much to take on!) or empowering (I am cleaning up my life!). Taking small incremental steps will make this more manageable. Don't tackle it all at once. I've sprinkled some tips throughout this chapter, but there is so much more to learn and valuable content you can read on websites like those of the Environmental Working Group (ewg.org).

Eat plant-forward.

You know by now how much I like to experiment. I have a show-me attitude about things and encourage you to do the same. Be a skeptical scientist: Don't believe it 'til you see it. Try to include more fruits and vegetables in your diet for a few weeks and monitor your well-being in the process. Find fun ways to do so, whether via smoothies, fruit bars or fresh juices, or new recipes.

Be in nature.

Spend more time in nature, go out for a hike, or a walk in a park. If you can't do that, bring nature into your home with plants and pictures or even screen savers of nature. Knowing that 20 minutes a day in nature reduces your stress levels, make that your daily goal with a weekly goal of a total of at least 2 hours a week.

Reflect on these questions.

Do you honor and care for your body the way you would a child or pet you are taking care of? If not, what would it look like, if you did?

For additional tools and ideas, visit my website at www.iamsov.com.

The Rhythm

The first sound,
You ever heard,
Inside your mother's
Womb,
Was a rhythm,
A cadence,
A constant
Throbbing
Beat:
Her heart.

At the core of Mother Nature
    Is a rhythm,
A cadence,
A constant
Throbbing
Beat:
Her Heart.

Seasons shifting,
Moon ebbing,
Tides flowing,
Wind blowing,
Plants growing.

Light and dark,
Cold and warm,
Wet and dry,
Day and night.

Billions of
Footsteps pounding,
Vessels pumping,
Insects humming,
Raindrops plummeting.

Billions of
Beings breathing their first.
Billions of
Beings breathing their last.

A constant
Everlasting Rhythmic Sway.
Creating Equilibrium.
Perfect Equilibrium.

This Rhythm In Nature
That all
Respect.
To which all Abide.
All,
That is,
Except Humans.

How have we walked so far
    From Nature's womb
That we have
Fallen
Out of her Rhythm
To the point
Of no longer hearing it
At all.

In this moment,
Inside your own chest
Feel the rhythm of
Your own heart
Loving you
Every second
Into life.

Honor your body
Honor your life.
Get back into the Rhythm.
Dance.

PARTING NOTE

This book came to me as a current. A current of energy and insight. It compelled me to write this book. I felt it long before I put pen to page.

And I hope you too have felt it. A current of energy, of delight, of truth, of boldness, and of profound awareness. Perhaps it felt like a remembering. Because somewhere, deep down, you've always known that you are sovereign. You were born sovereign.

This book is an invitation. An invitation to come home to yourself. And as you honor yourself more and more, you will find you also honor others and the planet as a whole—because you realize we are all connected, not separate.

Besides, sovereignty is profoundly natural. Isn't it only natural to have a life-supportive relationship with yourself? To let emotions flow? To clear your mind? To uplift yourself and others? To listen to your gut? And to honor your body? It's common sense.

Sovereignty introduces greater ease to your life, clarity to your mind, and peace to your heart. As you live in greater alignment with yourself, you feel energized, integrated, whole, healed, and complete.

But sovereignty is more than that. Sovereignty puts you in touch with your potential. The full-blown field of possibility that is YOU.

What will you choose to do with this potential?

You have the option—if you choose—to be of great service to the world and to deeply benefit others by offering your unique gifts: your wisdom, your skill set, your knowledge, your personality, your values, your humor, and so much more.

Having looked at the research on happiness and fulfillment over the last 20 years, here is my summary in one sentence: the people who are the happiest and live the healthiest and longest lives are those whose lives are characterized by compassion for others balanced with compassion for themselves.

Millions of people can love you and that can be nice, but the greatest fulfillment you'll feel is in the act of loving. The love so many of us seek is the love that already exists inside of us—waiting to be deployed. The most profound experience of love is the one you feel in your own heart for others and for yourself.

Research shows that even small acts of kindness have ripple effects that impact three degrees of separation away from us. You offering a kind word to the person at the cash register of your local supermarket will ripple out in a cascade reaction of kindness to that woman's son's teacher. The impact one person can have is unfathomable. Your potential is immense.

And don't forget that, by being sovereign, you are modeling sovereignty for other people. You are showing them that they, too, have the option of living with freedom. Your very life becomes an act of service.

Of course, there will be days when you won't feel sovereign, when you will feel tired, and stressed, and anxious, and may even feel downright sorry for yourself or mind-blowingly angry. Totally bound and tied up in knots.

But the fact of the matter is, no matter how upset you get, there will still be a part of you that's sovereign.

Because even then, the awareness you've developed will be quietly observing the scene, waiting for you to come back to center, which you will—it might take a nap or a meal or a month, but you will. Because once you are aware—and you are now after reading this book—you will never be asleep again. You've woken up.

Sovereignty is a journey you have begun and an adventure that you will continue. If you meditate or engage in other habits that cultivate sovereignty, such as the ones I've described throughout this book, the current of sovereignty will continue to grow and enliven within you and your awareness will continue to strengthen and expand.

I encourage you to revisit and dive into the takeaways at the end of each chapter again and again.

And so I now raise my glass to YOU, my dear (full of some sort of nonalcoholic, uncaffeinated, healthy sovereignty-inducing beverage, no doubt).

To your freedom, to your happiness, to your fullest potential, to the gift that you are to this world. Remember it always. Remember your song. Sing yourself home.

May you be sovereign.

Love,
Emma

Remember Your Majesty

You are so much more powerful
Than you think,
Than you know,
Than you ever dreamed.
But confined inside a box of
   limited
Identities
Fears
Rules and regulations
Should and should nots
Beliefs
You have made yourself
   small.
And in your smallness
You have forgotten.
Plain forgotten.
Like the elephant
Who was once tied to a peg
As a baby
And still thinks
As an adult
That that wimpy peg
Is sufficient to keep him
Bound.
Laughable, really.
A multi-ton
Elephant
Bound
By
A teeny-weeny
Peg.

That's us too.
Forgotten.
Our multi-ton
Potential
And strength.
Mightiness
And
Majesty.
Do not ever
Forget
Again
The power
In your loins
In your veins
In your guts.
We need you
As you
Fierce
Warrior
Creator
Lover
You.
We need you
To sing us
Your song.
Sing
It to us.
Sing.

RESOURCES

The journey of sovereignty is rich, and there are many things you can do to support yourself in the process. There is, in fact, more than I could fit in the chapters' tool kits. So, if you want to dive deeper, I offer you some resources:

- A website where you can find additional tools to help you on your journey—videos, audio recordings, graphics, exercises, a newsletter, and more. Go to iamsov.com or scan the QR code on this page to take you there.

- Social media platforms where I aim to post only sovereignty-supportive material, and—in the spirit of sovereignty—not too much of it!

  Instagram: @thehappinesstrack

  Facebook: facebook.com/emma.seppala

  LinkedIn: linkedin.com/in/emmaseppala

  X: twitter.com/emmaseppala

ENDNOTES

Chapter 1

1. Nasreen Sheikh, n.d., https://www.nasreensheikh.org/.

2. Julie Piering, "Diogenes of Sinope," *The Philosophers' Magazine*, accessed December 28, 2003, https://archive.philosophersmag.com/diogenes-of -sinope/.

3. Richard Stoneman, *Legends of Alexander the Great* (London: I.B. Tauris, 2011), 43–47.

4. "Stepping or Step Dancing, A Story," African American Registry, accessed December 28, 2023, https://aaregistry.org/story/stepping-or-step-dancing -a-brief-story/.

5. Heather Longley, "Step Afrika's C. Brian Williams Discusses a Rebellion's Role in the History of Percussive Dance," Center for the Performing Arts at Penn State, Penn State College of Arts and Architecture, accessed December 28, 2023, https://cpa.psu.edu/features/williams-discusses-rebellion's-role -percussive-dance.

6. Alvin Powell, "Pandemic Pushes Mental Health to the Breaking Point," *Harvard Gazette*, January 27, 2021, https://news.harvard.edu/gazette/story /2021/01/pandemic-pushing-people-to-the-breaking-point-say-experts/.

7. Adam Grant, "There's a Name for the Blah You're Feeling: It's Called Lan-guishing," *The New York Times*, April 19, 2021, https://www.nytimes .com/2021/04/19/well/mind/covid-mental-health-languishing.html.

8. "Hybrid Work Is Just Work: Are We Doing It Wrong?" Work Trend Index Special Report, September 22, 2022, accessed December 28, 2023, https:// www.microsoft.com/en-us/worklab/work-trend-index/hybrid-work-is-just -work?wt.mc_id=AID_M365Worklab_Corp_HQ_Charter.; "Winter Snapshot 2022/2023," Future Forum Pulse, February 15, 2023, https://futureforum .com/research/future-forum-pulse-winter-2022-2023-snapshot/.; "Cigna Healthcare Vitality Study 2023," Cigna Global, October 2023, https://www .cignaglobal.com/blog/thought-leadership/cigna-healthcare-vitality-study -2023#How.

9. Jim Harter, "U.S. Employee Engagement Drops for First Year in a Decade," Gallup Workplace, January 7, 2022, https://www.gallup.com/workplace /388481/employee-engagement-drops-first-year-decade.aspx; Jim Harter, "U.S. Employee Engagement Needs a Rebound in 2023," Gallup Workplace, January 25, 2023, https://www.gallup.com/workplace/468233/employee -engagement-needs-rebound-2023.aspx.

10. "Anxiety Disorders - Facts & Statistics," Anxiety and Depression Association of America, accessed September 7, 2023, https://adaa.org/understanding-anxiety/facts-statistics.; "Mental Health by the Numbers," National Alliance on Mental Illness, accessed January 18, 2023, https://nami.org/mhstats.; Covid-19 Mental Disorders Collaborators, "Global Prevalence and Burden of Depressive and Anxiety Disorders in 204 Countries and Territories in 2020 Due to the Covid-19 Pandemic," *The Lancet*, October 8, 2021, accessed January, 24, 2023, https://www.thelancet.com/journals/lancet/article/PIIS0140-6736(21)02143-7/fulltext.; "Quick Facts and Statistics about Mental Health," Mental Health America, Accessed January 18, 2023, https://mhanational.org/mentalhealthfacts.; "Workplace Benefits Trends: Employee Well-Being and Mental Health," Aflac WorkForces Report 2022-2023, Aflac, https://www.aflac.com/docs/awr/pdf/2022-trends-and-topics/2022-aflac-awr-employee-well-being-and-mental-health.pdf.

Chapter 2

1. Rob Knight, "Eight in 10 Young Adults Feel They Are Not Good Enough, Poll Claims," *The Independent*, Home News section November 1, 2019, https://www.independent.co.uk/news/uk/home-news/millennials-mental-health-love-young-adults-social-media-poll-alpro-a9181296.html.

2. R.F. Baumeister et al., "Bad is Stronger Than Good," *Review of General Psychology*, 5 no.4 (December 2001): 323–370, https://doi.org/10.1037/1089-2680.5.4.323.

3. Larry Stevens, and C. Chad Woodruff, *The Neuroscience of Empathy, Compassion, and Self-Compassion* (Cambridge, MA, 2018).

4. Ricks Warren, Elke Smeets, and Kristin Neff, "Self-Criticism and Self-Compassion: Risk and Resilience: Being Compassionate to Oneself Is Associated with Emotional Resilience and Psychological Well-Being," *Current Psychiatry* 15, no. 12 (December 2016), link.gale.com/apps/doc/A474714850/AONE?u=anon~25cfd642&sid=googleScholar&xid=059a891c.; S. J. Blatt et al., "Dependency and Self-Criticism: Psychological Dimensions of Depression," *Journal of Consulting and Clinical Psychology* 50 (1982): 113–124.; Blatt, "Representational Structures in Psychopathology," in D. Cicchetti & S. Toth (Eds.), *Rochester Symposium on Developmental Psychopathology: Emotion, Cognition, and Representation* 6 (Rochester: University of Rochester Press, 1995): 1–34.

5. Amy Cantazaro and Meifen Wei, "Adult Attachment, Dependence, Self-Criticism, and Depressive Symptoms: A Test of a Mediational Model," *Journal of Personality* 78, no. 4 (2010): 1135–1162, https://doi.org/10.1111/j.1467-6494.2010.00645.; Paul Gilbert and Jeremy N.V. Miles, "Sensitivity to Social Put-Down: It's Relationship to Perceptions of Social Rank, Shame, Social Anxiety, Depression, Anger and Self-Other Blame," *Personality and Individual Differences* 29, no. 4 (2000): 757–774, https://doi.org/10.1016/S0191-8869(99)00230-5.; Norman Fazaa and Stewart Page, "Personality Style and Impulsivity as Determinants of Suicidal Subgroups," *Archives of Suicide Research* 13, no. 1 (January 2, 2009): 31–45, https://doi.org/10.1080/13811110802572122.

6. Brenna M. Williams and Cheri A. Levinson, "A Model of Self-Criticism as a Transdiagnostic Mechanism of Eating Disorder Comorbidity: A Review," *New Ideas in Psychology* 66, (August 2022): 100949, https://doi.org/10.1016/j.newideapsych.2022.100949.; Alexandra V. Rose and Katharine A. Rimes, "Self-Criticism Self-Report Measures: Systematic Review," *Psychology and Psychotherapy* 91, vol. 4 (January 18, 2018): 450–489, https://doi.org/10.1111/papt.12171.; Ruth McIntyre, Patrick Smith, and Katharine

Rimes, "The Role of Self-Criticism in Common Mental Health Difficulties in Students: A Systematic Review of Prospective Studies," *Mental Health & Prevention*, (June 1, 2018): 13–27, https://doi.org/10.1016/j.mhp.2018.02.003.; David M. Dunkley and Carlos M. Grilo, "Self-Criticism, Low Self-Esteem, Depressive Symptoms, and Over-Evaluation of Shape and Weight in Binge Eating Disorder Patients," *Behaviour Research and Therapy* 45, no. 1 (January 2007): 139–149, https://doi.org/10.1016/j.brat.2006.01.017.

7. Marc Brackett, *Permission to Feel: Unlocking the Power of Emotions to Help Our Kids, Ourselves, and Our Society Thrive* (New York: Celadon Books, 2019), 214.

8. Roy F. Baumeister and Mark R. Leary, "The Need to Belong: Desire for Interpersonal Attachments as a Fundamental Human Motivation." *Psychological Bulletin* 1117, no. 3 (May 1995): 497–529. PMID: 7777651.

9. Naomi I. Eisenberger, "The Neural Bases of Social Pain: Evidence for Shared Representations with Physical Pain," *Psychosomatic Medicine* 74, no. 2 (Feb–Mar 2012): 126–135, https://doi.org/10.1097/psy.0b013e3182464dd1.

10. Baumeister, "The need to belong." *Psychological Bulletin*.

11. Julianne Holt-Lunstad, Timothy B. Smith, and J. Bradley Layton, "Social Relationships and Mortality Risk: A Meta-Analytic Review," *PLoS Medicine* 7, no. 7 (July 27, 2010), https://doi.org/10.1371/journal.pmed.1000316.

12. Sarah D. Pressman et al., "Loneliness, Social Network Size, and Immune Response to Influenza Vaccination in College Freshmen," *Health Psychology* 24, no. 3 (May 2005): 297–306, https://doi.org/10.1037/0278-6133.24.3.297.

13. Holt-Lunstad, "Social Relationships and Mortality Risk: A Meta-Analytic Review," *PLoS Medicine*.

14. Baumeister, "The need to belong." *Psychological Bulletin*.

15. Louise C. Hawkley and John T. Cacioppo, "Loneliness Matters: A Theoretical and Empirical Review of Consequences and Mechanisms," *Annals of Behavioral Medicine* 40, no. 2 (October 2010): 218–227, https://doi.org/10.1007/s12160-010-9210-8.

16. Anne Fernald, "Intonation and Communicative Intent in Mothers' Speech to Infants: Is the Melody the Message?" *Child Development* 60, (1989): 1497–1510, https://doi.org/10.2307/1130938.

17. Clara Dollar, "My So-Called (Instagram) Life," *The New York Times*, May 5, 2017, New York edition, Modern Love section, https://www.nytimes.com/2017/05/05/style/modern-love-my-so-called-instagram-life.html.

18. Erica J. Boothby et al., "The Liking Gap in Conversations: Do People Like Us More Than We Think?" *Psychological Science* 29, no. 11 (Nov 2018): 1742–1756, https://doi.org/10.1177/0956797618783714.; M. D. Lieberman and R. Rosenthal, "Why Introverts Can't Always Tell Who Likes Them: Multitasking and Nonverbal Decoding," *Journal of Personality and Social Psychology* 80, no. 2 (February 2001): 294–310, https://doi.org/10.1037/0022-3514.80.2.294.

19. Kristin Neff, *Self-Compassion: The Proven Power of Being Kind to Yourself* (New York: William Morrow, 2015).

20. "Psychologist: Asking Yourself 'What Do I Need' is an Act of Kindness," Full Circle with Anderson Cooper (video), https://www.cnn.com/videos/us/2021/08/09/psychologist-chris-germer-self-compassion-acfc-full-episode-vpx.cnn.

21. Timothy D. Wilson et al., "Just Think: The Challenges of the Disengaged Mind," *Science* 345, no. 6192 (July 4, 2014): 75–77, https://www.science.org/doi/10.1126/science.1250830.

22. Kristin D. Neff, Stephanie S. Rude, and Kristin L. Kirkpatrick, "An Examination of Self-Compassion in Relation to Positive Psychological Functioning and Personality Traits," *Journal of Research in Personality 41*, no. 4, (August 2007): 908–916, https://doi.org/10.1016/j.jrp.2006.08.002.

23. Eric Hernandez, "The Modern Native American Story," TEDxUCIrvine, TEDx Talks, YouTube, https://youtu.be/XuPxhromP3w?si=_-q5OwNP9qwqf-MJ.

24. Audre Lorde, *A Burst of Light and Other Essays* (Calabasas, CA: Ixia Press, 2017), 130.

25. Quoted in Francesca Rice, "Maya Angelou: An Extraordinarily Wise Woman," *Marie Claire*, April 4, 2014, https://www.marieclaire.co.uk/entertainment /people/maya-angelou-an-extraordinarily-wise-woman-84132.

26. Emily B. Reilly and Corri L. Stuyvenberg, "A Meta-Analysis of Loving-Kindness Meditations on Self-Compassion," *Mindfulness* 14 (September 9, 2022): 2299–2310, https://doi.org/10.1007/s12671-022-01972-x.

27. Johannes Graser and Ulrich Stangier, "Compassion and Loving-Kindness Meditation: An Overview and Prospects for the Application in Clinical Samples," *Harvard Review of Psychiatry* 26, no. 4 (July/August 2018): 201–215, https://doi.org/10.1097/hrp.0000000000000192.

Chapter 3

1. Shawn N. Katterman et al., "Mindfulness Meditation as an Intervention for Binge Eating, Emotional Eating, and Weight Loss: A Systematic Review," *Eating Behaviors* 15, no. 2 (April 2014): 197–204, https://doi.org/10.1016 /j.eatbeh.2014.01.005.; Kathryn M. Godfrey, Linda C. Gallo, and Niloofar Afari, "Mindfulness-Based Interventions for Binge Eating: A Systematic Review and Meta-Analysis," *Journal of Behavioral Medicine* 38, no. 2 (April 2015): 348–362, https://doi.org/10.1007/s10865-014-9610-5.

2. Chai M. Tyng et al., "The Influences of Emotion on Learning and Memory," *Frontiers in Psychology* 24, no. 8 (August 2017): 1454, https://doi.org/10.3389 /fpsyg.2017.01454.; Robert W. Levenson, "Stress and Illness: A Role for Specific Emotions," *Psychosomatic Medicine* 81, no. 8 (Oct 2019): 720–730, https://doi.org/10.1097/psy.0000000000000736.; Sarah Stewart-Brown, "Emotional Wellbeing and Its Relation to Health. Physical Disease May Well Result from Emotional Distress." *The BMJ* 317, no. 7173 (December 12, 1998): 1608–1609, https://doi.org/10.1136/bmj.317.7173.1608.; Gerben A. van Kleef and Stéphane Côté, "The Social Effects of Emotions," *Annual Review of Psychology* 73, no. 1 (January 4, 2022): 629–658, https://doi.org /10.1146/annurev-psych-020821-010855.

3. A. M. Kring and A. H. Gordon, "Sex Differences in Emotion: Expression, Experience, and Physiology," *Journal of Personality and Social Psychology* 74, no. 3 (March 1998): 686–703, https://doi.org/10.1037/0022-3514.74.3.686.

4. Rob Cross and Karen Dillon, "The Hidden Toll of Microstress" *Harvard Business Review*, Health and Wellness section, February 7, 2023, https://hbr .org/2023/02/the-hidden-toll-of-microstress.

5. Iris B. Mauss and James J. Gross, "Emotion Suppression and Cardiovascular Disease," *Emotional Expression and Health* (Oxfordshire: Routledge, 2004).; Iris B. Mauss, Silvia A. Bunge, and James J. Gross, "Automatic Emotion Regulation," *Social and Personality Psychology Compass* 1, no. 1 (September 5, 2007): 146–67, https://doi.org/10.1111/j.1751-9004.2007.00005.x.; Iris B. Mauss et al., "Emotion Control Values and Responding to an Anger Provocation in Asian American and European American Individuals," *Cognition*

and Emotion 24, no. 6 (September 1, 2010): 1026–1043, https://doi.org /10.1080/02699930903122273.

6. Philippe R. Goldin et al., "The Neural Bases of Emotion Regulation: Reappraisal and Suppression of Negative Emotion," *Biological Psychiatry* 63, no. 6 (March 15, 2008): 577–86, https://doi.org/10.1016/j.biopsych.2007.05.031.

7. Irene Messina, Alessandro Grecucci, and Roberto Viviani, "Neurobiological Models of Emotion Regulation: A Meta-Analysis of Neuroimaging Studies of Acceptance as an Emotion Regulation Strategy," *Social Cognitive and Affective Neuroscience* 16, no. 3 (January 21, 2021): 257–267, https://doi.org/10.1093/ scan/nsab007.

8. Alia J. Crum et al., "The Role of Stress Mindset in Shaping Cognitive, Emotional, and Physiological Responses to Challenging and Threatening Stress," *Anxiety, Stress, & Coping* 30, no. 4 (January 25, 2017): 379–395, https://doi .org/10.1080/10615806.2016.1275585.

9. Jamil Zaki and W. Craig Williams, "Interpersonal Emotion Regulation," *Emotion* 13, no. 5 (October 2013): 803–810, https://doi.org/10.1037/ a0033839.; Brett Marroquín and Susan Nolen-Hoeksema, "Emotion Regulation and Depressive Symptoms: Close Relationships as Social Context and Influence," *Journal of Personality and Social Psychology* 109, no. 5 (November 2015): 836–855, https://doi.org/10.1037/pspi0000034.

10. Emma Seppälä and Christina Bradley, "Handling Negative Emotions in a Way That's Good for Your Team," *Harvard Business Review*, June 11, 2019, https://hbr.org/2019/06/handling-negative-emotions-in-a-way-thats-good -for-your-team.

11. Brett Q. Ford and Allison S. Troy, "Reappraisal Reconsidered: A Closer Look at the Costs of an Acclaimed Emotion-Regulation Strategy," *Current Directions in Psychological Science* 28, no. 2 (February 27, 2019): 195–203, https:// doi.org/10.1177/0963721419827526.

12. Amy F. T. Arnsten, "Stress Signalling Pathways That Impair Prefrontal Cortex Structure and Function," *National Reviews Neuroscience* 10, no. 6 (June 2009): 410–422, https://doi.org/10.1038/nrn2648.

13. Elizabeth Woo et al., "Chronic Stress Weakens Connectivity in the Prefrontal Cortex: Architectural and Molecular Changes," *Chronic Stress* 29, no. 5 (August 2021): 24705470211029254, https://doi.org/10.1177/24705470211029254.

14. Marc A. Russo, Danielle M. Santarelli, and Dean O'Rourke, "The Physiological Effects of Slow Breathing in the Healthy Human," *Breathe* 13, no. 4 (December 2017): 298–309, https://doi.org/10.1183/20734735.009817.

15. Russo, "The Physiological Effects of Slow Breathing in the Healthy Human," *Breathe*.

16. Pierre Philippot, Gaëtane Chapelle, and Sylvie Blairy, "Respiratory Feedback in the Generation of Emotion," *Cognition and Emotion* 16, no. 5 (2002): 605–627, https://doi.org/10.1080/02699930143000392.

17. Artin Arshamian et al., "Respiration Modulates Olfactory Memory Consolidation in Humans," *The Journal of Neuroscience* 38, no. 48 (November 28, 2018): 10286–10294, https://doi.org/10.1523/JNEUROSCI.3360-17.2018.

18. Sufyan Ashhad et al., "Breathing Rhythm and Pattern and Their Influence on Emotion," *Annual Review of Neuroscience* 8, no. 45 (July 2022): 223–247, https://doi.org/10.1146/annurev-neuro-090121-014424.

19. M. Allen, S. Varga, and D. H. Heck, "Respiratory Rhythms of the Predictive Mind," *Psychological Review 130*, no. 4 (2023): 1066–1080, https://doi.org /10.1037/rev0000391.

20. Adriano B. L. Tort, Jurij Brankačk, and Andreas Draguhn, "Respiration-Entrained Brain Rhythms Are Global but Often Overlooked," *Trends in Neurosciences* 41, no. 4 (April 2018): 186–197, https://doi.org/10.1016/j.tins.2018.01.007.

21. Pierre Philippot, "Respiratory Feedback in the Generation of Emotion," *Cognition and Emotion*.

22. Roderik J. S. Gerritsen and Guido P. H. Band, "Breath of Life: The Respiratory Vagal Stimulation Model of Contemplative Activity," *Frontiers in Human Neuroscience* 9, no. 12 (October 2018): 397, https://doi.org/10.3389/fnhum.2018.00397.

23. Yanli Lin et al., "On Variation in Mindfulness Training: A Multimodal Study of Brief Open Monitoring Meditation on Error Monitoring," *Brain Sciences* 6, no. 9 (September 2019): 226, https://doi.org/10.3390/brainsci9090226.

24. Kieran C. R. Fox et al., "Is Meditation Associated with Altered Brain Structure? A Systematic Review and Meta-Analysis of Morphometric Neuroimaging in Meditation Practitioners," *Neurosciences and Biobehavioral Reviews* 43, (June 2014): 48–73, https://doi.org/10.1016/j.neubiorev.2014.03.016.

25. Fox et al., "Is Meditation Associated with Altered Brain Structure?" *Neurosciences and Behavioral Reviews*.

26. Jian Xu et al., "Nondirective Meditation Activates Default Mode Network and Areas Associated with Memory Retrieval and Emotional Processing," *Frontiers in Human Neuroscience* 8 (February 2014): 86, https://doi.org/10.3389/fnhum.2014.00086.

27. Remi Daviet et al., "Associations between Alcohol Consumption and Gray and White Matter Volumes in the UK Biobank," *Nature Communications* 13, no. 1 (2022), https://doi.org/10.1038/s41467-022-28735-5.

28. Johannes Knabbe et al, "Single-Dose Ethanol Intoxication Causes Acute and Lasting Neuronal Changes in the Brain," *Proceedings of the National Academy of Sciences* 119, no. 25 (June 21, 2022), https://doi.org/10.1073/pnas.2122477119.; Harish R. Krishnan et al., "Unraveling the Epigenomic and Transcriptomic Interplay during Alcohol-Induced Anxiolysis," *Molecular Psychiatry* 27 (September 12, 2022): 4624–4632, https://doi.org/10.1038/s41380-022-01732-2.

29. Jared B. Torre and Matthew D. Lieberman, "Putting Feelings into Words: Affect Labeling as Implicit Emotion Regulation," *Emotion Review* 10, no. 2, (March 20, 2018): 116–124, https://doi.org/10.1177/1754073917742706.

30. James W. Pennebaker, *Writing to Heal: A Guided Journal for Recovering from Trauma and Emotional Upheaval* (Oakland, CA: New Harbinger Publications, 2004), 18–26.

31. Frederick S. Barrett and Petr Janata, "Neural Responses to Nostalgia-Evoking Music Modeled by Elements of Dynamic Musical Structure and Individual Differences in Affective Traits," *Neuropsychologia* 91 (October 2016): 234–246, https://doi.org/10.1016/j.neuropsychologia.2016.08.012.

32. Yifan Zhang et al., "How Does Exercise Improve Implicit Emotion Regulation Ability: Preliminary Evidence of Mind-Body Exercise Intervention Combined with Aerobic Jogging and Mindfulness-Based Yoga," *Frontiers in Psychology* 27, no. 10 (August 2019): 1888, https://doi.org/10.3389/fpsyg.2019.01888.; Emily E. Bernstein and Richard J. McNally, "Acute Aerobic Exercise Helps Overcome Emotion Regulation Deficits," *Cognition and Emotion* 31, no. 4 (April 2016): 834–843, https://doi.org/10.1080/02699931.2016.1168284.; Bernstein and McNally, "Acute Aerobic Exercise Hastens Emotional Recovery from a Subsequent Stressor," *Health Psychology* 36, no. 6 (June 2017): 560–567, https://doi.org/10.1037/hea0000482.

33. A. Byrne and D. G. Byrne, "The Effect of Exercise on Depression, Anxiety, and Other Mood States: A Review," *Journal of Psychosomatic Research* 37, no. 6 (September 1993): 565–574, https://doi.org/10.1016/0022-3999 (93)90050-P.; Shawn M. Arent, Alan J. Walker, and Michelle A. Arent, *The Effects of Exercise on Anxiety and Depression* (Hoboken, NJ: John Wiley & Sons, 2020), https://doi.org/10.1002/9781119568124.ch42.; Alia J. Crum and Ellen J. Langer, "Mind-Set Matters: Exercise and the Placebo Effect," *Psychological Science* 18, no 2 (February 2007): 165–171, https://doi.org /10.1111/j.1467-9280.2007.01867.x.

34. Jeffrey Conrath Miller and Zlatan Krizan, "Walking Facilitates Positive Affect (Even When Expecting the Opposite)," *Emotion* 16, no. 5 (August 2016): 775–785, https://doi.org/10.1037/a0040270.; Jo Barton and Jules Pretty, "What Is the Best Dose of Nature and Green Exercise for Improving Mental Health? A Multi-Study Analysis," *Environmental Science & Technology* 44, no. 10 (March 2010): 3947–3955, https://doi.org/10.1021/es903183r.; Emily E. Scott et al., "Measuring Affect and Complex Working Memory in Natural and Urban Environments," *Frontiers in Psychology* 14 (March 6, 2023), https://doi.org/10.3389/fpsyg.2023.1039334.; Peter A. Coventry et al., "Nature-Based Outdoor Activities for Mental and Physical Health: Systematic Review and Meta-Analysis," *SSM Population Health* 16 (December 2021), https://doi.org/10.1016/j.ssmph.2021.100934.

35. James L. Oschman, Gaetan Chevalier, and Richard Brown, "The Effects of Grounding (Earthing) on Inflammation, the Immune Response, Wound Healing, and Prevention and Treatment of Chronic Inflammatory and Autoimmune Diseases," *Journal of Inflammation Research* 24, no. 8 (March 2015): 83–96, https://doi.org/10.2147/JIR.S69656.; Gaetan Chevalier et al., "The Effects of Grounding (Earthing) on Bodyworkers' Pain and Overall Quality of Life: A Randomized Controlled Trial," *Explore* (NY) 16, no. 3 (May–June 2019): 181–190, https://doi.org/10.1016/j.explore.2018.10.001.; Wendy Menigoz et al., "Integrative and Lifestyle Medicine Strategies Should Include Earthing (Grounding): Review of Research Evidence and Clinical Observations." *Explore* (NY) 16, no. 3 (May–June 2020): 152–160, https:// doi.org/10.1016/j.explore.2019.10.005.

Chapter 4

1. "Justin Guilbert, From Nomad to Harmless Harvest Founder," *The Kreatures of Habit Podcast*, March 31, 2021, https://www.kohpodcast.com/justin -guilbert-from-nomad-to-harmless-harvest-founder/.

2. James Short, "How Much Media? 2013 Report on American Consumers," Institute for Communications Technology Management (CTM) at the University of Southern California's Marshall School of Business.; James E. Short, "How Much Media 2: An Analysis of Media Attention and Its Impact on Viewership," Institute for Communications Technology Management (CTM), Marshall School of Business, University of Southern California, November 2014.

3. Wilhelm Hofmann, Kathleen D. Vohs, and Roy F. Baumeister, "What People Desire, Feel Conflicted About, and Try to Resist in Everyday Life," *Psychological Science* 23, no. 6 (April 30, 2012): 582-588. https://doi.org/10.1177 /0956797612437426.

4. Stephen J. Kim, "'Viewer Discretion Is Advised': A Structural Approach to the Issue of Television Violence," *University of Pennsylvania Law Review* 142,no. 4 (April 1994): 1383–1441, https://doi.org/10.2307/3312455.

5. Robert B. Lull and Brad J. Bushman, "Do Sex and Violence Sell? A Meta-Analytic Review of the Effects of Sexual and Violent Media and Ad Content

on Memory, Attitudes, and Buying Intentions," *Psychological Bulletin* 141, no. 5 (September 2015): 1022–1048, https://doi.org/10.1037/bul0000018.

6. Craig A. Anderson et al., "The Influence of Media Violence on Youth," *Psychological Science in the Public Interest* 4, no. 3 (December 2003): 81–110, https://doi.org/10.1111/j.1529-1006.2003.pspi_1433.x.; L. Rowell Huesmann and Leonard D. Eron (Eds.), *Television and the Aggressive Child: A Cross-National Comparison* (1st ed.), (Oxfordshire, UK: Routledge, 1986), https://doi.org/10.4324/9780203380130.; L. Rowell Huesmann et al., "Longitudinal Relations between Children's Exposure to TV Violence and Their Aggressive and Violent Behavior in Young Adulthood: 1977–1992." *Developmental Psychology* 39, no. 2 (March 2003): 201–221, https://doi.org /10.1037/0012-1649.39.2.201.

7. Anjana Madan, Sylvie Mrug, and Rex A. Wright, "The Effects of Media Violence on Anxiety in Late Adolescence," *Journal of Youth and Adolesence* 43, no. 1 (January 2014): 116–126, https://doi.org/10.1007/s10964-013-0017-3.

8. Nicolas Rapp and Aric Jenkins, "These 6 Companies Control Much of U.S. Media," *Fortune*, July 24, 2018, https://fortune.com/longform/media -company-ownership-consolidation/.

9. Kyle T. Bernstein et al., "Television Watching and the Risk of Incident Probable Posttraumatic Stress Disorder: A Prospective Evaluation," *Journal of Nervous and Mental Disease* 195, no. 1 (January 2007): 41-47, https://doi.org /10.1097/01.nmd.0000244784.36745.a5.

10. Stephanie Mazza et al., "Relearn Faster and Retain Longer: Along With Practice, Sleep Makes Perfect," *Psychological Science* 27, no. 10 (August 20, 2016): 1321–1330. https://doi.org/10.1177/0956797616659930.

11. Elisabeth Simoes et al., "How Negative Is Negative Information," *Frontiers in Neuroscience* 15, (September 7, 2021), https://doi.org/10.3389/fnins.2021 .742576.

12. David P. Phillips, "The Influence of Suggestion on Suicide: Substantive and Theoretical Implications of the Werther Effect," *American Sociological Review* 39, no. 3 (June 1974): 340–354, https://doi.org/10.2307/2094294.

13. Jeffrey M. Elliot, Ed., *Conversations with Maya Angelou* (Jackson, MS: University of Mississippi Press, 1989).

14. Emma M. Seppälä et al., "Breathing-based Meditation Decreases Posttraumatic Stress Disorder Symptoms in U.S. Military Veterans: A Randomized Controlled Longitudinal Study," *Journal of Traumatic Stress* 27, no. 4 (August 2014): 397–405, https://doi.org/10.1002/jts.21936.

15. Peter J Bayley et al., "Randomised Clinical Non-Inferiority Trial of Breathing-Based Meditation and Cognitive Processing Therapy for Symptoms of Post-Traumatic Stress Disorder in Military Veterans," *BMJ Open* 12, no. 8 (August 2022): e056609, https://doi.org/10.1136/bmjopen-2021-056609.; Danielle C. Mathersul et al., "Emotion Dysregulation and Heart Rate Variability Improve in US Veterans Undergoing Treatment for Posttraumatic Stress Disorder: Secondary Exploratory Analyses from a Randomised Controlled Trial," *BMC Psychiatry* 22, no. 1 (April 15, 2022), https://doi.org/10.1186/ s12888-022-03886-3.

16. Emma M. Seppälä et al., "Promoting Mental Health and Psychological Thriving in University Students: A Randomized Controlled Trial of Three Well-Being Interventions," *Frontiers in Psychiatry* 11 (July 15, 2020), https:// doi.org/10.3389/fpsyt.2020.00590.

17. Michael R. Goldstein, Rivian K. Lewin, and John J. Allen, "Improvements in Well-Being and Cardiac Metrics of Stress Following a Yogic Breathing

Workshop: Randomized Controlled Trial with Active Comparison," *Journal of American College Health* 70, no. 3 (July 15, 2020): 918–28, https://doi.org/10.1080/07448481.2020.1781867.

18. Rachel Yehuda and Amy Lehrner, "Intergenerational Transmission of Trauma Effects: Putative Role of Epigenetic Mechanisms," *World Psychiatry* 17, no. 3 (October 2018): 243–257, https://doi.org/10.1002/wps.20568.; Amy Lehrner and Rachel Yehuda, "Cultural Trauma and Epigenetic Inheritance," *Development and Psychopathology* 30, no. 5 (December 2018): 1763–1777, https://doi.org/10.1017/S0954579418001153.; Hunter Howie, Chuda M. Rijal, and Kerry J. Ressler, "A Review of Epigenetic Contributions to Post-Traumatic Stress Disorder, " *Dialogues in Clinical Neuroscience* 21, no. 4 (December 2019): 417–428, https://doi.org/10.31887/DCNS.2019.21.4/kressler.

19. Maddalena Boccia, Laura Piccardi, and Paola Guariglia, "The Meditative Mind: A Comprehensive Meta-Analysis of MRI Studies," *Biomed Research International* 2015 (June 4, 2015), https://doi.org/10.1155/2015/419808.; Christina M. Luberto et al., "A Systematic Review and Meta-Analysis of the Effects of Meditation on Empathy, Compassion, and Prosocial Behaviors," *Mindfulness* 9, no. 3 (June 2018): 708–724, https://doi.org/10.1007/s12671-017-0841-8.; Caio Fabio Schlechta Portella et al., "Meditation: Evidence Map of Systematic Reviews," *Frontiers in Public Health* 2, no. 9 (December 2021), https://doi.org/10.3389/fpubh.2021.742715.; Lorenza S. Colzato et al., "Prior Meditation Practice Modulates Performance and Strategy Use in Convergent–and Divergent–Thinking Problems," *Mindfulness* 8 (October 29, 2014): 10–16, https://doi.org/10.1007/s12671-014-0352-9.

20. Willoughby B. Britton et al., "Defining and Measuring Meditation-Related Adverse Effects in Mindfulness-Based Programs," *Clinical Psychological Science* 9, no. 6 (May 18, 2021): 1185–1204, https://doi.org/10.1177/2167702621996340.; Willoughby B. Britton, "Can Mindfulness Be Too Much of a Good Thing? The Value of a Middle Way," *Current Opinion in Psychology* 28 (August 2019): 159–165, https://doi.org/10.1016/j.copsyc.2018.12.011.

21. Geyze Diniz et al., "The Effects of Gratitude Interventions: A Systematic Review and Meta-Analysis," *Einstein* (Sao Paulo) 11, no. 21 (August 2023): eRW0371, https://doi.org/10.31744/einstein_journal/2023RW0371.

22. Emma Seppälä et al., "Breathing-Based Meditation Decreases Posttraumatic Stress Disorder Symptoms in U.S. Military Veterans: A Randomized Controlled Longitudinal Study," *Journal of Trauma and Stress* 27, no. 4 (August 2014): 397–405. https://doi.org/10.1002/jts.21936.; Peter J. Bayley et al., "Randomised Clinical Non-Inferiority Trial of Breathing-Based Meditation and Cognitive Processing Therapy for Symptoms of Post-Traumatic Stress Disorder in Military Veterans," *BMJ Open* 12, no. 8 (August 25, 2022), https://doi.org/10.1136/bmjopen-2021-056609.; Emma Seppälä et al., "Promoting Mental Health and Psychological Thriving in University Students: A Randomized Controlled Trial of Three Well-Being Interventions," *Frontiers in Psychiatry* 11 (July 15, 2020): 590, https://doi.org/10.3389/fpsyt.2020.00590.

23. Often attributed to Charles Bukowski.

Chapter 5

1. "Mighty Earth's Etelle Higonnet Named to France's National Order of Merit," Mighty Earth, November 30, 2023, https://mightyearth.org/article/mighty-earths-etelle-higonnet-named-to-frances-national-order-of-merit/.

2. Kim Cameron et al., "Effects of Positive Practices on Organizational Effectiveness," *The Journal of Applied Behavioral Science* 47, no. 3 (January 26, 2011): 266–308, https://doi.org/10.1177/0021886310395514.; David S. Bright, Kim Camero, and Arran Caza, "The Amplifying and Buffering Effects of Virtuousness in Downsized Organizations," *Journal of Business Ethics* 64, (March 2006): 249–269, https://doi.org/10.1007/s10551-005-5904-4.; Kim Cameron, *Positively Energizing Leadership: Virtuous Actions and Relationships That Create High Performance* (Oakland, CA: Berrett-Koehler Publishers, 2021).

3. Gail Cornwall, "Why Mattering Is a Key Part of Mental Health," *New York Times*, September 27, 2023, https://www.nytimes.com/2023/09/27/well/mind/mental-health-mattering-self-esteem.html.

4. Sara B. Algoe, Shelly L. Gable, and Natalya C. Maisel, "It's the Little Things: Everyday Gratitude as a Booster Shot for Romantic Relationships," *Personal Relationships* 17, no. 2 (May 21, 2010): 217–233, https://doi.org/10.1111/j.1475-6811.2010.01273.x.

5. Adam M. Grant et al., "Impact and the Art of Motivation Maintenance: The Effects of Contact with Beneficiaries on Persistence Behavior," *Organizational Behavior and Human Decision Processes* 103, no. 1 (May 2007): 53–67, https://doi.org/10.1016/j.obhdp.2006.05.004.

6. Yoobin Park and Geoff MacDonald, "Consistency between Individuals' Past and Current Romantic Partners' Own Reports of Their Personalities," *Proceedings of the National Academy of Sciences 116*, no. 26 (June 10, 2019): 12793–12797, https://doi.org/10.1073/pnas.1902937116.

7. James Baldwin and Nikki Giovanni, "A Conversation," LoVetta Jenkins, YouTube, 1971, https://www.youtube.com/watch?v=y4OPYp4s0tc.

8. Emily J. Cross et al., "An Interdependence Account of Sexism and Power: Men's Hostile Sexism, Biased Perceptions of Low Power, and Relationship Aggression," *Journal of Personality and Social Psychology* 117, no. 2 (2019): 338–363, https://doi.org/10.1037/pspi0000167.

9. Marina Catallozzi et al., "Understanding Control in Adolescent and Young Adult Relationships," *Archives of Pediatrics and Adolescent Medicine* 165, no. 4 (April 2011): 313–319, https://doi.org/10.1001/archpediatrics.2011.32.

10. University of Waterloo, "Intimate Partners with Low Self-Esteem Stay in Unhappy Relationships," *ScienceDaily*, February 27, 2015. accessed July 6, 2023, www.sciencedaily.com/releases/2015/02/150227154826.htm.

11. Bianca P. Acevedo and Arthur Aron, "Does a Long-Term Relationship Kill Romantic Love?" *Review of General Psychology* 13, no. 1 (March 21, 2009): 59–65, https://doi.org/10.1037/a0014226.; American Psychological Association, "Contrary to Widely Held Beliefs, Romance Can Last in Long-Term Relationships, Say Researchers," *ScienceDaily*, March 21, 2009. Retrieved July 5, 2023. www.sciencedaily.com/releases/2009/03/090317153039.htm.

12. Robert Körner and Astrid Schüt, "Power in Romantic Relationships: How Positional and Experienced Power Are Associated with Relationship Quality," *Journal of Social and Personal Relationships* 38, no. 9 (September 2021): 2653–2677, https://doi.org/10.1177/02654075211017670.

13. Human Genomic Variation Fact Sheet, National Human Genome Research Institute, https://www.genome.gov/about-genomics/educational-resources/fact-sheets/human-genomic-variation.

14. E. O'Brien and S. Kassirer, "People Are Slow to Adapt to the Warm Glow of Giving," *Psychological Science* 30, no. 2 (2019): 193–204, https://doi.org/10.1177/0956797618814145.; Tristen K. Inagaki and Edward

Orehek, "On the Benefits of Giving Social Support: When, Why, and How Support Providers Gain by Caring for Others," *Current Directions in Psychological Science* 26, no. 2 (April 2017): 109–113, https://doi .org/10.1177/0963721416686212.; E. W. Dunn and L. B. Aknin LB, "Spending Money on Others Promotes Happiness," *Science* 319, no. 5870 (March 21, 2008): 1687–8, https://doi.org/10.1126/science.1150952.

15. Michael J. Poulin et al., "Giving to Others and the Association between Stress and Mortality," *American Journal of Public Health* 103, no. 9 (September 2013): 1649–1655, https://doi.org/10.2105/AJPH.2012.300876.

16. B. L. Fredrickson et al., "A Functional Genomic Perspective on Human Well-Being," *Proceedings of the National Academy of Sciences* 110, no. 33 (Aug 13, 2013): 13684–13689, https://doi.org/10.1073/pnas.1305419110.

17. Poulin et al., "Giving to Others and the Association between Stress and Mortality," *American Journal of Public Health*.

18. Kristin D. Neff and S. Natasha Beretvas, "The Role of Self-Compassion in Romantic Relationships," *Self and Identity* 12, no. 1 (February 2012): 78–98, https://doi.org/10.1080/15298868.2011.639548.

19. Sara B. Algoe, Shelly L. Gable, and Natalya C. Maisel. "It's the Little Things: Everyday Gratitude as a Booster Shot for Romantic Relationships," *Personal Relationships 17, no. 2* (June 2010): 217–233, https://doi.org/10.1111/j .1475-6811.2010.01273.x.

20. Alexander Karan, Robert Rosenthal, and Megan L. Robbins, "Meta-Analytic Evidence that We-Talk Predicts Relationship and Personal Functioning in Romantic Couples," *Journal of Social and Personal Relationships* 36, no. 9 (August 2018): 2624–2651, https://doi.org/10.1177/0265407518795.

21. Amy B. Brunell et al., "Dispositional Authenticity and Romantic Relationship Functioning," *Personality and Individual Differences* 48, no. 8 (June 2010): 900–905, https://doi.org/10.1016/j.paid.2017.08.014.

22. I first wrote on this topic for *Washington Post*: Emma Seppälä, "Forgiving Others Literally Lightens Your Step, and 6 Other Ways Science Shows It Helps," *Washington Post*, March 30, 2015, https://www.washingtonpost.com /news/inspired-life/wp/2015/03/30/feel-lighter-jump-higher-the-science-on -how-forgiving-others-can-help-you-too.

23. Charlotte vanOyen Witvliet et al., "Granting Forgiveness or Harboring Grudges: Implications for Emotion, Physiology, and Health," *Psychological Science* 12, no. 2 (March 2001): 117–123, https://doi.org/10.1111/1467 -9280.00320.; P. A. Hannon et al., "The Soothing Effects of Forgiveness on Victims' and Perpetrators' Blood Pressure," *Personal Relationships* 19, no. 2 (2012): 279–289, https://doi.org/10.1111/j.1475-6811.2011.01356.x; J. C. Karremans et al., "Forgiveness and Its Associations with Prosocial Thinking, Feeling, and Doing Beyond the Relationship with the Offender," *Personality and Social Psychology Bulletin* 31,no 10 (2005): 1315–1326. https://doi.org/10.1177/0146167205274892.; Loren Toussaint et al.,"Effects of Lifetime Stress Exposure on Mental and Physical Health in Young Adulthood: How Stress Degrades and Forgiveness Protects Health," *Journal of Health Psychology* 21, no. 6 (June 2016): 1004–1014, https://doi .org/10.1177/1359105314544132.; Loren Toussaint et al., "Why Forgiveness May Protect Against Depression: Hopelessness as an Explanatory Mechanism," *Personality and Mental Health* 2 (March 2008): 89–103, https://doi .org/10.1002/pmh.35.; S. Noreen, R. N. Bierman, and M. D. MacLeod, "Forgiving You Is Hard, but Forgetting Seems Easy: Can Forgiveness Facilitate Forgetting?" *Psychological Science* 25, no 7 (May 2014): 1295–1302, https:// doi.org/10.1177/0956797614531602.

24. X. Zheng et al., "The Unburdening Effects of Forgiveness: Effects on Slant Perception and Jumping Height," *Social Psychological and Personality Science* 6, no 4 (December 2015): 431–438, https://doi.org/10.1177/1948550614564222.

Chapter 6

1. *Online Etymology Dictionary*, https://www.etymonline.com/word/understand.

2. Kristen Jule, Lisa Leaver, and Stephen Lea, "The Effects of Captive Experience on Reintroduction Survival in Carnivores: A Review and Analysis," *Biological Conservation* 141, no 2 (February 2008): 355–363, https://doi .org/10.1016/j.biocon.2007.11.007.

3. Kevin Loria, "How Much Do We Really Know about the Human Brain?" World Economic Forum, May 28, 2015, https://www.weforum.org /agenda/2015/05/how-much-do-we-really-know-about-the-human-brain.

4. D. J. Bem, "Feeling the Future: Experimental Evidence for Anomalous Retro-activeInfluences on Cognition and Affect," *Journal of Personality and Social Psychology* 100, no. 3 (2011): 407–425, https://doi.org/10.1037/a0021524.

5. For a great summary of Bem's paper and the reactions to it, see: Daniel Engber, "Daryl BEM Proved ESP Is Real. Which Means Science Is Broken.," Slate Magazine, June 7, 2017, https://slate.com/health-and-science/2017/06 /daryl-bem-proved-esp-is-real-showed-science-is-broken.html.

6. C. A. Hutcherson, E. M. Seppala, and J. J. Gross, "Loving-Kindness Meditation Increases Social Connectedness," *Emotion* 8, no. 5 (October 2008):720–724, https://doi.org/10.1037/a0013237.

7. M. Maidique, "Decoding Intuition for More Effective Decision-Making," *Harvard Business Review*, August 15, 2011. Retrieved August 12, 2020, https://hbr.org/2011/08/decoding-intuition-for-more-ef.

8. David Axe and Matthew Gault, "How U.S. Marines Are Using ESP to Weaponize Intuition," *Daily Beast*, July 2, 2017, updated October 30, 2017, https://www.thedailybeast.com/how-us-marines-are-using-esp-to -weaponize-intuition.

9. Channing Joseph, "U.S. Navy Program to Study How Troops Use Intuition," *New York Times*, March 27, 2012, https://archive.nytimes.com/atwar.blogs .nytimes.com/2012/03/27/navy-program-to-study-how-troops-use-intuition/.

10. Mark Divine, The Way Of The SEAL: "Build Your Intuition," April 25, 2018, in *The Mark Divine Show*, podcast, https://unbeatablemind.com/the-way -of-the-seal-4.

11. Army Public Affairs, "Army Reserve Staff Sgt. Martin K. Richburg," U.S. Army, February 2, 2007, https://www.army.mil/article/1669/army_reserve _staff_sgt_martin_k_richburg.

12. Maurice L. Naylon IV, *The New Ministry of Truth: Combat Advisors in Afghanistan and America's Great Betrayal* (Ashland, OR: Hellgate Press, 2019), https://www.newministryoftruth.us/p/the-book.html.

13. Marine Corps Training Command, "Introduction to Combat Hunter B1E0795 Student Handout," United State Marine Corps, https://usmcofficer.com /wp-content/uploads/2014/01/Introduction-to-Combat-Hunter.pdf.

14. P. Seli et al., "How Pervasive Is Mind Wandering, Really?" *Consciousness and Cognition* (November 2018): 74–78, https://doi.org/10.1016/j.concog .2018.10.002.

15. Nadav Amir, Naftali Tishby, and Israel Nelken, "A Simple Model of the Attentional Blink and Its Modulation by Mental Training," *PLOS Computational Biology* 18, no. 8 (August 29, 2022): e1010398, https://doi.org /10.1371/journal.pcbi.1010398.; Heleen A. Slagter et al., "Mental Training Affects Distribution of Limited Brain Resources," *PLoS Biology* 5, no. 6 (May 8, 2007): e138, https://doi.org/10.1371/journal.pbio.0050138; Antoine Lutz et al., "Mental Training Enhances Attentional Stability: Neural and Behavioral Evidence," *The Journal of Neuroscience* 29, no. 42 (October 21, 2009): 13418–27, https://doi.org/10.1523/jneurosci.1614-09.2009.; Sara van Leeuwen, Notger G. Müller, and Lucia Melloni, "Age Effects on Attentional Blink Performance in Meditation," *Consciousness and Cognition* 18, no. 3 (September 2009): 593–99, https://doi.org/10.1016/j.concog.2009.05.001.; Marieke K. van Vugt and Heleen A. Slagter, "Control over Experience? Magnitude of the Attentional Blink Depends on Meditative State," *Consciousness and Cognition* 23 (January 2014): 32–39, https://doi.org/10.1016/j.concog.2013 .11.001.; Brandon T. Saxton et al., "Do Arousal and Valence Have Separable Influences on Attention across Time?," *Psychological Research* 84, no. 2 (February 28, 2018): 259–75, https://doi.org/10.1007/s00426-018-0995-6.

16. Tom Klisiewicz, "The Latest in Military Strategy: Mindfulness," *The New York Times*, April 5, 2019, https://www.nytimes.com/2019/04/05/health/ military-mindfulness-training.html.; Carl D. Smith et al., "Impact of Mindfulness Training and Yoga on Injury and Pain-Related Impairment: A Group Randomized Trial in Basic Combat Training," *Frontiers in Psychology* 14 (October 6, 2023), https://doi.org/10.3389/fpsyg.2023.1214039.

17. Jonathan L. Helm, David Sbarra, and Emilio Ferrer, "Assessing Cross-Partner Associations in Physiological Responses via Coupled Oscillator Models," *Emotion* 12, no. 4 (August 2012): 748–62, https://doi.org/10.1037/a0025036.; Emilio Ferrer and Jonathan L. Helm, "Dynamical Systems Modeling of Physiological Coregulation in Dyadic Interactions," *International Journal of Psychophysiology* 88, no. 3 (June 2013): 296–308, https://doi.org/10.1016/j .ijpsycho.2012.10.013.; Pavel Goldstein, Irit Weissman-Fogel, and Simone G. Shamay-Tsoory, "The Role of Touch in Regulating Inter-Partner Physiological Coupling during Empathy for Pain," *Scientific Reports* 7, no. 1 (June 12, 2017), https://doi.org/10.1038/s41598-017-03627-7.; Lei Li et al., "Neural Synchronization Predicts Marital Satisfaction," *Proceedings of the National Academy of Sciences* 119, no. 34 (August 18, 2022): e2202515119, https://doi.org/10.1073/ pnas.2202515119.

18. Sylvie Guillem, "Sylvie Guillem (Official Full Documentary)," Dance Masterclass, YouTube, https://www.youtube.com/watch?v=2vlN8DiJvpw.

19. Joseph A. Mikels et al., "Should I Go with My Gut? Investigating the Benefits of Emotion-Focused Decision Making," *Emotion* 11, no. 4 (2011): 743–753, https://doi.org/10.1037/a0023986.

20. Joseph A. Mikels et al., "Following Your Heart or Your Head: Focusing on Emotions Versus Information Differentially Influences the Decisions of Younger and Older Adults, " *Journal of Experimental Psychology: Applied* 16, no. 1 (March 2010): 87–95, https://doi.org/10.1037/a0018500.

21. G. Lufityanto, C. Donkin, and J. Pearson, "Measuring Intuition: Nonconscious Emotional Information Boosts Decision Accuracy and Confidence," *Psychological Science* 27, no. 5 (May 2016): 622–634, https://doi.org/10.1177 /0956797616629403.

22. Joel Pearson, "How to Get Your Intuition Back (When It's Hacked by Life)" *New York Times*, July 17, 2018, https://www.nytimes.com/2018/07/17/well /intuition-gut-instinct-psychology-midlife-crisis.html.

23. A. Dijksterhuis and L. F. Nordgren, "A Theory of Unconscious Thought," *Perspectives on Psychological Science* 1, no. 2 (June 2006): 95–109, https://doi .org/10.1111/j.1745-6916.2006.00007.x.

24. R. P. Nalliah, "Clinical Decision Making–Choosing between Intuition, Experience, and Scientific Evidence," *British Dental Journal 221*, no. 12 (2016): 752–754, https://doi.org/10.1038/sj.bdj.2016.942.

25. Scott Cohn, "Think You Can Spot a Fraud? This $80 Million Art Scam Fooled the Experts," CNBC.com, American Green, August 17, 2018. https:// www.cnbc.com/2018/08/16/think-you-can-spot-a-fraud-this-80-million -art-scam-fooled-experts.html.

26. Alice Calaprice (Ed.), *The Expanded Quotable Einstein*. (Princeton, N.J.: Princeton University Press, 2000), 287.

27. Shinichi Suzuki, *Nurtured by Love: A New Approach to Education* (New York: Exposition Press, 1969), 90.

28. W. Verrusioet et al., "The Mozart Effect: A Quantitative EEG Study," *Consciousness and Cognition* 35 (September 2015): 150–155, https://doi.org /10.1016/j.concog.2015.05.005.

29. Jonathan Smallwood and Jonathan Schooler, "The Science of Mind Wandering: Empirically Navigating the Stream of Consciousness," *Annual Review of Psychology* 66 (January 2015): 487–518, https://doi.org/10.1146/annurev -psych-010814-015331.

30. John Lynch, "The Average American Watches So Much TV It's Almost a Full-Time Job," Yahoo! Finance, June 28, 2016, https://finance.yahoo.com/ news/average-american-watches-much-tv-205729319.html.

31. Peter J. Renfrow, Lewis R. Goldberg, and Ran Zilca, "Listening, Watching, and Reading: The Structure and Correlates of Entertainment Preferences," *Journal of Personality* 79, no. 2 (April 2011): 223–258, https://doi.org /10.1111/j.1467-6494.2010.00662.x.

32. Kyung Hee Kim. *The Creativity Challenge: How We Can Recapture American Innovation* (Amherst, NY: Prometheus Books, 2016).

33. R. T. Proyer, "Playfulness as a Personality Trait in Adults: Its Structure, Definition, and Measurement" (unpublished habilitation thesis, University of Zurich, 2015).

34. René T. Proyer and Lisa Wagner, "Playfulness in Adults Revisited: The Signal Theory in German Speakers," *American Journal of Play* 7, no. 2 (February 2015): 201–227, https://files.eric.ed.gov/fulltext/EJ1053424.pdf.

35. René T. Proyer, "A New Structural Model for the Study of Adult Playfulness: Assessment and Exploration of an Understudied Individual Differences Variable," *Personality and Individual Differences* 108 (2017): 113–122, https:// doi.org/10.1016/j.paid.2016.12.011.; L. A. Barnett, "The Nature of Playfulness in Young Adults," *Personality and Individual Differences* 43 (September 2007): 949–958. https://doi.org/10.1016/j.paid.2007.02.018,; C. D. Magnuson and L. A. Barnett, "The Playful Advantage: How Playfulness Enhances Coping with Stress," *Leisure Sciences* 35, no. 2 (March 2013): 129–144. https://doi.org/10.1080/01490400.2013.761905.; X. L. Qian and C. Yarnal, "The Role of Playfulness in the Leisure Stress-Coping Process among Emerging Adults: An SEM Analysis," *Leisure* 35 (May 13, 2011): 191–209, https:// doi.org/10.1080/14927713.2011.578398.

36. Yang Bai et al., "Awe, the Diminished Self, and Collective Engagement: Universals and Cultural Variations in the Small Self," *Journal of Personality and Social Psychology* 113, no. 2 (August 2017): 185–209, https://doi.org /10.1037/pspa0000087.

37. L. A. Barnett, "How Do Playful People Play? Gendered and Racial Leisure Perspectives, Motives and Preferences of College Students," *Leisure Sciences* 33, no. 5 (September 2011): 382–401, https://doi.org/10.1080/01490400 .2011.606777.

38. Todd Kashdan and Jonathan Rottenberg, "Psychological Flexibility as a Fundamental Aspect of Health," *Clinical Psychology Review* 30, no. 7 (November 2010): 865–878, https://doi.org/10.1016/j.cpr.2010.03.001.; George A. Bonanno et al., "The Importance of Being Flexible: The Ability to Both Enhance and Suppress Emotional Expression Predicts Long-Term Adjustment," *Psychological Science* 15, no. 7 (July 2004): 482-487, https://doi.org/10.1111 /j.0956-7976.2004.0070.

39. Z. L. Dabelina and M. D. Robinson, "Child's Play: Facilitating the Originality of Creative Output by a Priming Manipulation," *Psychology of Aesthetics, Creativity, and the Arts* 4, no. 1 (2010): 57–65, https://doi.org/10.1037 /a0015644.

40. "Overcoming the Innovation Readiness Gap: Most Innovative Companies 2021," BCG, April 15, 2021. https://www.bcg.com/publications/2021/ most-innovative-companies-overview.

41. Ruth Ann Atchley, David L. Strayer DL, and Paul Atchley, "Creativity in the Wild: Improving Creative Reasoning through Immersion in Natural Settings," *PLoS ONE* 7, no. 12 (December 2012): e51474, https://doi.org /10.1371/journal.pone.005147.

42. C. Remmers and J. Michalak, "Losing Your Gut Feelings: Intuition in Depression," *Frontiers in Psychology* 23, no. 7 (August 2016): 1291, https://doi .org/10.3389/fpsyg.2016.01291.

Chapter 7

1. Jeff T., "How I Went from Being an Obese BBQ Chef to a Healthy Vegan Chef," *Forks and Knives*, July 19, 2018, https://www.forksoverknives.com/ success-stories/how-i-went-from-being-an-obese-bbq-chef-to-a-healthy -vegan-chef.

2. Emily N. Ussery et al., "Joint Prevalence of Sitting Time and Leisure-Time Physical Activity among US Adults, 2015-2016," *JAMA* 320, no. 19 (November 20, 2018):2036–2038, https://doi.org/10.1001/jama.2018.17797.

3. Jaime M. Zeitzer et al., "Sensitivity of the Human Circadian Pacemaker to Nocturnal Light Melatonin Phase Resetting and Suppression," *The Journal of Physiology* 526, no. 3 (August 2000): 695–702, https://doi.org/10.1111/ j.1469-7793.2000.00695.x.

4. Lars Alfredsson et al., "Insufficient Sun Exposure Has become a Real Public Health Problem," *International Journal of Environmental Research and Public Health* 17, no. 14 (July 2020): 5014. https://doi.org/10.3390/ ijerph17145014.

5. "Emergency Planning and Community Right-to-Know, Title 42: The Public Health and Welfare," essay, in United States Code: Armed Forces (as Amended through January 7, 2011) (Washington, D.C.: U.S. G.P.O., 2011), https://www.govinfo.gov/content/pkg/USCODE-2011-title42/html /USCODE-2011-title42-chap116.htm.

6. Anne Steinemann, "Fragranced Consumer Products and Undisclosed Ingredients," *Environmental Impact Assessment Review* 29, no. 1 (January 2009): 32–38, https://doi.org/10.1016/j.eiar.2008.05.002.

7. Anne Steinemann, "Fragranced Consumer Products: Exposures and Effects from Emissions," *Air Quality Atmosphere and Health* 9, no. 8 (2016): 861–866, https://doi.org/10.1007/s11869-016-0442-z.

8. "Endocrine," National Institute of Environmental Health Sciences, updated June 2, 2023, https://www.niehs.nih.gov/health/topics/agents/endocrine/index.cfm.

9. Kristen E. Knox et al., "Identifying Toxic Consumer Products: A Novel Data Set Reveals Air Emissions of Potent Carcinogens, Reproductive Toxicants, and Developmental Toxicants," *Environmental Science and Technology* 57, no. 19 (May 2, 2023): 7454–7465. https://doi.org/10.1021/acs.est.2c07247.

10. "How Common Is Infertility," Eunice Kennedy Shriver National Institute of Child Health & Development, February 8, 2018, https://www.nichd.nih.gov/health/topics/infertility/conditioninfo/common.

11. N. A. Motsoane et al., "An In Vitro Study of Biological Safety of Condoms and Their Additives," *Human and Experimental Toxicology* 22, no. 12 (December 2003): 659–664, https://doi.org/10.1191/0960327103ht410oa.

12. K. Hoffman et al., "High Exposure to Organophosphate Flame Retardants in Infants: Associations with Baby Products," *Environmental Science and Technology* 49, no. 24 (November 9, 2015): 14554-14559, https://doi.org/10.1021/acs.est.5b03577.

13. Jef Feeley, J&J to pay $700 million to settle states' Talc Investigation, Bloomberg, January 8, 2024, https://www.bloomberg.com/news/articles/2024-01-08/j-j-to-pay-700-million-to-settle-states-talc-marketing-probe.

14. H. Bai, I. Tam, and J. Yu, "Contact Allergens in Top-Selling Textile-Care Products," *Dermatitis* 31, no. 1 (ebruary 2020): 53–58. http://doi.org/10.1097/DER.0000000000000566.

15. Katie Liljenquist, Chen-Bo Zhong, and Adam D. Galinsky, "The Smell of Virtue: Clean Scents Promote Reciprocity and Charity," *Psychological Science* 21, no. 3 (February 2010): 381–383. https://doi.org/10.1177/0956797610361426.

16. S. Kobylewskia and M. F. Jacobson, "Toxicology of Food Dyes," *International Journal of Occupational and Environmental Health* 18, no. 3 (November 12, 2013): 220–246. https://doi.org/10.1179/1077352512Z.00000000034.

17. Roni Caryn Rabin, "What Foods Are Banned in Europe but Not Banned in the U.S.?," *The New York Times*, December 28, 2018, https://www.nytimes.com/2018/12/28/well/eat/food-additives-banned-europe-united-states.html.

18. Lauren Kirchner, "Why Is Red Dye No. 3 Banned in Cosmetics but Still Allowed in Food?" *Consumer Reports*, updated October 31, 2023. https://www.consumerreports.org/health/food-additives/red-dye-3-banned-in-cosmetics-but-still-allowed-in-food-a3467381365.; Stephanie Breijo, "So Long Red Dye No. 3? Why Lawmakers Want to Cancel a Chemical Found in Your Skittles and Strawberry Yoohoo," *Los Angeles Times*, March 27, 2023. https://www.latimes.com/food/story/2023-03-27/red-dye-no-3-california-bill-ban-food-chemicals.

19. Center for Science in the Public Interest, "Red 3 Petition," October 24, 2022. https://www.cspinet.org/resource/red-3-petition.

20. Kelly McCarthy, "California 1st in US to Ban 4 Chemicals in Food: What to Know," GMA.com, October 12, 2023. https://abcnews.go.com/GMA/Food/landmark-ca-bill-ban-harmful-food-chemicals-spares/story?id=103150822.

21. M. D. Miller et al., "Potential Impacts of Synthetic Food Dyes on Activity and Attention in Children: A Review of the Human and Animal Evidence," *Environmental Health* 21, no, 1 (April 29, 2022): 45, https://doi.org/10.1186/s12940-022-00849-9.

22. "Data and Statistics about ADHD," Centers for Disease Control and Prevention, updated October 16, 2023. https://www.cdc.gov/ncbddd/adhd/data.html.

23. Malcolm Gladwell, "FDA: Red Dye's Reluctant Regulator," *The Washington Post*, February 7, 1990.

24. Dana G. Smith, "Two States Have Proposed Bans on Common Food Additives Linked to Health Concerns," *New York Times*, April 13, 2023, accessed May 23, 2023.

25. David Andrews, "Synthetic Ingredients in Natural Flavors and Natural Flavors in Artificial Flavors," Environmental Working Group, https://www.ewg.org/foodscores/content/natural-vs-artificial-flavors/#.WvTAAdPwaRt.

26. S. Iacobelli et al., "Paraben Exposure through Drugs in the Neonatal Intensive Care Unit: A Regional Cohort Study," *Frontiers in Pharmacology* 14 (June 8, 2023): 1200521. https://doi.org/10.3389/fphar.2023.1200521.

27. Kevin Loria, "A Third of Chocolate Products Are High in Heavy Metals, CR's Tests Find," *Consumer Reports*, October 25, 2023. https://www.consumerreports.org/health/food-safety/a-third-of-chocolate-products-are-high-in-heavy-metals-a4844566398/.

28. Loria, "Are There Still Heavy Metals in Baby Foods?" *Consumer Reports*, July 6, 2023. https://www.consumerreports.org/babies-kids/baby-food/are-heavy-metal-levels-in-baby-foods-getting-better-a1163977621/.

29. F. Nessa, S. A. Khan, and K. Y. Abu Shawish, "Lead, Cadmium and Nickel Contents of Some Medicinal Agents," *Indian Journal of Pharmaceutical Sciences* 78, no. 1 (January-February 2016): 111–119, https://doi.org/10.4103/0250-474x.180260.

30. C. N. Amadi et al., "Association of Autism with Toxic Metals: A Systematic Review of Case-Control Studies," *Pharmacology Biochemistry and Behavior* 212 (January 2022): 173313. https://doi.org/10.1016/j.pbb.2021.173313.

31. O. M. Ijomone et al., "The Aging Brain: Impact of Heavy Metal Neurotoxicity." *Critical Review in Toxicology* 50, no. 9 (November 19, 2020): 801–814. https://doi.org/10.1080/10408444.2020.1838441.

32. M. Jaishankar et al., "Toxicity, Mechanism and Health Effects of Some Heavy Metals," *Interdisciplinary Toxicology* 7, no. 2 (June 2014): 60–72, https://doi.org/10.2478/intox-2014-0009.

33. "Sector Profile: Agribusiness," Open Secrets, https://www.opensecrets.org/federal-lobbying/sectors/summary?cycle=2021&id=A.

34. A. O'Connor, "The Food Industry Pays Influencer Dieticians to Shape Your Eating Habits," *Washington Post*, September 13, 2023, https://www.washingtonpost.com/wellness/2023/09/13/dietitian-instagram-tiktok-paid-food-industry/.

35. David Rossiaky, "FDA Asked to Investigate YouTube Star Logan Paul's Prime Energy Drink. What to Know.," *Healthline*, June 7, 2023, https://www.healthline.com/health-news/why-prime-and-other-energy-drinks-can-be-dangerous-especially-for-kids.; Ashley Abramson, "The Truth about What's Really in Prime Energy Drinks," *Consumer Reports*, July 14, 2023, https://www.consumerreports.org/health/hydration-beverages/the-truth-about-whats-really-in-prime-energy-drinks-a2960180425/.; "US Food Agency Called on to Investigate Prime Energy Drink over Caffeine Levels," *The*

Guardian, July 10, 2023, https://www.theguardian.com/us-news/2023 /jul/10/prime-energy-drink-logan-paul-fda-investigation.

36. J. L. Temple, "Caffeine Use in Children: What We Know, What We Have Left to Learn, and Why We Should Worry," *Neuroscience and Biobehavioral Review* 33, no. 6 (June 2009): 793–806, https://doi.org/10.1016/j .neubiorev.2009.01.001.

37. R. Soós et al., "Effects of Caffeine and Caffeinated Beverages in Children, Adolescents and Young Adults: Short Review," *International Journal of Environmental Research and Public Health* 18, no. 23 (November 25, 2021): 12389, https://doi.org/10.3390/ijerph182312389.; G. Richards and A. Smith, "Caffeine Consumption and Self-Assessed Stress, Anxiety, and Depression in Secondary School Children," *Journal of Psychopharmacology* 29, no. 12 (October 27, 2015): 1236–1247, https://doi.org/10.1177/0269881115612404.

38. Nobuhiro Hagura, Patrick Haggard, and Jörn Diedrichsen, "Perceptual Decisions Are Biased by the Cost to Act," *eLife* 6 (February 21, 2017): e18422, https://doi.org/10.7554/elife.18422.

39. Lisa M. Schwartz and Steven Woloshin, "Medical Marketing in the United States, 1997–2016," *JAMA* 321, no. 1 (January 2019): 80–96, https://doi.org /10.1001/jama.2018.

40. Kris van Cleave, "They Have Really Endless Resources: Big Pharma Spending $263 Million to Keep Drug Prices High," CBS News, November 3, 2021. https://www.cbsnews.com/news/big-pharma-lower-prescription-drug-prices.

41. "Prescription Drugs: Spending, Use, and Prices," Congressional Budget Office, January 2022, https://www.cbo.gov/publication/57772.

42. "Eating, Diet, and Nutrition for Polycystic Kidney Disease," National Institute of Diabetes and Digestive and Kidney Disease, National Institutes of Health, updated January 2017, https://www.niddk.nih.gov/health-information /kidney-disease/polycystic-kidney-disease/eating-diet-nutrition.

43. Rijul Kshirsagar and Priscilla Vu," The Pharmaceutical Industry's Role in U.S. Medical Education," In-Training.com, April 3, 2016, https://in-training. org/drugged-greed-pharmaceutical-industrys-role-us-medical-education -10639.; Laura Hensley, "Big Pharma Pours Millions into Medical Schools – Here's How It Can Impact Education – National," *Global News*, August 12, 2019, https://globalnews.ca/news/5738386/canadian-medical -school-funding.; Howard Brody, "Pharmaceutical Industry Financial Support for Medical Education: Benefit, or Undue Influence?," *Journal of Law, Medicine & Ethics* 37, no. 3 (2009): 451–60, https://doi.org/10.1111/ j.1748-720x.2009.00406.x.; Marcia Angell (speaker), "Drug Companies and Medicine: What Money Can Buy," Edmond and Lily Safra Center for Ethics, Harvard University, December 10, 2009. https://ethics.harvard.edu/event/ drug-companies-and-medicine-what-money-can-buy.

44. S. S. Buchkowsky and P. J. Jewesson, "Industry Sponsorship and Authorship of Clinical Trials over 20 Years," *Annals of Pharmacotherapy* 38, no. 4 (April 2004): 579–585, https://doi.org/10.1345/aph.1D267.

45. John Abramson, "Big Pharma Is Hijacking the Information Doctors Need Most," *Time*, April 28, 2022, https://time.com/6171999/big-pharma -clinical-data-doctors/.; Dennis K Flaherty, "Ghost- and Guest-Authored Pharmaceutical Industry–Sponsored Studies: Abuse of Academic Integrity, the Peer Review System, and Public Trust," *Annals of Pharmacotherapy* 47, no. 7–8 (June 26, 2013): 1081–83, https://doi.org/10.1345/aph.1r691.; Peter C Gøtzsche et al., "Ghost Authorship in Industry-Initiated Randomised Trials," *PLoS Medicine* 4, no. 1 (January 16, 2007): e19, https://doi.org/10.1371/ journal.pmed.0040019.

46. J. Lexchin et al., "Pharmaceutical Industry Sponsorship and Research Outcome and Quality: Systematic Review," *BMJ* 326, no. 7400 (May 31, 2003): 1167–1170, https://doi.org/10.1136/bmj.326.7400.1167.

47. Redzo Mujcic and Andrew J. Oswald, "Evolution of Well-Being and Happiness After Increases in Consumption of Fruit and Vegetables," *American Journal of Public Health* 106, no. 8 (August 2016): 1504–1510, https://doi.org /10.2105/AJPH.2016.303260.

48. Bonnie A. White, Caroline C. Horwath, and Tamlin S. Conner, "Many Apples a Day Keep the Blues Away—Daily Experiences of Negative and Positive Affect and Food Consumption in Young Adults," *British Journal of Health Psychology* 18, no. 4 (November 2013): 782–798, https://doi.org/10.1111/ bjhp.12021.

49. B. Nguyen, D. Ding, and S. Mihrshahi, "Fruit and Vegetable Consumption and Psychological Distress: Cross-Sectional and Longitudinal Analyses Based on a Large Australian Sample," *BMJ Open* 7, no. 3 (Mar 15, 2017). https://doi.org10.1136/bmjopen-2016-014201.

50. Jerome Sarris, Ph.D. et al., "Nutritional Medicine as Mainstream in Psychiatry," *The Lancet Psychiatry* 2, no. 3 (January 2015), https://doi.org/10.1016/ S2215-0366(14)00051-0.

51. J. Firth, et al., "The Effects of Dietary Improvement on Symptoms of Depression and Anxiety: A Meta-Analysis of Randomized Controlled Trials," *Psychosomatic Medicine* 81, no. 3 (April 2019): 265–280, https://doi.org /10.1097/PSY.0000000000000673.

52. T. S. Conner et al., "Let Them Eat Fruit! The Effect of Fruit and Vegetable Consumption on Psychological Well-Being in Young Adults: A Randomized Controlled Trial. " *PLoS One* 12, no. 2 (February 3, 2017), https://doi.org /10.1371/journal.pone.0171206.

53. D. Głąbska et al., "Fruit and Vegetable Intake and Mental Health in Adults: A Systematic Review," *Nutrients* 12, no. 1 (January 1, 2020):115, https://doi .org/10.3390/nu12010115.

54. PNA Dharmayani et al., "Association between Fruit and Vegetable Consumption and Depression Symptoms in Young People and Adults Aged 15–45: A Systematic Review of Cohort Studies," *International Journal of Environmental Research and Public Health* 18, no. 2 (January 18, 2021):780, https://doi.org/10.3390/ijerph18020780.

55. A. O'Neil et al., "Relationship between Diet and Mental Health in Children and Adolescents: A Systematic Revie," *American Journal of Public Health* 104, no. 10 (October 2014): e31–e42, https://doi.org/10.2105/ AJPH.2014.302110.

56. Daniel J Lamport et al., "Fruits, Vegetables, 100% Juices, and Cognitive Function," *Nutrition Reviews* 72, no. 12 (December 2014): 774–89, https:// doi.org/10.1111/nure.12149.; Sujatha Rajaram, Julie Jones, and Grace J Lee, "Plant-Based Dietary Patterns, Plant Foods, and Age-Related Cognitive Decline," *Advances in Nutrition* 10 (November 2019): S422–36, https://doi.org /10.1093/advances/nmz081.; Monika A. Zielińska et al., "Vegetables and Fruit, as a Source of Bioactive Substances, and Impact on Memory and Cognitive Function of Elderly," *Postępy Higieny i Medycyny Doświadczalnej* 71 (April 2017): 267–80, https://doi.org/10.5604/01.3001.0010.3812.

57. M. Cristina Polidori et al., "High Fruit and Vegetable Intake Is Positively Correlated with Antioxidant Status and Cognitive Performance in Healthy Subjects," *Journal of Alzheimer's Disease* 17, no. 4 (2009): 921–27, https://doi .org/10.3233/jad-2009-1114.

58. Chris Wesseling, "Tom Brady Named NFL's MVP for Third Time of Career," *NFL.com*. February 3, 2018. accessed January 29, 2020.; Shanna McCarriston, "Tom Brady Admits He's Sore after Week 1 Win over Cowboys: 'There's No Margin for Error When You're 45,'" *CBS Sports*. accessed September 16, 2022.

59. Tom Brady. *The TB 12 Method: How to Achieve a Lifetime of Sustained Peak* (New York: Simon & Schuster, 2020).

60. "A Vegan Diet Can Help with Impotence," PETA.org, June 24, 2010. https://www.peta.org/living/food/impotence/.

61. Redzo Mujcic and Andrew J.Oswald, "Evolution of Well-Being and Happiness after Increases in Consumption of Fruit and Vegetables," *American Journal of Public Health* 106, no. 8 (July 11, 2016): 1504–10, https://doi.org/10.2105/ajph.2016.303260.; Bonnie A. White, Caroline C. Horwath, and Tamlin S. Conner, "Many Apples a Day Keep the Blues Away—Daily Experiences of Negative and Positive Affect and Food Consumption in Young Adults," *British Journal of Health Psychology*.

62. H. Lynch, C. Johnston, and C. Wharton, "Plant-Based Diets: Considerations for Environmental Impact, Protein Quality, and Exercise Performance," *Nutrients* 10, no. 12 (December 1, 2018): 1841, https://doi.org/10.3390/nu10121841.

63. J. J. DiNicolantonio, J. H. O'Keefe, and W. L. Wilson, "Sugar Addiction: Is It Real? A Narrative Review," *British Journal of Sports Medicine* 52 (2018): 910–913, https://doi.org/10.1136/bjsports-2017-097971.

64. "Integrative Medicine and Health Overview," Mayo Clinic, June 24, 2023, https://www.mayoclinic.org/departments-centers/integrative-medicine-health/sections/overview/ovc-20464567.

65. A. C. Burns et al., "Time Spent in Outdoor Light Is Associated with Mood, Sleep, and Circadian Rhythm-Related Outcomes: A Cross-Sectional and Longitudinal Study in Over 400,000 UK Biobank Participants," *Journal of Affective Disorders* 295 (December 1, 2021): 347–352, https://doi.org/10.1016/j.jad.2021.08.056.

66. A. W. Turunen et al., "Cross-Sectional Associations of Different Types of Nature Exposure with Psychotropic, Antihypertensive and Asthma Medication," *Occupational and Environmental Medicine* 80, no. 2 (February 2023): 111–118. https://doi.org/10.1136/oemed-2022-108491.

67. R. Nagare et al., "Access to Daylight at Home Improves Circadian Alignment, Sleep, and Mental Health in Healthy Adults: A Crossover Study," *International Journal of Environmental Research and Public Health* 18, no. 19 (September 23, 2021): 9980. https://doi.org/10.3390/ijerph18199980.

68. Javiera Morales-Bravo and Pablo Navarrete-Hernandez,"Enlightening Well-being in the Home: The Impact of Natural Light Design on Perceived Happiness and Sadness in Residential Spaces," *Building and Environment* 223 (September 2022): 109317, https://doi.org/10.1016/j.buildenv.2022.109317.

69. R. Hammoud et al., "Smartphone-Based Ecological Momentary Assessment Reveals Mental Health Benefits of Birdlife. *Science Reports* 12, 17589 (October 27, 2022): 17589, https://doi.org/10.1038/s41598-022-20207-6.

70. Michelle Tester-Jones et al., "Results from an 18 Country Cross-Sectional Study Examining Experiences of Nature for People with Common Mental Health Disorders," *Scientific Reports* 10, article 19408 (November 6, 2020), https://doi.org/10.1038/s41598-020-75825-9.; E. Stobbe et al. "Birdsongs Alleviate Anxiety and Paranoia in Healthy Participants," *Science Report* 12, article 16414 (October 13, 2022), https://doi.org/10.1038/s41598-022-20841-0.

71. MaryCarol R. Hunter, Brenda W. Gillespie, and Sophie Yu-Pu Chen, "Urban Nature Experiences Reduce Stress in the Context of Daily Life Based on Salivary Biomarkers," *Frontiers in Psychology* 10 (April 2019): 722, https://doi.org/10.3389/fpsyg.2019.00722.

72. Genevive R. Meredith et al., "Minimum Time Dose in Nature to Positively Impact the Mental Health of College-Aged Students, and How to Measure It: A Scoping Review," *Frontiers in Psychology* 10 (January 2020): 2942. https://doi.org/10.3389/fpsyg.2019.02942.

73. Mathew P. White et al., "Spending at Least 120 Minutes a Week in Nature Is Associated with Good Health and Wellbeing," *Scientific Reports* 9, no. 1 (June 2019), https://doi.org/10.1038/s41598-019-44097-3.

74. Florence Williams, "Call to the Wild: This Is Your Brain on Nature," *National Geographic*, January 1, 2016, https://www.nationalgeographic.com/magazine/article/call-to-wild.

75. Florence Williams, "Call to the Wild," *National Geographic*.

76. Victoria Forster, "Canadian Physicians Can Now Prescribe Nature To Patients," *Forbes*, February 8, 2022, accessed July 14, 2022. https://www.forbes.com/sites/victoriaforster/2022/02/08/canadian-physicians-can-now-prescribe-nature-to-patients/?sh=c451c586f202.; Jillian Mock, "Why Doctors Are Prescribing Nature Walks," *Time*, April 27, 2022. https://time.com/6171174/nature-stress-benefits-doctors.; "Nature Prescribed," Park Rx America, n.d., https://parkrxamerica.org/.

77. Deborah S. McCracken et al., "Associations between Urban Greenspace and Health-Related Quality of Life in Children," *Preventative Medicine Reports* 3 (June 2016): 211–221, https://doi.org/10.1016/j.pmedr.2016.08.013.

78. S. C. Van Hedger et al., "Of Cricket Chirps and Car Horns: The Effect of Nature Sounds on Cognitive Performance," *Psychonomic Bulletin and Review* 26, no. 2 (April 2019): 522–530, https://doi.org/10.3758/s13423-018-1539-1.

79. K. E. Schertz and M. G. Berman, "Understanding Nature and Its Cognitive Benefits," *Current Directions in Psychological Science* 28, no. 5 (June 2019): 496–502, https://doi.org/10.1177/0963721419854100.

80. R. A. Atchley, D. L. Strayer, and P. Atchley, "Creativity in the Wild: Improving Creative Reasoning through Immersion in Natural Settings. *PLoS ONE* 7, no. 12 (2012): e51474, https://doi.org/10.1371/journal.pone.005147.

81. "Immune System May Be Pathway between Nature and Good Health," University of Illinois College of Agricultural, Consumer, and Environmental Sciences, September 16, 2015, https://www.sciencedaily.com/releases/2015/09/150916162120.htm.

82. Ming Kuo, "How Might Contact with Nature Promote Human Health? Promising Mechanisms and a Possible Central Pathway," *Frontiers in Psychology* 6 (August 2015). https://doi.org/10.3389/fpsyg.2015.01093.

83. Katherine R. Gamble, James H. Howard, and Darlene V. Howard, "Not Just Scenery: Viewing Nature Pictures Improves Executive Attention in Older Adults," *Experimental Aging Research* 40, no. 5 (October 2014): 513–30, https://doi.org/10.1080/0361073x.2014.956618.; Meredith A. Repke et al., "How Does Nature Exposure Make People Healthier?: Evidence for the Role of Impulsivity and Expanded Space Perception," *PLOS ONE* 13, no. 8 (August 22, 2018), https://doi.org/10.1371/journal.pone.0202246.

INDEX

ACKNOWLEDGMENTS

This book was made possible by the kindness and time of many.

Mark Tauber—you are so kind, supportive, and thoughtful—thank you. I feel so lucky to work with you.

A deep bow of gratitude to my super delightful, charming, talented, meticulous, caring, gracious editor Anne Barthel—you are amazing (and hilarious!).

A big thanks also to Melody Guy for first bringing me on board.

Thanks to Reid, Patty, and the entire Hay House team for your warm welcome and for setting me up with Anne—you are my people. Thank you, Monica, for being so attentive to detail and making sure the manuscript turned out so perfectly! Lindsay and Nusrah for being so skilled and energizing and amazing. And of course dear, dear Ashley, I love you.

Thanks also to the Yale School of Management and Yale Executive Education for all the support—it's a privilege to work with you.

A heartfelt thank-you to those of you who graciously helped edit parts (or all) of the manuscript at various times, giving me fantastic feedback: Sarah I., who helped me put my early thoughts on paper when the whole fam was down with scabies (a fun and itchy story that will make it into my next book no doubt!)—you gave me such relief. My many early readers who gave great suggestions and edits on my first drafts, the rewrites, the re-rewrites, the re-re-rewrites, and the 500th drafts—Bryant, Etelle, Stephanie, Katie, Indu, Frali, Randy, Dara, Kohar, Liz, Jacqui,

Lucia, Mona, MeiMei, Daisy, Steffi, Dhruv, Mark, Nika, Jackie, Dhvani, Meredith, Haley, Kritika, Damon—thank you for your generosity and insights, your contributions helped immensely!

Thanks to all those who generously agreed to have their stories told: Starr, Johane, Etelle, Lynn, "Maya," "Stephanie," "Deana," Moria, Eric, Deonne, Mihir, Mark, Jake, Kushal—you are all so inspiring!

Thanks for taking the time to talk to me so I could write about your findings and brilliant insights: Premal, Justin, Chipp, Kristin, Joe, Bryant, Dena, Troy, Aman, Julien, and Robert.

For the continuous loving support and encouragement: Leslye, Johann, Uma, Carolan, Priya, Auntie Liz, Karishma, Shubhu, Emilia, Jameela, Faith, Ashley, Susan, Maya, Tina, LisaMarie, Marissa, Damiane, Ria, Radhika, Dr. Doty, Andrew K., Bill H., Bill and Leslie, Willow, Gersende, Miia, Emilia, Susan B., Jana, Bala, Ameya, Siva and the CT crew, and so many more I may be forgetting.

Thank you so very much to the kind and generous endorsers who took the time to read and blurb the book: Dr. Doty, Faith, Tom, Jennifer, Dan, Sharon, Alison, and April. Thanks also to the members of the Silicon Guild for all of their wisdom, support, and guidance.

Jacqui, LeeAnn, and Amber, thank you for all your astute guidance throughout the process—you are amazing, love you!

Maya and Dani for nourishing me during intense deadline weeks. Jennifer Jai Jai, Connie, Cassandra, and Maddy, Trystan, Cindy, and Joe for giving me the energy I needed to keep writing.

A deep bow to Jehanne for being my muse.

Thank you to Gurudev for all of the inspiration, wisdom, and daily breathing and meditation practices. Thank you for giving me sovereignty.

Most of all, thank you to my dearly beloved parents, family, husband, and children. You did so much to support me as I put forth this book—especially dear Andrew. You mean everything.

ABOUT THE AUTHOR

A Yale lecturer and international keynote speaker, **Emma Seppälä** teaches at the Yale School of Management and directs its Women's Leadership Program. She is also the science director of Stanford University's Center for Compassion and Altruism Research and Education. Her first book, *The Happiness Track*, has been translated into dozens of languages.

She regularly speaks and consults for Fortune 500 companies and contributes to *Harvard Business Review*, *The Washington Post*, *Psychology Today*, and *TIME*. A repeat guest on *Good Morning America*, she has spoken at TEDx Sacramento and TEDx Hayward.

A psychologist and research scientist by training, Seppälä's expertise is the science of happiness, emotional intelligence, and social connection. Her research has been published in top academic journals and featured in news outlets including *The New York Times*, NPR, and CBS News and featured in documentaries like *Free the Mind*, *The Altruism Revolution*, *What You Do Matters*, and *Bullied*. **www.emmaseppala.com** and **www.iamsov.com**

Hay House Titles of Related Interest

YOU CAN HEAL YOUR LIFE, the movie,
starring Louise Hay & Friends
(available as an online streaming video)
www.hayhouse.com/louise-movie

THE SHIFT, the movie,
starring Dr. Wayne W. Dyer
(available as an online streaming video)
www.hayhouse.com/the-shift-movie

***

LOVE YOUR ENEMIES: How to Break the Anger Habit & Be a Whole Lot Happier, by Sharon Salzberg and Robert Thurman

POWER UP YOUR BRAIN: The Neuroscience of Enlightenment, by David Perlmutter, M.D., and Alberto Villoldo, Ph.D.

THE POWER OF VITAL FORCE: Fuel Your Energy, Purpose, and Performance with Ancient Secrets of Breath and Meditation, by Rajshree Patel

THAT SUCKED. NOW WHAT?: How to Embrace the Joy in Chaos and Find Magic in the Mess, by Dr. Neeta Bhushan

All of the above are available at your local bookstore,
or may be ordered by contacting Hay House (see next page).

***

We hope you enjoyed this Hay House book. If you'd like to receive
our online catalog featuring additional information on Hay House
books and products, or if you'd like to find out more about the
Hay Foundation, please contact:

Hay House LLC, P.O. Box 5100, Carlsbad, CA 92018-5100
(760) 431-7695 or (800) 654-5126
(760) 431-6948 (fax) or (800) 650-5115 (fax)
www.hayhouse.com® • www.hayfoundation.org

———

Published in Australia by: Hay House Australia Pty. Ltd.,
18/36 Ralph St., Alexandria NSW 2015
Phone: 612-9669-4299 • *Fax:* 612-9669-4144
www.hayhouse.com.au

Published in the United Kingdom by: Hay House UK, Ltd.,
The Sixth Floor, Watson House, 54 Baker Street, London W1U 7BU
Phone: +44 (0)20 3927 7290 • *Fax:* +44 (0)20 3927 7291
www.hayhouse.co.uk

Published in India by: Hay House Publishers India,
Muskaan Complex, Plot No. 3, B-2, Vasant Kunj, New Delhi 110 070
Phone: 91-11-4176-1620 • *Fax:* 91-11-4176-1630
www.hayhouse.co.in

———

Access New Knowledge.
Anytime. Anywhere.

Learn and evolve at your own pace
with the world's leading experts.

www.hayhouseU.com